장 클로드 코프만

여자의 육체 남자의 시선

토플리스 사회학

김정은 옮김

韓國經濟新聞社

This book is originally published in French under the title,
CORPS DE FEMMES REGARDS D'HOMMES : Sociologie des seins nus /
Jean-Claude Kaufmann, by Nathan, Paris, France

Copyright © 1995 by Editions Nathan, Paris

Korean Translation Copyright © 1996 by The Korea Economic Daily
This edition published by arrangement with Nathan, Paris
through Shin Won Agency Co., Seoul.

옮긴이의 말

　　외지의 사진이나 기사에서만 보던 「토플리스」라는 다소 망측한(?) 행위. 역자가 「토플리스」를 처음으로 목격하게 된 것은 신혼여행차 갔던 푸켓의 「클럽메드」라는 휴양지에서였다. 프랑스식 리조트라는 이유로 휴양객의 3분의 1 정도는 프랑스인이었는데 그들은 동양의 작은 섬인 이곳에서조차 거리낌 없이 자신들의 「문화」를 선보이고 있었다. 그러나 아직도 「부부」라는 이름이 어색하기만한 신혼부부 앞에 등장한 그 여자의 모습은 「민망함」 자체였다. 놀라움은 곧 애써 외면하려는 어색함으로 변해버렸고…….

　　그러나 희한하게도 만인이 보는 앞에서 당당하게 가슴을 드러내던 그 여자는 방으로 돌아가려고 일어서는 순간 다시 수영복을 챙겨입기 시작했다. 「웬 어울리지 않는 내숭? … 이제와서 새삼스럽게…….」 논리에 맞지 않는다고 생각된 그 여자의 행동을 보고 나도 모르게 튀어나온 말이었다. 그러나 문화충격은 그 순간뿐이었고 이 책의 번역을 의뢰받기 전까지 「토플리스」라는 행위는 기억 저편에 희미하게 자리잡은 해프닝에 불과했다.

　　〈겉으로 보기엔 지극히 자연스러운 것 같으면서도 실제로는 고도로 발전된 사회화 과정의 일환인 「토플리스」의 숨겨진 메커니즘을 낱낱이 파헤친 사회학 저서〉.

번역에 앞서 접하게 된 이 책의 대략적 소개였다. 순간 몇 년 전의 그 장면이 떠올랐고 그 여자가 수영복을 다시 입었던 것도 암묵적인 메커니즘에 의한 것은 아닌가 하는 지적 호기심이 생겼다.

저자 장 클로드 코프만은 기존의 사회학자들과 차별되는 일종의 「이단자」로 분류될 수 있다. 그도 그럴것이 고상하고 품위있는 사회학이란 학문에 「속옷」이니 「토플리스」니 하는 다소 경박한 소재들을 영입했기 때문이다. 그러나 1992년에 발표된 《부부 생활의 씨실-속옷을 통한 부부관계의 연구》는 극히 일상적인 소재도 다분히 학문적인 연구결과를 가져다 줄 수 있다는 사실을 입증하며 사회학의 대중화-그의 목표이기도 한-를 앞당긴 바 있다.

육체해방의 역사적 전개를 다룬 제1장에서는 선탠의 유래, 여성 의복변천사를 통한 사회의식 구조의 변화, 토플리스의 필요성 및 그 정당성을 다루고 있다. 특히 이전에는 귀족의 상징으로 여겨졌던 「하얀 피부」가 이젠 「바캉스를 즐길 만한 여유가 없는 계층」의 상징으로 전락해버린 역사적 아이러니와 선탠을 더이상 「즐거움」이 아닌 「일」이요 「숙제」로까지 생각하는 프랑스인들의 과열된 「선탠경쟁」을 소개하고 있다.

제2장에서는 지극히 자연스러워보이는 토플리스의 이면에 숨겨져 있는 냉엄한 게임의 규칙, 연령대에 따라 달라지는 토플리스에 대한 열정, 그런 여성을 바라보는 남성들의 「공식적」 「현실적」 시각을 다루고 있다. 그의 연구에 따르면 여성이 어떤 포즈를 취하는가, 남성이 어떤 식으로 여성을 바라보는가 하는 것은 나름대로 의미를 지니며 여성의 가슴은 그 형태와 연령에 따라 취해야 할 고유의 역할을 부여받는다.

제3장에서는 여성의 세 가지 육체가 소개된다. 보편성, 관능성, 미학성이라는 세 가지 얼굴을 가진 여성의 육체는 때와 장소에 따라 그 모습을 달리한다. 독자 여러분은 이 부분에서 저자의 독특한 시각을 접할 수 있을 것이다.

「자유」를 상징한다고 생각되는 해변아래 깔려 있는 또 다른 편협과 비관용의 세계에 대해 이야기 하고 있는 제4장은 그의 이론이 집결된 부분이다. 이 장에는 저자가 미리 앞에서 경고(?)했듯이 난해한 사회학 이론이 등장하지만 3장까지 소개된 토플리스의 메커니즘과 연결시켜 이해한다면 훨씬 수월하게 그 의미를 파악할 수 있을 것이다.

이론상으로 보았을 때 토플리스의 보편화는 여성의 가슴에서 성적 의미를 박탈해버렸다. 그러나 과연 그럴까? 그리고 일광욕을 마치고 객실로 돌아가는 여성은 왜 수영복을 다시 입어야만 했을까? 여러분은 그 해답을 책 속에서 찾을 수 있을 것이다.

문화적 습관의 차이, 사회학 이론의 전개로 말미암아 때로는 제자리 걸음을 걸으며 많은 고충을 겪기도 했지만 조언을 아끼지 않는 프랑스 대사관 어학담당실의 브뤼노 선생, 원고 정리를 도와준 손영훈 선생 덕분에 무사히 번역을 마칠 수 있었다. 더불어 미흡한 원고에 교정과 편집의 수고를 아끼지 않은 한국경제신문사 출판부 여러분께 진정 감사의 말씀을 드린다.

태양은 점점 뜨거워진다. 해변과 모래사장을 향하여…….

1996년 5월
옮긴이 김 정 은

한국어판 서문

나의 연구방식은 항상 동일하다. 누구나 쉽게 접할 수 있는 평범하고 사소한 사회현상을 소재로 삼아 이에 관해 광범위한 사회학적 조사를 하는 것이다. 이런 방법을 통해 나는 무대 뒤편으로 다가갈 수 있으며, 일상생활의 단순한 행동들이 매우 복잡한 방식을 통해 형성되는 과정을 입증할 수 있게 된다. 그러는 가운데 우리를 둘러싸고 있는 세상을 바라보는 시선은 변화될 수 있다.

이제껏 나는 현관문, 식기류, 부부의 속옷 등을 연구소재로 삼아왔다. 한편 《여자의 육체, 남자의 시선》에서 다룬「토플리스」라는 소재는 기존의 소재와 약간 다른 면이 있다. 하지만 프랑스의 일반독자들은 그 차이점을 별로 느끼지 못할 것이다. 그들이 보기에는 여성이 해변에서 토플리스를 하는 행위는 그 여성이 집으로 돌아와 현관문을 닫는 것만큼이나 평범하기 때문이다. 그러나 토플리스가 정말 보편화되었는가 하는 질문에 대해서는 선뜻 대답하기가 어렵다. 토플리스를「벗은 모습」으로 간주하여 수영복 입기를 고집하는 여성도 있으며, 일단 해변이라는 지역을 벗어나면 게임의 법칙은 완전히 바뀌기 때문이다. 게다가 프랑스 이외의 지역으로 눈을 돌려보면 프랑스에서는 지극히 평범했던 행위가 돌연 문제성이 농후한 희한한 행위로 비추어진다는 사실도 금방 알 수 있게 된다. 스칸디나비아 반도 국가의 여성들은 스스럼 없이 나체를 연출하지만 프랑스에서처럼 가슴의 미학에 비중을 두지 않는다. 브라질 여성들은 인심 좋게 엉덩이를 드러내지만 가슴 노출은 사양하는 경향이 있다. 미국에서는 수영복 착용이 절대적인 지상과제이며, 중동지역 여성들은 그것도 모자라 베일로 얼굴을 가린다. 이렇게 세계일주를 한번 하고 나면 지역에 따라 얼마나 다양한 관습이 존재하는지, 또 그 관습—실제로는 그 지역에만 국한된—이 현지에서는 얼마나 당연한 것으로 받아들여지는지 알 수 있게 된다. 그러나 이 책에서 추구한 방식은 이와 다르다. 나는 일부러 조사를 프랑스에만 국한시켰다. 사실 이 조사에서는 두 가지 방법—피상적인 수준에 머물면서 각 나라의 풍습을 비교하든지, 아니면 심도 깊은 조사를 위해 한 국가만을 선택하든지—이 가능할 수 있었다. 나는 의미심장한, 그러면서도 드러나지 않은 메커니즘—해변에서의 토플리스처럼 약간은 놀라운 행위에서 분명하고 일상적인 성격을 형성하는—을 발견하기 위해서 한 지역을 집중조사하는 방식을 택했다.

프랑스 독자들은 일상적인 소재가 새로운 각도로 분석되었다고 생각하며 책을 읽어나갈 것이다. 그러나 미지의 세계로 들어가는 한국의 독자들은 다른 입장에 놓이게 될 것이다. 특히 한국 독자들이 가장 이해하기 힘든 부분은 『토플리스를 경험하는 당사자들은 왜 토플리스를 이상한 행위로 간주하지 않는가?』하는 점일 것이다. 그러나 일단 미지의 세계로 들어가는 문을 열게 되면 한국 독자들도 프랑스 독자들과 마찬가지의 여정을 겪으며 같은 목적지를 향해 나가게 될 것이다. 모든 것이 순조롭게 진행되면, 그리고 흥미로운 에피소드와 실례를 읽어나감에 따라—1차적 수준의 강독으로서—독자들은 오늘날의 사회변화를 이해하게 해주는 핵심열쇠를 발견하게 될 것이다. 그 변화란 프랑스에만 국한된 것이 아닌, 범국가적인 것으로서 바로「행동의 개인화/시선과 육체가 차지하는 비중의 증가」다.

이상이 한국 독자들에게 이 책을 소개하기 위해 하고 싶었던 말이다. 그러나 이 글을 쓰고 있는 지금, 바다가 보이는 연구실 창문 너머를 응시하는 이 순간, 한 가지 호기심이 나를 엄습하고 있다는 사실을 고백하지 않을 수 없다. 한국의 해변은 어떤 모습일까? 그 곳에서 여성의 육체와 남성의 시선은 어떤 모습을 하고 있을까? 이 점에 대해서는 나의 무지를 털어놓을 수밖에 없다. 내가 한국에 대해 갖고 있는 지식은 언론매체를 통해 알게 된 것밖에 없기 때문이다. 놀라운 역동성, 미래를 향해 힘차게 전진하는, 근래 찾아보기 힘든 경제성장, 그래서 일상 속에서 허우적대는 구대륙이 질투할 수밖에 없는 나라. 하지만 과연 해변은? 분명 프랑스와 마찬가지로 한국의 해변 ―별 특이할 만한 점이 없다고 믿었던 공간―에서도 멋지고 중요한 수많은 일들이 발견의 기쁨을 안겨다 주며 끊임없이 일어나고 있을 것이다. 어쩌면 한국의 독자들은 이 책에서 얻게 될 방법론을 바탕으로 한국의 해변을 사회학적으로 분석하고 싶은 충동을 느낄지도 모른다. 스스로를 위해서, 스스로의 만족을 위해서. 독자들을 더 이상 도와줄 수는 없지만 기꺼이 그 조사에 동행하고 싶은 나의 심정만은 알아주었으면 한다.

1996년 4월

장 클로드 코프만

서 문

　사회학자는 일반인들에게 점차 익숙한 존재로 인식되고 있다. 사회학자는 소외, 도시 외곽, 가족, 학교 등 현대사회의 여러 문제에 대해 논할 권리가 있다. 사회학자는 스스로 원해서건 강요에 의해서건 간에, 자신의 작은 지식을－사회기관의 원탁회의, TV 대담, 정부기관에 제출하는 보고서, 신문기사 등을 통해－사회 곳곳에 유포시킨다. 나아가 사회의 현 상태를 정확히 진단하고 변화의 경향을 포착하며, 가장 효과적으로 대응하는 방법이 무엇인지 말할 것을 요구받는다. 요컨대, 사회학자는 이른바 전문가, 그것도 사회에 관한 전문가가 된 셈이다.

　물론 억지로 끌려다니는 것은 아니지만 이런 와중에 휩쓸리다 보면 사회학자는 종종 본질적인 문제를 망각하게 된다. 즉 『사회란 무엇이며 어떻게 진행되는가?』 하는 점이다. 이는 사회학의 가장 기본적인 문제로서 고문서의 주석이나 이론 위주의 대담 또는 대학교재의 소재로 등장해왔다. 그러나 사회학자가 사회의 요구에 직면하게 될 때, 그리고 전문가로서 의견을 제시하게 될 때 이 문제는 자취를 감추고 만다. 나아가 가장 아쉬운 점은 사회학의 본질적인 문제가 책 속의 세계에만 존재할 뿐이며, 이것이 당연한 것처럼 여겨진다는 사실이다. 현실을 직시하기 위해서 조사가 시작되고 이를 위해 재정 지원이 이루어질 때, 대체적으로 사회학자는 재정 지원자의 압력에 못 이겨 「군주의 간언자」라는 옷을 걸치게 된다. 나는 개인적으로 전문가 역할을 수행하라는 요구에 직면해 있으며, 사회적으로 유용하고 심리적 만족감을 줄 수 있는 사회학자의 기능을 부인할 생각은 추호도 없다. 그러나 나 역시 사회학의 기본 이론ー탄생 초기에는 다분히 추상적이었던ー이 망각되는 현실에 불만을 느끼며 불안해하는 사회학자 중 한 사람이다. 사회학 이론은 사회의 공학(工學)이 되는 것을 지양하고 그 시대의 생활에 뿌리를 둘 수 있는 근본적인 연구를 추구한다. 그러기 위해서 나는 사회학의 기본 문제에 관한 실질적 조사를 가능케 할 수 있는 여건을 마련해야 했고 나아가 적절한 소재, 즉 이론적으로 독창성을 띠며 정치적 압력으로 인해 조사가 중도에 중단될 위험성이 없는 소재를 찾아야 했다. 그래서 나는 연구 주제로 「해변에서의 가슴 노출」(역주 : 이후부터 「토플리스」라고 표기함)을 선택했다. 물론 이것은 사소한 문제(겉으로 보기에는)일 수도 있지만, 동시에 쉽게 식별할 수 있고 한계가 분명해서 심층적으로 조사할 수 있는 주제이기도 하다. 일반적으로 너무 광범위한 문제를 다루다 보면 조사는 오히려 피상적인 수준에 그칠 가능성이 많으며, 사회적 관심이 높은 문제는 기존 관념의 영향을 받아 진정한 조사가 이루어지지 않는 경우가 많기 때문이다. 개인적으로 나는 한 가지 문제를 집중적으로 연구하는 방법을 선호한다.

나는 5명의 앙케트 요원으로 구성된 팀을 이끌고 해변으로 나가 300명을 대상으로 조사를 시작했다. 우리들은 매우 융숭한 대접을 받았지만 처음부터 그런 것은 아니었다. 처음에 가

가호호 방문을 시도했을 때 사람들은 약간 귀찮아하는 듯한 반응을 보였다. 물론 충분히 이해할 수 있는 문제였다. 그러나 장소가 해변으로 바뀌자 이 모든 장벽은 순식간에 무너졌다. 물론 우리는 사생활의 영역을 침범하지 않으려고 노력했다. 사람들은 다른 곳과 달리 해변에서는 조사시간에 구애되지 않았다. 마치 시간개념이 존재하지 않는 세계에 있는 양……. 앞으로 전문가로서 사회학자가 일반인에게 친근한 존재가 된다면 앙케트 조사원도 그다지 낯선 존재로 생각되지는 않을 것이다. 사람들은 곧 조사원들의 녹음기를 주목했으며 우리의 신분은 털어놓기도 전에 노출되었다. 그러나 피서객들은 조사대상이 되었다는 사실에 별로 놀라지 않았으며 오히려 만족하는 기색이었다. 반면 대부분의 사람들은 앙케트의 주제를 알고 나서 약간 황당해 하면서도 이내 웃음을 터뜨렸다. 그 웃음은 녹음 테이프에 배경음악처럼 깔렸다. 그러나 유쾌한 듯 보이는 겉모습과 달리 사람들은 대부분 망설이는 자세로 이런 질문을 던졌다. 『토플리스에 관한 앙케트라… 도대체 그런 조사는 왜 하는 겁니까?』많은 사람들은 이 질문의 「비합법성」을 내세우며 불편해하는 기색이었다. 즉 「토플리스」는 사회학의 진정한 논의 대상이 될 수 없다는 것이다. 심지어는 토플리스를 제외한 질문이라면 무엇이든 답하겠다는 사람도 있었다. 『하지만 토플리스에 대해선 솔직히……!』(F92) 아예 답변을 거부하는 사람은 거의 없었다. 대부분의 사람들은 조사원이 앙케트를 위한 보충 설명을 시작하자마자 단순한 질문에 대한 답변을 찾기가 의외로 어렵다는 사실을 깨닫고 난처해하는 표정이었다. 침묵은 견디기 힘든 것이었고 그래도 뭔가 대답할 말을 찾아야 하는 노력이 그들을 피곤하게 만들었다. 『모르겠어요. 더 이상 대답하기도 싫고 피곤해요. 저는 지금 휴가 중이라구요! 어쨌든 해변에 나와서 거추장스러운 것을 벗어버리고 가슴을 노출하는 것은 자연스런 욕구예요. 심각하게 생각하는 사람은 없다구요. 거기에 무슨 이유가 필요하죠?』(F124) 또 어떤 사람들은 일종의 조용한 반란을 시작했다. 웃음과 점잖음으로 위장되어 있긴 했지만 분명 소리 없는 반란이었다. 『대답할 만한 가치가 없는 질문이네요. 당신네들은 연구과제를 잘못 택했군요』라는 식의 반응이었다. 『더 외설스럽고 흥미로운 주제도 많지 않아요? 토플리스에 대해서 사람들이 관심이나 가지겠어요?』(F156) 사람들은 이렇게 우리의 실수를 지적하고 반박하며 방향전환을 역설했다. 예를 들어, 로즐린은 이렇게 말한다. 『이런 현상에 대한 사회학적 연구가 왜 필요한지 모르겠군요. 사회현상에 대해 과연 어느 선까지 분석이란 게 가능할까요? 토플리스는 지극히 자연스러운 것 아닌가요?』(F125)

　그렇다면 우리는 정말 주제를 잘못 선택한 것일까? 나는 이 책을 통해 그 반대의 사실이 입증되기를 고대한다. 수영복 상의를 탈착하는 행위는 결코 아무 문제도 야기하지 않는, 단순하고 자연스런 행동은 아니다. 오히려 그것은 역사적 과정의 일환이며 누가 어떤 행동을 어떻게 할 수 있는가를 정의하는, 고도로 발전된 행동규칙의 일부분이다. 어떤 포즈를 취하는가, 어떤 식으로 시선을 던지는가 하는 것은 나름대로 각각 의미를 가지며, 여성의 가슴은 그 형태와 연령에 따라 취해야 할 고유의 역할을 부여받는다. 이런 행동 안에 내재되어 있는 의미를 전혀 인식하지 못한 채, 해변에 있는 휴양객들은 타월을 깔고 조용히 누워 마치 행복한 혼수상태에 빠진 양 선탠을 하며 몽상과 낮잠을 만끽한다. 그렇기 때문에 사람들은 우리가 던지는 질문을 더더욱 불쾌한 충격으로 받아들이는지도 모르겠다. 『모르겠어요, 별 생각이 없네요. 정말이지 특별히 할 말이 없다구요!』(H49) 『그런 조사에 대해 사람들이 대답이나

할 것 같아요? 전 머리 쓰기 싫어요. 휴가 중이라구요, 휴식
이요!』(H59) 독자들은 다음과 같은 사실을 미리 알아두어야
한다. 토플리스라는 현상을 지배하는 게임의 규칙을 이해하게
되는 순간, 해변은 더 이상 예전의 모습을 간직하지 않을 것이
며, 독자들에게 익숙해져 있는, 순진한 평온함을 지닌 해변의
모습은 더 이상 존재할 수 없으리라는 사실을……. 이는 세상
을 조금 더 알기 위해 치러야 할 대가인 것이다.

　가장 일상적인 현상에 관한 질문은 가장 짧은 대답과 긴 침
묵을 낳게 마련이다. 이 책을 다 읽고 나면 왜 사람들이 일상
적 행동에 대해 개인적 의견을 이야기하기가 어려웠는지 알게
될 것이다. 일상에서 쉽게 찾아볼 수 있는 현상은 결코 평범한
주제가 아니라 오히려 가장 중요한 사회 발전과정이다. 그러나
일상적 현상들은 무엇이 가장 근본적인 문제인가를 탐구할 수
있게 하는 인간의 능력을 암암리에 마비시키고 부지불식간에
정형화된 사회적 현실을 형성한다. 애초부터 평범한 사회현상
이란 존재하지 않으며, 본질적으로 흥미롭지 않은 행동 또한
없지 않은가! 다만 이 행동들이 사회 안에서 평범하게 연출되
었기 때문에, 또 사회의 기본현상으로 구상되었기 때문에 하찮
다고 인식된 것이다. 또한 이런 현상에 대해 사람들이 특별히
할 말이 없다고 생각하는 까닭은 정말 할「말」이 없어서가 아
니라, 침묵을 하나의 지상명령으로 여기기 때문이다. 더불어
사람들은 평범한 행동에 관해서는「생각」이라는 것조차 하지
않으며, 대답을 강요받는 상황에서도 쉽사리 자신의 의견을 표
현하지 못한다. 특히 토플리스에 관해서는 이 침묵의 법칙이
더욱 무겁게 작용한다. 단 한 번도 논의의 대상으로 생각하지
않았던 행동이 의외로 많은 문제점을 내포하고 있기 때문이
다. 즉 모두가 확실하다고 믿었던 것이 실제로는 그렇지 않으
며, 단순한 행동 뒤에 감추어진 의미는 상당히 모호하기 때문

이다. 가장 비밀스러운 사실은 아마 다음과 같은 점일 것이
다. 여성은 세 가지 육체를 가지고 있으며, 남성은 각기 다른
세 가지 방식으로 여성을 바라보며 망설임 속에서 서로 다른
세 가지 방식을 끊임없이 시도해본다는 것이다. 하지만 특별히
비밀이라고 할 것도 없다. 사람은 누구나「모호함」에 대한 직
감을 지니고 있으며, 은밀하게「이중 게임」을 즐기기 때문이
다. 그러나 직감 특유의 성질 덕분에 남성과 여성은 다양한 상
황 속에서도 크게 애쓰지 않고 유대관계를 가질 수 있으며, 이
를 바탕으로 사회의 응집력이 유지되고 사회는 혼란스런 모험
의 장이 되지 않는 것이다. 독자는 다음과 같은 사실을 숙지해
야 한다. 남성이건 여성이건 간에, 인간이 이성을 바라보는 시
각은 비단 해변뿐 아니라 다른 장소에서도 변할 수 있다는 사
실을.

사회학은 학문이다. 여느 학문과 마찬가지로 사회학은 도구
(방법 및 개념)를 사용하며, 바로 이 점 때문에 때때로 일반인
은 사회학을 접근하기 어려운 학문으로 생각한다. 종종 사회학
에 문외한인 일반인들이 사회학 조사의 핵심을 이해하지 못하
는 경우가 있는데 유감스러운 일이 아닐 수 없다. 나는 나만의
방법을 사용하여 사회학에 대한 일반인의 이해를 높이고자 한
다. 이는 스스로 정한 과제 중 하나이기도 하다. 즉 사회학 서
적의 독자층을 넓히고 사회의 표면뿐 아니라, 그 이면에서 일
어나는 현상의 메커니즘에 대한 흥미를 유발시키고, 때로는 딱
딱하기도 한 사회학 서적으로 독자들을 인도하는 뱃사공 노릇
까지 할 생각이다. 이를 위해서는 무엇보다 명료하게 글을 쓸
줄 알아야 한다. 그러나 어떤 현상들은 간단히 설명하기에는
너무 복합적이며, 때로는 이론적 배경과 참고서적까지 첨부시
켜야 하는 경우도 있다. 물론 이런 것들은 독자들을「소화불
량」에 걸리게 할 수도 있을 것이다. 따라서 이런 부분은 주로

책의 뒷부분으로 미뤄놓았다. 후반부 몇몇 장들이 이해하기 가장 힘든 부분이 될 것이다. 다만, 나는 비사회학적인 독자들이 이 책의 완독을 포기하지 않기를, 학문의 비밀스러운 세계에 빠져들 수 있기를, 다른 학문 못지않게 사회학에 대한 왕성한 호기심을 갖게 되길 빌 뿐이다.

나의 연구방식은 약간 독특하다. 그러므로 간략하게나마 이 책이 어떻게 구성되었으며, 독자들은 어떤 방식으로 읽어야 하는지에 대한 설명이 필요할 듯싶다. 대부분의 사회과학 서적들은 비교적 명확히 구분되는 몇 가지 범주로 나누어진다. 우선 특정 분야를 다루는 전문서적 또는 참고문헌을 들 수 있다. 이러한 서적들은 앙케트를 주요 연구수단으로 삼아 현실의 단면을 기술한다. 그 밖에 개념적 논리를 전개시키는 이론서적이 있으며, 이 범주의 책들은 경우에 따라 예시를 이용함으로써 이론설명을 돕는다. 그러나 이 책은 위의 두 가지 부류 중 어느 곳에도 속하지 않는다. 나는 이 책에서 사소한 일상의 관찰에 중점을 두었다. 그럼으로써 독자들이 받을 수 있는 인상과 달리 나의 야심은 사실 「이론적」인 것이다. 이론을 정립하는 데는 여러 가지 방법이 있을 수 있다. 가장 전형적인 방법은 독창적인 일련의 가설을 제시하는 것으로서, 이를 기존의 지식과 연결시키거나 기존의 가설을 비판하는 것이다. 동시에 사람들에게 그럴 듯하고 교훈적인 가설이라는 인상을 주기 위해서 이 가설의 타당성을 역설한다. 오랫동안 금과옥조와 같이 생각되어왔던 위의 「설명식」 이론정립 방법은 시간이 지남에 따라 그 효용성이 줄어들었지만 아직도 독보적인 위치를 차지하고 있다. 그것은 다름 아닌 「추상화」가 부여한 정당성 및 위력 때문이다. 반면 나는 이론을 정립하는 데에는 또 다른 방법이 존재할 수 있다는 생각을 가지고 있다. 이 경우 이론정립의 원칙은 위에서 기술한 것과는 정반대가 될 것이다. 즉 가장 단순하고 구체적이며 검증 가능한 사실의 관찰을 그 출발점으로 삼는 것이다. 그렇다고 해서 아무 생각도 없이, 연구과정도 거치지 않은 상태에서 가설을 세울 수 있다고 주장하는 것은 아니다. 다만, 내가 추구하는 것은 예시를 통한 개념의 귀납적 설명을 지양하고, 구체적 사실을 신사고 정립을 위한 「원료」로 파악하자는 것이다. 동시에 기존의 이론적 자본을 단순한 기구로, 그것도 상황에 따라 유연성 있게 적용될 수 있는 개방적 도구로 사용해야 한다는 것이다.

이와 같은 사실은 이 책이 어떻게 구성되었는지 설명해준다. 우선 이 책은 「토플리스」를 조사대상으로 선택하여 그 일관성을 유지하고 있다. 이 책의 각 장에는 여러 가지 행동규범, 공식적 또는 암묵적 규칙들이 조목조목 나열되어 있으며, 사람들이 가지고 있는 생각이 기술되어 있다. 이 단계에서만 보았을 때 이 책은 비교적 쉽게 읽혀질 수 있는, 해변의 은밀한 메커니즘을 드러내는 《해변 가이드 북》 또는 《행동 지침서》쯤으로 파악될 수 있을 것이다. 그러나 이 수준을 넘는 심도 깊은 이해를 원하는 독자들의 사정은 다르다. 사실 재료(토플리스) 연구에서 발생하는 이론적 문제들은 그 방향이 각기 다르다. 그렇다고 해서 너무 심도 깊게 논의를 발전시킨다면 이 책의 일관성이 깨질 수 있을 것이다. 혹 어떤 독자들은 문제제기가 1차적 수준에 머물러 있으며, 문제가 여러 각도에서 논의되지 않았다고 아쉬워할지도 모르겠다. 그러나 독자 개개인이 가지고 있는 이론적 관심이 상이하며 각자가 지니고 있는 생각이 다른 만큼, 독자 전부를 만족시킬 수 있는 내용을 집필한다는 것은 불가능한 일이 아닐 수 없다. 그러므로 나는 1차적 수준에 머물기를 거부하는 독자에게 많은 것을 요구한다. 즉 그런 독자는 논의의 초안을 살펴본 후, 그 중 적합한 가설을 취사선택하여 저자가 제공하는 자료를 바탕으로 자신의 방식대로 자신만의 이론을 정립해야 할 것이다. 그 외에도 전형적인 이론 정립 방법을 사용할 수도 있을 것이다. 요컨대 주로 이 책의 마지막 장에 소개되는 여러 가지 이론을 검토하여 취사선택하는 것이다. 만약 독자가 나의 연구방식과 유사한 방법을 택하고자 한다면「토플리스」라고 하는 구체적 현상에 대한 치밀하고 체계적인 연구내용을 참고하면 될 것이다. 내가 제안하는 이론적 주장은 갑자기 하늘에서 떨어진 것이 아니다. 그것은 앙케트를 통해서 얻어진 것이며, 앙케트 개개의 사실에 대한 상세하고 심도 있는 이해가 이루어질 때 비로소 그 위력을 발휘할 수 있게 된다. 바로 그렇기 때문에 나는 사회라고 하는 거대한 기계의 톱니바퀴 속에서 일어나는 각종 현상의 구체적인 메커니즘을 조사·설명해야만 했다. 마르셀 모스(Marcel Mauss)의 말을 자의적으로 해석하자면 상반신 노출은 일종의「총체적 사회현상」으로 풀이할 수 있으며, 그 역동성을 파악하기 위해 충분한 시간이 투자된다면 상당히 흥미로운 사실을 발견할 수 있을 것이다. 또한 일반적 이론을 도출하기 위해서는 사회를 관찰하는 현미경이 가장 세밀한 부분까지 비출 수 있어야 한다는 것이 나의 원칙론이다.

나는 독자들에게 최대한의 자율성을 보장하고자 한다. 그럼으로써 독자들은 페이지를 넘길 때마다 알게 되는 새로운 사실에 깜짝 놀라며 호기심을 느끼게 될 것이다. 그러나 이 책의 골자를 미리 소개하지 않는다면 지적 욕구를 만족시키기 위해 이 책을 선택한 독자들이 간혹 방향감각을 잃을 수도 있을 것이다. 그러므로 나는 책의 목차(임시적인)를 간략하게 설명하고자 한다. 그 목차는 지극히 불완전한 것이다.

제1부는 역사와 변화(19세기에는 변천이라는 말을 썼을 것이다)를 다루고 있다. 노버트 엘리야스(Norbert Elias)에 의해

규명된「문명사회로의 과정」중 우리는 현재 어떤 위치에 있는가? 또 해변의 풍경처럼 이완적이고 자연발생적인 현상 속에서 문명사회로의 과정은 어떻게 응용되는가? 앙케트 조사에 따르면 인간의 감정 억제능력은 놀랄만큼 내재화되어 있어, 마치 강제성을 띤 의무조항은 존재하지도 않는 것 같다. 우리 사회에서 육체와 시선은 어떤 위치를 차지하고 있는가? 우선 육체는 개인의 정체성을 파악할 수 있는 요긴한 받침목이며 매우 개인적인 성격을 띠고 있다. 한편 시선은 앞으로 사회 교류뿐 아니라 지식습득에서도 매우 중요한 역할을 할 것이다.

제2부는 남성과 여성의 관계, 특히 여성이 스스로를 연출하는 방식과 남성이 여성을 바라보는 시선에 대해 다루고 있다. 원료가 되는 사례분석에 따르면 교류에는 세 가지 논리가 존재한다. 이 논리들은 때로는 경쟁적이고 또는 상호 모순되기도 하지만 끊임없이 변화를 주고받는다. 또한 서로 다른 두 쌍의 남녀가 같은 상황에 처해 있다고 해서 항상 같은 논리가 적용되어야 한다는 법은 없다. 그러나 남성과 여성은 서로를 이해한다. 사실 파트너로서의 남성과 여성은 스스로를 연출하는 게임을 하는 셈이다. 또 이런 사실의 확인은 통상적인 도식—남녀 간 교류에서 의미에 대한 이해와 동의가 있어야 한다는—에 물음표를 던진다. 즉 남녀 간의 교류를 가능케 하는 것은 남녀가 서로 공유하는 의미보다는 의례적인 행위의 안정성 및 가시성인 것이다.

제3부는 개인의 자유를 추구하는 자들과 사회적 결정론을 신봉하는 자들을 대치시켜왔던「개인 대 사회」라는 해묵은 논의에 이의를 제기하는 과정이다. 이 시점에서는 사회현상의 마디마디를 분석하는 길만이 논의를 진전시킬 수 있을 것이다(엘리야스, 1991). 이번 조사에서 밝혀진 사실은 아무리 사소한 행위에도 그 행위를 하려고 하는 자유의지와 막으려고 하는 속

박이 공존한다는 것이다. 즉 아무리 구속력 높은 행동규범이
있다 할지라도 규범에서 벗어나는 행동은 항상 존재하게 마련
이다. 그러나 이런 일탈적 행위를 하기 위해서는 「반사적 행위
의 약화」라는 대가를 치러야 하며 개인적 노력도 요구된다. 이
런 노력의 일환으로 사회 구성원은 규범을 준수하고 주어진 사
회적 역할을 충실히 이행하며 자신의 정체성을 찾기 위해 사회
속에 융화된다.

제4부는 「새로운 요소를 받아들이는 현실세계 구축」에 대한
이론의 고찰을 다루고 있다. 우리는 토플리스라는 메커니즘을
면밀히 분석함으로써 규범 생성이 현실세계 구축에 중심적 역
할을 하고 있다는 사실을 알 수 있다. 규범이 형성됨으로써 비
로소 현실은 구체화될 수 있으며, 보편화로 인해 생긴 반사적
행동과 세인의 시선 감소로 말미암아 현실은 더욱 다양성을 띠
게 된다. 반면 상궤에서 벗어난 일탈적 행동들은 세인의 시선
을 집중시키고 규범론자들의 압력을 받게 되며, 비판대에 서게
된다. 결국 오랜 논의 끝에 새로운 규범이 탄생되는 것이다.
그러나 이 때 일탈자들은 저항하기도 하고 스스로의 행동이 정
당한 것이라고 고집하기도 한다. 이 때는 새로운 규범이 잉태
되는 시기다.

마지막은 다소 정치적인 성격을 띤다. 규범을 통한 현실 사
회의 구축은 민주주의의 일상적 적용에 회의를 품게 한다. 이
책의 조사내용을 통해서 독자 여러분은 우리 사회의 문화 및
민주주의 수준을 읽을 수 있을 것이다. 모든 또는 거의 대부분
의 사람들은 절대적 자유 상태에서 본인이 원하는 대로 자신의
인생을 결정하고 싶어한다. 그러나 규범 형성의 필요성은 자유
에 대한 염원과 상치되는 것이며, 나아가 편협된 범주화, 소외,
비관용을 낳는다. 질문에 응한 사람들 중 이 두 가지 경향-자
유와 규범-사이에서 방황하지 않은 사람은 없었다.

이제는 목차를 끝내야 하는 시간이다. 나는 독자들도 인터
뷰에 응한 사람들과 똑같은 질문-『이 조사를 통해서 무엇을
얻으려고 합니까?』-을 하리라 믿는다. 그렇다면 이 책은 단
순히 토플리스에 대한 책인가, 아니면 사회학 교과서인가?
이제는 해변으로 떠날 시간이다. 그리고 표면적인 관찰부터 시
작하여 가장 단순한 행동이 얼마나 다양한 의미를 함축하고 있
는지 살펴보아야 할 때다.

※ 일러두기 : 본문 속의 인용문이나 코멘트 다음에는 번호를 붙여 여성의 경
우 F로 [예 : (F1)], 남성인 경우 H로 [예 : (H1)] 표기하여 기본적인
인적사항을 부록에 기록해 놓았다. 저자는 비록 우아하지 못한 방법이긴
하지만 익명성을 피하기 위해 이런 방법을 사용했다고 적고 있다.

차 례

제Ⅱ부 행동의 통제

차
례

제 Ⅳ 부 해변의 포도(鋪道)

제 I 부

•

발가벗고 햇볕에
그을린 육체

1

육체의 해방에 대한 역사적 고찰

예전의 누드

나체의 과시는 결코 새로운 사실이 아니다. 역사를 통해서 여성의 가슴은 쉽게 관찰될 수 있었으며, 남성의 둔부도 아무런 격식을 차리지 않은 채 세인의 눈에 띄곤 했다. 그러나 얼마 전까지만 해도 둔부, 특히 남성의 둔부와 여성의 가슴은 오히려 의복 속으로 감추어지는 경향을 띠었다〔도미니크 그로(Dominique Gros), 1987〕. 장 클로드 볼로뉴(Jean-Claude Bologne)가 열거한 「허용된 나체」의 다양한 파노라마 앞에서 현대의 독자들은 놀라움을 감추지 못할 것이다. 그리스 남성 나체상에서 찾아볼 수 있는 남체의 미학, 중세의 나체행렬에서 찾아볼 수 있는 종교 윤리학, 17세기 「구멍 난 의자의식」(역주 :

중세 프랑스의 군주나 고관이 이용했던 의자로서 가운데에 구멍이 뚫려 앉은 자리에서 생리작용을 해결할 수 있게 함. 가족이나 왕의 총애를 받는 인물만이 입회할 수 있으며 큰 영광으로 생각됨)을 통한 권력의 추구 등이 허용된 나체의 예가 될 것이다. 각 시대마다 사회의 분위기에 따라 남성이건 여성이건 간에, 신체 특정 부위의 노출이 관대하게 허용되었으며 가장 은밀한 부분까지 조금씩 노출의 대상이 되곤 했다. 그러나 사회마다 노출의 부위와 방식, 동기는 각기 상이했다. 더불어 나체를 바라보는 시선이 갖는 의미도 많이 변했다. 여성의 나체가 성적 욕망과 결부되어 생각되고, 오늘날과 같은 성적 의미를 함축하게 된 것은 중세 말기 이후의 일이었다(볼로뉴, 1986).

신체의 노출은 시대에 따라 그 모습을 달리했지만, 궁정문학이 사랑을 찬양하던 중세시대까지만 해도 가슴의 노출은 생각조차 할 수 없는 일이었다. 그 후 오늘날과 같은 형태의 남녀 관계가 선보였으며, 그 관계란 처음부터 여성의 육체를 향한 남성의 시선이 불러일으키는 욕정과 결부되어 생각되었다. 연모의 정에 몸부림치는 남성의 시선이 꽂힌 곳은, 다름 아닌 여성의 유방－이제껏 잊혀져 왔던－이었다. 이런 경향은 남성사회를 흥분시켰고, 예술가들에게는 새로운 영감을 주었다. 『동상과 벽화, 신전의 기둥에서 이브의, 또는 악마들의 부드러운 가슴은 단단하게 굳어져 여기저기서 솟아올랐으니….』(볼로뉴, 1986, 54쪽) 가슴이 지닌 성적 매력을 깨닫게 된 여성은 남성이 던지는 눈빛의 변화 앞에서 태연히 있지만은 않았다. 게다가 엄격한 사회규약은 여성의 다리를 끝없이 긴 치마 속으로 꼭꼭 숨겨버렸고, 그 결과 가슴을 향한 남성의 시선은 더욱 뜨거워졌다. 그러나 여성들은 상반신을 오히려 더 노출시키며 마치 배꼽까지 보일 것 같이 대담하게 파인 옷을 유행시켰다. 심지어 한때 아네스 소렐(Agnès Sorel)이라는 디자이너는 한쪽 가슴은 가리고, 나머지 한쪽은 완전히 노출시키는 브라우스를 시도하기도 했다. 독실한 기독교 신자들은 여성들의 노출행각-자신들의 눈에는 명백한 「범죄행위」로 생각되는-을 힐난할 말을 찾는 데 여념이 없었다. 폴 드 바리(Paul De Barry)는 다음과 같이 비난한다. 『만약 여인들이 뱀이 우글거리며 구더기와 전갈이 득실대고, 이와 애벌레 천지인 자신들의 유방에서 나는 악취를 맡는다면….』(볼로뉴 1986, 66쪽) 타르튀프(역주 : 몰리에르의 「Le Tartuffe」에 나오는 주인공)는 「토플리스」에 반대하는 열성 캠페인 주자 중, 사람들에게 알려진 비교적 개화된 예에 불과하다. 몇 세기에 걸쳐 지속되었던 토플리스 반대운동은 결국 아무 성과도 거두지 못한 채 끝났다. 심지어 로마 교황도 이 문제에 개입했으나 아무 소용 없었다. 토플리스는 걷잡을 수 없이 번져갔고, 남성들의 뜨거운 눈빛 앞에서 여성들은 주저없이 가슴을 과시했다. 여성을 코르셋으로 구속했던, 성문제의 보수성이 그 절정에 달했던 19세기조차 가슴이 깊게 파인 야회복의 유행 앞에서는 굴복할 수밖에 없었다. 20세기 초에 이르러서야 여성의 가슴은 의복 속으로 감추어지기 시작했다. 하지만 이것은 1920년대에 거세게 밀려올 육체의 해방을 효과적으로 준비하기 위한 잠정적 후퇴에 불과했다. 즉 1920년대에 이르자 신체를 구속하는 모든 장애물이 제거되고 여성의 치마 길이는 한층 짧아지게 되었다. 이는 제2차 세계대전 이후 나타난, 「해수욕장에서의 대담한 노출」을 가능케 한 준비작업의 일환이었던 것이다.

오늘날 우리가 향유하는 육체의 자유는 가정 안에서의 노출에 힘입은 바 크다. 과거의 청교도주의에 맞서 부모와 자녀들은 사생활에 있어서만은 거추장스러운 옷가지를 던져버리고자 했으며, 또 그렇게 하는 것이 지극히 자연스럽고 간결하다는 것을 알게 되었다. 여느 발견과 마찬가지로 이는 단순한 발견에 그치지 않았다. 가정이라는 공간 내에서의 노출은 역사 속에서 쉽게 찾아볼 수 있는 현상이었으며, 19세기까지 지속되었다(볼로뉴, 1986). 단순한 수준에 머물지 않았던 이 혁신, 즉 수치스러운 일로 생각된—신체의 노출이 이미 오래 전부터 행해졌다는 사실을 망각하고 있었으므로—신체 일부의 노출에 대해, 학자들은 다음과 같은 결론을 내린다. 신체 노출에 관한 한 역사는 끝없이 반복되는 재개(再開)의 장이며, 이미 연주된 악보를 시대의 취향에 따라 다시 연주하는 데 만족해하는 출구 없는 이동의 장이라고. 그러나 이것은 분석의 오류가 아닐 수 없다. 중세의 그림에서 볼 수 있는 남성의 둔부는 20세기를 살아가는 남성의 둔부와 분명 다르며, 소렐이 살던 시대의 여성의 가슴은 오늘날 8월의 해수욕장에서 볼 수 있는 여성의 가슴이 아니기 때문이다. 분명 역사는 망설임 속에서 반복된다. 그러나 이 망설임과 반복 속에는 분명 변화의 방향이 있으며, 우리를 둘러싸고 있는 세상을 이해하기 위해서는 그 방향을 파악해야 한다. 동시에 개개의 역사적 사실들은 그 의미가 충분히 살아날 수 있는 시대적 배경 속에서 파악되어야 한다. 나체에 관해 역사가 지니고 있는 의미는, 우리 사회에서 육체가 어떤 위치를 차지하느냐에 따라 달라질 것이다.

문명의 과정

아마 노버트 엘리야스(Norbert Elias)야말로 구체적인 사회현상을 마디마디 분석하는 방식을 가장 충실히 이행한 사람일 것이다. 그는 사소한 제스처 하나하나가 어떤 중요성을 띠며, 그런 행동이 감정 및 표현방식의 내적인 통제를 향한 변천과정 속에 어떻게 통합되는지 입증하고 있다. 웃음과 울음, 트림과 방귀와 같은 사소한 현상도 명확히 기술된 상황과 법제화된 과

정에 따라 발생하게 되는데, 그는 이를 「문명의 과정」이라 명
명한다. 더불어 일상생활 속의 사소한 행동을 완벽하게 파악하
는 것은 중요한 결과를 가져온다고 생각했다. 사소한 일상의
파악은 곧 사고영역을 확장시키는 「신(新)정신경제」를 구성한
다. 개인의 책임감과 행동의 이성화에 초점을 맞추는 현대성은
개인의 내재성 확장에 그 기원을 두고 있다.

　엘리야스의 조사는 앙시앵 레짐(Ancien Regime : 혁명 전 구
체제) 사회를 그 대상으로 하고 있다. 그의 저서는 1939년에
출간되었는데, 그 책을 읽어본 독자라면 엘리야스가 기술한 분
석의 정확성에 찬사를 보내는 동시에, 그가 진단한 앙시앵 레
짐 사회-비교적 근대사에 해당되는-의 모습에 대해 의구심
을 품게 될 것이다. 사실 오늘날의 세계는 변화와 감정의 자발
성을 추구하며 육체의 해방을 지향하고 구속과 터부를 멀리하
는 사회가 아닌가? 현대사회는 엘리야스가 지적한 것과는 완
전히 다른 방향으로 나아가는 것은 아닌가? 엘리야스 스스로
도 자신의 도식과 점점 멀어져가고 있는 시대의 변화에 대해
당혹감을 감추지 못했다. 해수욕장에서 볼 수 있는 새로운 풍
경에 대해 그는 이렇게 고백한다. 『앞으로 전반적인 변화는 과
거와는 완전히 반대방향으로 나아갈 듯싶다.』(엘리야스, 1976,
271쪽) 그의 책을 자세히 읽어보면 그가 단정적으로 결론 내리
기를 주저한다는 사실을 알 수 있다. 어떤 지점에 이르면 자신
의 이론을 내세워 현실 거부를 시도하기도 하고, 시대(나치즘
이 창궐하던 독일)의 영향을 받는 모습을 보이기도 하는 엘리
야스는 「충동을 억제하는, 좀더 엄격한 형태로의 변화-외부
로부터 강요된-를 예고하는 징후」를 찾았다고 믿는다(엘리야
스, 1976년, 272쪽). 그러나 또 어떤 지점에서는 현대사회의
가장 최근 변화를 해석할 수 있는, 자신의 이론을 몇 줄에 걸
쳐 기술하기도 한다.

엘리야스의 파자마

엘리야스는 1, 2차 세계대전이 일어나던 즈음 나타난 의복의 새로운 유행을 예로 들고 있다. 그것은 다름 아닌 「파자마」의 출현으로서 사람들은 집 안에서뿐 아니라, 타인 앞에서도 잠옷의 일종인 파자마를 입고 당당히 나서게 되었다. 또한 엘리야스는 파자마의 출현이 자기통제 능력이 상실되었음을 나타내는 것이 아니라는 사실을 상기시킨다. 이전 사람들이 잠옷 바람으로 타인 앞에 나서기를 꺼려 했던 것은 그 당시의 잠옷인 슈미즈 가운(19세기부터 유래한) 안으로 속살이 쉽게 비쳤기 때문이었다. 그러므로 파자마는 감정통제의 경계선을 이동시킨 새로운 발명품이며, 더 많은 행동의 자유를 허용함으로써 인간 사이의 거리를 좁힌 주역이다. 우리는 파자마의 출현—육체해방의 명확한 형태—을 통해서 다음과 같은 사실을 파악할 수 있다. 즉 개인은 스스로를 통제할 능력을 지니며, 이러한 자아통제가 무의식적으로 자연스레 이루어질 때 비로소 외부의 신체적 구속은 융통성 있는 방식으로 대치될 수 있다는 것이다. 그 당시 이미 대담한 노출을 했던 해수욕장의 여성들을 관찰한 엘리야스는 다음과 같이 결론짓는다. 『해변에서의 노출은 이완을 위한 명백한 휴식방편이며, 자기통제 능력이 발달되었을 때만 가능하다.』

그러므로 육체의 해방과 오늘날 접할 수 있는 신체의 노출은, 엘리야스가 정의한 「문명화 과정」에 대한 반전이 결코 아니다. 오히려 육체의 해방은 문명화 과정의 일환으로 포함되며, 단지 그 과정의 제2기를 형성할 뿐이다. 제1기에서 감정 및 행동의 통제는 수많은 금기사항과 직접적 신체 접촉의 금지로 인해 가능할 수 있었다. 그로 말미암아 인간의 충동적 삶은 위축될 수밖에 없었고, 항상 억압되어온 욕구는 비정상적 방식을 통해서만 충족될 수 있었다고 엘리야스는 지적한다(엘리야스, 1975). 그러므로 이 같은 금기사항 속에서 문명화 과정은 진전될 수 없었던 것이다. 한편 엄격한 청교도주의가 절정을 이루던 19세기, 육체에 대한 새로운 해석이 고개를 들기 시작하면서 문명화 과정의 제2기는 막을 연다.

코르셋 전쟁

제1기에서 제2기로의 이동은 하루아침에 이루어진 것이 아니며, 또한 대립과 모순 없이 평탄히 이루어진 것도 아니다. 이 과정을 설명하기 위해서는 무엇보다 「코르셋 전쟁」을 예로 드는 것이 적합할 듯싶다. 여성의 몸을 끈으로 졸라매는 광경은 11, 12세기경 귀족사회에서 처음 관찰되며 최초의 코르셋은 14세기에 그 모습을 드러낸다[쇼터(Shorter), 1984]. 「경직성과 꼿꼿함에 대한 새로운 관심」이 강요한 「이상한 모양의 갑옷」이 코르셋에 대한 정의였다[페로(Perrot), 1984, 72쪽]. 마치 보철술(補綴術)과 같은 방식으로 여성의 몸을 인위적으로 「만드는」 행위는 엘리야스가 정의한 문명화의 초기과정과 정확히 일치한다. 그로부터 5세기에 걸쳐 윤리학자, 의사, 코르셋 제조업자들은 여성의 신체를 엄격히 통제시켜야 하는 이유에 대해 장광설을 늘어놓았으며, 각자 재량을 겨루며 의족 제조와 흡사한 코르셋 기술의 개선을 위해 노력해왔다. 이리하여 남성들은 몇 세기에 걸쳐 여성의 몸을 속박하고 불편하게 만드는, 풍만함과는 거리가 먼 인위적 형태의 실루엣을 유지시키는 일에 종사하게 된다. 이런 원칙은 너무 깊게 뿌리내렸기 때문에 육체의 해방을 위한 혁명이 발생한 후에도 고래수염(코르셋의 원료)과 향유고래는 흐물거리는 여성의 신체를 잡아매기 위해 1950년대까지 사용되었다〔퐁타넬(Fontanel), 1992〕.

그러나 18세기부터 근본적으로 다른 사상들이 고개를 들기 시작했다. 왜 우리는 자신의 육체를 적을 다루듯하는가? 육체가 원하는 것에 우리는 왜 귀 기울이지 않는가? 왜 육체가 자연과 접촉하며 조화를 이루는 것을 반대하는가? 하는 식의 사상이었다. 동시대 사람들로부터 공감을 얻지 못했던 장 자크 루소(Jean-Jacques Rousseau)는 부자연스런 기교에 반기를 들었다. 그러므로 루소가 「신체 압착기」 반대운동에 참여한 것은 우연이 아니었다. 몇몇 후작 부인들은 용감하게도 코르셋 끈을 풀은 채 아이들에게 수유했다. 그러나 모든 속박을 제거하고 신사고-간단하고 편안한 복장(퐁타넬, 1992)-를 도입시킨 것은 바로 프랑스 혁명이었다. 그러나 이런 자유의 물결 가운데에는 정도를 지나친 행동도 눈에 띄었다. 공화력 5년 10일째 되는 날 탈리엉(Tallien) 부인은 상제리제 거리에 속이 훤히 들여다보이는 모슬린 소재의 옷을 입고 나옴으로써 행인들의 야유를 받기도 했다(볼로뉴, 1986년). 그러나 나폴레옹이 통치하는 제1제정 시대에 이르자 자유의 물결은 막을 내리고 코르셋이 다시 여성의 몸을 구속하게 되었다. 즉 19세기야말로 문명화 제1기 과정 중 신체에 대한 통제와 보수적인 분위기가 극에 달하던 때였다. 그러나 이와 상반되는 상황이 비밀리에 펼쳐지기도 했다. 개인적으로 가까운 사람들끼리는(비록 고문헌에는 그 흔적이 거의 남아 있지 않지만) 그 어느 때보다도 자유로운 감정의 표현과 새로운 사고방식이 갑옷 뒤에서 잉태되었기에〔알렝 코르뱅(Alain Corbin) 1987〕 이 시기는 후에 일어날 대변혁(신체의 구속을 떨쳐버리는)의 모태가 되는 때이기도 했다. 즉 문명화 제1기 과정이 절정에 이르고 있을 때 다른 한편에서는 제2과정을 위한 준비가 진행 중이었던 것이다. 그러나 코르셋 제거를 위한 진정한 전쟁이 시작되고, 그 전쟁이

코르셋 반대파의 승리로 끝난 것은 20세기 초의 일이었다〔몽레
노(Montreynaud), 1992〕. 한편 전쟁이 쉽게 끝난 것은 아니었
다. 공격군인 육체해방론자에 맞서 구습을 지키려는 사람들은
일종의 「갈대 전략」 — 여성들이 스포츠를 즐기거나 탱고를 출
수 있도록 변형된 형태의 의복을 도입하는 융통성을 보인 — 을
구사했고, 코르셋은 그들의 저항 덕분에 오랫동안 여성들의 속
살과 인연을 끊지 못했다.

육체의 해방

　융통성과 편안함, 솔직한 느낌을 선호하는 걷잡을 수 없는
물결에 저항하는 수구주의자들의 노력에도 불구하고, 인간의
육체는 활동에 제약을 가하고 신체노출을 구속하는 모든 것으
로부터 자유로워질 수 있었다. 어린 아이는 거추장스런 의복에
서 해방되었으며 스포츠는 대중에게 한층 가까워졌다. 이완을
향한 변화가 시작되었고, 의복은 가벼워졌으며 노출은 더 이상
스캔들의 대상이 되지 않았다. 여성은 두 가지 이유로 육체해
방운동의 선봉에 서게 된다. 첫째, 거추장스러운 의복으로 말
미암아 여성은 남성보다 더 통제된 삶을 살아왔으며, 둘째 전
반적인 육체해방운동은 「지배받는 성(性)으로서의 여성」을 해
방하는 운동과 같은 맥락으로 이해되었기 때문이다. 콜레트
(Colette), 코코 샤넬(Coco Chanel)을 비롯한 많은 디자이너들
은 삶의 주체인 동시에 자유로운 육체를 가진 인간으로서의 신
여성관을 주장했다(몽레노, 1992).
　그러나 해방이라는 용어 자체에는 많은 비난이 쏟아졌다.
단지 활동하기가 더 수월해졌다고 해서 해방되었다고 할 수 있
는가? 많은 작가들은 당시의 육체해방이 거짓된 해방이며,
오히려 육체를 부인했던 사회에서의 허울 좋은 보상(그것도 스

포츠 클럽이나 해수욕장 같은 제한된 장소에서만 가능한)에 지나지 않는다는 사실을 역설하고 있다[르 브르통(Le Breton), 1990 / 기벙티프(Guibentif), 1991]. 동시에 젊음과 미를 규범 삼아 소외의 메커니즘을 강화하는「행동의 통제과정」-겉으로 드러나지 않는-이 어떻게 자리잡게 되었는지 설명하고 있다 [보드리야르(Baudrillard), 1970 / 리포베츠키(Lipovetsky), 1983 / 피카르(Picard), 1983 / 페로, 1984 / 르 브르통, 1990]. 즉「해방」이란 암시적 행동의 가장 깊은 층에 자리잡은 규범-미와 젊음 같은-을 강화한 것에 불과한 것이다. 신체 노출이 가장 흔히 이루어지는 장소를 관찰해본 결과 규범과 외적 규제는 좀 더 은밀한 메커니즘을 향해 이동했음을 알 수 있다. 해변에 있는 수영복 차림의 여성을 예로 들어보자. 그녀가 보이는 모습(매니큐어를 칠한 발톱, 면도를 끝낸 겨드랑이)은 공들여 치장한 것이 아닌가? (몽레노, 1992) 한편 나체촌과 같이 모든 사람이 나체로 생활하는 상황에서는 성적 욕구가 엄격하게 자아통제된다[데스캉(Descamps), 1987]. 그 밖에 남녀가 정당한 목적을 가지고 서로의 몸을 만질 수 있는(치료의 효과나 육체의 해방을 위해) 제한된 상황을 떠올려보자. 처음에는 성적인 상상을 하게 될지도 모르지만, 시간이 지날수록 이런 행위는 잠재되어 있는 성욕을 사라지게 하는 지극히 의례적인 행위로 변모된다[페랭(Perrin), 1985]. 육체가 자유롭게 행동할 수 있는 영역이 확장될수록 그 한계를 정하는 방식은 더욱 미묘해지듯이.

나체주의의 경험

비록 역사가 커다란 흐름을 따르기는 하지만 미리 쓰여지는 것은 아니다. 역사를 구성하는 사건 중 뜻하지 않게 발생하여

놀라움을 안겨주는 일이 종종 있는데, 아마 나체주의가 그런
예가 될 수 있을 것이다. 나체주의는 통제 메커니즘의 형성을
흥미롭게 연구할 수 있는 매우 특이한 소재라고 할 수 있다. 아
담파(Adamites), 니콜라파(Nicolaïtes), 보르보르파(Borborites),
타보르파(Taborites), 클레멘틴파(Clémentins), 튀를뤼팽파
(Turlupins)를 비롯한 나체주의자들은 시대를 불문하고 항상
많은 신봉자를 유지해왔으며 나체주의에 그 사상적 뿌리를 두
었다(데스캉, 1987). 그러나 나체주의자들이 오늘날과 같이
본격적으로 조직화된 것은 20세기 초의 일이었다. 특히 독일에
서는 그리스 시대에 기원을 둔 남체 미학이, 그리고 프랑스에
서는 「마르셀 키에네 드 몽조(Marcel Kienné de Mongeot)」의
사상이 많은 영향을 미쳤다. 같은 시기에 좀더 자발적이고 확
산된 형태의 나체주의가 스칸디나비아 국가에 널리 퍼지게 되
었지만, 조직체의 수준까지는 이르지 못한 상태였다. 반면 프
랑스에서는 나체주의라는 사상 자체가 몹시 수치스러운 것으로
인식되었고, 나체주의 원칙은 비도덕적이고 도저히 이해될 수
없는 것으로 생각되었다. 많은 단체들은 나체주의를 강렬히 비
난했으며, 결국 초기의 나체주의자들은 세인의 눈에 뜨이지 않
는 외딴 곳에서 집회를 가져야만 했다. 나아가 그들의 사회화
방식에 거센 비난이 쏟아졌으므로 그들은 좀더 엄격한 규범을
체계화해야만 했고[바인베르크(Weinberg), 1968], 군대식 집
단 — 광신도라고 규정되었던 — 과 유사한 이데올로기를 수용해
야만 했다[로랑(Laurent), 1979].

  이렇듯 나체주의자들의 관행과 우리가 살고 있는 사회의 관
습 사이에는 큰 격차가 있으므로 나체주의자들의 행동 및 감정
에 대해서는 엄격한 규제가 이루어져야 했다. 그러나 이는 역
설적인 결과를 낳았다. 한편으로는 시대에 뒤떨어졌으면서 동
시에 시대를 앞서가는 인간군상을 만들어냈기 때문이다. 이미

사회에서는 자발적으로 육체해방이 은밀히 이루어졌으며, 개인적이고 내재적인 자가통제 메커니즘이 생성되고 있었기 때문에 무슨 선구자라도 되는 양 의복을 벗어던진 나체주의자는 오히려 시대에 뒤떨어진 사람으로 평가될 수 있었던 것이다. 이러한 사실은 육체해방의 여러 가지 모습이 시대의 변화로부터 직접적인 영향을 받지 않는다는 것을 의미한다. 즉 세상과는 별개인 것이다. 따라서 지정된 장소 이외의 곳에서 원시적 나체주의가 팽배하는 것을 보고 사회 지도층 인사들은 놀라움을 금치 못하는 것이다. 그러나 나체주의자들은 시대를 앞서가는 사람이기도 하다. 그들은 20세기 초부터 제기되어왔고, 오늘날의 사회가 30년 전부터 재발견한 사상을 주창하고 있기 때문이다. 그 사상이란 곧 육체의 회복, 자아통제를 통한 마음의 평화 및 치료, 육체의 소리에 귀 기울이기, 감성의 중요성, 자연과의 동화, 선입견 없이 바라볼 수 있는 능력 등이다(데스캉 1987).

구체성에 대한 욕망

더욱 은밀한 규범을 필요로 한다는 측면에서 보았을 때 「육체 해방」이라는 용어 자체에는 비난이 따를 수 있지만 「육체 해방」에 대한 논의가 「육체를 중시하는 막을 수 없는 역사의 움직임」이라는 커다란 숲을 가리는 나무가 되서는 안 될 것이다. 더불어 「융통성」이라는 것이 자동적으로 「해방」을 의미해서는 안 되듯이 최근의 변화가 「해방」이라는 한 가지 면에만 국한돼서도 안 될 것이다. 구체성에 대한 욕망 또한 중요한 요소이기 때문이다. 문명화 제1기에는 「육체와 정신의 엄격한 분리」라는 대원칙이 지배적이었으며 이는 기독교 유산에 바탕을 둔 것이었다. 그러나 이런 분리는 자아를 통제하기 위한 수단에 불과했다. 여기서 중요한 것은 정신과 육체 사이의 거리가 아니라 감정통제를 통한 내면세계의 확장이었으며 이 확장은 사회관계를 재형성하게 하는 디딤돌이 되었다. 19세기에 추앙되었던 「자아를 통한 자아의 발견」은 단편화되고 특수성이 배제된 「타인과의 새로운 관계」를 형성케 했다(페로, 1984, 417쪽). 그 결과 사회의 영육분리 현상이 생겨났으며 인간은 더욱 지적인 삶을 누리게 되었다. 그러나 그 삶이란 머리 속에서, 지나칠 정도로 머리 속에서만 구상되는 것이었다. 그리하여 일종의 보상기제로서 「구체성에 대한 욕망」이 떠오르기 시작한다. 그러나 이런 욕망은 보상의 수준을 넘어선, 현대 사회의 주요 요소로 등장하기 시작한다. 변화하는 세상 속에서, 또 가변적인 가치체계 속에서 일상의 현실은 「단순히 거기에 있는」, 「추가의 검증을 요구하지 않는」 최상의 현실이 되며 내 몸이 있는 바로 여기, 나라는 존재가 있는 바로 이 순간을 기점으로 이루어지는 「절대적인 존재」가 되는 것이다〔베르제(Berger), 뤼만(Luckmann), 1986, 34, 35, 37쪽〕 자아의 진실을 이루는 토대가 되는, 즉각적인 구체화의 추구 속에서 나의 몸이란 무엇보다 중요한 요소이기 때문이다. 「세상이 살점을 잃어갈 때 인간은 자신의 몸뚱아리를 쳐다본다. 자신의 존재에 구체성을 부여하기 위해서」(르 브르통, 1990, 159쪽) 인간은 머리 속에서 이루어지는 세상을 살아가며 구체적인 자신의 몸뚱아리에 의지한다. 육체란 현실(살과 뼈를 가진, 감성적 존재로서의 육체가 바로 여기에 있는)과 개인의 정체성에 대한 가장 명백한 증거다. 나의 몸은 타인의 것이 아닌 바로 나의 것이며, 나는 육체라는 껍데기로 둘러싸인 바로 그 개인인 것이다. 「육체를 중시하는」〔메조뇌브(Maisonneuve), 1976〕 운동은 그 이중적 추구—구체성 및 정체성 한계의 추구—로 인하여 쉽게 이해될 수 있는 사상은 못된다. 구체성에 대한 욕구란 개인의 차원을 넘기 때문이다. 그 욕구는 다양한 형태를 지닌 복합적인 추구로 확대되며 커플, 부족사회, 자연 제반요소와의 접촉으로까지 그 대상이 확장된다. 때로는 자아와 바깥 세상을 구분하는 경계선에 대한 개념이 지배적이다가도 때로는 외부세계와의 거리를 말소시키려는 의지에서 비롯된 「경계선」 극복에 대한 생각이 대두되기도 한다. 이런 경계선에 대한 극복은 예기치 않게도 사랑과 커플에 대한 분석을 다시 시작하게끔 만든다.

성(性)

부부의 개념에 지대한 영향을 끼친 대변혁은 우리 사회에서 점차 중요성이 더해가는 「성」의 현주소를 파악함으로써 재해석할 수 있다. 코르뱅(1987)에 의하면 성의 현대사는 1860년 경부터 시작되었다. 낭만주의자들의 숭고한 두근거림이 시들해지자 공식적으로는 청교도 시대였던 19세기 중반 무대 뒤에서는 키스와 포옹과 같은 남녀 간의 접촉이 공공연히 이루어졌고, 그 가운데 성 문화의 윤곽이 잡혀나가기 시작했다(코르뱅, 1987). 은밀하게 이루어졌던 알코브(역주 : alcoves, 벽면을 움푹하게 파서 침대를 들여놓았던 곳으로 귀족부인의 은밀한 애정생활을 은유함)의 혁명은 커다란 전기를 이룩했지만 당시의 호사가들 눈에는 쉽게 띄지 않았다. 오래 전부터 자리잡았던 만혼(晚婚)의 논리〔하이날(Hajnal), 1965〕가 쇠퇴하면서 결혼연령은 낮아지기 시작했으며 이는 정확히 19세기 중반, 즉 좀더 육체적인 사랑이 선보이던 시기부터 시작되었다. 물론 이는 단순한 우연만은 아니었다. 새로 부각된 성적 욕구를 만족시키기 위해서 결혼연령이 앞당겨지지 않을 수 없는 상황이었기 때문이다. 그 결과 최초의 성관계를 갖게 되는 연령도 점점 낮아졌다. 1960년대에 이르자 제도로서의 결혼은 더 이상 존재의미를 잃기 시작했다[코프만(Kaufmann), 1994]. 이혼하는 부부가 늘게 되었고 사랑을 나누는 초기의 자유로운 관계는 비교적 낮은 연령부터 시작되었다. 그러나 결혼으로 상징되는, 가정을 꾸리게 되는 제도적 단계는 상대적으로 높은 연령에 달했을 때 나타났다(코프만, 1993). 그렇다면 부부의 개념을 다시 부활시킨 성에 대한 기대감의 극치를 어떻게 설명할 수 있을까? 이는 타인과의 거리와 통제를 요구하는 새로운 사회규범의 결과인「신체 접촉의 감소」에서 찾을 수 있다. 이런 현상은 문명화의 제1기뿐 아니라 제2기에서도 관측된다. 「해방」이라는 것이 곧 신체적 접촉의 해방을 의미하는 것은 아니기 때문이다(신체 접촉에 대해서는 차후 자세히 다룰 것이며, 공공장소에서 중심 역할을 하는 것은 타인의 시선이다). 이 점에서는 나체주의자들의 경우가 좋은 예가 될 수 있다. 나체촌에서는 접촉의 금지가 가장 기본적인 규칙이다(바인베르크, 1968) 이미 육체라는 개념이 사라져버린 세계에서 신체 접촉을 금지하는 것은 — 게다가 적합한 장소에서 결핍된 신체 접촉을 보충하는 것마저 허용하지 않는다면 — 구성원들에게는 참을 수 없는 일이 될 것이다. 여기에서 적합한 장소란 사생활이 이루어지는 장소를 말하며, 공공장소와는 반대되는 개념으로서 신체 접촉의 합법성을 인정받을 수 있는 곳을 의미한다. 그러므로 사생활에서 그들의 친밀도는 상대적으로 높을 수밖에 없으며, 사적인 인간관계에서도 육체적인 성향 — 비단 성관계뿐만이 아닌 — 이 짙어진다.

감성에 의한 지식

사회의 핵심 알갱이가 사라지고 순수이성 정신이 고갈되는 현시대를 치유할 수 있는 유일한 방편인 「육체」는 새로운 인식체계 ─ 내면 세계에서 메아리쳐지는 모든 소리에 귀기울이고 이런 내부의 메아리를 새로운 형태의 지식으로 변형시키는 ─ 를 이루는 원칙의 초석이 된다. 진정한 선구자 루소에서부터 자연의 요소(물, 공기, 기후)가 인체에 미치는 영향을 체계적으로 분석한 19세기의 이론가들(코르뱅, 1987) 그리고 육체라는 유일한 진리 안에서 「모든 문제의 마법적 해결책」을 찾으려 했던 「육체 제일주의자」에 이르기까지(페렝, 1985, 137쪽) 이런 유형의 인식방법은 사회 전반으로 조금씩 퍼져나갔다. 그 후 이런 사상에 동참하는 이론가들이 등장하기 시작했다. 그 중 모리스 멜로 퐁티(Maurice Merleau Ponty, 1945)는 지식을 얻기 위한 비합리적 수단인 「감성」이 오히려 「이성적 사고」보다 상위의 기능을 수행한다고 생각했다. 또 미셸 마페졸리(Michel Maffesoli, 1993)는 감성적 존재인 인간의 「존재론적 유약성」(69쪽)이 오히려 인간에게 「원초적이고 약동적인」 에너지를 공급한다고 주장했다(100쪽). 그러나 사상가들이 뭐라고 주장하건 간에 감성적 인식체계는 총체적 정신세계 안에서 아직 하위수준에 머물러 있다. 감각기관에 의해 전해지는 「감성」이란 명실상부한 인식체계의 일부분이긴 하지만 비교할 수 없을 정도로 효과적인 「이성적 사고」에 비해 부차적이고 보충적인 성격을 띤 것으로 평가된 것이다. 그러나 「이미지」라고 하는 새로운 체계는 「느껴지는」 지식과 「사고되는」 지식의 경계선을 말소케 하며 마법적이고 몽환적인 고립으로부터 감성적 경험을 이끌어내어 육체의 반향에 귀기울이게 한다.

시선

　복잡다단한 사회 속에서 연구는 점차 전문화되는 경향을 띤다. 그러나 이런 연구는 때로는 반갑지 않은 경계를 형성시키곤 한다. 예를 들어 육체와 이미지를 사고의 두 영역으로 분리시키는 연구란 바람직하지 못한 것이 될 것이다. 지식의 통합화 과정에서 점차 중요해지는 시선의 역할이 올바로 이해되지 못하기 때문이다. 시선은 문명화 제1기 과정에서부터 중요한 역할을 해왔다. 그 당시만 해도 사람들은 전통에 따라 내려오는 행동을 그대로 답습하는 데 익숙해 있었다. 그러나 어느 순간부터 서로를 관찰하며 자신의 행동을 조절하는 새로운 습관이 자리잡게 된다. 「시선은 혼돈의 세계에서 빠져나와 날카로워진다……. 그리하여 시선이 지니는 의미는 점차 부각된다. 즉 시선이 지닌 인지력의 지평선은 다른 영역마저 침범할 정도로 확장되고 이런 확장주의는 즉각성, 촉지성, 정적 요소가 떨어지는 세상에 대해 새로운 관계를 형성시킨다. 이 관계는 고도로 기술적, 분석적, 추상적인 동시에 지적이다」(페로, 1984, 62~63쪽). 이는 기존의 사회관계, 인지 방식과 단절되는 것으로서 인간은 새로운 행동을 하기에 앞서 항상 관찰된 내용을 바탕으로 소리없는 거리를 첨가하게 되었다. 이런 새로운 자세는 사고의 원천이 되는 이미지를 더욱 다양하게 만들며 포착된 이미지를 선별, 분석하는 작업을 통해 「신경 세계의 강화」를 초래한다[시멜(Simmel), 1989, 234쪽]. 그러므로 이미지의 다양화는 시선의 변화에서 기인한 것이며 그 다양성의 정도는 오늘날 우리가 익히 알고 있는 수준에까지 이르게 된다. 한편 이미지의 홍수는 시선의 변화를 가속화시켰으며 이미지의 홍수 속에 빠진 인간의 모습은 「데카르트의 인식론」에 회의를 가져다준다[소바죠(Sauvageot), 1994, 174쪽]. 인간은 학습을 통해 더욱 짧은 시간 안에 더욱 많은 이미지를 포착하게 되며 TV 프로그램에서 장면의 전환은 0.1초만에 이루어지기도 한다. 이렇게 단편적인 이미지를 재빠르게 파악할 수 있게 됨에

따라 인간은 「미시적 개념화」라는 또 다른 능력을 보유하게 된
다. 이 능력은 현재 살고 있는 세계와 완전히 단절된 채 한
가지 문제에 집중하여 심도있는 성찰을 할 수 있게 만드는 기
존의 태도와 대조되는 것이다. 이리하여 문명화 제1기에는 육
체와 정신 사이에 뚜렷한 거리가 존재했지만 오늘날에는 「육체
를 중시하는 움직임」이 대두된 것이다. 시선의 순발력 있는 인
지능력은 덧없이 사라지는 다양한 이미지 앞에서 인간이 적절
하게 대응할 수 있도록 도와준다. 그러므로 시선은 구속에서
벗어난 육체 해방운동에 동화될 수 있으며 더욱 즉각적인 감성
체계를 형성한다. 사실 「미시적 개념화」는 이미지의 홍수 속
에서 그 위력을 점점 잃어가고 있으며 「머리가 아닌, 육체에게
말하는」 단순한 느낌 – 직관적으로 느껴지는 – 이 되어가고 있
다(소바죠, 1994).

육체-자연

예전에는 모든 위험요소가 밀집되어 있는 장소로 인식되던
자연은 채 2세기가 흐르기도 전에 도시 생활의 스트레스를 해
소할 수 있는, 휴식을 가져다 주는 고요한 조화의 전형으로 탈
바꿈하게 되었다[길슈태드(Gullestad) 1992]. 나아가 「시각에
온갖 즐거움을 제공하는 장소」(엘리야스, 276쪽)로 표현되기
도 했다. 역사를 통해 시각이 커다른 변화를 겪은 것과 마찬가
지로 육체 또한 큰 변화를 경험한다. 구체성을 중시하는 막을
수 없는 역사적 변화 속에서 육체와 자연은 밀접한 상관관계를
갖게 되었으며 자연스러움에 대한 언급은 여러 분야에서 상위
의 진실을 보장하는 역할을 하게 된다(베르제, 1971). 「자연
스럽다」는 것은 결코 자연상태로의 회귀를 의미하는 것이 아니
라 오히려 문화적 세련됨을 지칭하는 것이며 「성모의 무원죄

잉태의 새로운 신비」를 설명하는 것이다. 「진정한 교양이란 자연스러움이다」라는 말에서 알 수 있듯이 편안함과 자연스러움은 타인과 차별화되는 주요 지표가 될 것이다[부르디외(Bourdieu), 73쪽]. 해변이란 자연스런 태도로 자신을 남에게 보이면서도 결국은 아무것도 보이지 않는 인간의 모습이 잘 드러나는 좋은 예다. 자연 제반요소와의 접촉은 인위적으로 시도된 것이며, 자연 그대로의 모습을 간직하고 있다고 주장하는 해변의 모습은 진정한 자연의 모습이라기보다 그림엽서에 등장하는 인위적 모습에 가깝다. 그런 해변에는 암초도, 자갈도 없으며 바닷내음을 맡을 수도 해초를 볼 수도 없다. 단지 고요하고 따뜻한 바다, 바닷물에 씻겨진 고운 모래만이 있을 뿐이다[위르뱅(Urbain), 1994]. 우리의 눈앞에 펼쳐지는 영상은 해변을 닮지 않았다. 단지 해변(자연)은 정형화되고 도식화된 이미지를 닮으려고 발버둥칠 뿐이다.

하지만 모든 것이 이렇게 단순한 것만은 아니다. 무기력한 육체의 존재론적 유약성이 항상 미묘한 인식의 과정을 이루는 것은 아니다. 때로 그 유약성은 순수한 휴식, 단순한 나태, 사고하기를 완강히 거부하는 자세일 뿐 그 이상도 이하도 아니기 때문이다. 육체를 중시하는 움직임 속에서 종종 반이성적인 요소가 발견되기도 한다[피카르드(Picard), 1983]. 때로는 성해방 운동 안에서[마르퀴즈(Marcuse), 1963] 때로는 이미 오래 전부터 조직화되었음에도 불구하고 사고를 위한 에너지의 결집에 허점을 보이고 있는 나체주의 운동에서(데스캉, 1987). 또는 퇴보와 원시상태로의 회귀, 유년상태의 모방에 대한 어렴풋한 욕구가 숨쉬고 있는 무기력한 육체의 향연이 벌어지는 해변이라는 곳에서(위르뱅, 1994).

선 탠

해변의 발견

「홍수의 잔재를 담는 심연의 그릇」(코르뱅, 1988, 11쪽)으로 불리어왔던 바다는 몇 세기 동안 혐오의 대상이자 번뇌의 원천으로 생각되어왔으며, 인간에게 공포감과 불쾌감을 심어왔다. 그러나 문명화 제2기가 희미하게 시작되던 18세기 중반부터 자연과 육체에 대해 전혀 다른 시각이 싹트기 시작했다. 이 시각은 우선 해변으로 쏠리게 되었고 해변이 담고 있는 의미를 변화시켰다. 그도 그럴 것이 끊임없는 유혹의 손길을 보내는 해변은 자연과 육체의 융합이 가장 성공적으로 이루어진 장소로서, 도시사회의 스트레스나 반복되는 리듬과는 거리가 먼, 실현 가능한 에덴동산의 간결성을 지닌 발현체이기 때문이다. 동시에 해변은 자연 이미지를 그대로 간직하고 있으며, 이런 이미지를 바탕으로 인간에게 꿈을 심어줄 수 있다. 또 자연 앞에 홀로 선 고독한 육체의 모습인「로빈슨화」의 환상을 불러일으키며(위르뱅, 1994), 규범의 압력이 존재하지 않는「공백의 영토」(코르뱅, 1988)의 모습을 띤다. 육체와 바다, 모래, 바람, 태양, 공백 사이에 가장 이상적인 만남이 이루어지는 시점에서 비로소 해변이라는 장소의 특수성은 구체화되며「현장의 마법」〔프르멜(Premel), 1993〕은 해변에 대한 욕구를 불러일으킨다.

센시티브한 무기력증

따뜻하고 부드러운 모래사장은 마법의 세계로 인도하기에 안성맞춤이며, 게으른 육체―감각을 희미하게 인지하기 위해 필요한「부동성」을 시험하고 있는―를 받쳐주는 사상(砂床)은 푹신하기 그지없다. 오늘날 우리가 떠올리는 부드럽고 수동적인 의미의 해변이 고정관념 속에 견고하게 자리잡게 된 것은 20세기 후반의 일이다. 이를 위해서 해변은 기존의 이미지―차가운 바다, 거친 모래, 힘이 넘치는 육체―를 떨쳐내야만 했다. 해변에 대한 시각의 변화는 원기왕성한 대양(大洋)―도시의 악취로 쇠약해진 유기체를 재생시킬 수 있는―이 지닌 긍적적 이미지에 힘입은 바 크다. 그 시대는「물결이 넘실대는 바닷물에 몸을 담그는 행위」가 시작됐던 때로서 그 곳에서 찾을 수 있는 유일한 낙이란 고통과 질식뿐이었다(코르뱅, 1988). 또한 그 시대는 해변 이외의 곳에서 군사적 성격과 남성적 성향이 다분한 여러 유형의 체조가 선보이던 때다〔드프랑스(Defrance), 1987〕. 그러나 점점 다양한 형태의 스포츠가 선보이고 군사적 성향이 줄어듦에 따라 기존의 체조가 가지고 있던 이중적-남성적·군사적인-성격은 사라지게 되었다[세갈렌 (Segalen), 1994]. 오늘날 해변에는 수영, 라켓볼, 공놀이와 같은 유형의 스포츠가 아직 남아 있지만 해변의 주도적 경향- 감각의 수용기관인 육체가 정지된 무기력한 모습-과 비교해 보면 이런 운동을 즐기는 사람은 극소수에 불과하다.

따뜻하고 부드러운 모래와 센시티브한 무기력증으로 대표되는 오늘날의 해변은 특이하게도 병환 중에 있는 영국인들의 모습에서 그 기원을 찾을 수 있다. 즉 회복기에 다다른 영국인들은 해변에서 요양을 했던 것이다(코르뱅, 1988). 공기, 물, 바람 등 자연의 요소 앞에 홀로 서서 자신이 느끼는 기쁨을 오롯이 고백할 만한 용기조차 없던 환자들은 「자신의 육체를 느끼는 새로운 방법」을 배우고 「감각의 새로운 세계」를 체험한다(코르뱅, 1988, 113쪽). 낭만주의의 유산에서 비롯된 내부 소리의 경청은 인간을 꿈의 세계로 안내하고, 자아의 진동을 예민하게 느끼는 부유(浮游)하는 사상의 세계로 초대한다. 19세기 말경부터 여러 지침서들은 해변을 쾌락적이고 수동적인 곳으로 소개하기 시작했다. 예를 들어, 앙드레 로슈(André Rauch)는 1988년 자신의 책에서 이렇게 해변을 묘사했다. 『모래사장 위에서 우리를 엄습하는 기분 좋은 나태함에 몸을 맡기나니…….』 그러나 태양과 일광욕에 대한 사회의 재발견이 있고 나서야 비로소 부드러운 모래가 거친 모래를 정복할 수 있게 된다.

노출된 피부의 서사시

태양이 오기만을 기다리면서 수영복 길이가 짧아지기를 기원하며 점차적인 노출을 꾀한 이들은 활기찬 육체의 소유자, 즉 해수욕장의 휴양객들이었다. 초기 「물결이 넘실대는 바다에 몸을 담그는 행위」를 하기 위해서는 휴양객들의 활동을 불편하게 만드는 모순(문명화의 두 과정이 중첩됨으로써 야기된)을 해결해야만 했다. 즉 사회의 도덕규범이 비활동적인 의복을 강요하는 마당에 어떻게 육체가 물결 속에서 자유로울 수 있었겠는가? 두꺼운 모직 의류나 갈색의 긴 윗옷을 바지 위에 입었던 우스꽝스런 여성들의 모습은 1840년경 슈미즈와 작은 페티 코트가 들어간(몸매가 드러나는 것을 막기 위해) 바지가 선보이면서 점차 사라지게 된다. 물에서 갓 빠져나왔을 때의 헝클어진 머리, 맨발, 또 가끔씩 두드러지는 히프는 여성의 발목만 보아도 흥분된 감격에 사로잡히던 당시 남성 사회를 고려해보았을 때 혁신적인 변화였다(코르뱅, 1988). 몸의 대부분을 가리기는 했지만 몸매가 그대로 드러나는 새로운 형태의 수영복이 거의 같은 시기에 탄생하게 되었으니, 그것은 다름 아닌 편물로 짠「조끼 및 하의」였다. 이 때부터 물 속에서의 활동은 자유로워지기 시작했다. 그러나 당시의 편물 수영복은 몸에 너무 끼였기 때문에 여성들이 아무 불편없이 수영하기 위해서는 아직도 시간이 더 흘러야 했다. 게다가 불필요한 장신구 또한 장애가 되었다. 방수용 모자, 귀를 막는 솜, 나막신 또는 반장화는 필수품이었으며, 해수욕을 막 마치고 나온 여성을 세인의 시선으로부터 보호하기 위해서 해변용 자동차까지 동원되었다. 오늘날과 같은 형태의 몸에 딱 맞는 수영복이 등장하게 된 것은 1920년대의 일이었으며, 곧바로 이 점잖지 못한 옷에 대해 거센 비난이 쏟아졌다. 게다가 길이까지 더욱 짧아졌으므로 비난의 강도는 높을 수밖에 없었다. 하지만 오늘날의 수영복과 비교해보았을 때 상의는 가슴을 여유 있게 가렸으며, 하의는 그다지 짧지 않은 것이었다. 그래도 어깨, 팔, 다리가 모두 드러나게 된 셈이었다(위르뱅, 1994). 그 밖에 태양 또한 중요한 역할을 하게 된다. 제2차 세계대전이 끝난 후 수영복

길이가 짧아진 것—1960년대에는 토플리스가 등장할 정도로—
은 더 이상 수영을 위한 활동성 때문이 아니라, 멋을 내고자
하는 욕구와 일광욕을 하기 위해서였다.

그러나 해변 노출의 서사시는 위와 같이 간단하거나 도식적
인 것만은 아니다. 옷을 벗은 채 목욕하던 서민들의 풍습은 중
세 유산으로서 이미 오래 전부터 존재하던 것이다. 즉 이런 비
속한 행위는 문명화 과정 이전부터 존재해왔으나, 그들의 모습
은「격식을 차려서 목욕하던」부르주아 층과 귀족사회의 심기
를 불편하게 했다. 이는 관능적인 소요인 동시에 지적인 소요
이기도 했다. 왜냐하면 우스꽝스런 복장과 쓸데없는—오늘날
시각으로 보았을 때—법규에 묶여 있던 교양 있는 욕객들이 애
써 만드려 했던 원칙—융통성—이 서민들의 원시적인 행위 안
에 담겨 있었기 때문이다(멱감기의 규칙을「과학적으로」규정
한 책자는 헤아릴 수 없을 정도로 많다). 이런 지적인 소요와
분석의 난해함은 문명화의 두 시기가 중첩되는 시대의 특수성
에서 비롯되며, 사회계층에 차등적으로 발생하는 문명 수용능
력에 기인한다. 예를 들어, 상류계층 사람들은 융통성을 추구
하긴 하되, 아직도 경직성이라는 틀 안에 머물며 극도로 면밀
하고 부자연스럽고 인위적인 방법으로 해변을「발명」했지만
연안지방 서민들은 간편한 옷차림으로 단순하고 즐겁게, 세상
근심을 모두 잊고 바다를 즐겼던 것이다. 이 선각자들은 얼마
지나지 않아「자연스러움」의 논리를 발견하여 이를 모델로 규
정하며 발명자의 칭호를 얻게 된다.

태양신

대부분의 종교는 하늘, 그리고 빛과 연관성을 가지며〔뒤랑
(Durand), 1969〕태양에 독특한 지위를 부여한다. 일상생활에

파고든 이교도 문명을 살펴보면(코프만, 1988), 태양을 숭배하는 종교는 인간 육체를 중시하는 운동과 깊은 관련이 있음을 알 수 있다. 그러나 태양교가 우리 생활에 등장한 것은 최근의 일이다. 해변의 재발견 초기에는 항상 태양에 대한 격렬한 비난이 쏟아졌다. 태양이 온화한 지방의 완벽한 균형을 깬다고 생각했기 때문이다. 태양은 암모니아, 역청, 염화물 등 혐오감을 불러일으키는 해로운 물질을 발산한다고 생각되었으므로 이탈리아의 해안지방은 요주의 지역으로 여겨질 정도였다(코르뱅, 1988). 태양이 인체에 미치는 피해 중 가장 심각한 것은 피부에 대한 것이었다. 햇볕에 검게 그을린 피부를 상스럽다고 생각하며 새하얀 피부를 부르주아의 상징으로 생각했던 당시 사람들은, 태양광선이 피부를 손상시킨다는 점을 상기시키며 흰 피부의 고결함을 옹호했다. 그리하여 낮은 수온 때문에 두꺼운 옷을 잔뜩 껴입어 부풀린 차림을 해야 했던 북쪽 해안지방의 휴양객들까지도 어쩔 수 없이 태양광선을 피해 다녀야만 했다. 그러나 의사들의 충고에도 불구하고 새로운 변화가 비밀리에 이루어진다. 인간의 신체는 추울 때보다는 따뜻할 때 편안함을 느낀다는 이치에서 출발한 변화로서, 육체의 안락함과 편안함을 중시하는 경향에서 비롯된 것이다. 거친 모래를 누르고 부드러운 모래가 승리를 거둔 이후 이번에는 북쪽 지방을 물리치고 남쪽 지방이 승리한 것이다. 그러나 당시의 「햇볕 쬐기」가 일광욕의 수준까지 간 것은 아니었다. 햇볕 예찬론자 ─그것도 확신에 찬─의 숫자는 양차 세계대전이 일어날 무렵까지만 해도 소수에 불과했고, 얼마 되지 않던 해변 예찬론자들은 오로지 따스한 태양빛을 즐기기 위해 모래사장 위에 몸을 뉘였다. 일광욕이 유행처럼 번지기 시작한 것은 1945년 이후의 일이며(위르뱅, 1994) 이 때부터 일광욕은 많은 사람들을 해변으로 유인하는 요인이 되었다. 1950~60년 무렵엔 너무나 강렬하고 물리치기 힘든 태양의 유혹 앞에서 의사들의 충고나 경고는 무용지물이 되고 만다. 『여름 아닙니까? 태워야지요. 딴 이유가 있나요?』(H28) 『일광욕을 한다고 생각하면 그런 말들은 까맣게 잊어버려요!』(F94) 게다가 지나친 성화는 오히려 역효과를 낳지 않는가? 17세인 모드(Maud)에게는 정신이 멍하고 화가 나며 도대체 무슨 일에도 집중할 수 없는 날이 있었다. 날씨는 화창했지만 도심 한복판에 있었기 때문에 옷을 훌훌 벗어던질 수도 없는 노릇이었다. 유일한 해결책이라면 공원을 찾는 일이었지만, 그 곳에서도 상의를 벗고 일광욕을 하는 용감한 여자들은 소수에 불과했다. 모드 역시 몹시 망설였다. 그러나 태양의 손짓은 너무나 강렬했다. 『난 정말 벼랑 끝에 있는 듯한 느낌이었어요. 어떻게 해서든지 햇볕을 흠뻑 받아야 했다구요!』(F75)

사람들이 일광욕을 좋아하는 이유는 우선 즉각적으로 무언가가 피부에 와 닿는 아스라한 기분, 그리고 누군가가 어루만져주는 듯한 느낌 때문일 것이다. 『기분이 좋아요. 따뜻한 접촉이라고나 할까요?』(H59) 또한 일광욕을 한 차례 하고 나면 기분이 훨씬 「좋아진다」는 점 때문에 많은 사람들은 햇빛 예찬론을 벌인다. 모드 역시 기분전환의 효과를 느꼈다. 『태양빛을 조금 쏘이자마자 기분이 훨씬 좋아졌어요.』 하지만 사람들은 왜 기분이 좋아지는 것일까? 뮤리엘(Muriel)에 따르면 그것은 매우 육체적이고 실제적인, 깊은 느낌 때문이다. 일반인들이 햇볕에 대해 비교적 긍정적인 인식을 갖던 시대에 의사들은 햇볕의 여러 작용-특히 살균, 소독, 상처를 아물게 하는 작용, 강장 및 진통작용-을 내세우며 태양을 옹호했었다(데스캉, 1987). 자비에(Xavier)는 더욱 복합적인 설명을 한다. 『자기 몸이 까맣게 탔다는 사실을 깨닫게 되는 바로 그 순간 사람들은 기쁨을 느껴요.』(H59) 즉 자신의 몸이 그을렸을 때

가 아니라, 그을렸다는 사실을 깨달았을 때라는 것이다. 바로
이 시점에서 검게 그을린 피부를 새로운 미(그리고 건강)의 척
도로 삼는 변화가 생기게 된다. 그 결과 사람들은 자신의 검은
피부를 바라보면서 뿌듯함을 느낀다. 자신이 상류계급에 속하
게 되었다는, 또 그만한 위치에 도달했다는 사실을 알게 되기
때문이다. 그러나 현설에서는 태양의 생물학적 효과와 사회학
적 효과가 이처럼 뒤엉켜 있기 때문에 두 가지 효과를 따로 분
리해서 생각하는 것은 몹시 어려운 일이다. 일광욕을 긍정적으
로 표현하는 자세는「안락한 느낌」을 추구하는 자들을 우호적
으로 바라볼 수 있는 시각을 형성해준다(태양을 거부했던 시대
의 사람들은 특히 태양광선으로 인한 화상을 가장 두려워했었
다). 또한 일광욕은 우회적인 방법을 통해 건강에 영향을 미칠
수 있다. 마르셀린(Marcelline)의 이야기가 바로 그런 예다. 그
녀는 자신에게「큰 문제」가 있다고 말했고(그게 어떤 것인지
우리로서는 더 이상 알 길이 없었지만) 외모를 가꾸기 위한 끝
없는 노력, 특히 일광욕을 통해서 그 문제를 감출 수 있다고
했다.『사람들이 그러는데 내 겉 모습만 보고는 무슨 문제가
있다고 생각되지 않는대요. 전 건강해보이는 외모 덕분에 모든
문제를 숨길 수 있는 셈이죠.』(F49) 그녀는「미소 짓는 건강
한, 적당히 그을린 여자」의 모습을 사람들 앞에서 연출하고 있
으며, 마침내 그녀 자신도 그것이 자신의 진짜 모습이라고 믿
게 된 것이다.『이런 게 제게 조금은 도움이 돼요.』

경쟁심

즉각적인 느낌의 세계인 일광욕은 또한 단순한 사고(思考)-
맥빠진 육체가 무기력증 속에 빠져버린-의 세계이기도 하다.
이 단순한 사고 중 가장 눈에 띄는 것은 바로 경쟁심이다. 일

광욕은 인간을 「긍정적」 계층으로 분류시켜주므로(미나 건강의 척도가 될 뿐 아니라, 「바캉스」를 즐길 수 있는 「유한」 계급으로 분류됨으로써) 사촌, 이웃, 동료, 친구보다 더 까맣게 태우는 것은 중요한 일이다. 게다가 게임의 규칙 또한 단순하기 때문에 많은 여성들은 더욱 쉽게 이 작은 게임에 참여하게 된다. 일상이라는 무대에서 벌어지는 만인에 대한 만인의 치열한 싸움에 반해, 미를 평가하는 기준의 불확실성에 반해, 「살갗 태우기」는 근거가 확실한 대안을 제시하며(누가 얼마나 더 태웠느냐는 것만이 평가기준이므로), 남들보다 선천적인 조건(외모)이 불리하다고 생각하는 사람들에게 이를 보상할 수 있는 길이 있다는 환상을 심어준다. 브뤼노(Bruno)는 그런 여자들의 심리를 이렇게 표현한다. 『잘났건 못났건 간에, 어쨌든 태우면 되는 거니까요.』(H14) 마르셀린은 태양 아래 몸을 맡길 때면 인생의 모든 문제를 잊을 수 있으며, 주변 사람과의 경쟁만을 생각한다고 말한다. 『사람들은 선탠을 숭배하죠. 누가 얼마나 더 태웠나 비교할 정도까지 됐으니까요.』(F149) 선탠이라는 논리 앞에서 사람들의 사고는 지극히 단순화되므로 지나치게 몸을 태우려 하는 사람도 종종 볼 수 있다. 파스칼(Pascale)의 예를 들어보자. 『그건 즐거움의 수준을 넘은, 일종의 고통이라고까지 할 수 있어요. 하지만 예뻐지려면 그쯤은 참아야지요.』(F80) 그렇다. 선탠은 더 이상 즐거움이 아닌 「일」이 되었다. 게다가 모든 일에 노력과 고통이 따르는 것처럼, 일광욕을 위한 노력과 거기서 파생되는 고통까지도 당연하다는 듯 받아들여지고 있다. 심지어는 화상조차 불쾌한 기억으로 남지 않으며, 피부가 당기고 벗겨지는 것은 열심히 일한 증거로 생각된다. 즉 내일이면 더 까만 피부를 가지게 되리라는 기대감에 이런 고통은 아무것도 아닌 것이다. 마르조리(Marjorie)는 이와 같이 도를 넘는 지나친 선탠을 비난한다. 『어떻

게든 최대한 까맣게 태우기 위해 자신의 인생을 해변에서 보내
는 것, 정말 이해할 수 없어요. 한심한 일이죠.』(F1) 이런 생
각을 하는 사람이 그녀 혼자만은 아니다. 태양광선에 대한 의
학계의 경고에 힘입어 새로운 인식이 자리잡아 가고 있기 때문
이다.

위험의 관리

얼마 전부터 해변의 풍경에는 대변화가 일어나고 있다. 태
양신이 갑자기 천대받기 시작한 것이다. 이미 이전에 일어났던
변화와 마찬가지로 이번에도 의학계의 경종이 그 원인이다. 의
학계는 만장일치로 태양에 대한 전쟁을 선포했다. 많은 잡지
ㅡ효과적인 중계자 역할을 하는ㅡ는 새로운 명령, 즉 태양광
선을 경계하고 피해야 하며 더 나아가 태양 아래에서의 노출을
무조건 삼가라는 메시지를 전파한다. 그러나 사람들의 행동에
는 변화가 없으며, 의사들은 자신들의 충고가 받아들여지지 않
는다며 불평한다. 누구나 의사들의 주장은 이해하지만 이해와
실천은 별개라는 사실이 조사를 통해서 드러났다. 조사 대상자
인 300명의 사람들 거의 전부가 태양광선의 피해에 대해 잘 알
고 있다고 대답했다. 그러고는 약간 당황해하며 걱정했다. 그
들은 앞으로 위험, 즉 쪽빛 바닷가에서 보내는 금빛 바캉스에
검은 망령처럼 떠도는 새로운 위험을 감수해야 하기 때문이
다. 성가신 불청객 같은, 그리고 자유로움을 원하는 육체의 욕
망이나 무사태평한 태양의 이미지와는 완전히 상반된 위
험…… 그러나 자유로움을 누리고자 하는 욕망은 너무 간절
하기 때문에 불청객이 가로막기에는 역부족이다. 다만 소수의
햇빛 예찬론자들만이 생각을 완전히 바꿨을 뿐이다. 예를 들면
피부미용실을 경영하는 카트린(Catherine)은 자신의 수입에 지

장이 있으리라는 사실을 알면서도 손님들에게 선탠을 적극 만류했다. 해변 근처에 가게를 가지고 있는 그녀는 이제 해변에 염증을 느낀다. 나름대로 수완을 발휘하여 단골 손님들에게 직사광선을 피하라고 설득하지만 아무 소용없는 일이다. 궁여지책으로 그녀는 선탠 크림을 권한다. 『자외선 차단 지수 25와 같이 자외선을 완전히 막을 수 있는 걸로요!』(F160) 카롤린(Caroline)도 완전히 생각을 바꾼 사람 중 하나다. 『이젠 끝났어요. 저는 더 이상 태우고 싶지 않아요. 싫다구요! 이젠 선탠을 생각하면 로스 비프가 생각나는걸요!』(F101) 그녀는 심하게 화상을 입은 이후로 태양을 혐오하게 됐다. 그녀가 특별한 사례는 아니다. 조사를 통해서 파악된 사실은 대부분의 사람들이 사고(지나친 일광욕에 의한 화상 또는 유방암)를 겪고 나서야 생각을 바꿨다는 것이다. 이제껏 의사들의 말은 다 옳다고 생각하면서도 자신에게 직접 일어나지 않는 한, 남의 일처럼 여겼던 것이다. 카롤린은 행동방식을 변화함으로써 미의 기준을 바꾼 전형적인 예다. 항상 어떻게 하면 더 까맣게 태울 수 있을까 노심초사하면서 목표달성을 위해 피부가 빨갛게 달아오르는 것마저 참아내던 그녀는 하루아침에 선탠을 혐오하게 됐다. 동시에 미의 기준이 되는 이상적인 피부색 또한 바꿨다. 『아마 대부분의 여자들은 까무잡잡한 피부가 더 매력적이라고 생각하는 모양이에요. 하지만 사실 하얀 피부를 가진 여자가 열 배는 더 매력적이라구요.』(F101)

그러나 카롤린과 카트린과 같은 경우, 즉 선탠을 극단적으로 거부하는 경우는 소수에 불과하다. 이와는 정반대로 『선탠, 선탠!』(F160)을 외치며 주위의 우려에 전혀 신경을 쓰지 않는 맹목적인 햇빛 예찬론자 역시 또 하나의 소수 그룹을 형성한다. 엘리스(Élise)가 말하는 친구의 경우는 좋은 예다. 『걔는 지독해요. 자외선 차단 크림을 전혀 안 바른다니까요.

오히려 선탠 촉진제를 바르는걸요? 오직 조금이라도 더 태우려구요……. 게다가 걔는 선탠이 피부에 얼마나 안 좋은지도 잘 알고 있어요. 잡지도 얼마나 열심히 읽는다구요.』(F73) 선탠에 대한 욕구가 너무 강렬하며 그 욕구가 일종의 습관 또는 의존성으로까지 발전하게 될 때 과연 이를 어떻게 막을 수 있을 것인가? 『그건 마치 알코올이나 마약과도 같아요. 나쁘다는 걸 알면서도 계속 하게 되는…….』(F69) 그렇다면 선탠이 없는 해변은 어떤 모습으로 변화하게 될까? 『우리 나이 정도 되는 사람들이 모래성 쌓으며 노는 것 봤습니까?』(H36) 해변, 그것은 바닷물로 다듬어지고 태양빛으로 어루만져진, 자유롭고 심약한 육체이며, 수동적인 형태적 존재를 향한 힘차고 심오한 역사의 움직임 중 가장 완벽한 발현체다. 의학계의 충고는 수용하지만 일광욕의 욕구를 잠재우기에는 역부족이다. 다만, 다소 완화(지나친 욕망을 억제시킴으로써)시키거나 형태를 변화(욕망을 어느 정도 통제시킴으로써)시킬 수는 있을 것이다. 대다수의 사람들이 보이는 변화의 추세는 바로 이런 방향이다.

새로운 방식의 일광욕

자외선이 피부에 치명적이라는 사실이 널리 알려져 있긴 해도, 사람들은 이를 한 귀로 듣고 흘려버릴 뿐 실행에 옮기지는 않는다. 태양을 향한 욕망이 너무 강렬하게 내재되어 있기 때문이다. 그러므로 대부분의 사람들은 새로운 방식의 일광욕을 개발하려 애쓰며, 일광욕에 따른 위험과 일광욕에 대한 강렬한 욕망 사이의 상반된 모순을 조절하려 한다.

여기서 부딪히게 되는 첫번째 난관은 사고의 일관성-정체성 형성 과정 중 가장 기본이 되는-이다. 인간은 자신 안에 내재하는 최소한의 부조화라도 배격하려는 성향이 있으며, 이 부조화는 마치 실존적 적과 같이 인식된다〔페스팅거(Festinger), 1957〕. 그러나 피부가 입게 되는 손상과 일광욕이 가져다 주는 행복감 중 어떤 것이 더 인간의 사고와 일관성을 이루는지는 분명하지 않다. 여기서 우리가 말할 수 있는 최소한의 것은「분명하지 않다」는 점뿐이다. 가장 간단한 방법은 논의를 너무 심도 있게 발전시키지 않는 것이다. 그러나 그 결과는 만족스럽지 못하며 조사원들의 연구 결과 그 한계가 드러나게 된다. 테레스(Thérèse)와 같은 여성은 직사광선이 얼마나 위험한지 설득력 있게 이야기하다가 결국 그와 정반대되는 주장으로 이야기를 마쳤다. 미적 관점에서 보면 일광욕을 무조건 예찬하지 않을 수 없다는 듯이……. 『그 밖엔 할 말이 없군요. 어쨌든 태우면 확실히 매력적으로 보이니까요.』(F104) 엘리자베스(Élisabeth) 같은 경우에는 모순투성이의 설명에서 헤어나지 못해 말과 행동이 제각각인 정신적 혼동상태마저 보였다. 처음에는 조사내용의 일반적인 성격에 영향을 받아 선탠의 위험에 대해 공감한다는 원칙론을 폈고, 미를 보는 관점 또한 바꿔야겠다고 이야기했다. 『이젠 더 이상 태우지 않을 거예요. 게다가 오존층이 거의 파괴되는 5년 후쯤이면 선탠도 수그러들 거예요.』(F169) 그러나 몇 분 후 그녀는 그래도 선탠을 계속해야겠다고 조용히 고백했다. 그러면서 태양빛을 가리려는 듯 가슴 위에 타월 하나를 얹었다. 그런 행동이 모든 모순을 해결해준다는 듯한 표정을 지으면서……. 그녀의 고백은 선탠에 대한 집착과 욕구가 얼마나 대단한지를 잘 보여주고 있다. 그녀의 목소리는 선탠에 대한 사랑과 상반신 노출, 해변에서 펼쳐지는 풍경을 묘사하면서 더욱 격양되었다. 『저는 마치 매미 같아요. 태양이 저를 뜨겁게 하는 그 느낌을 사랑하지요. 어쩔 수 없어요. 태양을 향한 욕망은… 그 욕망은 제 안의 어떤 소리보다 크다구요!』

이제는 정신적 단계를 지나 육체에 관해 살펴보자. 여기서 필요한 기술은 마치 모든 문제를 해결한 것 같은 인상을 주는, 스스로를 안심시키는 방법을 고안하는 것이다. 이렇게 고안된 작은 행동과 변화는 해변의 기쁨을 방해하는 의사들의 경고를 잊을 수 있게 하며, 스스로 위험을 책임질 수 있다는 확신을 갖게 하기에 충분하다. 첫번째 방법은 자외선 차단 크림을 사용하는 것으로서, 이는 피부를 보호할 뿐만 아니라 정신적 안도감도 제공한다. 위험요소를 차단해야겠다는 인식이 강렬해질수록 크림 소비는 점점 증가 추세를 보이며, 어떤 경우에는 강박적 증세마저 보이는 새로운 관습으로까지 발전한다. 『항상 온몸을 크림으로 뒤덮어요.』(F94) 또는 『적어도 한 번에 크림이 2kg은 들걸요?』(F59)와 같은 경우가 그 예다. 두번째 방법은 태양에 노출하는 시간과 강도를 조절하는 것이다. 지나치게 오랫동안 직사광선을 쬐는 사람은 이미 찾아보기 힘들다. 『아! 기억나요. 옛날엔 완전히 꼬치구이가 될 정도로 누워 있었죠. 집에 돌아올 때는 캐러멜 색이 될 정도였으니까요.』(F148)『너무 많이 태웠다 싶을 땐 그만 해야지 하고 생각하죠.』(H85) 이렇듯 해변에 누워 있는 시간은 점점 짧아지며, 태양이 가장 뜨거운 시간대에는 해변에 누워 있는 사람을 찾아보기 힘들다. 그러나 대다수의 사람들에게 변화의 범위는 지극히 제한되어 있으며, 사소한 변화를 마치 대단한 피부보호 의식처럼 내세우는 경우가 대부분이다. 이리하여 사람들은 제각각 스스로의 논리와 사고 또는 마법의 방법을 가지고 있으며, 이를 구실삼아 여전히 황금빛 피부 만들기를 계속하고 있다. 그들의 원칙은 동일하다. 즉 부정적인 반례를 지목하여 이를 비판하는 것이다. 창백한 피부를 가진 사람들은 검게 탄 피부를 가진 이들에게 신중할 것을 권하며, 브르타뉴 지방을 즐겨 찾는 해수욕객들은 남부 해안을 주로 찾는 휴양객들을 비난한다. 한편 수영복을 입은 채 일광욕을 즐기는 여성들이 가장 즐겨 쓰는 마법의 논리는 태양의 폐해가 가슴으로 집중된다는 것이다. 조사원들은 일반적인 「선탠」에 대해 질문을 했지만 그들은 「토플리스」로 질문을 자의적으로 해석하여 엉뚱한 대답을 한다. 그들은 태양광선의 피해가 신체의 일부분-가슴-에만 해당된다고 생각하기 때문에 자신들은 안전하다고 느낀다. 일광욕이 주는 피해에 대한 질문에 캐러멜 색 피부를 가진 자클린(Jacqueline)은 이렇게 답한다. 『태양광선으로 인한 피해는 여러 번 강조되었고, 그 결과 여자들은 확실히 신경 쓰는 것 같아요. 하지만 저는 그게 별로 좋은 현상이라고 생각하지 않아요. 그렇게 보호만 하면 피부는 더욱 약해질 테니까요.』(F98) 피에레트(Pierette)도 질문(피부 손상)에 대한 답(가슴)이 전혀 다른 경우다. 『직사광선요? 물론 조심해야지요. 제 가슴에 상처를 주긴 싫거든요.』(F78)

비록 명백한 변화는 제한된 범위에서 이루어지지만 새로운 방식의 일광욕은 근본적 변화-눈에 덜 띄는-와 밀접한 관련이 있다. 앞으로의 새로운 일광욕은 좀더 많은 생각과 통제 속에서 이루어질 것이며, 진정한 기술적 지식을 요구할 것이다. 기존의 지식은 여기저기서 주워 담은 비합리적인 것이며, 이전의 경험만을 고집한다는 사실이 분석을 통해서 드러났다. 자신이 개발한 마법의 방식을 합리화시키는 것이 가장 큰 과제이기 때문이다. 결국 중요한 것은 기존의 관습과 조화를 이루는 자신만의 일광욕 이론을 세우는 것이다. 일례로 세브린(Séve-rine)은 확신에 찬 목소리로 자신의 이론을 설명한다. 『만약 오후 내내 일광욕을 한다면 그건 분명 해롭지요. 일정한 시간대를 정해야 해요. 저는 한번에 한 시간 이상은 절대 하지 않아요.』 상반신을 노출한 채 한 시간 동안의 일광욕. 그녀는

이 시간 이외에도 햇빛이 가장 뜨겁게 내리쬐는 시간을 포함해
서 오랜 시간을 해변에서 보낸다. 이 때는 물론 수영복 상의를
반드시 입는다. 세브린은 평소 잡지를 많이 읽으며, 거기에서
자신의 이론에 대한 확신을 얻는다. 비합리성에도 불구하고 그
녀의 이론은 그럴 듯해 보인다. 나름대로 규칙과 이론적 근거
(여성 잡지)도 있고 전문가의 조언도 있다. 조사과정에서 여
성들의 관심을 불러일으키고 눈빛을 반짝이게 만든 것은 바로
우리의 질문 내용이었다. 관심을 보인 많은 여성들은 자신들의
과학에 자부심을 가졌고 그것을 설명하는 데 열성이었다. 마르
셀린도 자신의 학설을 끝없이 늘어놓았다. 태양에 대한 욕구가
강렬하면서도 피부에 대한 부정적 영향 또한 누구 못지않게 잘
알고 있던 그녀는 마침내 고도로 발전된 기술을 개발해냈다.
즉 장시간 동안의 일광욕을 삼가고 직사광선이 너무 뜨거운 시
간은 반드시 피하며, 엄청난 양의 선탠 크림을 가슴에 바른
다. 또 시간을 정확히 재서 최대한 규칙적으로 「앞, 뒤 뒤집
기」를 한다. 「지나치게 민감한」 가슴 부위만 제외하고 그녀는
「가장 성스럽고」 「자극을 주지 않으며」 「오랫동안 남아 있
는」 「최상의 물질」인 바닷물을 온몸에 바른다. 이 바닷물 또
한 초시계로 재면서 정확하게 앞면과 뒷면에 골고루 바른다.
『뭐, 이쯤 되면 선탠의 전문가라고 할 수 있죠!』(F149)

3

가슴 노출

노출방법의 변화

토플리스 차림으로 일광욕을 즐기는 일이 유행처럼 된 것은 1964년 생트로페에서의 일이다(퐁타넬, 1992). 물론 그 전에 도 몇몇 여자들이 토플리스를 하긴 했지만 조심스러운 시도에 불과했으며 대중적인 추세로까지 이어지지는 못했다. 그러다 1960년대 후반에 이르자 일반인들에게도 점차 퍼지게 되었다. 『그 때는 토플리스가 막 시작되던 때였어요. 당시 여자들은 어 떻게 해서든지 기회를 포착하려고 했지요.』(F148) 당시 이 모 험에 동참한 여성들은 그 후 연쇄적으로 일어난 토플리스 현상 을 일반화시킨 주역이었다. 토플리스는 일단 한 장소에 도입되 면 빠른 속도로 전파되었으나, 지방과 지방 사이 또는 해변과 해변 사이에서의 전이는 상대적으로 느렸다. 일례로 브르타뉴 지방에 토플리스가 상륙한 것은 1970년대 후반의 일이며, 어떤 해안 지방에는 1980년대에 들어서야 용감한 여성들이 등장하게 됐다. 이렌(Irène)이 토플리스를 처음 시작한 것은 코타쥐르 해안(역주 : 남프랑스 리베리아 해안)에서다. 그러나 1976년 브르타뉴 해안 지방에 왔을 때 그녀는 「모노키니-토플리스를 지칭하는 당시의 표현-를 하는 일단의 친구들」과 함께 해변 뒤편의 모래언덕에 반쯤 숨어서 토플리스를 해야만 했다. 그녀의 친구들은 해변에 나가 배구 시합을 하기로 했다. 모두 수영복 상의를 입고 나갔음은 말할 필요도 없다. 이렌은 그 중 한 친구가 수영복을 잃어버렸던 순간을 기억한다. 『그 애도, 친구들도 얼마나 놀라고 당황해했는지 아직도 기억이 생생해요. 지금도 그 생각만 하면 웃음이 나는걸요.』(F182) 그 당시의 해변도, 선구자였던 그녀들도 「신사고」-이후에 가슴 노출을 일반화시키고 감정의 통제와 자연스런 행동을 가능케 한-를 소화할 수준까지는 이르지 않았던 것이다. 당시만 해도 센세이셔널하게 받아졌던 새로운 행동방식이 「자연스럽게」 받아들여지기까지는 많은 여정이 필요했다.

어느 누구도 현재의 변화 추세에 찬성하지 않았다. 게다가 앙케트의 결과는 특히 이 점에서 극도의 혼란을 보인다. 똑같은 상황을 앞에 두고서도 어떤 이는 토플리스가 감소 추세에 있다고 보는 반면, 다른 사람은 증가 추세에 있다고 답했기 때문이다. 300명의 앙케트 대상자의 대답을 상세히 분석해본 결과, 우리는 이 불협화음의 원인을 찾아낼 수 있었다. 즉 답변(변화에 대한 예측) 내용은 거의 대부분 토플리스에 대한 개인적 생각과 밀접한 관련이 있었던 것이다. 특히 여성 응답자들은 토플리스에 대한 개인적 취향을 바탕으로 대답을 했다. 다시 말해서 토플리스를 긍정적으로 보는 사람은 증가 추세에 있다고 답했고, 부정적 시각으로 보는 사람은 감소 추세에 있다고 말했다. 2년 전부터 토플리스를 시작했다는 마르셀린의 경우『요즈음 한참 많이 하지 않아요?』(F149) 이제 시작한 지 얼마 안 되는 제시카의 경우는『점점 많아지고 있어요.』(F16) 공원에서 시험삼아 해보았다는 뮤리엘은『모든 연령층으로 번지는 것 같아요.』(F70) 수영복 상의를 입은 여성을 더 좋아한다는 베누아(Benoît)의 의견은『점점 시들해지지 않나요?』(H44) 분명하게 반대한다는 프란신(Francine)의 경우『앞으로 얼마 못 갈 걸요!』(F175) 마찬가지로 위게트(Hu-guette)는 다음과 같이 결론짓는다.『토플리스가 아무런 도움도 안 된다는 사실을 여자들은 진작 깨달았어야 했다구요.』(F175)「감소 추세」라는 대답은 특히 토플리스를 그만둔 여성층에서 많이 나왔다. 마치 이런 대답을 함으로써 자신들의 선택이 정당화되는 것처럼……. 클로딘(Claudine, F65)은 이런 정당화가 간절히 필요했기 때문에 자신의 경우를 전반적인 감소 추세의 증거로 자신의 예를 제시한다. 그 후 세브린과 뤼세트(Lucette)와의 인터뷰가 있었다. 이들은 수십 미터 떨어져 있었지만 같은 해변에 있었으며, 세브린은 토플리스를 하고 있었고, 뤼세트는 그렇지 않았다. 그러나 그들의 의견은 완전히 상반되었으며, 심지어는 눈앞에 펼쳐진 해변에 대한 구체적인 묘사까지도 서로 달랐다. 두 여성은 서로 다른 해변을 보고 있었다! 세브린은『거의 모든 사람들이 하기 때문에』(F183) 자신도 토플리스를 한다는 대답이었고, 뤼세트는『하는 사람이 거의 없고, 특히 이 해변엔 드물기 때문에』(F184) 안 한다는 답이었다. 뤼세트는 앉은 자리에서 주위를 가리켰으며, 실상 토플리스를 하고 있는 여성은 그다지 많지 않았다(사실 토플리스를 하는 여성들은 미묘한 메커니즘에 의해 한 장소로 모이는 경향이 있으며, 토플리스를 하고 있는 세브린 주변에는 꽤 많은 동지들이 있었다). 그 밖에도 지역의 특성이나 그 순간의 상황도 답변에 영향을 미친다. 특히 인터뷰할 때 햇빛의 강도는 중요한 역할을 했다. 즉 화창한 날에는 많은 여성들이 상반신을 노출하고 있었고 「증가 추세」라는 대답이 우세했지만, 찌푸린 듯한 날에는 「토플리스의 후퇴」가 대다수 의견이었다.

이렇듯 답변에는 이데올로기적 성격이 뚜렷이 나타났지만 그렇다고 해서 「변화의 과학적 측정」이라는 작업이 쉬워지는 것은 아니다. 그러므로 항상 신중함을 유지해야 한다. 그러나 지난 몇 년과 달리 토플리스가 더 이상 대중적 인기를 누리지 못한다는 것은 부인할 수 없는 사실이다. 토플리스는 이제 거의 정점에 다달았으며 다소 하향 곡선을 그리고 있기 때문이다. 그러나 이런 상대적인 감소가 두드러진 변화를 의미하는 것은 아니다. 감소 추세는 현재 벌어지고 있는 의학 캠페인─피부 손상에 대한─과도 깊은 관련이 있다(「유방암 예방」이라는 구호는 가장 설득력 높은 마법과 같은 경고다). 그러나 감소 추세의 원인에 대해 상세히 분석해볼 필요가 있다. 우선 토플리스는 경제적으로 여유 있는 사회계층으로부터 점점 배척되고 있다. 토플리스의 대중화로 토플리스는 사회계층을 구분하는 척도로서의 기능을 잃었으며, 특히 중산층은 의사들의 경고에 민감하기 때문이다. 그러나 어느 시각, 몇몇 해변에서 토플리스를 하는 여성의 수가 다소 줄어들었다고 해서 전체적으로 토플리스 추종자의 수가 줄어든 것은 아니다. 왜냐하면 이는 단순한 행동의 변화일 수 있으며 가슴을 태양에 노출시키는 것은 지극히 일시적이며, 순간의 기분에 따른 선택이기 때문이다. 알렝(Alain)은 요즈음 여성들이 얼마나 잠깐 동안 가슴을 노출시키는지 과장 섞인 설명을 하면서 변화추세를 정의한다. 『이른바 잘 나가는 여자들은… 아직도 토플리스를 계속해요. 하지만 바람 쐬는 식으로 한 5~10분쯤? 그 이상은 하지 않아요.』(H36) 동시에 그는 다른 사회계층을 예로 들며 대조설명을 한다. 『가슴이 빨갛게 되도록 태우는 여자들은 주로 노동자나 가게에서 일하는, 그런 여자들이에요.』 물론 과장·왜곡된 말이지만 근거가 전혀 없는 것은 아니다. 토플리스가 서민층이나 시골에 보급된 것은 비교적 최근의 일이며, 그 계층에서는 한참 유행 중이기 때문이다. 동시에 서민계층의 행동방식에는 특성이 있다. 일단 무엇이든 시작되기만 하면 유행의 속도나 범위는 훨씬 빠르기 때문이다. 그러므로 토플리스의 쇠퇴가 해변에 있는 모든 여성들에게 해당되는 것은 아니다.

그러나 실제로 쇠퇴하는 것은 토플리스의 실행 그 자체가 아니라, 토플리스에 수반되는 토플리스에 대한 정열이다. 즉 이제껏 태평성대를 구가했던 것은 동원력을 지닌 가상물질인「정열」이었던 것이다. 『전에는 모험으로서의 의미가 컸지만 지금은 자연스러운 것이 됐어요.』(F80) 상반신 노출은 하나의 규범이 되었으며, 나아가 해변에서 볼 수 있는 관습의 일부가 되었다. 비록 요즘 여성들은 선별적으로 토플리스를 실행하며 점차 노출시간을 줄이지만, 토플리스의 보편화는 꾸준히 진행되고 있다. 그러므로 개인은 주위의 눈치를 살피지 않고, 자신이 원할 때면 언제든지 토플리스를 할 수 있게 된 것이다. 이런 2중적 변화는 원피스 수영복의 도입으로써 가능해진다. 토플리스 반대론자들은 비키니 수영복에 대한 선호도가 떨어지는 것이 노출을 꺼리는 심리를 역으로 드러내는 것이라고 생각한다. 그러나 사실은 그렇지 않다. 왜냐하면 유행이란 것은 무엇보다 미적 기준과 연관되기 때문이다. 또한 원피스 수영복의 착용은 오히려 더욱 융통성 있게 토플리스를 실행할 수 있게 한다(1회당 노출시간은 짧지만 그 빈도는 훨씬 높음). 즉 모래 쪽으로 몸을 기울여 태연을 가장한 얼굴과 제스처로 수영복 상의의 훅을 푸는 모습과 비교할 때 원피스 수영복을 살짝 내리는 행위는 한결 수월한 것이다. 구름이 걷히고 해변이 다소 한산해지면 욕망은 커진다. 『어디 한번 수영복을 내려볼까?』(F162)

이렇게 보편화된 상반신 노출은 육체해방의 역사적 과정에 무리없이 스며들어간다. 육체해방은 역사상 여러 종류의 양식으로 표현되었지만 오늘날에는 무엇보다 그 자연스러움에 초점이 맞추어진다. 예를 들어, 물 속에서의 행동을 살펴보자. 분명히 수면 위에서의 행동은 별다른 것이 없으며 아무런 변화도 없는 듯하다. 그러나 수면 아래에서는 육체를 중시하는 움직임이 진행 중에 있다. 바닷물이 신체의 은밀한 곳에 직접 와 닿는 느낌이란 어떤 것일까 궁금해하는 여성들은 물 속에까지 토플리스를 연장한다. 그러나 서 있게 되는 경우, 즉 수면 밖으로 가슴이 노출되었을 때는 불편하기 그지없다. 따라서 다른 방식으로 문제를 해결하는 여성들도 있다. 즉 몸이 물 속에 완전히 잠겼을 때만 수영복 윗도리를 내리는 것이다. 『정말 멋진 느낌이에요.』(F182)『굉장히 좋아요.』(F184)『토플리스의 진정한 즐거움은 물 속에서 느낄 수 있어요. 저는 가끔 물 속에서 수영복을 내린답니다. 그건 자유 자체예요. 몸도 한결 자유로워지는 것 같고, 어쨌든 기쁜 일이에요. 기가 막힐 정도예요.』(F32) 피부가 느끼는 최상의 즐거움을 추구하는 이들 중에는 상반신 노출만으로는 만족하지 못하는 사람도 있다. 우리에게 「로스 비프」(F101)를 떠올리게 하며 토플리스를 하지 않는다고 했던 카롤린이 그렇고, 비슷한 대답을 했던 마리안느(Marianne)도 마찬가지다. 『전 해변에선 수영복을 입고 있다가 물 속에 들어가면 완전히 벗어요. 완전히 벌거벗은 몸으로 수영하는 느낌은… 정말 최고예요. 특히 해안에서 멀리 떨어져서 쳐다보는 사람이 아무도 없다는 걸 확인하게 되면 차례대로 수영복을 벗어버려요. 왜냐구요? 그 느낌을 사랑하니까요.

완전히 다 벗어버리고 수영하는 기분은 뭐라 표현하기 힘들어
요.』(F31) 베르트랑(Bertrand)은 자세하게 설명하기를 꺼려 했
다. 약간 얼버무리고 알 듯 말 듯한 미소를 지었지만, 그 미소
는 여자 친구와 함께 물 속에서 공유하는 나신의 장면을 떠올
리게 했다. 그 어떤 것과도 견줄 수 없는 최상의 기쁨인 것마
냥······.

심판대에 오른 비치 타월

　해변의 탈의실은 예전의 탈의실이 아니다. 이제는 추억이
된, 해수욕장의 전형적인 풍경 가운데 일부였던 우아하고 고급
스런 탈의실은 사라지고, 시에서 관리하는 평범한 건물만이 남
아 있을 뿐이다. 또한 남의 눈을 피해서 옷을 갈아입는 곳이라
는 본래의 기능 또한 상실했다(위르뱅, 1994). 육체의 해방에
힘입어 요즈음 사람들은 남들이 보는 앞에서, 그것도 해변에서
거리낌 없이 수영복을 갈아입는다. 자연 이 과정에서 몇 가지
기술적 문제점이 발생하게 된다. 그러나 몇 년 전만 해도 이런
문제점은 어느 정도 해결된 듯싶었다. 사람들은 타월을 이용해
서 은밀한 동작으로 조심스럽게 옷을 갈아입었기 때문이다. 그
럴 듯한 방법이기는 했지만 위험요소가 전혀 없는 것은 아니었
다. 즉 반복되는 경험을 통한 숙련이 필요했다. 『많은 옷가
지, 타월을 들었다 놨다 하면서··· 정신 없지요, 뭐.』(F160)
『한번은 옷을 갈아입다가 다리가 엉켜서 모래사장 위에 넘어진
적이 있어요. 사람들은 모두 쳐다보고, 생각만 해도 아찔했죠.』
(F182) 그 후 좀더 기능적인, 즉 목부터 몸 전체를 가릴 수 있
는 커다란 비치 타월이 등장하게 된다. 말하자면 타월로 이루
어진「간이 탈의실」인 셈이다. 그러나 기능성과 시대의 추세
는 별개의 문제다. 새로운 방법은 우스꽝스러워 보였고 즐겨

이용되지도 않았으므로 더 이상 전파되지 않았다. 그 방법은 정숙함을 강조하는, 시대에 뒤떨어진 이미지를 풍겼고 지나치게 몸을 가리려는 태도는 문명화 과정 제2기에 들어선 요즘의 세대풍조와 어울리지 않았다. 기능성이 뛰어나지도 못하며 시대의 흐름과 맞지 않는 비치 타월은 부적합 판정을 받게 된다. 『옷이 땅바닥에 한꺼번에 떨어지지 않도록 애를 쓰면서 타월 뒤에서 꿈틀거리는』(F133) 사람을 바라보면서 형성되는 은밀한 웃음은 마침내 조소로 변하게 되며, 나아가 부적절한 행동에 대한 비난으로까지 발전한다. 『해변에서 눈에 거슬리는 것은 괜히 얌전한 척 내숭을 떠는 사람들이에요. 긴 타월로 몸을 가리고 수영복을 갈아입는 사람들 말이에요.』(F100) 구태의연하게 옷을 갈아입는 사람들을 향한 시선은 날카로워졌기 때문에 마침내 이런 창피스런 행동을 하는 사람은 줄어들게 되었다. 결국 타월 뒤에서 옷을 갈아입는 행위는 하루아침에 적합지 못한 모순으로 전락해버린 것이다. 이리하여 비교적 느긋한 행동(집에서 갈아입고 나오는 사람에 비해)이라고 생각되었던, 비치 타월을 이용한 탈의는 해변에 선을 보인 지 얼마 되지 않아 부정적인 색조를 띠며 역사의 심판대에 올려지게 된다. 『수건 뒤에 숨어있는 건 좀 바보 같아요.』(F5) 나체를 감추지 않는 문화 속에서 자란 솔랑주(Solange)의 다섯 살배기 딸은 이미 옛날 이야기 같은 수건 뒤의 풍경에 끊임없는 호기심을 느끼며, 그 이상한 행동을 조금이라도 가까이서 살펴보려고 다가간다. 『아마 딸아이는 그 광경을 보고 놀랄 거예요!』(F76)

그렇다면 어떤 방법이 있을 수 있나? 이 시점에서 독자들은 넘쳐 흐르는 상상력을 동원해서 우아하게 수영복을 갈아입는 방법을 떠올려 보아야 할 것이다. 무엇보다 자연스럽고 편안한 인상을 풍기는 것이 테크닉의 핵심일 것이다. 그렇다면

수건 또한 잠시나마―사람들의 손가락질을 받지 않을 정도로
―사용해도 별 무리는 없을 것이다(지나치게 몸을 가리려는
의도 없이 살짝 사용한다면). 또는 「자신만의 방법을 만들어
내거나」 수건 이외의 도구를 사용하여 「옷을 갈아입는다는 인
상을 주지 않으면서 갈아입는」(F128) 방법 등이 가능할 것이
다. 즉 익히 그 사용법이 알려져 있듯이 치마라든가 잠바를 이
용하는 방법으로 말이다.

그러나 절대적으로 필요한 것은 우스꽝스런 가리개 없이,
그러나 남에게 지나친 눈요깃거리를 제공하지 않으면서 우아하
고 품위 있게 갈아입는 것이다. 은밀하면서도 아직 널리 퍼지
지 않은 이 새로운 방법은 빠른 속도로 전파되고 있다. 뤼도비
크(Ludovic)는 작년부터 더 이상 주저하지 않고 잠시나마 「벌
거숭이」(H80)가 된다. 『뭐, 그냥 그렇게 해요.』 그 문제에
대해 지나치게 깊이 생각지도 않는다. 단지 그렇게 할 수 있다
고 자신이 「느꼈기」 때문이다. 더불어 해변도 그의 사고방식
을 수용하는 쪽으로 변화한다. 한편 육체는 자유로워지고 노출
은 계속 진행되며, 사고방식에는 점점 관용성이 스며든다. 사
람들은 어떤 장면 앞에서도 충격받지 않고 또 앞으로도 그럴
것이다. 인간은 자유로워야 하며, 특히 자신의 육체에 관한 한
더욱 그러하다. 그러나 사실 완전한 누드는 아직 놀라움의 대
상이며(특히 성기의 노출은 아직도 엄격한 금기사항으로 남아
있다), 많은 사람들은 시선을 다른 쪽으로 돌리거나―여럿이
있을 때는―키득키득 웃음으로써 멋쩍음을 떨쳐내려는 반응을
보인다. 『좀 우습긴 했지만 제게 피해를 주는 일은 아니니까
요.』(F158) 사실 가장 중요한 것은 원칙의 수용과 관용에 대
한 의지로서 사람들은 이를 통해 배척적인 자세를 스스로 통제
하게 된다. 자클린은 「특별한 주의를 기울이지 않으며」(F98)
옷을 갈아입는다. 해변이 자신의 행동을 받아들인다고 느꼈기

때문이다. 『우린 자유로워요.』 그러나 아무나 옷을 갈아입을
수 있는 것은 아니며, 아무렇게나 갈아입을 수 있는 것 또한
아니다. 비록 시선은 다른 쪽을 향해 있지만 새로운 방식에 대
한 관찰은 매우 세밀하게 이루어진다. 또 비록 짧은 시간 동안
이루어지는 행동이지만, 어떤 것은 할 수 있고 또 어떤 것은
할 수 없는가를 명시하는 규범을 탄생시키기 위한 지적 노력은
끊임없이 지속된다. 『아무렇지 않게, 조심스럽게 갈아입는 이
상 반대할 이유가 없지요. 하지만 사실 하의까지 그냥 벗어던
지는 건 좀······.』(F182) 『도발적이어서는 안 되죠. 그건 어떻
게 갈아입느냐 하는 방식에 달린 거죠.』(F158) 조심스러움,
신속함(그러나 서둘러서도 안 된다. 그건 바로 부자연스럽다
는 것을 상징하기 때문이다), 그리고 약간의 신중함······. 이
모든 것은 노출증과 혼동될 소지를 피하기 위해 필요한 요소들
이다. 특히 신중함은 옷을 갈아입는 당사자가 자연스럽고 편안
하게 행동한다는 것을 증명하는 「확신 있는 모습」과도 연관된
다. 『느긋하고 자연스러워요.』(F182) 『너무나 편안해요.』
(F27) 이와 같이 자기 고유의 방식을 통해서 행동의 자연스러
움을 드러내는 것이 중요하다. 새로운 탈의 방식이 수용되는
이유가 바로 여기에 있기 때문이다. 이에 대한 해변의 첫번째
반사작용은 노출을 보편화시키는 것이다. 『모두 다 비슷하게
생겼잖아요.』(F151) 『사람들은 더 이상 관심 있게 쳐다보지
않아요.』(F182) 예전 같으면 이런 행동은 지탄의 대상이 되었
겠지만(함부로 알몸을 보인다고 손가락질당하고 배척당하는)
오늘날 사정은 달라졌다. 이런 보편화를 가능케 한 핵심도구,
즉 「편안함」이 예기치 못한 반전을 불러일으킨 것이다. 즉 오
히려 높은 수준의 탈의 기술을 보이는 사람에게 일반인들은 찬
사를 보낸다. 줄리(Julie)는 매우 절제된 행동으로 능숙하게 옷
을 갈아입는 「전문가」를 보며 감탄해마지 않는다. 나아가 그

감탄은 『그 사람들은 교육수준이 높은 사람들이에요』(F27)라는 말과 무관하지 않은 것이다.

이렇게 형성되는 해변의 사회적 압력에 의해 사람들은 남들이 보는 앞에서 옷을 갈아입을 수밖에 없으며, 자신만의 방식을 고안해내게 된다. 볼 거리를 제공하지 않으면서도 결국은 무언가를 보일 수밖에 없는 모순을 해결하기 위해서다. 그러나 금기사항이 점차 느슨해지는 추세 속에서 문제점은 드러난다. 예를 들면 브래지어의 착용을 들 수 있다. 관용과 자유스러움에 대한 사고가 확산되면서 몇몇 여성들은 「특별한 주의를 기울이지 않고」(F98) 옷을 갈아입으며, 단지 간편해지려는 생각에 해변에서 브래지어를 벗거나 착용한다. 이렇듯 여성들이 가슴을 노출하는 마당에 돌연 브래지어를 착용한 모습이 더 외설스럽다는 시각이 등장한다. 왜 그런가? 단순하게 생각해 보면 사실 브래지어를 하고 있는 모습은 「덜」 벗은 상태라고 할 수 있다. 너그러운 관용에 힘입어 대부분의 사고는 여기서 그친다. 그도 그럴 것이 행동의 편리함과 해변의 나태함은 지나친 질문을 차단하기 때문이다. 여기서도 여성은 적절한 방식을 찾으면 그만일 것이다. 집중하는 듯한 표정으로 빠르고 정확하게, 애매모호한 외설스런 행동과는 거리가 먼 행동으로……. 그러나 남성의 시각에서 볼 때 현실은 그렇게 단순하지만은 않다. 왜냐하면 여성의 속옷은 다분히 성적인 의미를 내포하기 때문이다. 브래지어와 수영복 상의는 거의 동일한 기능을 가지고 있지만 결코 같은 것이 아니다. 또한 옷을 벗고 입는 동작―그것 자체가 애매모호한―은 성적인 이미지를 더욱 부각시킨다. 대부분의 여성들은 사람들이 많은 해변에서는 토플리스를 하다가 오히려 집으로 돌아갈 즈음에는 브래지어를 하고 옷을 입는다. 그들의 행동은 무엇을 의미하는가? 이 점에 대해서는 많은 의문이 제기될 수 있으며, 해수욕장에서의 노출이라는 조용한 일상이 소란스러워질 가능성이 높다. 다행스럽게도 해변의 무기력과 관용성은 인간의 사고를 세밀한 부분까지 이르게 하지 않고, 너무 자세히 들여다보지 않게 한다. 모든 것을 전반적인 육체해방운동의 일환으로 간주해버리는 것이다. 단, 그런 경우 여성들의 브래지어는 레이스나 장식이 주렁주렁 달린 것이 아닌, 정말 평범한 것이어야 하며, 또 그들의 행동 또한 지극히 평범해야 할 것이다

가슴 노출의 전파

토플리스의 유행은 이제 보편화되고 어느 정도 한계에 달했기 때문에 마치 새로운 유형의 노출을 준비하기 위한 후방기지 같은 기능을 담당하게 된다. 그러나 해변이 아닌 장소에서의 토플리스는 아직도 계속 전파되고 있다. 그렇다고 해서 아무렇게나 퍼지는 것은 아니다. 동심원을 그리듯 해수욕장 주변 지역으로 퍼져나가는 것이 그 중 하나의 유형이다. 그러나 경계 (모래사장에 의해 정해지는)는 분명하고 함부로 넘나들 수 없는 것이다. 즉 비해변 지역으로 넘어가면 토플리스는 다시 금기시되는 것이다. 우리는 범위의 규정이 왜 필요한지 이해해야 할 것이다. 사실 토플리스가 일상적인 장소와 구별되는 특별한 장소에 국한되지 않았다면 — 바캉스가 일상생활에 대비되듯이 — 오늘날과 같이 보편화되지 못했을 것이다. 즉 토플리스는 해변에서만 가능하며, 결코 다른 곳에서는 허용되지 않는다는 사고방식이 토플리스의 전파를 용이하게 한 것이다. 스테파니 (Stéphanie)는 토플리스를 하는 자신이 「바람기 있고 헤퍼 보이는 여자」(F141)로 비추어질까 걱정한다. 대화 초반부터 그녀는 해변을 다른 장소와 엄밀히 구분한다. 『해변에서만 가능한 거죠. 다른 데라면 말도 안 되요.』 이렌은 위에 언급한 바

있는 새로운 탈의방식을 대중 앞에서 시도한다. 『여긴 해변이
잖아요.』(F182) 그녀는 다른 장소에서는 무척이나 정숙한 모
습을 보인다. 『저는 너무 많이 파인 옷을 입고 돌아다니진 않
아요.』 그렇다면 해변에서는 왜? 『여긴 그럴 수 있는 곳이잖
아요.』(H15) 『해변은 좀 다르기 때문이지요.』(H79) 특별히
설명할 만한 말이 없다는 것은 중요한 사실이다. 여기서 중요
한 것은 합법적인 장소라는 것을 규정하는 경계의 개념뿐이
다. 이 경계를 옹호하는 세력 또한 만만치 않다. 해변의 상징
적인 경계선(모래사장 가장 바깥)으로부터 50m 떨어진 곳에서
약국을 경영하는 이블린(Évelyne)의 예를 들어보자. 그녀는 해
변에서 토플리스를 하며 같은 차림으로 공놀이도 한다. 그러나
손님을 대하는 약사의 신분으로 돌아왔을 때에는 다르다. 허용
된 지역 이외의 장소에서 가슴을 노출시키는 행위를 엄중히 비
난하는 것이다(그녀는 약국 안에서 수영복 차림으로 있는 것
또한 반대한다). 다른 예로 사빈(Sabine)의 경우를 들어보자.
해변가에 있는 빵집에서 수영복 상의를 입지 않은 여자를 본
순간, 그녀는 장소를 분간할 줄 모르는 행동에 대해 혐오감을
억누를 수 없었다. 『위생적인 면에서도 그건 좋지 않아요!』
(F159)

　해변에서의 경계선은 이처럼 엄중히 지켜지기 때문에 토플
리스 전파의 첨병이 나타나는 곳은 완전히 다른 지역일 수밖에
없다. 즉 신체의 노출을 관대하게 허용하는 특정 지역이 그런
경우다. 또 이들 지역의 주요 특성은 해변과 공통점이 많다는
것이다. 즉 태양, 물, 일광욕을 할 수 있는 가능성, 누울 수
있는 장소가 기본요건이다. 그러므로 현재 토플리스는 호수,
강, 야외 수영장 등지로 퍼져나가고 있다. 이런 추세가 확대되
고(천천히) 보편화됨에 따라 토플리스가 행해질 수 있는 전형
적인 장소에 대한 기준도 구속력이 떨어지게 된다. 예를 들어,

왜 꼭 물이 있어야 하는가? 조용한 장소에서 단지 일광욕만 하는 것은 안 되는가? 그동안은 강력하게 노출에 반대하던 시골이나 심지어는 산악지대(해변의 무기력증이 거의 연상되지 않는)사람들마저도 이제는 조용하게 행해지는 건전한 노출에 대해서 점진적으로 개방하는 추세다. 공원도 마찬가지다. 일단 가능하다는 생각이 들면 전파 속도는 지체 없이 빨라진다. 뮤리엘(Muriel)의 이야기는 이와 같은 상황을 잘 설명해준다. 뮤리엘은 해변에서는 토플리스를 하면서도 시내 한 복판에 있는, 자신의 집 근처 공원에서는 감히 시도하지 못했던 것이다. 토플리스를 감행한 한 용감한 여성을 목격하기 전까지는. 『그 여자를 보고 저는 이렇게 생각했죠. 「나라고 못할 이유가 어딨어?」 그러곤 바로 수영복을 내렸어요.』(F70) 얼마 후 공원에는 어느 정도의 소그룹이 형성됐고 스스로 합리성을 부여하기 위해 해변 아닌 해변을 재현하게 되었다. 공원에는 아이들이 놀 수 있는 얕은 연못이 있었으므로 물가라는 조건이 이미 형성되어 있었고, 의식을 위한 도구(수건, 선글라스, 선탠 크림)도 갖추어졌다. 전파는 충분한 사고를 거치지 않고 모방을 통해 이루어진다. 행해지는 장소가 합법적이라고 생각되면 그것으로 충분한 것이다. 그러나 사람들의 태도는 달랐다. 즉 질문(토플리스를 할 수 있는 장소)을 받게 되고 이에 대해 합리적으로 자신의 의견을 밝혀야 할 입장에 처하자, 가장 먼저 지적하는 것은 해변의 특수성이었다. 다른 장소에서는 곤란하다는 의견이 지배적이었다. 이는 스스로의 사고에 일관성을 부여하기 위한, 통상적인 준거점을 상실하지 않는 범위 내에서 최대한의 관용을 보이기 위한 일종의 원칙론적인 자세였다. 대화 중에 관찰할 수 있었던 해변과 비해변 지역의 대비는 바로 이러한 이유 때문에 가치 있는 것이었다.

『해변에서는 수용할 수 있지만 다른 곳에선 안 되지요.』(F

184) 『해변에서는 괜찮지만 거기서 그쳐야지요.』(F6) 이렇게 특정 장소에 토플리스를 국한시키고자 하는 이유는 만일의 경우 생겨날 가치관과 도덕질서의 혼란을 막기 위해서다. 그러나 이런 유형의 행동(해변 이외의 장소에서 가슴 노출)이 이미 행해졌다는 정보를 조사원이 넌지시 알려주자마자 대부분의 사람들은 놀란 표정을 짓다가 곧바로 의견을 수정했다. 무척 흥미로운 현상이 아닐 수 없다. 『하긴 안 될 이유는 없지요? 그것도 다른 것과 마찬가지로 일광욕의 또 다른 방법이니까요.』(F179) 즉 사람들이 비해변 지역에서의 토플리스에 반대한 것은 한 가지 행동규범만이 존재할 수 있다는 편협된 사고와 무지 때문이었다. 그러나 실천가능한 새로운 규범이 등장하자마자 사람들은 열린 사고방식으로 판단하게 된 것이다.

합법적인 영토가 늘어감에 따라 토플리스는 천천히 은밀하게, 그러나 지속적으로 더욱 퍼져나간다. 호숫가, 강가나 수영장, 공원, 외딴 시골의 후미진 곳 등……. 그러나 사람들이 가장 선호하고 해변만큼이나 빈번하게 토플리스가 행해지는 곳은 바로 자신의 집 정원이다. 『저는 특히 집에 있을 때, 주위에 아무도 보는 사람이 없을 때 토플리스를 해요.』(F55) 집 정원에서 토플리스를 한다고 응답한 여성의 수가 상당히 많았으므로(응답자의 거의 절반 정도) 정원이라는 장소의 객관적 현실(이웃의 시선으로부터 완전히 차단되는 경우가 매우 드문)이 드러나면 문제가 심각해진다. 세련된 사람으로 보이고자 하는 생각은 정원에서의 토플리스를 필요 이상으로 성행시켰으며, 즉흥성을 띤 이 행동(집 정원이나 바캉스를 보내는 장소에서의 토플리스)은 토플리스의 동기에 대한 일반적 대답(시대에 뒤떨어지지 않기 위해서)을 제공해주기에 이르렀다. 이렇듯 정원에서의 토플리스는 매우 성행하고 있으며, 자신의 집 안에서 할 수 있기에 토플리스의 필수조건인「조용함」-이

「조용함」의 현실적 조건이 어떠하건 간에—은 이미 갖추어진 셈이다. 정원 주변에서 일어나고 있는 「시선 게임」은 아마 우리 생각보다 훨씬 강도 높은 것일지도 모르며, 「훔쳐보기」(예기치 않은 이웃 간 관계 발전을 가져올 수 있는)의 성격을 띤 불쾌한 것일 수도 있다. 즉 해변과는 또 다른 상황인 것이다. 그러나 토플리스의 전파는 육체해방운동의 일환으로, 감정 절제의 내재화로 이해될 수 있을 것이다.

가슴 태우기

다시 해변으로 돌아가서 앙케트 도중 던진 간단한 질문을 떠올려보도록 하자. 『당신은 왜 토플리스를 하십니까?』 대답할 만한 말이 전혀 없거나 거의 없는 경우, 가장 간단한 질문은 오히려 가장 당혹스런 질문이 될 수 있다. 『뭐, 예전부터 사람들이 하던 거니까요』라는 응답도 있었고, 『다른 사람들이 다 하니까요』라는 의견도 있었다. 자신의 미를 과시하기 위해서? 은밀하고도 에로틱한 게임을 하기 위해서? 여성들을 더욱 당혹스럽게 만드는 위와 같은 질문을 통해서 조사원들은 해변이라는 무대의 뒤쪽을 엿볼 수 있었다. 이 책의 후반부에는 해변의 비밀스런 메커니즘이 소개될 것이다. 그러나 지금은 눈에 띄는 것, 즉 눈앞에 펼쳐진 풍경에 대해서만 이야기하도록 하자. 응답자들의 지적인 노력 덕분에 『원래 그런 거니까요』 또는 『다른 사람들이 다 하니까요』라는 식의 단순한 응답이 더 이상 나오지 않게 되었을 때, 거의 모든 사람들은 한 가지 이유를 들었다. 바로 「태우기 위해서」라는 거였다. 태양을 향한 욕구가 이토록 강렬하기 때문에(태양광선의 폐해에 대해 많은 사람들이 알고 있음에도 불구하고) 사람들은 어떻게 해서라도 노출면적을 넓히려고 안간힘을 쓴다. 수영복 면적을 최소화하려는 움직임 속에서 사람들의 시선은 가슴—필수적으로 선탠을 해야 한다고 생각되는—으로 향하게 된다. 마치 선탠이란 가슴을 태우기 위해서 시작된 것처럼……. 『그녀의 가슴도 태양을 원해요. 가슴이 태양의 따뜻한 손길을 느끼려는 걸 굳이 막을 이유도 없구요.』(H1) 여자친구의 예를 든 한 남자의 의견이다. 게다가 선탠한 가슴이 드러내는 미적 기준은 성적 욕구와도 완벽하게 들어맞는다. 『가슴을 까맣게 태운 여자를 보면 아름답다는 생각이 들어요. 정말로 멋있어요.』(F10) 거의 모든 사람들이 합창이라도 하듯이 까무잡잡한 가슴을 예찬했으므로 하얀 피부가 더 좋다고 대답한 대여섯 명 정도의 응답자 (전체 300명 중)조차도 가슴만은 까무잡잡하게 탄 것이 더 매력적이라는 사실을 인정할 수밖에 없었다. 해변의 감탄을 불러일으킬 정도의 아름다움……. 즉 검게 태운 가슴은 모든 이성을 뛰어넘어선, 절대적인 미의 기준이 된 것이다. 하지만 해변을 떠났을 때 이 아름다움은, 과연 누구를 위한 것인가? 『보통 땐 아무도 볼 수 없는 곳인 가슴을 태우는 건 바보 같은 짓이에요.』(F59) 그러나 아름다움에도 이유가 있어야 하는가? 인간은 단지 아름다워지기 위해서, 또는 자기 자신을 위해서 아름다움을 추구할 수 있는 것 아닌가? 오딜(Odile)은 『아! 까맣게 태운 가슴은 예뻐요. 정말이지 정말… 예뻐요』(F79)라고 얘기한다. 이런 대답만으로도 충분한 것 아닌가? 그러나 그녀는 반박할 여지가 없는 구체적인 이유를 덧붙인다. 바로 「보기 흉한 수영복 자국」이다. 『사람들이 모두 자국 안 나게 매끈히 태우는 건 아니예요. 허연 수영복 자국은 정말 끔찍해요. 그건 짚고 넘어가야 한다구요.』(F79)

제 I 부 · 발가벗고 햇볕에 그을린 육체

보기 흉한 허연 자국

「자국, 보기 흉한 허연 자국.」인터뷰를 통한 이번 조사에서 거의 모든 사람들이 여러 번 되풀이한 말은 바로 이 수영복 자국이었다. 이는 폭넓게 인정되고 강력하게 작용하는 사회적 가치가 존재한다는 사실을 드러낸다. 즉 토플리스를 하는 사람들에게 수영복 자국은 그 무엇보다 절대적인 이유이며 거의 강박관념의 수준에까지 달한, 모든 사람들이 혐오하는 고정된 이미지가 된 것이다. 『브래지어 자국 때문이에요. 그 자국을 없애려고 토플리스를 하는 거지요.』(F98) 『그건 자국 때문이에요. 제 몸에 그런 게 남는 걸 원치 않거든요.』(F178) 『보기 흉한 허연 수영복 자국이 싫기 때문이지요.』(F39) 수영복 자국은 마치 낙인처럼 생각되므로 때로는 무슨 질병처럼 여겨지기도 한다. 마르크(Marc)는 「여기저기 하얀 수영복 자국을 드러낸 사람」(H23)에 대해 혐오감을 나타내며 몹시 불쾌한 표정을 짓는다. 「하얀 자국」(F72)에 대해 이야기하면서 가브리엘(Gabrielle)은 코까지 찌푸린다. 뤼도비크는 꽤 관용적인 태도로 이야기하려 애쓴다. 그러나 수영복 자국에 대한 이미지가 워낙 부정적이기 때문에 그 문제에 와서는 결국 다른 사람과 마찬가지의 대답을 한다. 『어쨌든 그런 자국이 있는 여자와 윈드 서핑을 같이 한다고 생각하면…….』(H80)

왜 많은 사람들은 「수영복 자국」을 절대적인 이유로 내세우는 걸까? 전혀 고민하지 않고 쉽사리 토플리스를 한다는 게 항상 가능한 것만은 아니기 때문이다. 사실 이 문제에 대해서 사람들은 스스로에게 거의 질문을 하지 않고 또 아무 질문도 던지지 않기를 바란다. 오직 태양을 향한 욕망에 끌려다니기만 원할 뿐이다. 그러나 남편, 가족, 토플리스를 하지 않는 여자

친구들도 토플리스가 성행하는 이유에 대해 대답해야 할 때가
가끔 있다. 왜 여성들은 공공장소에서 반라(半裸)를 서슴지
않는가? 이런 질문은 때로는 실례가 될 수 있는 복합적인 것
이고 토플리스의 동기에 대한 의심을 수반하는 것이므로, 만인
이 공감할 수 있는 간단명료한 이유를 찾아내는 것이 급선무
다. 이 시점에서 등장하는 것이 「수영복 자국」이다. 더구나
이 자국은 미관상 보기 흉하고 끔찍한 것이므로 간단하고 당연
한 이유로 등장하게 된다. 토플리스의 합법성 여부를 판단할
때 「장소」라는 기준이 언급되듯이 수영복 자국이야말로 토플
리스라는 관행 자체를 합법화시키는 중요한 요인인 것이다. 베
로니크(Véronique)는 질문, 특히 가장 추상적인 질문에 관심을
보였으며(자신의 지적 능력을 입증해보이려고 애쓰면서) 가장
은밀한 동기까지 털어놓으며 이야기를 진행시켰다. 그러던 중
자신의 고백이 필요 이상으로 진행되었음을 인식한 듯 갑자기
당황한 표정을 짓더니 다시 「수영복 자국」의 논리로 돌아가기
시작했다. 『어쨌든 수영복 자국 때문이에요. 그 이유가 제일
커요.』(F54) 그러고 나서 그녀는 더 이상의 정보를 흘리지 않
았다. 편리한 이유가 아닐 수 없다. 수영복 자국에 대한 만인
의 증오심은 사고하는 수고마저 덜게 하는가. 적어도 토플리스
를 중지하기로 결심할 때까지는 그렇다. 그런 여성들에게는 수
영복 자국이라는 논리가 갑자기 하찮게 여겨진다. 동시에 판단
기준이 변하고 고정관념이 사라진다. 클로딘이 바로 그런 경우
였다. 『지금 전 수영복 자국이 있지만 개의치 않아요.』(F65)
그러나 만인이 공유하는 미적 기준―선탠한 가슴―을 망각하
고 부인하는 것은 쉬운 일이 아니다. 계속되는 주위의 질문에
그녀는 다음과 같은 사실을 인정할 수밖에 없었다. 『몸에 자국
이 없는 게 더 예쁜 건 사실이에요.』수영복 자국을 신경 쓰지
않는다고 했다가 결국 자국 없는 몸을 선망한다고 고백한 그녀

는 논리에 일관성을 상실한 완벽한 현행범 아닌가? 클로딘은 계속 모순되는 말을 늘어놓는다. 『많은 여자들이 수영복 자국에 신경쓰지만 저는 아니예요.』클로딘은 이런 상반된 진술에 스스로 피곤해졌는지 대화를 중단하고자 했다. 클로딘과 마찬가지로 꽤 많은 여성들은 대화 중간에 출구를 찾지 못해 쩔쩔매는 모습을 보였다. 즉 예전에는 다른 사람들과 마찬가지로 「수영복 자국」이라는 마법의 논리를 내세웠지만 그 논리를 헌신짝처럼 던져버린 경우, 대화가 계속될수록 사고의 실타래는 엉키게 되며 대화 도중 갑작스런 중단을 요구하기도 한다. 어떤 여성들은 문제를 다른 방식으로 해결하기도 한다. 사고의 범위를 더 이상 확장시키지 않으면서 그저 「수영복 자국」의 논리에 매달리는 것이다. 마리(Marie)와 델핀(Delphine)은 함께 해수욕장에 있었는데, 마리는 토플리스를 하고 있었고 델핀은 아니었다. 마리는『자국이 나는 게 싫거든요』(F153), 델핀은 『제겐 자국 따위는 중요하지 않아요』(F154)라는 말을 했다. 우리로서는 그 이상의 이유를 아는 것은 불가능한 일이었다.

상상 속의 그대

대다수의 사람들은 「보기 흉한 허연 자국」 없이 균일하게 태운 몸이 더욱 예쁘다고 생각한다. 여기에 무슨 이유를 논하고 따지는 것이 어찌 보면 우스꽝스러울지도 모른다. 그러므로 이유는 간단할 수밖에 없다. 그러나 이 아름다움은 과연 누구를 위한 것인가? 토플리스 반대론자들은 바로 이 점에 착안하여 맹렬한 비난을 한다. 『자국, 자국 때문이라……! 하지만 저녁 외출을 할 때, 또는 누구에게 초대받았을 때 누가 가슴을 훤히 드러내고 다니나요?』(F1) 그러나 더 자세한 설명을 요구했을 때 여성들이 가장 즐겨 쓰는 이유는 바로 「외출」이나

「만남」에 관한 것이었다. 대부분 이런 만남은 확실하게 정해진, 계획된 것이 아니므로 모든 여성에게-기혼이건 단호하게 독신을 고집하건 간에-현실적인 만남이 이루어지는 경우는 매우 제한된다. 그러나 비록 그 가능성이 적다 하더라도 더 중요한 것은 가상의 세계, 즉 구체적으로 실현가능한 「상상 속의 세계」인 것이다. 자신의 파트너 앞에서 골고루 태운 멋진 가슴을 드러내며 나신으로 설 것인가, 또는 보기 싫은 수영복 자국을 내보일 것인가 하는 문제다. 새로운 파트너를 만날 기회가 없는 경우, 남편은 상상 속의 파트너 대역을 맡게 된다. 그렇다면 수영복 자국이 배척되는 까닭은 결국 남편(이론상으로는)을 위해서란 말인가? 여기서 짚고 넘어갈 것은 파트너의 시선이다. 이 시선은 종종 「요구」의 의미로 해석되지만 요구란 실제로 존재하지 않으며, 단지 기반이 취약한 논리(수영복 자국)를 강화하기 위한 핑계일 뿐이다. 바네사(Venessa)는 몇 년 전부터 토플리스를 하고 싶었지만 결정을 내리지 못했다. 하지만 「남자 친구」(F68)가 생긴 이후에는 모든 것이 바뀌었다. 남자 친구가 자신의 취향을 고백했기 때문인가? 그렇지는 않다. 그는 단지 간단히 지적했을 뿐이다. 『어? 이상하다. 바네사, 작년에 넌 토플리스 안 했잖아?』(F68에 따르면) 사실 바네사는 남자 친구가 토플리스를 어떻게 생각하는지 알지 못하며 굳이 알려고도 하지 않는다. 단지 중요한 사실은 그를 만나게 된 이후 모든 일이 쉬워졌다는 것이다. 『자국이 생기는 건 싫어요. 하지만 작년엔 누구 앞에서 옷을 벗는 일이 없었기 때문에 별로 신경 쓰지 않았죠.』 하지만 요즈음은 수영복 자국에 신경 쓰지 않을 수 없다. 그리고 이런 「신경 쓰임」은 그녀를 변하게 했다. 태운 가슴이 더 매력적이기 때문이다.

얇은 여름 옷

그러나 대부분의 남편들은 미적 욕구를 겉으로 표현하지 않는다. 또 낯 모르는 남자와의 상상 속의 만남 또한 보편적인 이유로 생각하기에는 무리가 따른다. 그러므로 더 설득력 있는 이유를 찾아야 할 것이다. 수영복 자국이 부끄러운 것이라면 과연 누가 그 자국을 볼 수 있는가? 이 물음에 대해 대다수의 사람들이 즉각적으로 이렇게 답한다. 『바캉스를 떠났을 때 많은 사람들은 깊게 파인 티셔츠나 얇게 비치는 옷을 입고 해변을 활보하지 않습니까?』 즉 얇은 여름 옷은 토플리스를 불가피하게 하는 합리적인 이유로서 수영복 자국을 대체하는 이상적인 보완물이 되는 셈이다. 엘리자베스는 수영복 끈 자국이 남을 뻔한 자신의 어깨를 가리킨다. 『저는 꽤 섹시한 몸매를 가진 편이거든요. 온몸을 골고루 태우는 일은 무엇보다 중요해요. 만약 흰 자국이 남았다면 끔찍했을 걸요?』(F169) 『복식학적인 측면에서 보았을 때, 얇은 여름 옷 안으로 비치는 흰 수영복 자국은 보기 싫어요.』(F96) 『전 파인 옷을 즐겨 입어요. 그런데 자국이 있다면 어떻겠어요?』(F67) 『수영복 자국이 안 난 상태에서 목이 깊게 파인 옷을 입으면 정말 예쁘죠.』(F66) 로르(Laure)는 「얇은 여름 옷」이란 강력한 무기를 가지고 자신의 행동을 정당화한다. 『저는 아무 문제 없이 여름 옷을 입기 위해서 토플리스를 하는 거예요.』(F94)

자연으로의 복귀

균일하게 온몸을 태우는 것, 수영복 자국에 대한 강박관념, 얇은 여름 옷. 이 세 가지는 토플리스를 하는 가장 직접적인 이유로서 쉽게 언급될 수 있는 내용이다. 그러나 더 깊숙이 들어가 살펴보면 수영복 상의를 탈착하게 하는 명령은 문명화 과정 제2기의 「육체를 향한 역사적 움직임」에 그 뿌리를 두고 있다. 사람들은 무언중에 이루어진 결단(토플리스의 실행)에 대해 뚜렷한 가치관을 가지고 있지 않으며, 이에 대한 설명 또한 충분히 하지 못한다. 지각자(知覺者)로서의 자아의 의견은 묻지도 않은 채 무의식적으로 행동한 것이다. 그러나 사실은 위에 언급한 세 가지 이유보다 심오한 이유가 있으며, 몇몇 사람들은 그것을 표현하기에 이른다. 일례로 자연과의 교감을 위해 토플리스를 한다는 대답도 있다(일반적으로 자연과의 교감은 문명의 발전에 반대하는 형태로, 또는 퇴보하는 형태로 표현된다). 비록 어느 정도 인위적인 요소가 있긴 하지만 해수욕장은 자연의 이미지를 그대로 간직하고 있으며, 순수한 자연의 제반 요소와 인위적인 요소가 대조를 이루는 곳이기도 하다. 나체(또는 반라)는 인간과 자연의 공생이라는 인상을 더욱 강화시킨다. 의복이라는 장애물은 더 이상 존재하지 않으며, 자연과의 접촉은 단순해진다. 더 나아가 자연은 모든 생명이 성립하기 위한 토대가 되며, 인간의 자연스런 육체는 자아를 확인하는 토대가 된다. 그러므로 자연과 인간과의 접촉은 단순해질 수밖에 없다. 바람과 태양과 하나가 된, 벌거벗은 육체가 갖는 느낌은 코린(Corinne)에게 이런 꿈을 심어준다. 『자연, 여성과 같은 자연, 어머니와 같은 자연.』(F148) 사람들은 저마다 자연 안에서 살아가는 방법을 추구하며 「자연론」을 펼치기 위해 기회를 엿본다. 그 중에는 문명의 속박이 사라져야 한다는 자연론도 있다. 『사회는 수많은 금기를 탄생시켰어요. 토플리스는 그런 금기사항을 제거하는 방법이지요.』(H86) 혹자는 자연과 육체, 인간세상과 자연과의 인위적 경계 역할을 하는 의복의 추방을 주장한다. 『토플리스는 자연으로의 복귀예요. 우리는 옷을 걸치지 않고 태어났잖아요.』(F97)『그건 자신의 몸 위에 아무것도 없는, 자연의 상태예요. 자연으로의 복귀지요.』(F170) 이번에는 자연계의 구성요소와 교감을 나눔으로써 더욱 자연을 느낄 수 있다는 의견이다. 『자연 속에서 사는 거지요.』(F170)『토플리스는 파도, 태양, 해변, 이 모든 자연과 매우 친밀해질 수 있는 행위예요.』(F12)『우리는 자연을 더욱 가깝게 느껴요.』(F93) 본질적인 가치를 추구해야 한다는 의견도 있다. 『우리는 자연으로 돌아가려고 애써요. 자연에 몸을 맡기고 진정한 가치를 다시 찾으려는 거지요.』(F125) 「수영복 자국」이나 「여름 옷」에 비하면 조심스럽게 대두되는 소수 의견이긴 하지만, 이런 「자연론」은 서서히 중요한 위치를 차지하고 있다. 이는 전반적인 추세이기도 하지만 토플리스의 보편화가 이런 「자연스런」(자연과 동일해지고자 하는) 행동을 더욱 「자연스럽게」(보편적으로) 만들기 때문이다(두 어휘의 혼동 덕분에).

여성해방

자연으로의 복귀는 기교와 속박의 세계와 상반되는 것이며, 자유를 향한 갈증을 부추긴다. 즉 토플리스를 일종의 해방의 기회로 생각될 수 있다. 『그건 일반적인 자유예요. 「나는 자유롭고, 단지 하고 싶으니까 선탠을 한다.」뭐, 이렇게 말하기 위해서죠.』(H35)『모든 금기사항이 사라졌다는 걸 증명하기 위해서죠.』(H45) 토플리스란 좀더 정확히 말해 여성해방과 상관 있는 것인가? 해변에 있는 사람들은 이구동성으로 답한다. 『그렇다』라고. 왜? 어떻게, 그렇다는 것인가? 이에 대한 대답은 불분명하고 어눌하다. 『분명하다. 상관 있다. 왜, 굳이 정확한 이유를 찾으려 하는가』하는 식이다. 그러나 집요한 조사원들은 좀더 깊게 파고들어야만 했다. 누군가의 입에서 그럴 듯한 첫번째 답변이 나오기 이전까지 태양 아래에서는 새로운 피곤함이 번져갔다. 이윽고 등장한 첫 답변은 「성의 해방」이었다. 「성의 해방」은 남성보다 여성에게 더 큰 영향을 미쳤으며, 여성의 가슴은 성적인 것과 무관할 수 없기 때문이다. 『그 문제에 있어서 전문가는 아니지만 성의 해방은 피임이나 피임약의 개발과 더불어 이루어진 것 아닐까요?』(H46) 『토플리스는 일종의 해방이에요. 여성은 오래 전부터 해방되길 원했으며, 그건 비단 성적 해방뿐 아니라 모든 면에서의 해방이라구요.』(F9) 분명 성의 해방은 문명화 과정의 제2기를 위한 핵심 구성요소다. 그러나 성의 해방은 무엇보다 사생활의 기본이 되는 요소인 것이다. 그러나 공적 장소인 해수욕장에서 토플리스가 보편화되자 오히려(적어도 이론상으로는) 여성의 가슴을 성적 대상으로 보지 않는(해변에서는) 새로운 경향이 생겨난다. 은밀한 공간에서 취하는 개인의 성적 행동은 해변과 같은 공공장소에서 볼 수 있는 태도와 여러 가지 면에서 상반되며, 이로 말미암아 몇몇 현상은 해석하기가 어려워진다. 예를 들어, 1981년 수영복 상의를 벗고 난 후 다음에는 하의를 벗겠다는 약속을 내건, 프랑스 전역을 뒤덮은 미리암(Myri-am)의 정치 포스터를 떠올려보자. 당시 여성운동단체들은 이 포스터가 성적 도구로서 여성의 전통적인 역할을 부각시킨다면서 맹렬히 비난했다(몽레노, 1992). 그러나 여성단체의 주장과는 달리, 조사에 응한 대부분의 사람들은 여성의 노출이 일반화되고 있다며 태연한 모습을 보였다. 미리암의 선거 포스터는 바로 이 모호성 덕분에 성공한 것이다. 이런 모호성은 해변에서도 존재한다. 그러나 성적 해방과의 관련 여부는 매우 미묘한 문제로 남는다.

그러므로 다음의 두번째 답변을 눈여겨보는 것이 바람직 할

듯싶다. 즉 평등을 쟁취하고 여성의 복지에 대한 남성들의 전
통적 무관심을 타파하기 위한 운동으로서의 여성해방(쇼터,
1984)이 토플리스를 전파시켰다는 주장이다. 『그건 아마도 여
성의 자유를 위해서일 거예요. 또「여성은 남성과 평등하며 여
성도 남성이 하는 일을 할 수 있다」라는 식으로 말하기 위해서
죠.』(H60) 『그래요. 한때는 여성이 여성이라는 꼬리표를 스
스로 떼어버려야 했던 시기가 있었죠. 또 이렇게 이야기하곤
했어요. 「우리는 여성이고 남성들의 의견을 무시한다」라구
요.』(F73) 또 한때 토플리스가 자아를 확인하는 도구로 사용
된 적도 있었다. 비단 개인 차원에서뿐 아니라 육체적·사회
적으로 해방된 여성 전체의 차원에서……. 『얌전하고 나지막
하게 말해야만 여성스런 신비를 지닐 수 있다는 고정관념에 반
기를 들기 위해서였죠.』(F37) 『오늘날 여성들은 스스로 자리
매김을 시작했으며, 남성 또한 여성을 존중합니다. 또한 여성들
은 그 어느 때보다 활발하게 자신을 표현하고 있지요.』(H89)

피부에 전해지는 감촉

  해수욕장이라는 세계는 위대한 사상이 넘실대는 곳이 아니
다. 그 곳은 육체와 가장 가까운, 즉각적인 세계다. 더불어 해
방이란 무엇보다 자신의 육체가 직접 느낄 수 있는 해방이어야
한다. 아니(Annie)는 1960년대의 이야기를 꺼낸다. 『육체와
관련된 금기사항이 한꺼번에 사라진 시대였지요.』(F37) 당시
의 시대적 상황은 개인이 인지할 수 있는 느낌을 중시했으며,
상상 속의 해방은 느낌을 효과적으로 감지할 수 있는 조건을
형성했다. 『상반신이 시원해짐을 느끼는 것, 그건 굉장히 기
분 좋은 일이에요.』(F37) 아니의 즐거움은 무엇보다 해방됐음
을 느끼는 데에서 비롯된다. 반면 니콜(Nicole)은 그 반대의

느낌도 가능할 수 있다고 주장했지만 설득력이 부족했다. 즉 일단 브래지어를 하는 것이 습관이 되어버리면『불편하다거나 조인다는 느낌 없이 편하게 산책할 수 있다』(F32)는 것이 그녀의 주장이지만 공감을 얻기는 힘들었다. 결국 해방, 구속이 되는 의복의 제거, 기분 좋은 느낌이 삼위일체가 되어 최상의 조건을 형성하는 것이다. 맨살의 느낌과 자유로운 육체는 분명 즐거움이다.『몸을 조이는 것도 없고 등을 조이는 멜빵도 없고, 기분 좋아요. 이게 바로 활동의 자유 아니겠어요?』(F67)「편안함」은 즐거움의 기본이다. 비록 구체적으로 편안한 느낌을 정의할 수는 없지만『편안함을 느끼려고요』(F151)라고 프랑수아즈(Françoise)는 이야기한다. 플로랑스(Florence)는『편하게 있는 게 좋아서요』(F187)라고 말한다. 사실 문명화 과정만큼 심오한 의미를 지닌 토플리스의 동기를 그 누가 표현할 수 있겠는가?

그러나 구체적이고 정확한 느낌은 쉽게 인지될 수 있으며, 많은 사람들은 이를 추구한다. 또 이 느낌은 편안함과 해방이 가져다 주는 기쁨과도 일맥상통한다. 그 구체적인 느낌으로 우선 맨살에 닿는 물의 감촉을 들 수 있다. 앞에서도 살펴보았듯이 이는 수중노출까지 유도하지 않았던가? 그 다음으로는 부드럽고 따뜻한 모래사장의 감촉을 들 수 있다. 피부를 어루만지는 아스라한 느낌에 사람들은 자신의 몸을 내맡긴다. 그 밖에 태양의 열기를 빼놓을 수 없다.『기분이 좋아요. 태양의 열기를 느낄 수 있어요.』(F65) 특히 가슴에 전해지는 태양열은 더욱 감미롭다.『더욱 편안하고 제 몸에 직접 태양이 와 닿는 것 같은 느낌이 들어요.』(F87) 바람, 바람이 보듬어주는 느낌도 마찬가지다.『맨살에 느껴지는 태양의 온기가 좋고, 또 바람이 스쳐 지나가는 느낌이 좋기 때문이지요.』(F37)『바람이 가슴을 스치고 지나가면 기분이 좋아요.』(F9) 물, 태양, 바람

안에서 맛볼 수 있는 즐거움은 자연의 제반 요소들이 맨살을 스치고 지나가는 감촉, 즉 자연과의 접촉에서 비롯된다. 또 이러한 것이 신체의 은밀한 부분을 스치고 지나가면 관능적 즐거움은 배가되며, 이는 접촉의 결핍을 메워주는 일종의 대용물 역할까지 한다. 『특히 제가 좋아하는 것은 햇빛이 제 몸을 만지는 것 같은 느낌이에요.』(F68)『몸을 어루만지는 건 태양의 열기와 바람이에요. 그 느낌은 최고지요.』(F79)『무엇에도 비길 수 없는 최상의 느낌, 그리고 관능적인 느낌까지도요.』(F12) 이런 즐거움은 너무도 강렬하기 때문에 오직 이런 기쁨을 맛보기 위해 토플리스를 하는 여성도 있다. 예를 들어, 비비안(Viviane)과 다니엘(Danièle)은 선탠 따위에는 관심이 없다. 비비안이 추구하는 것은 「접촉」, 「공기, 태양과의 접촉」(F93)이다. 이런 접촉, 특히 가슴과 자연과의 접촉이 없다면 그녀에게 해변은 아무런 의미가 없다. 『더 이상 토플리스를 할 수 없는 날이 온다면 난 결코 바닷가에 가지 않을 거예요. 전과 같은 즐거움을 누릴 수 없을 테니까요.』(F97) 때로는 노출이라는 것 자체가 느낌의 강도를 높여주기도 한다. 『내가 토플리스를 하는 이유는 알몸이 되고자 하는 욕구 때문이에요. 제 몸에서 태양 이외엔 아무것도 느끼고 싶지 않기 때문이지요.』(F100) 이것은 피부가 느낄 수 있는 즐거움의 심장부에 아직 도달하지 않았을 때의 반응이다.

육체적 치료법

토플리스는 편안함과 이완이 최고치에 달했음을 알려주는 지표다. 『예전에 전 소심한 편이었어요. 하지만 지금은 달라졌어요. 한 단계 넘은 셈이죠.』(F149) 그러나 토플리스는 단순한 지표만은 아니다. 토플리스는 자신을 초월하기 위해, 또는 내부의 저항에 대응할 수 있는 평정을 구축하기 위해 활발히 사용되는 도구이기도 하다. 『해변을 돌아다닐 때, 스스로를 드러내고 싶을 때, 주위 사람들의 영향을 받아 토플리스를 하게 되지요.』(F183) 해수욕장 근처에서 피부 미용실을 경영하는 카트린은 여성들이 마사지를 받기 위해 「꽉 막힌」(F160) 방에서 자신과 단 둘이 있을 때, 알몸을 보이기를 몹시 꺼려 한다고 지적한다. 그러나 그들 중 일부를 해변에서 만났을 때, 게다가 토플리스를 하고 있는 그들의 모습을 보았을 때 카트린은 놀라지 않을 수 없었다. 어떻게 여자인 자신의 앞에서는 불편해하면서 많은 사람들이 있는 해변에서는 아무런 콤플렉스 없이 토플리스를 할 수 있단 말인가? 이런 부류의 여성을 향해 카트린은 심한 질책을 하지만 그녀의 관찰은 정확하다. 『그 여자들은 「나도 할 수 있다」라는 말을 스스로에게 하기 위해 토플리스를 하는 거예요.』즉 카트린에 따르면 그들의 행동은 순전히 「도전적 행위」의 일종인 것이다. 그러나 그녀가 모르는 사실이 있다. 그것은 다름 아닌 토플리스의 역동적 성격이다. 즉 토플리스를 통해 해수욕장에서 얻어진 「편안함」은 다른 곳에 재투자될 수 있다는 것이다.

이베트(Yvette), 에디트(Édith), 지젤(Gisèle). 이렇게 세 사람의 이야기는 토플리스가 지닌 치료효과를 다양하게 설명해준다. 34세인 이베트는 어느 날 수영복 상의를 훌훌 벗어버리기로 결심한다. 그 때까지만 해도 그녀는 스스로의 행동에 많은 제약을 가했으며 부부 관계도 원만하지 못했다. 그녀의 남편은 부인에게 개인적 공간을 허락하지 않는 권위적인 사람이었으며, 이베트는 그런 남편에게 복종하는 생활을 해왔다. 이런 생활에 그녀는 숨이 막혀 질식해버릴 것만 같았다. 어느 날 반란의 바람이 불기 시작했다. 그러자 모든 것은 빠르게 변화했다. 생각뿐만 아니라 행동까지도…… 무엇보다도 자유를 향한 열망은 그녀를 사로잡았고, 해수욕장에서의 태도는 가정 내의 결정에까지 영향을 미치게 되었다. 그녀는 이런 변화가 정확히 어떻게 시작되었는지 기억하지 못하지만, 토플리스가 중요한 기폭제 역할을 했다는 사실은 인정한다. 『어떻게 이전의 생활에서 탈출했는지 떠올려봐요. 저는 굉장히 답답한 생활을 해왔지만 이제는 많은 면에서 자유로워졌어요.』(F86) 그녀는 자신의 삶을 변화시킨 무언가 든든한 기둥이 등장한 느낌을 받았다. 자유의 맛은 너무나 달콤했고 피부가 느끼는 감촉은 더없이 부드러웠다. 『요즈음 전 자유를 만끽해요!』 그녀는 그 이상의 것을 원한다. 『14년 동안의 결혼생활, 이젠 나 스스로를 조금이나마 해방시킬 때도 됐지요.』 그러기 위해서 어떻게 해야 할 것인지 뚜렷한 계획이 있는 것은 아니다. 하지만 지금으로서는 토플리스가 자신의 과거를 보상해주는 가장 멋진 설욕의 방법인 셈이다.

에디트 역시 답답함을 느꼈고 자신의 「육체를 옭아매는」(F 174) 교육방식에 염증을 느끼고 있었다. 그녀는 이런 유산을 자신에게 물려준 어머니를 향해 은밀한 증오심을 품고 있었다. 이베트와 마찬가지로 그녀는 토플리스 덕분에 신체의 구속과 가정 내의 지배로부터 벗어날 수 있었다. 에디트 또한 토플리스를 복수의 방편으로 사용했다. 그러나 이번에는 훨씬 가혹하고 개인적인 복수였다. 에디트의 어머니는 딸과 함께 해변에 나가는 일을 몹시도 즐겼다. 적어도 에디트가 어머니 앞에서 갑자기 수영복 상의를 벗어던지기 전까지. 『원하는 일이면 무엇이든지 할 수 있다는 것을 어머니에게 보여주기 위해서였어요.』(F174) 즉 그녀가 처음으로 토플리스를 감행한 것은 단순한 즐거움을 위해서가 아니라, 어머니로부터의 해방을 선언하기 위해서였던 것이다.

이베트나 에디트와 달리 지젤은 자신의 생활에서 특별히 답답함을 느끼지는 않았다. 그러나 그녀는 좀 뚱뚱했다. 아니 적어도 스스로 그렇다고 생각했다. 당연히 해수욕장에 가게 되면 편치 못했다. 『항상 저는 좀 바보 같은 콤플렉스를 가지고 있었던 거예요.』(F67) 그러므로 그런 상태에서 토플리스를 한다는 것은 생각할 수도 없었다. 그러나 외국에서 보낸 바캉스 덕분에 변화가 생겼다. 그 곳에서는 자신을 알아보는 사람이 없어서인지 콤플렉스를 덜 느낄 수 있었고 수영복 차림으로도 당당할 수 있었던 것이다. 바로 그 곳에서 그녀는 자신의 가치관을 뒤흔드는 중요한 장면을 목격한다. 자신보다 훨씬 작고 뚱뚱한 여자가「전혀 불편해하는 기색 없이」토플리스를 하고 있었던 것이다. 그녀는 자신과 비교해보았다.「넌 네가 뚱뚱하다고 생각하지만 저 여자 옆에 서면 반쪽밖에 안 된다구.」정체성의 재발견은 그녀의 관찰력을 더욱 예리하게 만들었다. 그녀는 뚱뚱하긴 하지만 토플리스를 시작함으로써「편안할 수 있는」능력을 발견하게 된 것이다. 『시칠리아 섬의 클럽 메드에서 있었던 일이에요. 뚱뚱하고 커다란 가슴—아마 나만큼이나 컸을 거예요—을 가진 여자가 바위 위에 올라가서 포즈를 잡자 남편이 열심히 사진을 찍는 거예요. 얼마나 충격적이었는지! 저는 스스로에게 이렇게 말했죠.「저 여자좀 봐. 얼마나 자연스럽니. 콤플렉스 같은 건 찾아볼 수 없구나.」정말 멋지다고 생각했지요.』이 장면은 지젤의 마음을 강하게 뒤흔들었다. 토플리스를 하고 싶은 욕망 또한 강력했기 때문에 그녀는 지체하지 않고 실행에 옮겼다. 57세가 된 지젤은 재발견한 자신의 몸에서 매우 편안함을 느낀다. 물론 토플리스를 멈추려는 생각은 단 한번도 해본 적이 없다.

바캉스

바캉스는 일상생활과의 단절, 일상의 리듬, 가치와의 단절로 정의할 수 있다(로슈, 1988). 또 바캉스는 때때로 극단적인 전환이나 역할 변화의 추구, 모험심의 지향으로 표현되기도 한다. 반면 일상은 가정이라는 조직을 계속 재정비하고, 인간과의 관계를 고착화시키며 평범한 일과를 반복시킨다. 『사람들은 저마다 다르며, 같은 얼굴을 하고 있지 않아요.』(H58) 『여름엔 정말 해방되고 싶어요.』(H54) 분명 일상의 논리는 해방을 향한 변화를 은밀하게 막으려 하며, 혁명에 비유되는 바캉스 시즌의 심장부에서 일상의 리듬을 회복시키려 애쓴다. 자동차 캠핑은 일상과 바캉스를 접목시킨 예다. 캠핑 기간 동안 자동차는 한 자리에 머무르게 되며 텔레비전과 꽃병으로 치장된다[스타센(Stassen), 1994]. 그러나 해변은 위와 같은 일상의 복원을 강력히 저지한다. 비록 대가족이 몰려와 영토를 차지하고(위르뱅, 1994) 가정에서 통용되는 규칙을 적용시키려 해도 해변은 이를 수용하지 않는다. 해변은 분명 도시와 상반되는 장소이며, 아무 장애물도 없는 탁 트인 곳이다. 다만, 피부가 느끼는 감촉에만 촉각을 곤두세우는 비몽사몽의 인간 군상들이 노출을 꾀하는 곳이다. 바캉스를 떠난 사람들은 태양, 자유, 이국적인 느낌을 통해 항상 무언가를 더 얻으려 한다. 『해수욕장에 있을 때 저는 자연에 몸을 맡겨버려요. 완전하게요.』(H54) 토플리스는 일상과의 단절을 더욱 분명히 하는 현상이다. 『아마 저 여자들은 집에선 안 그럴 거예요. 하지만 해변은 자유, 그리고 바캉스 자체잖아요.』(H58) 『여자들은 이렇게 말하고 싶은 거예요. 「좋아, 바캉스 중이잖아. 모든 금기사항은 이제 끝이야.」』(F156) 『큰 변혁이에요. 여자들은 평상시에 하지 못했던 걸 하니까요. 대단한 자유지요.』(H40) 토플리스는 단순한 보상 그 이상의 것이다. 일상의 편협함에 대항하여, 숨막히는 평범한 일과에 대항하여, 토플리스는 여성들의 삶의 반경을 넓혀준다. 너그러움이 가득한, 그리고 일상에서는 찾아볼 수 없는 모험심이 싹트는 해변이라는 곳에서……

『뭐, 그런 거잖아요』

토플리스를 하는 이유는 사람마다 각양각색이다. 어떤 사람은 수영복 자국이 나는 게 싫어서, 또 어떤 사람은 바람의 숨결을 느끼고 싶어서 등등 제각기 다른 답을 한다. 그러나 그 이유는 모든 것을 포괄하는 전반적인 설명으로 요약될 수 있다. 아니크(Annick)는 나름대로 이렇게 표현한다. 『사실 사람들은 왜 기분이 좋은지 정확히 알지 못해요. 태양이 가슴에 비춰서인지, 그렇게 함으로써 멋진 실루엣을 가질 수 있어서인지, 다른 사람들이 쳐다보기 때문인지……. 이런 문제에 관해 사람들은 별로 심각하게 생각하지 않지요. 물에 몸을 담그고, 날씨는 좋고, 산책하다 보면 사람들이 자신을 쳐다보고, 편안함을 느끼고, 까맣게 탄 예쁜 가슴을 갖게 되고…, 이런 게 자유 아닌가요? 사람들은 모두 만족한다구요!』(F12) 특별한 경우를 제외하면 사람들은 아무것도 요구하지 않는다. 그러기에 왜 만족해하는지 굳이 이유를 대기 힘든 것이다. 게다가 해변은 당신을 나태함의 세계로 초대한다. 이런 질문 때문에 피곤해져야 할 이유가 없는 것이다. 가끔 육체는 명령을 내린다. 그러나 자신의 가장 깊은 곳에서 우러나오는 욕망으로 가득 찬 머리 속에는 특별하게 떠오르는 생각이 없다. 『글쎄, 제 경우에는, 그냥 하고 싶으니까 하는 거예요. 그뿐이에요.』

(F79) 그게 전부다, 특별하게 할 말이 없다, 해변은 아무것도 말하려 하지 않는다. 이토록 간단한데, 여름만큼이나 간단한데 왜 굳이 복잡하게 이유를 찾으려 하는가? 『간단해요. 토플리스를 하면 기분이 더 좋아지니까요.』(F62) 이 같은 피상적인 수준에 있으므로 사람들의 답변은 「토톨로지」(역주 : tauto-logie, 동의어 반복)에 가깝다. 한편 토플리스가 성행하는 이유에 대해 조사원이 질문을 했을 때 세브린은 이렇게 답한다. 『그야 점점 더 많은 사람들이 하니까요.』(F183) 이런 유의 답변은 아예 못 들은 것으로 하고, 차라리 「무응답」으로 처리하고 싶은 욕구마저 생겼다. 그러나 바로 이런 대답은 현실-즉 토톨로지의 형태로밖에 표현될 수 없는 자명한 현실-을 입증한다.

토플리스에 대한 반대

반대 의견에 대한 언급을 망각한다면 독자들은 불완전한 풍경을 보게 될 것이다. 분명 토플리스에 반대하는 의견은 존재한다. 그러나 해수욕장에 있는 사람들 중 토플리스 반대론자는 극소수다. 그도 그럴 것이 그들은 토플리스를 지탱케 하는 가치(편안함, 태양, 관용)에 어렴풋하게나마 동참하고 있기 때문이다. 게다가 비난의 목소리는 명확하게 드러나지 않는다. 토플리스-편안함과 세련됨을 특징으로 하는-를 비난하는 말을 했다가는 구태의연하고 경직된 사고를 지닌 사람으로 비추어질까 두렵기 때문이다. 해변이 가진 첫번째 가치는 「모든 사람은 자신이 원하는 것을 할 수 있다」는 관용이다. 관용이 가지는 장점 중 하나-결코 무시할 수 없는-는 논리정연한 답변을 도출해내는 데 필요한 지적 에너지를 아낄 수 있다는 점이다. 모든 사람은 하고 싶은 일을 할 수 있으므로 「의견 없음」도 가능한 대답인 것이다. 그러자 새로운 무기력이 해변을 뒤덮었다. 토플리스를 하지 않는 여성 중 대다수는 다음과 같은 간단한 방식으로 대답한 것이다. 『원하는 여성에게 토플리스란 지극히 좋은 것이지만, 저는 그 필요성을 느끼지 못해요』라는 식의 대답이다. 그러나 종결부에 이르자 비난의 목소리도 간간이 들려온다. 그러나 여전히 신중한 모습이다. 특히 해변에서의 반대 의견은 조심스러울 수밖에 없다. 그러나 해변을 벗어난 지역, 또는 전통이 뿌리 깊게 자리하고 있는 지방, 나아가 사람들끼리 서로 잘 아는 작은 동네에서는 토플리스에 대한 비난이 노골적으로 행해진다.

준비에브(Geneviève)의 이야기를 들어보자. 『저는 반대예요. 여자들이 그런 식으로 노출하고 있는 게 맘에 들지 않기 때문이죠. 또 남자들의 시선을 끌려는 의도도 있는 것 같아서 싫어요.』(F176) 그러나 자신의 말이 시대착오적이라는 사실을 의식해서인지 그녀는 더 이상 말을 잇지 않았다. 그러나 분명한 사실은 그녀가 토플리스라는 행동 - 삶의 가장 간단하고 중요한 법칙과 너무나 상반되는 - 의 본질을 잘못 이해했다는 것이다. 그러나 녹음기를 끄자 이와 유사한 의견이 꽤 많이 접수됐다. 즉 여성의 노출을 이해할 수 없고 도발적인 행위로 보는 사람이 꽤 많았던 것이다. 『나이 드신 분들은 이렇게 말하더라구요. 「저런, 저런. 가슴을 다 드러내다니. 끔찍하구만. 부끄러운 일이야. 우리 때는 생각도 못한 일이지.」』(H89) 오렐리(Aurélie)가 들은 이야기는 더 노골적이다. 『모두 창녀 같아!』(F17) 안젤리크(Angélique)는 어머니의 말을 인용한다. 『어머니는 해변에서 가슴을 드러내고 있는 게 혐오스러운가 봐요. 끔찍하다고 하시네요.』(F38) 크리스텔(Christelle)도 자신의 감정을 이렇게 표현한다. 『스테이크처럼 기름을 잔뜩 바른 살점……. 유쾌한 일이 못 되지요. 동물로 치자면 암컷이 그러고 있는 것 같기도 하구요.』(F8) 또 마르조리는 이렇게 말한다. 『해서는 안 되는 일 아니예요? 천박하고 불건전해요. 그 중 4분의 3은 노출증 환자일 거예요.』(F1) 크리스텔과 마르조리는 외투 뒤에 숨어서 비난하는 전통적인 시골 사람의 모습이 아니다. 해변에서 조사에 응한 그들은 모두 스무 살이었고 자신의 의견을 명확하고 강경하게 표현했다. 그러나 이런 경우는 예외에 속한다. 대개 사람들은 조심스럽게 토플리스를 비난했고 우회적인 방법을 사용했다.

예를 들면「아름다운 수영복」과 같은 논리를 핑계삼아 우회적으로 토플리스를 비난하는 것이다. 많은 사람들은 토플리스를 하는 모습보다는「멋지게 수영복을 차려입은 모습」이 훨씬 보기 좋다고 지적했다. 토플리스 옹호론자들이「얇은 여름 옷」을 무기로 썼듯이 반대론자들은「아름다운 수영복」이라는 변명거리를 찾은 것이다. 『아무래도 맵시있게 수영복을 입고 있을 때가 더 예쁘다고 생각해요.』(F99) 이를 증명이라도 하듯이 사람들은「곡선을 살려주는」(F7) 원피스 수영복이 더 매력적이라고 얘기한다. 유용한 전용(轉用)이 아닐 수 없다. 토플리스에 반대하는 사람들은 원피스 수영복이 유행함으로써 토플리스를 하는 여성이 줄어든다고 생각한다. 그러나 여기에는 2중의 오류가 있다. 첫째 일반인의 생각과 달리, 원피스 수영복을 입었을 때가 오히려 토플리스를 하기에 더 편하며, 둘째 토플리스 옹호론자들 또한 원피스 수영복의 미적 가치를 인정하기 때문이다. 오히려 그들은 누구보다 먼저「몸매의 곡선을 살려주는」 원피스 수영복의 가치를 발견한 사람들이다. 그러나 다른 요인(해방감, 일광욕)의 영향을 받아 그들은 원피스 수영복을 돌돌 접어내리게 된다. 그러므로 근본적인 내용에는 큰 차이가 없다.「아름다운 수영복」은 노골적으로 언급할 수 없는 비판 대신 쓰이게 된, 부풀려진 변명일 뿐이다.

아이들

「아이들」도 핑곗 거리가 될 수 있다. 이 주제는 마치 심오한 명제라도 되는 듯 자연발생적으로 수면에 떠올랐다. 아이들을 생각해보았을 때 토플리스는 옳지 못한 행동이 될 수 있다는 것이다. 왜 그런가? 또 다시 침묵은 흘렀고 이를 논리적으로 설명할 만한 답변은 나오지 않았다. 이런 침묵은 이번에야말로 결정적인 논리를 찾았다고 생각하는 사람들을 당황하게 한다. 그러나 침묵은 나름대로 무언가를 의미한다. 즉 그들은 하고 싶은 말이 있지만 입 밖으로 표현하지 못할 뿐이다. 사실 토플리스에 반대하는 이유로 「아이들」을 언급한 것은, 그들이 토플리스의 부정적인 성격을 잘 알고 있다는 것을 의미한다. 즉 토플리스는 부도덕하고 외설스런 행동이며, 청소년들은 이로부터 보호되어야 한다는 것이 그들의 주장이다. 그러나 관용의 의무 때문에 그렇게까지 말할 수는 없는 것이다. 그들은 성급하게 뱉은 대답 때문에 자가당착에 빠진 셈이다. 그렇다면 어떻게 이 위기를 극복할 것인가? 어떤 이들은 자신이 한 말을 번복하려고 한다. 『사실 제가 왜 그런 말을 했는지 모르겠어요.』(F90) 또 어떤 이들은 원칙론을 확인할 뿐이다. 『아이들을 데리고 와서 토플리스를 하고 있는 여자를 보면 좀 이상하다는 생각이 들어요. 어쨌든 전 그런 모습이 별로 안 좋아보여요.』(F96) 드디어 논리적인 답변을 하는 사람이 나타났다. 즉 사적인 공간에서의 노출은 가정마다 다르게 마련이며, 자기 엄마의 가슴조차 본 적이 없는 아이들이 해변에서 다른 여자의 가슴을 보게 된다면 가치관의 혼동이 올 것이라는 것이다. 또 다른 논리도 있다. 「토플리스가 도입한 문화규범의 복합성」이다. 즉 해변에서는 합법적인 토플리스가 해변에서 50m만 떨어진 곳에서는 금기사항이 되며, 어떤 사람들에 의해서는 추앙받는 행위가 어떤 이들에게는 비난받는 등 복합적인 성격을 띠었다는 것이다. 그러나 아이들은 이 복합성을 이해하지 못한다. 단지 학습을 위해서 규범을 단순화시킬 뿐이다. 라셀(Rachel)은 수영복을 입고 있는 아기 엄마 근처에는 자리잡지 않으려고 조심한다. 그렇지 않은 경우 아이들은 토플리스를 하는 자신과 그렇지 않은 이웃의 엄마를 번갈아보며, 의아해할 것이기 때문이다. 그녀는 덧붙여 말한다(아마 더 중요한 이유일 수 있다). 『게다가 아이들은 직선적이잖아요. 알고 싶은 게 있으면 반드시 질문을 한다구요.』(F179) 아이들은 토플리스 주위를 맴도는 침묵의 법칙을 깰 수 있는 유일한 사람일 것이다. 반대론자의 입장에서 보았을 때 피해자일 수도 있는 아이들은 사실 토플리스를 하는 사람들에게는 가해자—훼방꾼—인 셈이다.

경쟁심

비판이란 쉬운 일이 아니다. 게다가 구습을 등장시킬 위험도 있다. 그러나 토플리스를 하는 여성(또는 그들을 동반하는 남성)의 입장을 생각해서 전혀 비판을 하지 않는 것도 불가능한 일이다. 그렇게 되는 경우 토플리스는 지극히 정당한 행동인 반면, 토플리스를 하지 않는 여성들의 행동거지는 결점투성이, 즉 편안함과 세련됨이 결여된 행동으로 비춰질 수 있기 때문이다. 그러므로 토플리스를 하는 여성에 대해서는 관용의 의무와 양립될 수 있는 절제된 비평이 이루어진다. 이 때 「아름다운 수영복」은 절제된 비평을 하기 위한 좋은 핑계가 될 수 있다. 특히 이 논리가 해변에서 통용되는 「점수매기기」에 영향을 끼칠 땐 더욱 그렇다. 멋진 수영복과 썩 잘 어울리는 카롤린은 다음과 같은 일반론을 펼친다. 『제가 만약 남자라면 멋

지게 수영복을 입은 여성에게 더 끌릴 것 같아요.』(F101) 즉
비판의 필요성은 개인이 처한 상황과 밀접하게 관련된 것이
다. 예를 들어, 수영복 상의를 벗을 것인지에 대해 한번도 생
각해본 적이 없으며 앞으로도 결코 생각하지 않을 여성은, 비
판이란 것을 할 필요조차 없으며 그저 해수욕장의 노곤함에 빠
져들면 될 것이다. 반대로 이런저런 이유로 토플리스와 관련을
가진 사람(토플리스를 최근에 그만둔 여성까지 포함하여)은
위협받고 있다고 느끼는 자신의 이미지를 옹호하기 위해 어떻
게든 자신의 입장을 합리화하려 할 것이다. 38세인 샹탈
(Chantal)이 바로 그런 경우다. 그녀는 40세 이하의「매우 아
름다운」여성에 한해서 토플리스를 허용한다. 엄밀한 경계에
포함되는 특정 부류 외의 사람에 대해서 그녀는 가차없는 질타
를 던진다. 『마치 푸줏간에 진열된 고깃덩이 같아요. 원하는
것이면 무엇이든지 할 수 있다는 식이죠. 그건 진정으로 해방
되는 방법이 아니예요. 해변에 가슴을 진열하는 방법 말고도,
해방될 수 있는 방법은 따로 있지요.』(F59) 해방이라는 것은
비판을 하기 위한 주제로 자주 등장한다. 나아가 토플리스를
하는 여성들은「편안함」이라는 능력을 과시하며, 이는 토플리
스를 하지 않는 여성에게 영향을 끼친다. 더구나 비토플리스
군단이 아무런 논리도 가지고 있지 않다면 그들은 부정적인 집
단으로 생각될 것이므로 자신들만의 논리를 갖는 것은 무엇보
다 중요하다. 『자유란 인간 내면에 존재하는 것 아니겠어요?
토플리스 같은 걸 통해서 얻어지는 건 아니지요.』(F175)

커다란 가슴

해수욕장의 휴양객들이 가장 즐겨 쓰던 말은 아마 아래와 같
은 구절일 것이다. 『누구든 원하는 것을 할 수 있다.』 아니 좀

더 정확하게 하자면 『누구든 원하는 것을 할 수 있다. 그러나…』가 될 것이다. 그러나 이런 관용의 의무에도 한계가 있다. 과연 어느 선까지 허용할 수 있는가를 규정하기 위해서다. 만약 이런 한계가 없다면 보편적 존재의 질서는 모두 위협받고 말 것이다. 그러나 이렇게 강요된 한계는 희생양을 만드는 부작용을 낳는다. 이렇듯 표적이 분명히 정해짐으로써 다른 곳에서는 감히 할 수 없던 비난도 해변에서는 마음껏 할 수 있게 되는 것이다. 예를 들어, 커다란 가슴은 희생양 중 하나가 된다. 가슴이 큰 경우, 어쩔 수 없이 눈에 더 잘 띄게 된다. 그러므로 토플리스의 보편화와 어울리지 않으며 해변도 이런 모습을 원치 않는다. 바로 이 시점에서부터 커다란 가슴은 보통 사람과 다른, 특별한 부류로 나누어지게 되고 「수영복 자국」이나 「아름다운 수영복」과 같이 고정관념의 대상이 되어버리는 것이다. 나탈리(Nathalie)는 평상시에는 토플리스를 하고 있는 여성에게 전혀 관심이 없지만 「엄청나게 큰 가슴을 가진 여성」(F52)을 보게 되는 경우에는 사정이 달라진다. 클로딘과 앙투안(Antoine)의 경우에는 배척의 정도를 넘어, 혐오의 수준까지 이른다. 『가슴이 크고 비대한 여자가 토플리스를 하고 있는 모습은 정말 끔찍해요.』(F52) 『미련하도록 커다란 가슴을 지닌 여자는 확실히 보기 흉해요. 저는 그런 타입은 질색이에요. 아름다움과는 거리가 멀잖아요.』(H2) 어떤 사람들은 비평을 해야 한다는 사실 그 자체를 불편하게 생각하며 우회적으로 표현하지만 결과는 마찬가지다. 『무거워보일 정도로 큰 가슴을 가진 여자들이 있지요. 자기들도 불편할 거예요.』(F148) 그러나 대부분의 경우 사람들은 주저하지 않고 가슴이 큰 여자를 비난하며, 보통 여자들과 다른, 수상한 동기가 있는 것이 아닐까 하는 의심까지 던진다. 『커다란 가슴을 드러내는 여자들은 분명 노출증 환자예요. 그 여자들은 그런 차림으로 해변을 활보한다니까요. 부끄럽다든지 하는 느낌이 전혀 없나 봐요.』(H43) 비난의 목소리는 해변이라는 반경을 넘기도 한다. 『우리 아들이 이렇게 말하더군요. 「물론 내가 과자가게 딸과 결혼할 건 아니지만, 걔는 어휴! 엄청 큰 가슴을 가졌더라구요. 수프 그릇보다 더 크던걸요.」』(F113) 마음 먹고 토플리스를 시도한 과자가게 딸에게는 안 된 일이지만……

유방암

오늘날 토플리스를 비난하는 목소리는 나지막하지만 항상 그랬던 것은 아니다. 토플리스가 대중화되지 않았던 20여 년 전만 하더라도 비난의 목소리는 크고 높았다. 그러나 애초부터 토플리스를 노골적으로 공격하기란 쉽지 않았다. 현대적인 세련미와 편안함의 상징으로 여겨지는 토플리스를 비난하는 사람은 시대에 뒤떨어진 사람이라는 평을 받기 십상이었기 때문이다. 그러므로 토플리스를 공격하기 위해서는 초기부터 우회적인 방법을 찾아야만 했다. 그래서 등장한 것이 「소문」이다. 모든 소문이 그렇듯 단순한 지식들이 서로 얽힘으로써 토플리스를 위협할 수 있는 소문이 탄생하게 된다. 즉 오래 전부터 여성들을 위협했던 공포의 대상이 새로 도입되어 물의를 빚고 있는 토플리스라는 행위와 부당하게 연관됨으로써 소문은 탄탄한 기반을 마련하게 된다. 그 소문은 다름 아닌 『토플리스가 유방암을 일으킬 수 있다』는 것이었다. 이 소문은 의사들이 피부에 대한 직사광선의 폐해를 말하기 훨씬 이전부터 존재해왔다. 게다가 의사들의 경고에 힘입어 소문은 더욱 신빙성을 띠게 된다. 그러나 두 가지 질병 - 피부암, 유방암 - 은 엄밀히 다른 것이다. 실상 의사들은 보편적으로 피부에 대해서만 언급했을 뿐 특별히 유방을 지칭한 적은 없었다. 그러나 소문은 이런 사소한 지적에 흔들리지 않는다. 의사들은「암」과「해수욕장」에 대해 이야기했지만, 이 두 용어는 상승작용을 일으켜 소문은 더욱 퍼져나갔고, 마침내 다음과 같은 고상한 과학적 장식으로 포장되기에 이른다.『「토플리스는 유방암을 초래한다.」이렇게 말한 사람들은 바로 의사들이다.』『네, 저는 책에서 읽었어요. 분명 유방암에 대해서 적혀 있었다구요.』(F26) 문제의 책은 피부에 대해서 언급하고 있지만 당사자가 유방으로 초점을 옮기는 데야 별 수 없었다. 의사들이「태양」이라고 말하면 소문은「토플리스」라고 떠들어댔고, 「피부암」이라고 이야기하면 소문은「유방암」이라고 떠벌렸다. 그러나 사실 의학적 정보는 간단한 것이다.「태양광선 아래에서의 과도하고 급격한 노출은-특히 피부의 노출이 반복됐을 경우-피부암의 발생률을 높인다. 또한 보편적으로 노출의 기회가 적은 유방은 과도한 일광욕으로 화상을 입기 쉬우므로 더욱 세심한 주의를 기울여야 한다. 더불어 신체의 다른 부위와 유방과의 차이는 미세하다.」이상이 의학계의 진단인 것이다. 그러나 소문은 오히려 유방에 초점을 맞췄고 토플리스에 강력하게 반대하는 사람들은 유방을 단순하지만 이상적인 논리로 포착했다.『저는 반대예요. 유방암 때문이죠.』(F75)『아! 그건 위험해요. 해마다 유방암이 늘어나고 있잖아요.』(F159) 소문은 반대론자의 영역을 넘어서 추종자들의 귀에까지 들어온다. 토플리스가 흡연과 맞먹을 정도로 건강에 해로운 행위로 인식되어 있는 것이 이를 입증한다.『난 담배도 피우는데 토플리스까지 하면서… 위험을 자초할 생각은 없어요.』(F21) 게다가 주변 사람이 유방암에라도 걸리는 날이면 그 반향은 더욱 즉각적이다. 자닌(Jeanine)은 이렇게 이야기한다.『토플리스는 건강에 좋지 않아요. 제 친구 하나가 유방암으로 죽었거든요.』(F33) 그러나 조사 결과 그녀의 친구는 토플리스를 한 적이 없었다. 그러

나 아말감(역주 : amalgame, 화학용어로서 성분의 혼합)의 욕구는
너무 강렬하다. 얼마 후(화상을 입게 되자 위험하다는 생각이
더욱 많이 들어) 그녀는 토플리스를 중단했다. 물론 그녀는 가
슴은 꼭 가린 채 여전히 일광욕을 계속한다. 가슴이 보호된다
는 생각에 마음은 평화롭기 그지없고……. 가슴으로 관심이
집중되는 것은 일광욕 예찬자들에게 편리함을 제공한다. 의사
들의 말을 편리하게 해석함으로써 가슴만을 가린 채 태평하게
일광욕을 계속할 수 있기 때문이다. 직사광선의 피해에 대해
잘 알고 있는 간호사 클로딘은 유방암이 아닌 피부암의 위험을
지적하는 몇 안 되는 사람 중 한 명이다. 소문이 잘못된 것이
라고 말하면서도 그녀는—자신은 수영복을 착용함으로써 가슴
을 보호한다는 말을 덧붙이면서—가슴 부위의 피부가 특별히
민감하다며 수준 높은 이론을 펼친다. 사실 그녀는 해수욕장에
있는 어느 누구보다 까만 피부를 지니고 있으며, 강렬한 태양
광선 아래 오랫동안 일광욕을 한다는 사실을 스스로도 인정한
다. 그녀는 자신의 이론 덕분에 편안하게 잠잘 수 있는 것이다.

세련됨 또는 퇴보 ?

　해변은 생각하기를 싫어한다. 또 말하는 것 또한 원치 않는
다. 일광욕이 가져다 주는 노곤함(『바캉스 아닙니까?』), 보
편화(『어느 누구도 신경 쓰지 않아요.』), 관용의 정신(『누구
든 원하는 것을 할 수 있지요.』)은 서로 상승작용을 함으로써
침묵을 강화시킨다. 그러나 찬성 또는 반대의 목소리는 「침
묵」의 커튼이 암시하는 것보다 훨씬 단정적이다. 어떤 진영을
택할 것인가는 각자의 행동방식에 따라 달라질 것이며 오래 전
부터, 유년시절부터 형성된 습관에 따라, 또는 육체에 대해 평
상시에 가지고 있는 생각(우리가 원하는 것만큼 쉽게 바뀌어지

지 않는)에 따라 좌우될 것이다. 어떤 경우—그 중 가장 흔한 경우는 공간적 경계를 넘거나 행동학적, 또는 형태학적(가슴이 지나치게 큰 경우) 경계를 넘게 되었을 때—침묵은 깨지고 안락함은 사라진다. 그러므로 이에 대비하여 자신의 의견을 준비해야 하고, 때에 따라서는 이를 표현해야 한다. 하지만 이 문제에 대해서 생각하는 것은 몹시 까다롭고 복합적이기 때문에 피곤함은 가중될 수밖에 없다. 토플리스는 간단한 문제가 아닌 것이다. 그러기에 문제의 핵심까지 도달하는 경우는 극히 드물고, 가끔 어렴풋하게 상황을 기술하다가 뜻밖의 성과를 얻기도 하지만 논의에 큰 도움을 주지는 못한다. 문제의 핵심은 토플리스가 지닌 의미다. 왜 토플리스를 하는가? 반대하는 사람들의 대답은 명확하다. 「일종의 퇴보」라는 것이다. 또 그들은 몹시 원색적으로 비난한다. 『젖냄새가 난다』, 『암컷 같다』, 『고기를 진열한 것 같다』 등등 원시적이고 동물적이며 유기적인 어휘를 남발한다. 나아가 미에 대한 지나친 관심으로 인해 미의 문화가 부재상태에 이르렀다고 주장한다. 외설, 자제심의 부족, 도덕뿐 아니라 모든 문화의 기본이 되는 「한계」의 상실……. 그러나 토플리스 옹호론자들은 역설적으로 이와 유사한 방식으로 토플리스를 해석하려 한다. 다만, 좀더 미화된 어휘를 사용할 뿐이다. 「달콤한 원초적 느낌으로의 복귀」, 「문명과 대치되는 자연상태, 즉 단순성으로의 귀향.」 하지만 문제는 바로 여기에 있다. 토플리스란 여느 육체해방과 마찬가지로 문명화 과정 속의 새로운 진전인 동시에 고도의 감정절제 능력의 구현인가? 아니면 행동의 혁명과정 안에서 지나치게 앞서 나갔기에 오히려 그 반대편(퇴보)—극과 극이 만나듯이—의 성격을 띠게 된 것인가? 이에 대한 대답은 간단하지 않다. 게다가 조사에 응한 사람들은 자주 의견을 수정했다. 어떤 때는 새로운 편안함에 현혹되기도 했지만, 어떤 때는

「푸줏간에 진열된 고기」를 떠올리며 혐오감을 표시하기도 했
다. 이론상으로 보았을 때 토플리스는 고도의 문화적 산물이며
절제화된 행동―육체, 그것도 나체와 가장 밀접한―이다. 그
러나 지나치게 육체와 관련된 문제이니만큼 토플리스가 이와
같은 이상향에 도달할 수 있을지는 미지수다.

제Ⅱ부

•

행동의 통제

이제는 무대
뒤편으로 들어가봐야
할 시간이다. 조사에 응한
사람들은 여러 행위가 이루어지는
무대를 소개하고 있다. 사람들은 무대가
즉흥적으로 꾸며졌다고 생각하며, 육체는
상황에 따라 자유롭게 움직일 수 있다고
믿는다. 그러나 사실은 그렇지 못하다. 아무리
사소하더라도 행동 하나하나에는 의미가 있으며
그에 따른 결과가 있게 마련이다. 우리는
해변의 노곤함과 무관심에 속아서는 안 된다.
해변은 사소한 행동도 관찰하고 통제한다.
이제 우리는 어두캄캄한 장막 저 쪽을
살펴봐야 한다. 그러나 우선 시작에
앞서 반투명 지대인 해변의
메커니즘을 좀더 이해해야
할 것이다.

1

익명의 육체

자신만의 육체

　수치심이라는 장벽은 낮아지고 육체는 타인의 시선 앞에 떳떳이 서게 된다. 이런 변화 앞에서 사람들은 은밀한 공간이 점점 사라지고 있다는 생각을 한다. 그러나 육체와 관련된 모든 것은 점점 더 개인적이고 본질적인 것으로 되어가며, 당사자와 동질적인 것으로 여겨진다. 그것은 살점이며 구체성 상실의 시대에 자아를 구체화하는 수단이고, 살갗과 바깥 세계 사이의 경계선 역할을 한다. 육체는 자신만의 것이며 다른 누구의 것도 될 수 없다. 육체는 바로 자아를 드러내는 명백한 증거이기 때문이다. 아무리 가까운 사람도 여기에 대해서는 간섭할 수 없다.

우리는 조사를 통해서, 육체가 놀랄 만큼 완벽하게 개인의 소유물로 정착해 있다는 사실을 알게 된다. 프란시스(Francis)는 자신의 파트너에 대한 언급을 회피한다. 『그녀의 몸이 잖아요. 그녀가 원하는 대로 행동하는 거지요.』(H37) 그들은 분명 함께 살고 있다. 그러나 육체와 관계된 것이면 모두(토플리스와 같은 민감한 문제까지 포함하여) 그 육체를 소유하는 사람의 책임인 것이다. 한편 이베트는 혼자서 이런 책임을 지고 싶지 않았다. 그래서 해변에서 토플리스를 시작하기 전에 함께 있던 딸아이의 동의를 얻고 싶었다. 그러나 그녀의 뜻대로 되지 않았다. 『엄마, 그건 엄마 자유예요. 엄마 몸이잖아요. 엄마가 하고 싶은 대로 하세요.』(F86에 따르면) 친척이 간섭하는 것도 금기사항이다. 그들 소관이 아니기 때문이다. 이 전과 달리 간섭은 금물이다. 이렇듯 육체의 개인화 경향은 너무도 뚜렷하게 나타나기 때문에 대부분의 부모들은 딸에게 충고하는 일 따위는 하지 않는다. 아무리 버릇없어 보일지라도 딸의 결정을 존중하기 때문이다. 어머니 옆에 있는 딸이 수영 팬티 하나만 입고 있더라도 가족 내의 논쟁거리로 떠오르지는 않는다. 그러나 놀라운 사실은 부부간의 관계다. 우리는 조사를 통해서 토플리스가 지극히 개인적인—자신만의 소우주를 지배하는—결정이라는 사실을 알게 됐다. 이는 서로를 고무한다고 생각됐던, 융합적 성격의 이상적인 부부관계와는 거리가 먼 것이다. 『자기 몸은 자기에게 속한 거예요. 누구와 함께 산다고 해서 일일이 보고까지 할 필요는 없지요!』(F100)라고 도미니크(Dominique)는 이야기한다. 한편 로즐린(Roselyne)에게 있어서 육체의 자율성은 너무 명백한 원칙이기 때문에 조사원이 배우자의 의견을 재차 물어보자 그녀는 벌컥 성을 낸다. 『남편! 아, 내 남편! 이건 내 몸뚱이에요. 그 사람 것이 아니라구요!』(F125)

육체는 자신에게 속한 것이다. 그러므로 육체와 관련된 모든 결정은 지극히 개인적일 수밖에 없다. 그러나 이런 신성불가침의 원칙에 대해서도 재론의 여지가 있을 수 있다. 예를 들면 배우자와 협의를 거친 후 결정을 내리는 것도 가능하지 않을까? 그러나 배우자와의 협상은 아예 존재하지 않는다. 침묵은 무겁게 짓누르고 은밀한 결정은 최상의 권위를 지닌다. 『그건 개인적인 거예요. 아내는 제 의견을 물어보지 않고 저도 마찬가지로 묻지 않아요. 왜 그래야 하나 생각해본 적도 없어요. 아내는 원하는 것을 자유롭게 할 수 있지요.』(H43) 프레데리크(Frédéric)는 심지어 아내가 토플리스를 하는지 안 하는지조차 모른다. 그는 아내와 해수욕장에 함께 가본 적도 없고, 그 문제에 대해서 얘기해본 적도 없다. 『사실 우리는 밖에서 일어난 일은 서로 말 안 해요. 아내는 아마 토플리스를 할지도 모르죠. 하지만 확실한 건 몰라요. 또 그게 불편하지도 않구요.』(H28) 여기서 우리는 우리가 상상하는 이상적인 부부의 모습 - 많은 대화를 통해 서로를 잘 알고 결속력이 뛰어나며, 거울처럼 서로를 비추어줄 수 있는 - 과 동떨어진 오늘날의 부부상을 보게 된다. 우리는 여론조사를 통해 사회가 꿈꾸는 이상적 부부상을 완성할 수 있는 「사랑의 융합」, 「개인적 경계의 초월」과 같은 가치에 대해 사람들이 점점 더 많은 관심을 보인다는 사실을 알 수 있었다. 그러나 이런 가치에 대한 선호도와 그 가치의 실행은 서로 다른 양상을 보였다. 즉 사람들은 이 두 가지를 별개의 문제로 생각하고 있었던 것이다.

그러나 토플리스에 대한 배우자의 침묵이 부정적인 것으로 생각되지는 않는다. 오히려 자율의 원칙을 보장하는 증거로서 높이 평가되었던 것이다. 『부부는 각자 하고 싶은 일을 해야 해요. 그렇지 않다면 함께 살 필요가 없지요.』(F151) 그러므로 침묵 또한 일종의 커뮤니케이션으로 여겨지며 암묵적 동의

로 간주되는 것이다. 뮤리엘에게 남편이 아무 말도 안 했다는
것은 곧 남편의 동의를 의미한다.『만약 반대한다면 그인 미리
말했을 거예요.』(F70) 남편이 동의했다고 대답한 기슬렌
(Ghislaine)은 사실 이 문제를 남편과 상의해본 적이 한번도 없
다고 고백한다. 실제로 그녀는 남편이 어떤 생각을 하는지 모
른다. 그러나 남편의 침묵은 다른 이유에서 비롯될 수도 있
다. 이런 경우에는 문제가 심각하다. 즉 겉으로 드러나지 않은
배우자의 불만이 침묵 뒤에 감추어져 있기 때문이다. 카롤린은
이렇게 말한다.『부부간에도 해서는 안 되는 일이 있어요. 언
급해서는 안 되는 일 말이에요.』(F148) 특히 부인은 토플리스
를 하고 싶은데 남편은 달갑지 않은 태도를 보일 때 그렇다.
이런 경우 어떤 식으로든 의견 차이는 드러나게 마련이다. 침
묵은 오래 가지 못하며 마침내 참았던 말들이 짤막하게 터져
나온다. 리오넬(Lionel)은 한 마디도 하지 않았다. 아니 좀더
정확히 말하면 나탈리는 남편 리오넬이 무슨 말을 했는지 전혀
기억하지 못한다.『그인 그 문제에 대해 한 마디도 하지 않았
고 우린 함께 얘기한 적도 없어요. 분명 한 적 없다구요.』
(F52) 해변에서 일광욕을 하다 그만 잠이 들어서 가슴이 빨갛
게 탄 채 집에 돌어왔을 때까지만 해도 그랬다. 마침내 리오넬
은 폭발했다. 그는 오랫동안 참아왔던 불만을 터뜨릴 수 있는
좋은 기회를 포착한 셈이다. 나탈리는 그 장면을 생생히 기억
한다.『바로 그 순간 전 수영복 끈을 다시 올렸어요!』문자
그대로 그녀는 수영복 끈을 올렸다. 즉 바로 그 다음날부터 수
영복 상의를 입기 시작한 것이다.

　『거의 아무런 코멘트도 없었고 어떤 때는 침묵이 전부였다.』
이것은 여성들의 의견이다. 그러나 가끔 남성들이 두세 마디를
흘릴 때가 있다. 대부분 너무 평범한 말이라 여성들은 기억하
지 못하지만 그렇다고 해서 중요하지 않은 것은 아니다. 예를

들어, 부인의 결정을 은근히 지지하거나 또는 반대로 훗날의
공격을 위해「신중함」이라는 포석을 깔아놓는 행위이기 때문
이다. 바네사의 남자친구는 강도가 약하기는 하지만 한 마디
코멘트를 했다.『어, 이상하네. 너 작년엔 안 하지 않았니?』
(F68에 따르면) 참견 치고는 싱겁기 짝이 없어 그녀는 신경 쓰
지도 않았다. 라셀의 남자친구의 경우는 더 구체적이다.『한
번은 이렇게 말하더라구요.「나 같으면 그러지 않겠다」』이
말도 단 한 번 짧게 말했을 뿐이며 더 이상의 설명도 없었다.
하지만 그 이후 라셀은 전처럼 태평할 수만은 없었다.『사실
전 스스로에게 질문을 했어요.「벗을 것인가, 벗지 말 것인
가?」』아무리 짤막하고 평범한 말이지만 남성들의 지적은 여
성의 결정에 중대한 영향을 끼칠 수 있다. 그러나 모든 결정은
여성, 그들의 의지에 달린 것이지 남성들의 중얼거림에 달린
것은 아니다. 리디(Lydie, F158)는 차라리 귀머거리처럼 가만
히 있는 길을 택했다. 뤼카스(Lucas)의 경우를 들어보자. 그는
자신의 여자친구에게(처음으로 함께 해수욕장에 갔을 때) 왜
토플리스를 하지 않느냐고 물어본 적이 있다. 그러나 뤼카스는
그녀가 뭐라고 대답했는지 정확히 기억하지 못한다. 다만, 너
무도 퉁명스러운 태도에 놀라 그 이후 단 한번도 그 애기를 꺼
내지 않았다. 반면 닐(Nils)은 더욱 끈질기다. 그는 단지 아내
의 가슴을 가리키며『보기 좋아』라는 말만 되풀이하며 잠재적
인 전쟁을 시작했다. 토플리스를 하지 않는 여성에게『보기 좋
다』라는 말은 오히려 가시처럼 따끔하게 느껴졌다.「그를 즐
겁기 하기 위해서」(F73) 엘리스는 토플리스를 시도하는 노력
을 기울였다.『닐은「보기 좋다」라고 말했어요.』그녀는 닐이
즐겨 쓰는 그 말을 인용했다. 그러나 엘리스는 자신의 행동에
확신이 없었기에 남편에게 기쁨을 주었던 노출행위를 어느 날
갑자기 그만두었다. 그 뒤로 닐은 불평을 늘어놓았고, 그럴 듯

한 평계를 찾기 위해 쉬지 않고「궁리」를 했다. 그러던 중에 드디어 꼬투리를 찾아냈으니 바로「수영복 자국」이 그것이다. 『그인 벗었을 때 수영복 자국이 나 있으면 질색했어요.』 그러나 소용 없었다. 엘리스는 조금의 망설임도 없었기 때문이다.

남편의 짧은 몇 마디

　토플리스의 실천은 지극히 개인적인 일이다. 그러므로 남편은 조연에 머물며 짤막한 지적을 할 때에만 무대에 등장해야 한다. 또는 벙어리 역할을 하듯이 아무 말도 하지 말아야 한다. 남편의 동반 자체는 토플리스의 합법적 성격을 강조하기에 충분한 것이다. 『누구와 함께 왔느냐에 따라 달라지지요. 방금 전 우리 옆에 부인이 한 명 있었는데, 누구를 유혹하려는 듯한 모습은 아니었어요. 또 남편도 같이 있었구요.』(F181) 『남편은 저를 안심시키려는 듯한 눈길로 바라보았어요. 「당신은 멋져.」그의 눈은 이렇게 말했죠.』(F73)

　그러나 어떤 경우에는 남편의 몇 마디가 중요한 역할을 하기도 한다. 장광설을 늘어놓지 않는다고 해서 남자들이 전혀 영향을 미치지 않는 것은 아니기 때문이다. 비록 여성의 몸이 그녀 자신의 소유물이라 하더라도 남성은 대세를 바꿀 수 있는 비밀스런 무기를 지니고 있으며 또 가끔 그 무기를 필요로 한다. 배우자의 침묵이「의견 없음」을 의미하는 것은 아니기 때문이다. 더불어 그들이 길게 말하지 않는 것은 자율의 원칙을 존중하기 때문이다. 가끔은 커플에 대해 예외적인 생각〔스펜서(Spencer), 1993〕을 가지고 있는-사람들 앞에서 여성의 신체 일부를 드러내는 것을 못마땅하게 여기는-젊은이들도 있다. 『해수욕장에서만 한다면 괜찮아요. 하지만 주위에 남자들

이 많이 있는 경우는 곤란하지요.」(H16) 필리프(Philippe)는
이러지도 저러지도 못하고 있다. 대체적으로 토플리스는 찬성
하지만 자신의 여자친구라면 사정이 달라지기 때문이다. 『솔
직히 제 여자친구가 그런다면 용납하기 힘들 거예요. 질투심
때문이겠죠?』(H89) 그렇다면 그는 참견할 것인가? 어떻
게?『절대 안 된다고 단호하게 말하진 않을 거예요. 전 그렇
게 말하는 걸 별로 좋아하지 않거든요. 그게 전부예요. 하지만
솔직히 불편할 것 같아요. 그렇다고 해서 하지 마라고 강요할
생각은 없구요.』 필리프는 아마 마리안의 남자친구처럼 우회
적인 방법을 통해 자신의 생각을 전달할 것이다. 마리안의 남
자친구는「아무 말도 하지 않았지만」마리안은「느꼈던」것이
다. 『저는 확실히 느꼈어요. 그가 좋아하지 않는다는 걸요.」
(F31) 자신의 남자친구는 못마땅하더라도 딱 부러지게 말하기
보다는「일 주일 동안 부어 있을 것」이라고 마리안은 얘기한
다. 마리안이 정원에서 토플리스를 하고 있을 때만 해도 그렇
다. 하지 마라고 직접 이야기하기보다는 눈에 거슬리는 행동을
보이는 것이 그의 방식이다. 그는「50m쯤 떨어진 곳에 있는
이웃이 행여 쳐다보지나 않을까 쉴새없이 두리번거리며」안절
부절 못한다. 이런 초조한 행동을 통해 자신의 생각을 전하려
는 듯이. 마리안이 해변에서 토플리스를 할 때도 그는 이런 식
으로 효과적인 압력을 행사했다. 그러나 정원에서만은 마리안
도 양보하고 싶지 않았다.

대부분의 커플은 토플리스에 대해 토론을 삼가한다. 특히
여성은 더욱 그렇다. 그렇게 함으로써 자신의 육체에 대한 자
율권을 주장할 수 있기 때문이다. 부부간의 침묵이 심오한 의
미를 지니게 되는 것은 남성 대 여성이라는 구도가 형성되었을
때다. 남성은 여성보다 조심스럽게 몇 마디 더 한다. 하지만
그 요구가 항상 받아들여지는 것은 아니다. 특히 두 사람의 의

견이 상충될 경우 남편은 말이 많아진다. 지극히 개인적인 재산이라고 여겨지는 부인의 몸이 만천하에 드러나는 것을 막기 위해서 또는 그 반대로 대중 앞에서 노출을 감행하도록 부인을 부추기기 위해서……. 몇 년 간 지속되던 침묵을 깨고 가슴을 드러내도록 부인을 부추기는 그룹은 주로 35~40세 사이의 남성들이다[나체촌의 여성들이 나체를 부추기는 남성의 압력에 순응한다는 사실은 주목할 만한 일이다. 하트만(Hartman), 피티안(Fithian), 존슨(Johnson), 1970]. 남편들의 공세는 결연하다. 그러나 그들의 공세는 절제된 말의 사용, 즉 신중의 의무를 준수한다. 니콜은 자신이 토플리스를 하면 남편이 좋아할 것이라는 사실을 알고 있다. 그러나 남편은 한번도 노골적으로 표현하지 않았다. 52세인 니콜은 앞으로도 이 문제가 언급되지 않으리라는 걸 예감한다. 반면 속마음을 쉽게 드러내지 않는 엘렌(Hélène)의 남편은 원하는 결과를 얻고 말았다. 『아마 누군가 좀 부추겼어야 했어요. 그런데 그이가 그 역할을 해줬어요. 그래서 시작했지요.』(F114) 사실 남편이 극성스럽게 요구한 것은 아니다. 엘렌은 오래 전부터 망설여왔고, 남편은 엘렌이 기다렸던 방아쇠 역할만 한 것이다. 그러나 부인이 별로 하고 싶은 생각이 없을 때 남편의 부추김은 그저 해변의 바람 속으로 사라지고 말 뿐이다. 닐은 성공한 케이스다. 『쑥스럽게 갑자기 불쑥 시작할 수도 없는 거 아니예요? 근데 하도 남편이 해보라고 해서…….』(F73) 그러나 엘리스는 얼마 후 다시 수영복을 입게 된다. 가엾은 남편의 되풀이되는 푸념(『그래도 괜찮았었는데…』)은 부부 사이의 본질적인 불협화음으로 변했지만 엘리스는 개의치 않았다. 그러나 가끔 남편의 의지가 너무 강력해서 신중의 의무를 저버리고 부인에게 강요하는 경우도 있다. 티에리(Thierry)는 운이 없다. 그는 토플리스 차림의 여자와 함께 해변에 누워보는 것이 소원이다. 그는 이제까지

여자를 세 번 사귀어 보았다. 그토록 원했건만 그들 중 누구도
사람들 앞에서 가슴을 노출하려 하지 않았다. 그는 세 명의 여
자친구와「친화력 결핍」(H18)을 이유로 결별했다. 사실 티에
리는「침묵」이 곧 동의를 의미한다는 믿음을 가지고 있었다.
「말」이란 합의적「침묵」이 존재하지 않을 때에만 필요한 것이
라고 생각했다. 그러나 그「말」조차 토플리스를 부추기에는
역부족이었던 것이다. 다음의 몇 가지 예를 통해 지나치게 정
열적인 부부간의 대화는 두 사람의 생각이 틀리다는 것을, 그
리고 부부관계가 느슨해졌음을 의미한다는 것을 알아보자. 오
딜은 하고 싶지 않았지만 남편의 성화에 못 이겨서 마침내 실
행했다. 『저는 너무 부끄러웠어요! 얼마나 창피했는지!』샹
탈(F59)의 친구 경우도 마찬가지다. 그녀는 남편이 옆에 있을
때면 수영복을 벗지만 혼자 있으면 다시 입는다.

　　그렇다면 남성들은 왜 이런 행동을 하는가? 왜 대중 앞에
서 가슴을 노출하도록 부인을 선동 또는 강요하는가? 인터뷰
에 응한 남자들은 주저않고 말한다. 바로『자랑하기 위해서』
라는 것이다. 『남자들은 자기 부인을 바라보며 자랑스러워해
요. 벗고 있기 때문이 아니라, 남들이 자기 부인을 쳐다보기
때문이지요.』(F65) 여성의 미는 남성에게 자부심을 부여하는
핵심요소다. 아내의 나이가 35세, 40세, 그리고 45세가 되더
라도 그녀의 육체는 가장 젊은 여성의 것인 양 보일 수 있다.
『글쎄, 남들이 아내를 쳐다본다는 건 결국 아내가 아름답다는
증거 아닙니까?』부인을 향한 남들의 시선을 통해서 남성은
스스로가 젊고 잘생겼다는 생각을 한다. 해변에 새롭게 등장한
현상을 우울한 표정으로 바라보는 기(Guy)는「조작된 나르시
시즘」을 비난한다. 『남자들은 좋은 자동차를 가진 것마냥 뻐
기는 거예요.』(H47) 토플리스는 미에 대한 자신감과 편안함을
만끽할 줄 아는 능력—자부심으로 가득 찬—을 상징한다. 『부

인이 꽉 막힌 사람이 아니라는 건 곧 제가 꽉 막힌 사람이 아니라는 거죠.』(H85) 18세인 미카엘(Michaël)은 아직 여자친구가 없지만 해변에서 그녀와 누워 있는 장면을 떠올린다. 그는 미래의 여자친구가 토플리스를 했으면 한다. 『뭐랄까, 우월감 같은 걸 느낄 수 있잖아요. 내게 있어서 여자친구의 토플리스는 바로 그거예요. 우월감!』(H17) 그의 말을 잘 새겨보도록 하자. 남성들은 자신의 「부인」이나 커플로서의 「우리」에 신경 쓰는 것이 아니다. 그들은 여성들이 여성 스스로에 대해 이야기하듯이 자신들이 남들 눈에 어떻게 보일까 신경 쓰는 것이다. 여성의 육체는 그녀의 것, 그녀만의 것이다. 그럼에도 불구하고 남성들은 노출하고 있는 그녀 옆에 있다는 사실 그 하나만으로 명백히 개인적 소유물인 여성의 몸을 통해 모종의 이익을 얻으려 한다.

그렇다면 토플리스는 남성이나 여성 모두의 입장에서 보았을 때 전적으로 개인적인 행동인가? 그렇게까지 논의를 진척시키는 것은 어려울 듯싶다. 그러나 적어도 한 가지 면에서 토플리스라는 행위는 부부생활 운영의 핵심이 될 수 있다. 하지만 그 한 가지 면이라는 것이 워낙 비밀스럽기 때문에 깊게 파고 들거나 확실한 조사자료를 얻기는 어려웠다. 그러므로 대개는 제3자의 이야기를 하는 중에 필요한 자료를 수집할 수 있었다. 예를 들어, 조슬린(Jocelyne)은 토플리스를 「일종의 부정」으로 간주한다. 가벼운, 파문을 일으키지 않는, 그리고 시선의 주고받음에서 그치는…… 『결혼한 여자들에겐 일종의 「부정」이 될 수 있어요. 위험하지 않은 부정 말이에요. 하지만 근본을 파헤쳐보면 그건 일종의 게임이에요.』(F170) 남편의 통제를 받는, 나아가 남편의 주도하에 이루어지는 「부정……」 몇몇 남성들은 「제공된」 나체를 바라보는 일이 부부생활에 활력을 준다고 털어놓았다. 마치 이런 작은 경험이 일상의 생활을 돋보이게 하고 성적 감흥을 불러일으키듯이……. 부부생활이 제2막에 이르렀을 때, 즉 남편들이 부인의 노출을 유도하는 바로 그 즈음, 남성들은 한 가지 불만을 품게 된다. 즉 아내에게서 전과 같은 신선한 매력을 느끼지 못한다는 것이다. 반면 같은 시기에 처한 여성들은 존재의 일상화로 인해, 그리고 은밀한 느낌의 상실과 둘만의 커뮤니케이션 부족으로 불만을 느낀다(코프만, 1993). 이런 때 토플리스는 『인생에서 놀라운 일이란 더 이상 없다』라는 사실을 잊게 해주는 정당한 모험심의 씨앗이요, 상징적인 대용물인 것이다. 이런 여성들의 관점은 때로는 남편의 암묵적인 동의하에, 때로는 남편의 의견에 반해 조심스럽게 퍼져나간다. 이리하여 부부간 만족도의 균형은 완벽한 개인적 과정을 통해 복원되는 것이다(코프만, 1992). 제시카(Jessica, F16)의 경우와 같이 대부분의 여성들은 이왕이면 혼자 있을 때 토플리스를 하고 싶어한다. 『여자들은 남들의 시선을 받게 되면 즐거워지나 봐요. 특히 옆에 남편이 없으면 말이에요.』(H88) 세브린은 홀로 느끼는 토플리스의 기쁨을 토로한다. 남편의 동행여부에 따라 이중생활(수영복을 입었다 벗었다 하는)을 할 법도 하지만, 그녀는 남편이 왔음에도 불구하고 수영복을 올리지 않는다. 결과에 만족해하면서 세브린은 이렇게 강조한다. 『그이가 해변에 나왔을 때 전 계속 수영복을 내리고 있었어요. 그이도 거북해하지 않았구요.』(F183) 그녀의 대답이 얼마나 어리석은지 생각해보자. 자기 부인이 가슴을 내놓고 있는 모습을 보고 가장 불편해할 사람이 남편말고 누구란 말인가? 실제로도 그는 분명 거북해보였다. 부인이 일광욕을 즐기는 동안 그는 마치 그러고 있는 부인의 모습을 외면이라도 했으면 좋겠다는 듯이, 부인과 멀리 떨어진 곳에서 아이들과 놀며 시간을 보냈다.

가족

토플리스는 친밀한 사람에 대한 고전적 개념을 뒤흔들고 있다. 해변이 익명성을 띨수록, 또 이국적이고 공공적인 장소가 될수록 토플리스를 할 때의 거북한 마음은 사라진다. 그러나 반대로 해변이 가족적인 분위기가 될수록 불편함은 커진다. 남편이나 가까운 몇몇 사람(자매, 동성 친구)을 제외한, 평상시에 알고 지내는 사람들 앞에서 옷을 벗기란 힘든 일이다. 특히 가족이나 친지 앞에서는 더욱 그렇다. 아버지나 어머니가 옆에 있는 경우에는 어떠냐는 질문에 응답자들은 비명을 지른다. 『아버지요? 말도 말아요!』(F169) 엘리자베스는 부모와 함께 해수욕장에 가본 일조차 없다. 토플리스와 가족 간의 상호관계는 여러 번 언급된 일이 있다(어번, 1994). 우리는 조사를 통해서 이런 거북함은 익명의 대중보다 가족 앞에서 더욱 두드러진다는 사실을 알 수 있었고 해변을 홀로 찾는 사람, 자녀를 동반하지 않은 부부, 가족이 아닌 그룹도 때로는 토플리스를 하며 거북함을 느낄 수 있다는 사실을 발견할 수 있었다. 자녀가 어린 경우를 제외하면 해변은 더 이상 세대 간의 교류가 이루어지는 장소가 아니다. 육체에 대한 가치관이 세대마다 큰 차이를 보이기 때문이다. 파니(Fanny)는 토플리스를 열광적으로 좋아하며 과연 토플리스를 해도 되는지 한번도 갈등해본 적이 없다. 그러나 어느 날 그녀는 자신이 토플리스를 할 때면 아버지는 항상 멀찌감치 떨어져 있다는 사실을 어렴풋이 느끼게 되었다. 게다가 아버지는 점점 해변을 찾지 않게 되었다. 아버지는 자신이 느끼는 분노를 어머니에게만 털어놓았다. 『남편은 굉장히 싫어했어요. 자기 딸이 해변에서 그러고 있다는 사실이 끔찍했나 봐요!』(F98) 엠마뉴엘(Emmanuelle, F178)

은 부모 앞에서 토플리스를 해도 되는지 생각조차 해본 일이
없다. 그녀의 부모는 토플리스를 너무나 못마땅하게 생각하기
때문이다. 엘렌의 어머니는 자신의 딸이 토플리스를 한다면 엄
청난 충격을 받을 것이다. 『아, 안 되죠. 엄마 앞에선 절대 못
할 거예요. 우리 엄만 구식이거든요.』(F14) 한편 엘리스는 자
신의 어머니가 충격을 받지는 않을 거라고 생각한다. 자신의
어머니는 「열린 사람」(F73)이기 때문이다. 하지만 그녀의 집
안 분위기는 꽤 엄격했기에 주위의 부추김만 없었어도 엘리스
는 결코 토플리스를 하지 않았을 것이다. 그러나 남편인 닐은
토플리스를 하는 엘리스를 보고 너무나 즐거워했고 『보기 좋
다』라고 거듭 말했기 때문에 엘리스는 양보할 수밖에 없었
다. 어느 날 샤워를 하는 중에 어머니가 그녀의 가슴에 「수영
복 자국이 전혀 없는 것」을 보고 놀라기 전까지는……. 어머
니의 반응은 예상보다 심했다. 어머니는 너무나 놀라 기본적인
원칙을 늘어놓기 시작했다. 정숙함, 부모로서 져야 할 책임
등. 엘리스는 32세나 되었고 이런 명령은 좀 심한 것으로 비춰
질 수도 있었다. 그러나 그녀는 그 날 이후 남편에게는 아무런
설명도 하지 않은 채 즉각 토플리스를 중단했다. 결정은 그녀
소관, 즉 개인적인 일이었다. 그녀는 남편보다는 어머니를 택
했던 것이다.

가정 안에서의 노출

집 안팎에서의 노출은 명백한 관련이 있으며, 이 두 가지 행
동은 같은 역사적 움직임에 속하는 것이다. 제랄딘(Géraldine)
은 어머니와 함께 있을 때 토플리스는 상상도 못한다. 집 안에
서도 가슴을 노출한 적이 없기 때문이다. 『어렸을 적 빼고는
한번도 어머니 앞에서 알몸을 보인 적이 없어요. 그런데 이제

와서 어머니 앞에서 토플리스를 한다면 불편할 거예요. 하지만 모르는 사람들 앞에서라면 상관 없어요.』가정 내에서의 노출은 상당한 변화를 보이고 있다. 세대가 바뀔수록 가치관이 달라지기 때문이다. 『전 단 한번도 어머니의 벗은 모습을 본 적이 없어요. 돌아가실 때 빼고는요. 아버지도 마찬가지예요. 미래의 제 딸이 어머니인 저와 남편의 벗은 모습을 보는 것 또한 상상할 수 없구요.』(F97)『어렸을 땐 그런 것에 익숙지 못했고 또 창피하다는 생각도 들었어요. 하지만 요즘 우린 아이들 앞에서 샤워를 해요. 예전 같은 부끄러움은 없어졌지요.』(F93) 카트린은 정원에서 햇빛을 조금 쐬고 싶었을 뿐이다. 게다가 그녀는 가슴을 완전히 가리는 원피스 수영복을 입고 있었다. 그러나 할아버지의 눈에는 그런 손녀의 모습마저 망측한 것으로 비춰졌다. 당신의 가치관으로는 도저히 받아들일 수 없는 장면을 외면하기 위해 할아버지는 집 안으로 들어가 버렸다. 오늘날을 살아가는 우리 할아버지 세대에게 가정 내에서의 노출이란 일종의 금기사항이다. 그러나 젊은 부부에게는 오히려 벗은 몸을 숨기는 행위가 이상한 일이 된 것이다. 『전 잘 땐 아무것도 입지 않아요. 일어나서도 마찬가지고, 그런 모습으로 아이들 앞에서 걸어다니기도 해요.』(F100)

가정 내에서의 노출은 사생활의 공간에서 육체가 점점 중요한 비중을 차지하고 있음을 증명하고 있다. 연인 사이의 에로틱한 육체, 비이익 집단의 애정 어린 육체, 사회적 역할을 강요받지 않는 가식 없는 개인의 육체 등등. 육체가 자아의 명백한 증거인 것과 마찬가지로 육체적으로 얼마나 가까우며 그 진실성의 정도가 어떠하느냐 하는 것은 인간관계의 친밀도를 결정하는 기본 요인이 된다. 그러므로 나체는 인간관계의 진실성과 근접성을 보장해주는 것이다. 많은 여성들은 직관적으로 이러한 사실을 이해했고, 가정 내에서의 관행을 개혁하기 위해 해수욕장에 밀려온 토플리스라는 유행을 이용한 것이다(오히려 공공장소에서 더욱 쉽게 경험할 수 있는 긴장 완화의 효과를 가정 내로 도입하면서). 기슬렌(F30)은 성공한 셈이다. 해변 덕분에 그녀는 집 안에서 자신의 몸을 속박하는 의복을 조금씩 던져버릴 수 있게 되었다. 다음은 정원에서의 토플리스에 도전할 차례다. 그러나 바닷가에 일광욕 의자를 펴놓고 선탠을 즐길 때만 해도 만끽할 수 있던 편안함은 장소를 바꾸자마자 사라지고 말았다. 한편 로르도 이와 비슷한 청사진을 가지고 있었지만 기슬렌처럼 시도해보지도 못했다. 그녀가 해변에서 처음으로 토플리스를 시도했을 때 옆에 있던 어린 아들—아주 어릴 적부터 엄마의 가슴을 본 적이 없는—은 엄마의 갑작스런 행동 변화에 몹시 놀라 이렇게 소리질렀다. 『엄마, 옷 입어요!』(F94) 로르는 굳이 못 들은 척하지도 않았다. 『쳇! 그 애가 안 하는 걸 좋아한다면 할 수 없지! 나도 그렇게 편한 건 아니었으니까! 이제껏 살아온 대로 살지, 뭐! 나, 그리고 내 아이들, 그게 내 인생인걸. 하지만 내가 토플리스를 해도 애들이 불편해하지 않는다면 좋으련만……』(F94)

내가 아는 사람들

서로 아주 친하거나 같은 습관을 가지고 있지 않은 이상, 친구들 앞에서 토플리스를 한다는 건 더욱 힘든 일이다. 세브린(F183)은 몇 명의 친구들과 함께 있을 때면 토플리스를 했는데, 그룹에 새로운 친구가 들어오자마자 그만두었다. 조슬린(F170)의 경우는 더 극단적이다. 그녀는 혼자 있을 때, 또는 동성 친구가 한 명만 있을 때는 토플리스를 하지만 일행의 수가 둘만 넘어도 절대 가슴을 노출하지 않는다. 마르셀린도 마찬가지다. 그녀는 그 이유를 이렇게 설명한다. 『그건 반드시

지켜야 해요. 왜냐하면 그룹 중엔 여자뿐 아니라 남자도 있게
마련이고, 어쩌면 그 중 커플이 되는 일도 생길 수 있잖아
요…….』(F149) 보브는 그렇게까지 생각하지는 않는다. 그는
낯 모르는 여자의 가슴을 「특히 보기 좋은 경우에」(F4) 힐끗
훔쳐보는 것만으로 만족한다. 하지만 아내, 그리고 아내의 여
자친구—토플리스를 하는—와 함께 있을 경우에는 사정이 달
라진다. 바라보는 기쁨은 거북함에 가려 사라지기 때문이다.
『그이는 불편한가 봐요. 제 친구니까요.』(F4) 성적인 면에 있
어서는 일정한 거리를 두는 데 익숙해 있는 주변사람(특별한
의미 없는 이성 친구, 친구 부인 등)과 친밀함을 유지하며 관
계를 지탱해나가는 것은 몹시 미묘한 일이다. 성적 감정을 불
러일으키기에 충분한 해부학적 대상과 근접해 있는 것은 조화
를 깨뜨리기 때문이다. 상호작용의 법칙이란 항상 동일하며 다
른 수준으로 이동하지는 않는가? 『그건 관계를 복잡하게 해
요』(H86)라고 질(Gilles)은 이야기한다. 롤랑(Roland)은 해변
에서 종종 친구 커플을 만난다. 친구 부인이 수영복을 입고 있
는 경우에는 가까이 가서 말을 걸기도 하지만, 토플리스를 하
고 있는 경우에는 멀리서 손짓으로 인사를 하는 데 그친다. 스
테파니가 토플리스를 하기에 가장 거북한 상대는 그녀가 「남자
애들」이라고 부르는 친한 남자친구들 앞에서다. 그 중에는 장
래 애인감도 있을 수 있기 때문이다. 『모르는 사람 앞에서라면
신경 쓸 이유가 없어요. 다시 볼 사람도 아니니까요. 하지만
남자친구들 앞에서는 안 돼요. 가슴은 비밀스럽고 육감적인 제
신체의 일부니까요. 그건 애인을 위해 남겨둬야지요.』(F41)
　그 밖에도 더욱 곤란한 경우가 있다. 단순히 아는 사람이나
직장동료, 해변 이외의 곳에서 알게 된 남자를 우연히 만난 경
우다. 이제껏 느껴왔던 친근함은 돌연 낯설음으로 변해버리고,
만남은 충격으로 다가선다. 다른 곳에서 보여졌던 자신의 이미

지는 사라지고 토플리스를 하는 모습이 상대방에게 전달되는 순간이다. 그 순간에는 도주도, 익명성도 불가능해진다. 이 차이점을 잘 극복해야 하지만 민망하고 당혹스런 마음은 어찌할 수 없게 된다. 토플리스를 하고 있을 때 느끼던 편안함은 송두리째 사라지고 벌거벗은 가슴은 돌연 이상한 물체로 변해버린다. 여성은 이렇게 만나게 된 사람 앞에서 완전히 벌거숭이가 된 느낌이다. 하지만 그녀만이 민망함을 느끼는 것은 아니다. 본의 아니게 갑자기 낯선 사람으로 변해버린 상대방도 마찬가지다. 완전한 나체는 아니지만 그에 못지않은 모습을 보게 됨으로써 느끼는 민망함 때문이다. 『그들은 저를 쳐다보지 않아요. 쳐다보려고 하지도 않구요. 가끔 쳐다보다가 귓불까지 빨개지는 사람도 있어요.』(F76) 간호원인 솔랑주의 환자 중에는 해수욕장에 자주 드나드는 사람이 많다. 그녀는 아는 사람과의 만남을 많이 경험하기 때문에 순간순간의 고비를 재치 있게 넘기는 편이다. 그러나 가장 아찔한 순간은 자신을 「굉장히 품위 있는 부인」으로 생각하는 「젊은 엄마들」과 마주쳤을 때다. 그래서 그녀는 자신만의 방어기제를 고안해냈다. 즉 토플리스를 할 때는 절대 잠을 자거나 몽상을 하지 않으며 쉴새없이, 조심스럽게, 아는 사람이 가까이 오지 않나 관찰하는 것이다. 『아는 환자가 해변에 나타날 때마다 저는 쉴새없이 수영복을 올렸다 내렸다 해요. 하지만 간호원이 토플리스를 한다고 흉보며 환자들이 우리 병원에 발길을 끊을까봐 그러는 것은 절대 아니예요. 그건 지나친 장삿속 아니예요?』(F76) 그러나 그 무엇보다 가장 곤란한 경우는 직장동료와의 만남이다. 『가장 민망한 경우는, 토플리스를 하며 평안함을 만끽하고 있는 순간, 아이구! 갑자기 직장동료가 바로 코앞까지 다가왔을 때예요.』(F170) 모르는 사람에게 몸을 보이는 일은 미래와는 상관 없는, 바로 그 순간만의 일이므로 중요하지 않

다. 그러나 직장동료와의 만남은 해변이 아닌 전혀 다른 장소
에서 그 영향을 받을 수 있기 때문에 곤란해지는 것이다. 『무
엇보다 익명성이 보장돼야 해요. 정숙함의 문제이기 때문이지
요. 그리고 그래야만 후에 들을 수도 있는 구설수를 피할 수
있잖아요. 』(F170) 『누군들 그런 이미지가 직장생활 가운데 언
급되길 원하겠어요. 』(F62) 서로 다른 역할을 하는 대중은 서
로 다른 모습으로 남아 있어야 하며[어빙 고프먼(Erving Gof-
fman), 1974], 개인은 자신의 복합적인 생의 비밀을 알고 있
는 유일한 존재이며[시멜(Simmel), 1991], 하나의 상호작용이
이루어질 때마다 자신의 일부만을 내보인다. 즉 서로 다른 상
호작용의 순간마다 부분적인 모습만 보여줄 뿐이다. 그러나 분
리되어 있다고 생각되어온 역할이 갑자기 충돌하게 됨으로써
명민한 관리체계를 유지해온 자아는 충격을 받게 되고 나아가
정체성의 혼란까지 경험하게 된다. 직장동료와의 만남은 다른
방식으로 사회화된 자아의 또 다른 모습과의 만남이기 때문이
다. 이렇게 인간은 또 다른 모습을 통한 만남-그 자체만으로
도 무척 낯선 일이 아닐 수 없는-을 경험할 수 있다.

비록 이보다 정도는 덜하더라도, 만남이 아닌 단순한 관찰
의 수준이라도, 직장동료만큼이나 사회적으로 중요한 관계가
아니더라도 「아는 사람과의 만남」을 지배하는 원칙은 동일하
다. 즉 「아는 사람과의 만남」은 강박관념을 낳는 것이다. 『가
장 곤란한 경우는 주위 사람을 만나게 되었을 때죠. 』(F27)
『아는 사람이 주위에 있다는 걸 느꼈을 때의 기분이란! 』(F
73) 『아는 사람 앞에서는 노출하고 싶은 생각이 없어요. 』(F1)
그러므로 가장 이상적인 토플리스는 완벽하게 익명성이 보장된
상태에서 이루어지는 것이다. 즉 해수욕장에서 이루어진 즉흥
적인 사회화 이전의 모든 사회적 관계-남편을 제외한-는 거
북함과 곤란함의 잠재적 원천이 될 수 있는 것이다. 그리하여

사람들은 「내가 아는 모든 사람」과 가능하면 멀리 떨어지기 위해서 되도록 멀리, 다른 나라로 가고자 한다. 욜랑(Yolande)은 자신의 마을인 페캉에 살던, 동네에서 최초로 토플리스를 시도한 「매력적인 가슴」의 여자를 기억한다. 그녀가 최초로 시도한 토플리스는 일종의 폭동을 일으켰다. 소문은 단 몇 분 만에 동네에 쫙 퍼졌고 동네 아낙네들은 자발적으로 항의대를 조직하여 해수욕장 관리자가 개입해줄 것을 요청했다. 요즘 같으면 생각도 할 수 없는 일 아닌가? 토플리스에 대한 물리적인 제재란 있을 수 없는 일이니……. 다만, 소문이 좀 퍼지고 사람들의 이야깃거리나 될 뿐이다. 『모르는 사람이라면 소문도, 뒷얘기도 없을 것 아니예요?』(F73) 그러나 반대로 집에서 너무 가까운 해변일 경우, 특히 작은 마을일 경우에는 해변에서 만끽하는 자유에 대해 대가를 치러야 한다. 『이 곳 출신인 경우엔 조심해야 해요. 사람들 입에 오르내릴 수 있으니까요.』(F159) 그러므로 멀리 갈 수 없다면(경제 사정이 여의치 못한 경우) 사회적 연대감이 너무 강한 지역은 피하는 것이 바람직할 것이다. 가장 이상적인 경우는 홀로 즐길 때, 또는 동일한 해변에 있다는 것 외엔 아무런 공통점도 없는 사람들과 일시적인 관계를 맺을 때다. 과거도 미래도 없는, 움직임으로부터 자유로울 수 있는 육체. 벗은 몸을 바라보는 이도, 알아보는 이도 없기에 벗었다는 느낌이 들지 않는 상태.

2

연령에 따른 노출

어린 소녀들

이제 막 기저귀를 떼기 시작한 아이들은 벌거벗은 몸으로 활보하고 다닌다. 이 아이들은 「육체를 향한 움직임」의 진정한 상징이며, 나체의 자연스러운 성격을 가장 분명하게 드러내주는 산 증인이다. 아이들의 벗은 모습은 그대로가 성스럽다고 생각되기에 귀엽고 사랑스러운 것으로 묘사된다. 『벌거벗은 아이들의 모습은 정말 귀엽고 깜찍해요.』(F156) 『벗은 저 애들 좀 봐요. 너무 예쁘지 않아요?』(F181) 이와는 전혀 다른 시선을 형성하는 빈민가 포르토프랭스(역주 : 아이티의 수도)의 헐벗은 어린이들의 모습은 잊혀진다. 아이들의 벌거벗은 모습은 참기 힘들 정도로 「앙증맞다.」 그러나 아이들이 3~4세에 이르게 되면 아무도 말해주지 않고, 아무도 생각하지 않음에도 불구하고 그들의 「앙증맞은」 모습은 사라진다. 즉 성기의 노출이 점잖치 못한 행동으로 받아들여지는 것이다. 아이들은 수영 팬티를 입음으로써 엉덩이를 가리게 된다. 게다가 아이들 스스로 「부끄러움」에 대해 깨닫게 되고, 사람들 앞에서 나체를 금하는 사회규범의 첫번째 계명을 배우게 됨으로써 「감추기」를 실천하게 된다. 어린 소녀들 또한 수영 팬티를 입음으로써 새롭게 자리잡은 부끄러운 감정을 숨긴다. 그러나 수영복 윗도리의 경우는 문제가 다르다. 토플리스의 대중화를 통해서 알 수 있듯이 수영복 상의에 대한 사회의 강요는 그 정도가 덜하기 때문이다. 그러나 어린 소녀들은 다른 이유 때문에 굳이 수영복 윗도리를 입으려 한다. 즉 유년시대는 소년, 소녀들이 성에 따른 고유한 방식으로 스스로를 사회화시키는 시기다. 그러기 위해서 그들은 놀이, 행동, 느낌을 개발해야 하며, 이를 통해서 스스로의 정체성을 형성하게 된다. 여기에는 성의 구별이 없다〔매코비(Maccoby), 1990〕. 이 때의 어린 소녀들은 자신의 가슴이 남자애들과 마찬가지로 평평하건 말건 신경조차 쓰지 않는다. 그러나 가슴이 여성을 상징한다는 생각은 신체적 변화를 체험하기 이전에 찾아든다. 외형상으로는 차이가 없어도 수영복 형태의 차이가 성을 구별하기 때문이다. 수영복 윗도리를 입는 행위는 자신이 여성으로 변화할 수 있는 진정한 꼬마 숙녀라는 사실을 사람들에게 알리는 것이다. 이본(Yuon)의 딸은 수영복 윗도리를 입지 않은 자신의 모습을 상상도 할 수 없다고 한다. 『변화를 시작하는 작은 여성인 셈이죠.』(F45) 『수영복 윗도리를 입음으로써 여자아이들은 여성스럽게 행동해요. 브래지어와 같은 효과죠.』(F148, 자신의 딸에 대해) 게다가 엄마들은 수영복 윗도리를 입겠다고 고집하는 어린 딸들의 성화를 이기지 못한다. 몇 년 전 발가벗은 아이들의 모습을 보고 느꼈던 것과 마찬가지로 어른처럼 수영복을 갖춰 입은 어린 여자아이들에게 사랑스러운 감정을 느끼기 때문이다. 『귀여워요! 아유 깜찍해라!』어떤 논리도 이「귀여움」이나「깜찍함」을 이기지 못한다. 어린 소녀들은 사춘기에 이르러 목걸이를 걸듯이 반드시 윗도리를 챙겨 입는다. 가슴을 감추기 위해서가 아니라, 여성이 될 수 있다는 상태를 확인하기 위해서다. 그러고 나서 조금씩 조금씩 이런 행동은 규칙적인 습관으로 자리잡게 되고, 가슴을 가리는 수영복 상의는 제 기능을 찾게 된다. 아홉 살인 파니(Fanny)는 마이크를 향해 심각한 표정을 지으며 엄숙하게 선언한다. 『저는 수영복을 입는 게 더 좋아요. 왜냐하면 제 가슴을 아무에게나 보이고 싶지 않거든요.』(F189) 그렇지만 파니에게 수영복 윗도리를 입는 일은 아직 익숙지 않은 변화이기 때문에 종종 그 일을 잊곤 한다. 우리가 질문을 했을 때에도 그녀는「토플리스」를 하고 있었던 것이다! 부끄러움에 대한 생각이 자리잡은 연후에야 행동(수영복을 입는)이 무의식적으로 정착되는 것이다.

애매한 사춘기

여성임을 과시하기 위해 호기심으로 수영복 상의를 입는 시기는 제1차 성징이 나타나자마자 막을 내린다. 그러나 이 때의 소녀들은 그 어느 때보다 수영복 상의를 열심히 입고 다닌다. 사춘기는 노년기와 더불어 토플리스를 하기가 가장 곤란한 시기다(나체촌에 입소하기를 가장 꺼려 하는 시기가 청소년 시기인 것과 마찬가지로. 데스캉, 1987).『소녀들은 가슴에 변화가 생기는 시기부터 가슴을 숨기려고 해요.』(F148)『처음으로 가슴이 봉긋하게 솟기 시작할 때 남들 앞에 내보이고 싶어하는 사람이 있겠어요?』(F52) 사춘기 소녀들이 토플리스를 꺼려 하는 이유는 무엇인가? 첫째, 무엇보다도 청소년기는 정체성이 재형성되는 시기이며, 불안감이 동반될 수 있기 때문이다. 이와 반대로 토플리스는 편안함을 만끽할 수 있는 능력, 그리고 자신의 육체에 대한 자신감과 밀접하게 연관되어 있다. 『사춘기 땐 뭔가 모르게 불안하잖아요. 가슴을 보인다는 것 자체가 불편하구요!』(F178) 두번째 이유는, 불안함의 초점이 가슴으로 집중되기 때문이다. 이제 막 부풀기 시작한 가슴은 미래에 어떤 모습을 지니게 될까? 소녀들의 머리 속에는 너무 작은, 또는 너무 크거나 보기 흉한 모습이 떠오르게 된다. 자신의 모습에 대한 나르시스적 불안은 첫월경을 경험할 때 보다 더욱 크다(그로, 1987). 조사원이 자신의 수첩에 「몹시 매력적인 작은 소녀」라고 기록했던 15세의 그웬돌린(Gwendoline)마저 토플리스를 꺼려 했다. 「준비가 됐을 때 제대로 하기 위해서」라는 것이 그 이유였다.

그러나 모든 소녀들이 이런 어려움을 겪는 것은 아니다. 노출을 자연스럽게 여기는 집안 분위기에 힘입어 사춘기 때조차 수영복을 입어본 적이 없는 여성도 있기 때문이다. 소피(Sophie)는 그 문제에 대해 『단 한번도 고민해본 적이 없다』(F39)고 답한다. 코린도 마찬가지다. 어렸을 때부터 바람이 가슴을 스치는 느낌을 즐겼던 그녀는 가슴이 솟아오르자마자 비탄에 빠졌다. 『저는 이렇게 말했어요. 젠장, 이젠 다 끝이군. 더 이상 가슴을 태울 수 없게 됐잖아.』(F148) 그 당시만 해도 토플리스가 막 시작되었기 때문이다. 그러나 자신의 신체적 변화에 전혀 구애받지 않은 그녀는 주저하지 않고 선구자의 대열에 동참했다. 『그리고 드디어 토플리스가 유행하기 시작했죠. 아! 얼마나 좋았던지! 마음껏 태울 수 있었으니까요. 다른 사람들도 마찬가지였을 거예요.』 그러나 코린과 같이 단 한번도 가슴 위에 수영복 그늘을 남기지 않은 예는 극히 드물다. 비록 짧을지라도 한동안은 수영복을 입게 마련이며, 그 시기는 대체적으로 사춘기와 일치한다. 우리에게『항상 토플리스를 해왔다』고 말했던 23세인 가엘(Gaëlle)은『사춘기 초기엔 좀 가렸어요』(F95)라고 털어놓는다. 마리온(Marion)도 마찬가지다.『전 늘 해왔어요. 13∼15세 때까지만 빼구요. 그 땐 감히 용기가 안 나더라구요.』(F28) 이런 시기가 길면 길수록 토플리스에 재도전하는 시기는 늦어진다. 17세인 셀린(Céline)은 말한다.『전엔 너무 어렸었거든요.』(F10) 18세인 제시카의 말을 들어보자.『전엔 감히 하지 못했어요.』(F16) 라셀의 경우엔 더욱 느리다.『21∼22세 때쯤요. 스스로를 표현하고 성숙해지는 시기가 오면 해도 되지요.』(F179)

그러나 사춘기의 특성인 부끄러움과 자아에 대한 믿음의 부족에도 불구하고, 사춘기 소녀들은 정반대의 명령을 따르며 비밀리에 준비작업을 해나간다. 즉 10대 소녀들은 부끄러움을 무릅쓰고 토플리스를 감행하는 것이다. 소녀들은 두 가지 갈림길에서 고민하게 된다. 사춘기 소녀들이 토플리스를 하는 동기는 다른 시기와 사뭇 다르다. 게다가 응답자들도 그들만의 특수한 행동을 지목했다. 즉 그들은 뭇남성의 시선을 끌기 위해서, 그리고 그 시선을 연구하기 위해서 토플리스를 한다는 것이다. 또한 그런 시선을 연구하기 위해 10대 소녀들은 아무렇지도 않게 토플리스를 한다.『남의 시선을 받기 위해 가슴을 노출하고 활보하는 대담한 10대들도 있어요.』(F95)『젊고 귀여울 땐 남의 시선을 받고 싶어해요. 그건 당연한 거구요.』(F71) 하지만 이런 분석이 반드시 옳은 것만은 아니다. 10대의 행동은 분명 성인의 행동과 차별화되지만, 그 동기가 전혀 틀리다고는 할 수 없기 때문이다. 그들이 가슴을 노출하는 이유는 훨씬 애매하고 내재적이며 개인적이다. 또 그들은 편안함을 만끽할 수 있는 능력과 새로운 자아를 확인할 수 있는 능력에 관심을 집중하며, 토플리스라는 시험을 통해서 자아의 확인을 공고히 하려 한다. 분명 내부의 강한 외침과 억압받지 않은 부끄러움은 「자연스러움」의 부족을 드러내는 10대의 전형적인 모습이다. 일단의 소녀들의 킥킥거리는 웃음, 후미진 곳에 숨어서 바라보는 흥분된 시선은 그들만의 모습인 것이다. 해변은 생각한다. 소녀들은 토플리스를 즐기며 사람들이 쳐다봐주길 원한다고. 그러나 지나치게 에로틱한 시선과 통제되지 않은 행동이 눈에 띈다면, 10대 소녀들은 몸을 사리고 풀리지 않는 문제를 푸려고 노력할 것이다. 「너무 드러내지 않으면서 드러내는 방법」을 발견하기 위해.

40대의 열정

애매한 청소년기가 지나면 가장 안정된 시기가 찾아오며 이는 30~40세까지 지속된다. 그러나 안정된 시기의 평균연령을 제시하기란 쉬운 일이 아니다. 대부분의 여성이 비슷한 형태의 과정을 겪더라도 행동의 변화를 경험하는 연령은 각기 다르기 때문이다. 인생을 피륙에 비유해보았을 때 사춘기의 씨실이 끝나는 곳은 25세일 수도 있지만 때에 따라서는 30, 35, 40세까지 연장되어 이 시기가 끝난 후에야 토플리스를 하는 여성도 있기 때문이다. 반대로 가슴을 노출하는 연령이 30세 또는 그 이전에 끝날 수도 있다. 이러한 다양성에도 불구하고 대부분의 사람들은 매우 독특한 시기를 공통적으로 경험하게 된다. 이러한 시기는 젊은 시절을 다 보내고 나서 새로이 토플리스에 대해 관심과 열정을 품게 되는 시기로서 대략 35~40세 사이의 여성에게 나타난다.

이 시기에 이르게 되면 청소년기의 불확실성은 사라진다. 『젊을수록 두려운 것이 많은 법이지만 나이가 들면서 조금씩 초연해질 수 있지요.』(F124)『처음에는「그런 걸 어떻게?」라는 생각을 했지만 나이가 드니까「못할 건 또 뭐야?」라는 생각이 들더라구요.』(F87) 그러나 육체가 평온함을 찾게 되는 순간 또 다른 근심거리가 등장한다. 젊음은 이제 막이 내리고, 아름다움의 섬광은 빛을 잃어간다는 사실이다. 바로 그 순간 여성은 자신이 늙어간다는 사실을 처음으로 느끼게 된다. 게다가 자신의 육체마저 세월의 흐름 앞에서 무력해지면 늙어간다는 느낌은 참기 힘든 것이 되어버린다. 그러므로 아직도 젊다는 구체적인 증거가 있다면, 그냥 덮어두기엔 아까운 것이다. 가끔은 남편의 지원에 힘입어 자신도 무언가 과시할 수 있는 부류에 속한다는 사실을 온 해변에 공표해야 하는 것이다. 『스스로 아직 늙지 않았음을 말하고 싶은 것 아니겠어요?』(H92) 질문에 응한 사람들은,「포스트 영 제너레이션」의 열정은 노화에 대한 두려움에서 비롯되는 것이라고 날카롭게 지적한다. 『늙는다는 사실이 두려워서일 거예요.』(F159)『자신이 나이들어 간다는 사실을 느끼기 때문 아닐까요?』(F66) 단순화를 위해서 여기서는「포스트 영 제너레이션」을 40대로 규정하기로 한다. 어떤 응답자들은 30세 또는 50세의 여성에 대해서도 같은 분석을 했다. 『여성은 30세가 되면 늙는다는 사실을 두려워하게 돼요. 그래서 오히려 젊은 사람처럼 행동하는 것 아니겠어요?』(F81)『50세가 되면 어떻게 하면 덜 늙어보일까 노심초사하게 돼요.』(H31) 노화에 대한 두려움은 분명 부정적인 측면이다. 그러나 토플리스를 통해서 얻을 수 있는 젊음의 효과는 긍정적인 측면이다. 기대도 하지 않았던 회춘이 찾아오는 것이며, 토플리스는 그 덕분에 유쾌하고 유희적인 성격을 띠게 된다. 자신의 내부에서 축제가 벌어지는 것이다. 이런 분위기 속에서「유혹의 게임」이 벌어진다는 것은 부정할 수 없는 사실이다. 『45세 정도 됐으면서 아직도 누군가를 유혹해보려

는 여성이 있어요. 하지만 그건 정상이에요. 지극히 정상이
죠. 아직도 자신이 매혹적이며, 누군가의 관심을 끌 수 있다는
사실을 보여주고 싶은 거라구요.』(F156) 『비록 중년에 이르렀
지만 「사람들이 널 보고 있어」라고 자신에게 말하는 것은 내심
즐거운 일일 거예요.』(F149) 그러나 10대의 경우와 달리 40대
에 대한 해석이 너무 과장되어서는 안 될 것이다. 즉 그들의
놀이는 엄밀히 정해진 범위 안에서 이루어지며, 해변이 이를
인정하고 보편화하기 때문에 가능한 것이다. 그것은 특히 자신
을 위한 놀이다. 타인의 시선은 스스로를 객관적으로 바라보기
위한 유용한 잣대가 되기 때문이다.

마법에서 깨어나기

『전 이제 더 이상 어린애 같은 짓은 하지 않을 거예요. 아!
저는 아직도 사람들 앞에서 제 모든 걸 드러내지요. 그게 꼭
나쁜 거라고 할 순 없지만… 그래도 그만둘 줄도 알아야지요!』
(F12) 그러나 자신의 이런 대답에서 엿볼 수 있는 「모종의 결
정」에 대해서 아닉(Annick)은 아직 확신이 없는 모양이다. 그
러고 나서 좀 누그러진 어조로 이렇게 덧붙인다. 『하지만 하루
아침에 그만둔다는 건 좀 바보 같아요. 나이가 들었으면서도
괜찮은 여자도 있잖아요? 제가 그렇다는 건 아니지만….』수
영복 끈을 내리게 한 상황이 있었던 것과 마찬가지로, 이번에
는 수영복 끈을 올리도록 은밀히 강요하는 상황이 다가온다.
마치 행동이 사고를 앞서는 것처럼……. 막상 결정을 내린 뒤
어떤 후회를 하건 간에 토플리스를 그만두어야겠다는 생각은
자아의 외침보다 훨씬 강하다. 가슴은 이제 매력을 잃었고 토
플리스는 더 이상 자신의 삶에 존재하지 않게 된다. 어떻게 이
런 변화가, 그것도 짧은 시간 안에 찾아오게 되는가? 그 변화

는 오랜 과정의 결과이며, 그 과정은 모리세트(Mauricette)의 이야기에 등장하는 몇 가지 요소를 기본으로 대략 재구성될 수 있다. 처음 토플리스를 시작할 때부터 그녀의 사고 저 깊숙한 곳에서는 조용한 비판의 음악이 들려왔다. 그녀의 육체가 원숙함을 띠게 되고 관록의 주름이 하나둘 늘어남에 따라 작은 음악은 더욱 거세졌다. 그리고 그 음악은 해변에 있는 사람들의 시선 안에서 메아리쳐 울리기 시작했다. 그 음악은 사람들의 시선을 변화시켰다. 그들의 시선은 이미 예전의 그것이 아니다. 아무도 더 이상 『보기 좋은 걸』하고 이야기하지 않는다. 그 대신 『자신이 퇴역군인처럼 힘없어 보인다고 생각하지 않니?』(F142)라는 목소리가 들려온다. 다음 페이지를 넘기는 것처럼 모리세트는 수영복 끈을 올렸다. 인생이란 이야기는 계속되기 때문이다.

수영복을 다시 입게 만든 이 이야기 속에는 육체와 자신의 육체에 대한 최소한의 확신, 해변의 시선, 그리고 그들의 잔인함만이 들어 있는 것은 아니다. 여기에는 또 다른 요소, 즉 사회화의 과정에서 비교적 쉽게 찾아볼 수 있는 요소가 개입된다. 우리는, 토플리스가 지극히 개인적인 행동이며, 견고한 사회적 관계 속에 용해되어 있는 대부분의 행동과 판이하게 다르다는 사실을 확인했다. 이런 사실이 이 시점에서 다시 입증되는 셈이다. 40대의 열정은 탈사회화 또는 자율성의 재발견이라는 성격을 띠는 가정 내 사건으로 촉발되는 경우가 많다. 즉 이혼 또는 어린 자녀의 부재가 그 예가 될 수 있다. 반대로 자신의 존재범위에 변화를 느꼈을 때 여성은 마법에서 깨어나게 된다. 즉 유희적이고 상호밀착적인 신혼의 성격이 점차 사라지고 가정이라는 잘 짜여진 조직이 형성됨으로써 여성은 집안 일에 더 매이게 된다. 특히 자녀의 출생은 큰 변수가 되는데, 클로딘(Claudine)이 겪은 변화가 바로 그것이다(그녀 자신은 그렇게 표현하지 않지만). 『예전에 토플리스를 할 땐 누워서 꼼짝도 안 했어요. 하지만 아이가 생기고부턴 더 이상 토플리스를 하지 않게 됐지요. 아이 뒤를 쫓아다니느라고 가슴을 드러낸 채 뛰어다니는 모습이 결코 아름다워 보이지 않았기 때문이에요.』(F65) 그러나 그녀의 변명은 자신의 가치관이 변화되었다는 사실을 감추기에는 역부족이다. 이제 그녀의 사고방식은 가족에 더 많은 비중을 두게 되었기에 육체에 가치를 부여했던 이전의 행동들은 사라지고 만다. 그녀는 더 이상 토플리스에 흥미를 느끼지 못한다. 토플리스를 하면 왠지 불편하고 마법에서 깨어나게 됨으로써 자신의 외모에 점점 자신이 없어지는 것이다. 『좀 불편해요. 토플리스를 하는 제 모습이 예쁘다는 생각도 들지 않고, 흉해요! 어휴!』 이런 한탄이 말해주듯이 클로딘은 자신의 내부에 변화가 생겼다는 사실과 익숙했던 해변의 습관이 이제 무의미해졌다는 사실을 견디기 힘들어한다. 그녀의 목소리에는 생기가 없고 쓸쓸함만이 풍겨온다. 더구나 마법에서 깨어나는 과정이 토플리스에만 국한되는 것이 아니기 때문에 더욱 그러하다. 해변에서 실천했던 모든 행동들은 매력을 잃어간다. 그녀는 같은 행동(토플리스를 제외한)을 재현해 보지만 예전의 느낌은 가질 수 없고, 마치 「더 이상 마음이 가지 않는」(F65) 것처럼 자신과는 관계 없이 멀리 떨어진 곳에서 이루어지는 듯한 공허함을 느낀다. 분명 토플리스는 해변에서 할 수 있는 가장 매력적인 선택이었다. 토플리스가 없는 해변은 이제 무미건조할 뿐이다. 이제 빈 공간만 남았으며 페이지는 완전히 넘어갔다. 그러나 클로딘은 자신의 육체가 화려하게 빛을 발하던 그 순간을 쉽게 떨쳐버릴 수 없다.

그러므로 마법에서 깨어난 후에도 토플리스는 여전히 지속되며 습관상 연장되기도 한다. 갑자기 과거와 단절하는 일은 너무 힘겹기 때문이다. 따라서 아이를 동반한 젊은 엄마들이 토플리스를 하는 장면을 쉽게 볼 수 있는 것이다. 그러나 어떤 경우에는 또 다른 요소가 토플리스를 지속하게 만든다. 즉 토플리스는 여성이 집안일에 파묻힌 사람으로 전락하지 않게 하는 기능을 가진 것이다. 상황이 어떠하건 간에, 토플리스는 항상 개인의 정체성을 확인하려는 의지로 해석될 수 있다. 이런 의지가 결코 사라지지 않았는데, 어떻게 토플리스를 그만둘 수 있겠는가? 그러므로 가장 이상적인 방법은 적당한 변명거리를 찾아낸 후 토플리스를 그만두는 것이다. 피에레트는 둘째 아이를 낳고 나서 토플리스를 그만두었다. 그녀는 집안일의 강도가 높아졌다는 사실을 인정하지만, 그것 때문에 토플리스를 그만두었다고는 말하지 않는다. 그 대신 그녀는 다른 논리, 즉 유방암의 위험에 대해 자각하게 되었다는 「변명」을 제시한다. 나탈리의 경우 자신이 그토록 좋아하는 토플리스에 대해 회의를 품게 한 것은 「심각했던 일광욕 화상」(F52)이었다. 이를 본 남편 리오넬도 처음으로 그녀에게 『수영복 끈을 올려라』고 권했다. 그러나 지난 1년 동안에는 많은 일들이 있었다. 우선 커플 생활에 커다란 전기가 되었던 리오넬과의 결혼이 있었고, 함께 토플리스를 즐기던 여자친구들과 만나지 않게 되었으며, 첫아이를 갖게 된 것이다. 나탈리는 이런 일의 영향을 받아서 토플리스를 그만 두게 되었다는 말은 결코 하지 않았다.

성급하게 찾아온 노화

『45세가 지나면 여자는 시들어요. 그건 어쩔 수 없는 사실이에요.』(F156) 해변은 관용적이다. 즉 누구든지 자신이 원하는 것을 할 수 있다. 그러나 미적 판단에 있어서는 해변 또한 잔인하다. 여기서는 특히 나이가 주요기준이 되며, 그로 인한 소외는 일반사회보다 더 냉혹하다. 미와 젊음에 지나친 가치를 부여했기 때문에 나타난 결과다. 해변에서 젊음과 아름다움이 뒤처지는 대상은 빠르게 노화되며, 이 성급한 노화의 과정은 토플리스(여전히 젊음과 미모를 부각시키는)로 인해 더욱 두드러진다. 토플리스의 세계에서 노년층에 입문하는 여성들은, 바깥 사회에서는 아직 젊은 세대로 인정받는다. 『늙은 여자가 그러고 있는 모습은 정말 충격적이에요. 40세도 넘은, 늙은 여자들 말이에요.』(F19) 『30~40세 정도의 아줌마들이 토플리스를 하고 있는 모습을 심심치 않게 보게 돼요. 차라리 수영복을 입고 있는 게 나을텐데요. 이미 가슴은 처졌고… 흉하잖아요.』(F58) 관용의 원칙(『그래요, 모든 여성은 토플리스를 할 수 있다구요!』)을 천명한 벤자민(Benjamin)도 결국 다른 사람들과 마찬가지로 연령의 한계를 그었다. 게다가 그의 기준은 더욱 엄격했다. 『16~25세 사이쯤?』(H6) 조사원의 놀란 모습을 보고 그는 너그러움을 발휘하여 이렇게 정정했다. 『음, 16~30세까지요.』 그에게 30세는 양보할 수 있는 최후의 보루였다. 그 나이가 넘게 되면 아름다움이란 존재할 수 없다는 듯. 벤자민은 이제 16세다. 젊은 층일수록 「쉰세대」가 시작되는 나이를 낮춰 부른다. 끔찍한 「한계선」에 가까이 접근해 있는 여성도 마찬가지다. 23세인 라셸은 『25세가 되면 가슴은 이미 예전의 모습을 잃게 돼요』(F179)라고 말한다. 23세인 안젤리나(Angelina)도 마찬가지다. 『25세가 되면 더 이상 그 대열에 낄 수 없게 돼요. 가슴을 드러내고 싶지도 않구요.』(F81)

해변에서 2중 언어를 구사하며 조사에 응한 사람들은 모두 그 방식을 택했다. 처음에는 『누구든지 원하는 것은 무엇이든 할 수 있어요』라고 관용의 정신을 이야기한다. 그러나 그 다음엔? 『할 수는 있어요. 하지만…』이 따라나오는 것이다. 『중년 여성들은 그럴 권리도 있고… 잘못됐다는 건 아니예요. 하지만 충격인 건 사실이에요.』(F6) 그러나 더욱 주목할 만한

사실은 거의 대부분 응답자의 입을 통해 듣게 된 이 두 문장이
판이하게 다른 방식으로 표현됐다는 사실이다. 이는 두 내용이
의미상 얼마나 대조적인가를 드러내는 것이다.

예를 들어, 관용의 정신을 분명하고 당당한 목소리로 말하
고 나서 연령이라는 제한조건을 슬그머니 갖다붙이는 부류가
있는가 하면, 반대로 자유의 원칙을 자신 없는 목소리로—마
치 강요된 서두인 것처럼—중얼거리고 나서 너무나 오랫동안
참았던, 하고 싶었던 말을 쏟아 붓는 부류가 있다. 『물론 토플
리스를 할 권리는 있지요. 하지만 흉하지 않아요? 어쨌든 한
계는 있어야 한다구요!』(F96)

민주주의의 이성이 비판의 욕구를 저지하는 정신적 압력을
조장하는 것은 사실이다. 크리스텔은 마치 일상적인 표현의 자
유에 대해 말하는 것처럼 시작한다. 『볼품 없고 납작한 가슴을
가진 할머니들일지라도 태우고 싶다는 것까지 막을 순 없잖아
요.』(F8) 그러나 곧이어 자아보다 더 큰 외침이 등장한다. 늙
은 가슴을 향한 증오는 넘쳐나기 시작한다. 수문이 열리자마자
파도를 치는 급류를 이루며 비난의 말이 쏟아지고 그 어떤 것도
이를 막을 수 없게 된다. 플로릴레주(Florilège)는 이렇게 말한
다. 『한계가 있지요. 그만둘 줄도 알아야 한다구요!』(F114)
『한계를 알아야 해요. 어느 정도 나이가 들고 가슴도 점점 처
지기 시작하면 정말 보기 흉해져요. 그만둘 줄 알아야 한다구
요!』(F182) 『전 분명하게 말할 수 있어요. 40세가 지나면 정
말 미워져요.』(F19) 『50세가 된 여성의 벗은 모습이란… 흉하
지요.』(F42) 『나이가 어느 정도 들고, 보기에도 좋지 않게 될
땐 가슴을 거둬들이는 게 나아요.』(F86) 『가슴이 배꼽까지 늘
어진 중년 여성을 볼 땐 차라리 감추는 게 낫지 않나 하는 생
각이 들어요.』(F66) 『끔찍하지요. 그 여자들은 그런 행동이
자신을 추하게 만든다는 사실을 모르나 봐요.』(F75)

3

게임의 법칙

어떤 과정을 분석한다는 것은 그 과정이 이루어지는 배경을 명확히 정의할 수 있다는 사실을 전제로 한다. 그러나 그 배경이란 정보를 제공해줄 수 있는 몇 가지 개념만으로 충분한, 단순한 겉모양이 아니다. 배경이란 「여기, 그리고 지금 이 순간 민족학적으로 검증 가능한」 최대한의 세밀한 관찰이다〔레이버드위스텔(Ray Birdwhistell), 1981〕. 배경을 구성하는 아주 가느다란 줄 하나라도 엉키게 되면 우리의 연구는 사회기능을 연구하는 거시 사회학적인 수준까지 거슬러 올라가야 한다. 여기서 중요한 점은 다음과 같은 모순을 이해하는 것이다. 즉 사회현상을 역동적으로 이해하기 위한 연구에서 가장 「일반적」인 원칙을 도출해내는 것은 사회현상에 대한 최대한의 「세밀한 해부학적」 분석이라는 모순. 그러나 행보는 결코 가볍지 못하다. 왜냐하면 세밀한 부분을 향해 나아가는 일은 사소한 자료가 끝없이 펼쳐진 곳을 여행하는 일에 비유될 수 있기 때문이다. 그리하여 위스텔은 18초 간 찍힌 장면 하나만 연구하는 데 오랜 시간을 보냈으며, 알베르 슈플렌(Albert Scheflen)은 30분 간의 필름을 연구하는 데 10년이란 세월을 바쳤다. 그러나 둘 중 어느 누구도 완벽한 연구결과를 얻어내지는 못했다.〔윈킨(WinKin), 1981〕. 그러므로 이 책에서도 모든 사실이 언급되지는 못할 것이며, 내가 제기하는 두세 가지 이론적인 질문과 연관된 사실들만 선별될 것이다. 그 중 첫째 질문은 다음과 같은 것이다. 『사회규범은 어떻게 형성되며, 이 규범은 진실을 정의하는 축으로서 어떻게 작용하는가?』 이 질문에 답하기 위해서는 토플리스를 둘러싼 상호작용의 배경을 잘 이해해야 할 것이다. 그렇기 때문에 조사는 같은 지방의 해변에서 이루어졌다(브르타뉴 지방의 남북 해안, 노르망디 해안). 그래야만 지역에 따라 달라질 수 있는「게임의 법칙」의 편차를 줄일 수 있으며, 그 메커니즘 또한 명확히 규명될 수 있기 때문이다. 예를 들어, 남불 해안을 주로 찾는 사람들은 여기서 언급되는 원칙 중 몇 가지에는 수긍하지만 전부 동의하지는 않을 것이다. 게임의 법칙은 필요불가결한「여기, 그리고 지금, 민족학적으로 검증 가능한」사실과 관련되어 있기 때문이다.

　모든 사람들은 자신이 원하는 행동을 할 수 있지만, 그렇다고 해서 모든 행동이 허용된 것은 아니다. 침묵 속에서 시선과 행동을 주고받는 중에도 엄격히 명시된 행동규범은 해변을 지배하고, 특히 토플리스를 지배한다. 사람들을 통제하는 기구는「한계」에 대한 개념으로서, 할 수 있는 것과 해서는 안 되는 것을 구분하는 역할을 한다. 우선 지리적 한계를 들 수 있다. 해변에 있는 거의 모든 사람들은 도시와 해변을 나누는 해변가의 마지막 모래알을 그 경계로 생각한다. 형태학적인 한계

도 있을 수 있다. 너무 크거나 처지고 늙은 가슴은 낙인과 같
은 의미를 띠기 때문이다. 또한 형태학적인 한계와 행동학적인
한계가 교차될 수도 있다. 즉 어떤 사람에게는 허용되는 행동
이, 다른 사람에게는 그렇지 않을 수도 있는 것이다. 하지만
우리가 상상하는 그런 의미에서만 이루어지는 것은 아니다.
「지나치게 예쁜」(F116) 로렌(Lauréne)은 극히 조심스럽게 행
동하고 신중하게 처신해야 한다. 그렇지 않으면 보는 이의 신
경을 거스르게 되기 때문이다. 끝으로 행동학적 한계가 있
다. 이는 허용될 수 있는 자세와 태도다. 어느 젊은 여성이 토
플리스를 하고 무릎까지 오는 반바지를 입은 채 해변을 활보한
다면 그건 좀 「비정상적」(F73)으로 비칠 것이다. 엘리즈는 그
걸 「느꼈고」 그녀를 둘러싼 해변 전체도 마찬가지였다. 우리
는 이 장에서 비밀에 싸인 토플리스의 법칙을 준수하는 고요한
육체의 게임을 통해 몇 가지 행동과 그 행동규범을 보게 될 것
이다.

장소 선정

　모래사장에 누울 장소의 선정은 아무 생각 없이 이루어지는
것이 아니며, 가슴을 노출할 경우에는 더욱 그러하다. 개인의
선호도와 습관에 따라 무의식적으로 특정 지역을 향하게 되기
때문이다. 그러나 그 장소에 도착하고 나서도 더 정확한 위치
를 결정짓는 것은 미리 자리잡고 있는 해수욕객들의 분포상태
다. 이 중 어떤 요소는 유인작용을 하기도 한다. 특히 토플리
스를 하려는 여성은, 남의 눈치를 보지 않고 편안함을 만끽하
는 다니엘(Daniéle)과 같은 경우를 제외하면 자신의 「동지」들
이 많이 몰려 있는 곳을 선호하게 마련이다. 다니엘은 마치 자
석과 같은 역할을 한다. 『마치 당파가 형성되는 것 같아요. 아

무 이유 없이 저를 쳐다보는 여자들은 십중팔구 제 옆으로 토플리스를 하러 오니까요.』(F97) 그 밖에 또 다른 조건이 있다. 친화성의 추구와 우호적인 주변인물의 물색이 그것이다. 젊은 사람들은 젊은 사람들끼리 모이고, 조용한 것을 좋아하는 사람들은 그런 사람들끼리, 홀로 온 사람들은 또 그런 부류의 사람끼리 모이게 마련이다. 토플리스를 하는 여성들은 선호대상보다는 기피대상을 먼저 염두에 둔다. 물론 그들의 선호대상은 여성집단, 아동이 없는 집단이다. 그러나 남자들은 개인마다 원하는 조건이 각기 다르며, 또 어떤 때는 서로 상반되기 때문에 장소를 결정짓는 일은 결코 간단하지 않다. 내심 남자들은 토플리스를 하는 아름다운 여성 옆에 자리하고 싶을 것이다. 『모든 걸 다 내보이고 있는 뚱뚱한 부인들도 있어요. 하지만 보기에 괜찮은 여자 옆에 앉고 싶어하는 건 누구나 마찬가지 아니겠어요?』(H37) 그러나 장소 선정의 공식적인 이데올로기는 너무 지나치게 고르지 않도록, 자연스럽게 걸어가다가 가장 훤히 트인 장소에 타월을 던지도록 유도한다. 게다가 아내와 같이 온 남자의 경우 배우자의 존재는 일종의 압력으로 작용한다. 한편 토플리스를 하는 여성이 불편한 것 같은 기색을 보이거나, 본인도 거북함을 느끼게 될 때, 또 토플리스를 하는 여성의 곁에 너무 가까이 자리잡는 것은 해변의 보편화 법칙을 준수하지 않는 것같이 보일 수 있다는 걱정 때문에, 오히려 그들로부터 가장 멀리 떨어진 곳에 자리잡는 남성들도 있다. 테리(Terry, H40)와 같은 몇몇 남자들은 자신들만의 복잡한 논리를 구축하기 위해서 다음과 같은 모순을 이용한다. 「토플리스를 하는 여성들은 자신들이 옷을 갈아입는 모습이 벗은 모습으로 비치지 않을 것이라고 생각한다. 따라서 이런 여성들로부터 너무 떨어져 자리잡는 것은 그들이 가진 믿음을 공유하지 않는 것이며, 더 나아가 은밀히 그들을 훔쳐본다는 사실을 의미하는 것이다. 그러므로 그들 가까이 자리잡는 것은 역설적이지만 토플리스가 보편화되었고 정당하다는 사실을 증명하는 것이다.」이런 논리에 힘입은 테리 – 활달해보이는 40대의 남자, 동행 없음 – 는 가슴을 드러낸 여성 바로 곁에 수건을 던진다. 그러나 코린이 가장 끔찍히 여기는 상황은 바로 이런 것이다.『혼자 와서 일광욕을 하는 남자가 바로 옆에 와서 앉을 때, 그것도 토플리스를 하고 있는 여자를 노리고… 정말 끔찍해요!』(F148)

그러나 유인 요인은 2차적이다. 그보다 먼저 작용하는 것은 그 반대의 요소, 즉 토플리스를 하는 여성들이 떠올리는 혐오 대상이다. 토플리스의 장소를 선정하기에 앞서 여성들은 그 근처에 방해요소가 없나 살펴본다. 예를 들면 일단의 젊은 남자들, 혼자 온 남자(나이 든 사람일수록 더욱), 흘끗흘끗 쳐다보는 사람, 아이들을 동반한 가족 등이 그런 부류다. 바네사는 「젊은 남자애들 옆이나 그런 사람들 옆에」(F68) 앉는 것을 되도록 피한다. 그리고 다니엘이 경계하는 대상은 「쳐다보는 사람」(F97)이다. 그러나 이런 검토는 은밀히 이루어질 수밖에 없다. 대개는 몇 초, 기껏해야 몇 분을 넘지 않으며, 몇 발자국 걷다가 장소를 정하는 것이 보통이기 때문이다. 더불어 주위를 너무 두리번거려서도 안 된다. 장소나 이웃을 고른다는 인상을 풍겨서는 안 되며 그저 적당한 장소에 만족한다는 느낌을 주어야 하기 때문이다. 그러나 어떤 선택을 하건 간에, 그 선택이 잘못되었다는 사실은 얼마 후에 곧 밝혀지고 만다. 자리를 뜨고 또 새로 도착하는 사람들 때문에 주변인물은 쉴새없이 바뀌기 때문이다. 한낮에 이르렀을 때 아이들을 동반한 한 무리의 가족들이 주변을 점령하고 말았다. 다니엘은 수건을 접어 다른 장소를 찾아야만 했다.『특히 일요일이 심해요. 정말 참을 수 없다구요.』(F97) 카티아(Katia)는 이웃에 크게 신경 쓰지 않는다고 이야기한다. 그러나『4~5명 정도의 10대 남자애들이 우르르 옆에 와서 앉는 경우, 그 땐 사정이 달라지지요.』(F96) 해변의 규범에 어긋나는 눈길을 느끼면 그녀는 주저하지 않고 자리를 옮긴다. 그러나 이런 결정은 그렇게 자주 일어나지 않는다. 자리를 옮기는 행동은 곧 해변에 만연해 있는 관용의 정신—스스로 철저한 신봉자라고 믿고 싶어하는—이 가차없이 깨진다는 것을 의미하기 때문이다. 일단 장소가 정해지면 인간은 스스로의 관대함에 빠져 일종의 속박상태에 들어가게 된다. 이런 속박상태는 해변의 무력감 때문에 더욱 고착화되며, 얼마 후에는 자리를 조금이라도 이동하는 것조차 몹시 힘든 일로 변해버린다. 그러므로 토플리스를 하는 여성들은 주변인물의 이동에 따라 수영복을 올렸다 내렸다 하는 행동을 반복할 수밖에 없다. 『누군가가 절 지나치게 쳐다본다는 걸 느끼면 수영복을 다시 올려요.』(F171) 또는 가슴을 바닥 쪽을 향하고 눕는 자세를 취하는 수밖에 없다.

고 립

해변이 혼잡해질수록 동거의 어려움은 점점 늘어난다. 그도 그럴 것이 사람 사이의 간격이 줄어들기 때문이다. 에드워드 홀(Edward Hall, 1971)은 사람들 사이의 거리가 줄어듦으로써 감각(체취, 체온)의 인지 정도가 더 강해지고 다양해지며, 토플리스의 보편화와 양립할 수 없는 미묘함이 더욱 가중된다는 사실을 입증했다. 그 결과 시선이라는 한 가지 방법을 통해 미묘하게 행동을 조정하는 일이 불가피해진다. 그러므로 여성들은 해변을 떠나거나(사람들이 덜 붐비는 시간을 이용하는 등 스스로 조정함) 수영복을 제대로 입는 수밖에 없다. 또는 사람의 왕래가 뜸한 다소 한적한 곳을 찾아갈 수도 있다. 그러나 예리한 관찰력을 가진 오드(Aude)는 그런 곳에 있을수록 산책하는 사람들-해변의 이데올로기에 영향받지 않는-의 눈에 더욱 잘 띌 수 있다는 사실을 지적했다. 질(Gilles)도 같은 지적을 했다. 『해변에서 떨어진 후미진 곳에서 토플리스를 하는 여자들은 눈에 더 잘 띄어요. 사람들은 바로 그 앞을 지나가게 되구요.』(H86) 그 밖에 다른 대응책도 가능하다. 즉 개인 영역을 구축하는 일이다. 해변에 도착하자마자 자신의 영역은 몇 가지 물건으로 차별화될 수 있다. 수건, 가방, 파라솔, 장난감(위르뱅, 1994), 그리고 모래장난(모래성 쌓기, 모래 밟기 등)도 영토표시의 한 방법이 될 수 있다. 이러한 물질적인 준거점은 일종의 기준이 될 수 있으며, 이를 기점으로 다음과 같은 중요한 과정이 시작된다. 즉 이를 통해 고유의 개인영역을 의미하는 상징적 장벽이 형성되는 과정이며[귈레슈태드(Gullestad), 1992], 홀은 이를 「작은 보호구역 또는 거품」(1971, 150쪽)이라고 명명한다. 스테파니에게 이 보호구역은 우선 내부에 투영되는 작은 영화로 구성된다. 그 영역은 꿈의 힘을 빌려 형성된다. 『자신만의 세계를 만드는 거예요. 일종의 크리스털 거품 안에 들어가 있는 거지요.』(F41) 이를 위해서는 눈을 감는 것만으로도 충분하다. 그러고 나면 자신의 영역을 표시하는 경계선은 자연적으로 형성된다. 그녀는 또 한 가지 중요한 사실을 덧붙인다. 누워 있는 자세만이 꿈을 발산시키며, 동시에 더 강력한 보호장막을 형성한다는 것이다. 게다가 가슴을 노출하고 있는 경우에는 더욱 그러하다. 『누워 있을 땐 다른 사람들이 쳐다보더라도 일종의 안락함을 느낄 수 있어요.』크리스텔도 마찬가지 생각이다. 『자신만의 공간에 누워 있다는 건 좀 달라요. 그건 저에게 고유한 영역이니까요.』(F8) 결코 평범하다고만 할 수 없는 그녀의 말에서 느껴지는 의미심장함을 되새겨보자. 자신의 구역을 형성하는 것은 곧 누워 있는 자세이며, 이 자세로 말미암아 공간은 심오한 변화를 겪게 되는 것이다. 아마 눈에 보이는 경계를 설치하는 일보다 더 큰 변화일 것이다. 『그러나 일단 일어서고 나면 자신만의 누에고 치로부터 멀어지게 돼요. 그 땐 딴 사람들과 같이 있게 되는 것이고, 그 순간부터 상황은 달라지지요.』(F41) 해변에서 가장 아늑한 영역은 자신이 만든 모래알과 직접 접촉하는 그 세계다. 토플리스를 하고 있을 때는 더욱 그렇다. 그 때는 아늑함에 대한 희구가 더 커지며, 누워 있는 경우 토플리스를 하는 모습은 눈에 덜 띄고, 가슴은 납작해지고 움직임은 거의 보이지 않기 때문이다. 그러나 서 있을 때는, 가슴은 더욱 풍만해 보이고 흔들리게 되며, 때에 따라서는 처지기도 한다. 이유 여하를 막론하고 서 있는 경우 사람들의 시선이 집중되는 것은 어쩔 도리없는 일이다.

납작한 육체

토플리스의 규범은, 토플리스를 하는 사람이 느끼는 안락함과 해변에 의해 이루어지는 통제 사이에 지속적인 교류가 이루어짐으로써 형성된다. 누워 있는 자세는 내적인 요소(안락함)와 외적인 요소(통제) 사이의 교류가 특히 완벽한 화음을 이룬다. 우선 토플리스를 하는 여성들은 그런 자세에서 더 편안함을 느끼며, 그런 모습을 바라보는 사람들도 누워 있는 자세야말로 적절한 선택이라고 생각하기 때문이다. 우리가 매일 관찰할 수 있는 현실은 이토록 복합적인 것이기 때문에 그 현실을 이해하기 위해서는 도표화 작업이 필요할 것이다. 그렇다고 해서 아무 방식이나 이용할 수는 없다. 여기서는 일종의 2분법[보존(Bozan), 1991]이 도입되며, 이것이야말로 행동의 지침을 정할 수 있는 유일한 방법이다. 즉 흑 아니면 백, 선아니면 악, 정상 아니면 비정상이라는 접근방법이다. 여기서 토플리스는 난해한 문제를 제기한다. 즉『다른 곳에서는 성적 의미가 다분한 부분이 해변에서는 전혀 그렇지 않게 되는(이론 상으로는) 현상을 어떻게 설명할 수 있는가?』하는 점이다. 해변이라는 상황에서 보았을 때 이는 지나치게 어려운 문제이며, 사람들도 너무 깊게 생각하지 않으려 한다. 그러므로 유일한 해결책은 희생양을 만들어내거나 현실을 억지로 2분화시키는 방법이다. 그러므로 자신이 생각할 때나 남이 볼 때나 누워 있는 자세는 정상적이고 적절한 것이며, 서 있는 자세는 비정상적이고 비난의 대상이 되는 것이다. 『모래사장에 누워 있는 건 뭐 괜찮지요. 하지만 돌아다니는 건 좀 곤란해요…….』(F52)『누워 있는 건 괜찮아요. 하지만 게임을 하거나 수영을 하려고 일어나는 순간부턴 수영복을 입어야 정상이라고 생각해요.』(F185) 게다가 누워 있을 때와 서 있을 때의 구체적인 조건이 판이하게 다르기 때문에 이 두 자세는 명백한 대조를 보인다. 우선 기립자세를 하면 보호의 장막 속에서 빠져나오게 되는 셈이며 벌써 해변의 시선이 집중된다. 그러므로 자신에게 향한 시선을 더욱 강하게 느낄 수 있다. 그리고 산책이라도 하게 되면(예를 들어, 수영을 하기 위해 바닷가까지 가는 경우) 자신의 영역으로부터 이탈이 더욱 명백해진다. 기립자세는 더 넓은 시야를 제공하며, 산책은 낯선 사람들과의 많은 만남을 가져온다. 게다가 걸어가는 동안 가슴이 얌전히 제자리를 지키며 부동자세로 있는 것도 아니다. 『누워 있을 땐 분명 서 있는 것과 달라보여요.』(F183)『더 눈에 띄지요. 서 있는 사람은 쉽게 눈에 들어와요.』(F186) 게다가 서 있는 자세로 토플리스를 하는 사람은 드물기 때문에 호기심 어린 눈초리는 더 집중되며, 바라보는 사람들도 중립성을 잃게 된다. 『만약 누워 있다면 타인의 시선을 끌기 위해서 토플리스를 하는 게 아니라는 사실이 분명하지요. 하지만 가슴을 노출한 채 산책하는 건 남자들의 시선을 끌려는 행위 아닌가요?』(F27) 시선은 더욱 집요해지고 한 곳으로 집중될 것이라는 사실을 해변은 알고 있다. 그리고 해변은 재빨리 의심의 눈길을 보낸다. 누가 자기를 쳐다봐 주지 않나 두리번거리는 행동은 정당한 범주로부터 벗어난 동기에서 비롯된 것이다. 『선 자세로 토플리스를 하는 건 노출증 아니예요?』(F182) 그러므로 호기심 어린 시선(주로 남성들의) 외에도 의심의 눈길(주로 여성의)이 첨가된다. 납작한 누에고치 속에서 나와 몸을 일으켜 세우려는 여성은 곧바로 해변의 시선이 집중되는 압력을 받게 된다. 마르셀린도 한번은 선 자세로 토플리스를 해보았지만「벌거숭이」(F149)가 된 듯한 느낌을 받았다. 게다가 본인의 의지와 확신이 약한 경우, 어색함과 거북함은 행동을 더욱 부자연스럽게 하고 사람들의 시선을 끄는 결과만을 낳기에 뭇 여성들로부터 비난의 표적이 된다. 그러므로 수영복 끈을 올리는 일은 거의 절대적인 명령이 될 수밖에 없다. 제시카는 일어났을 때 수영복을 다시 입어야만 한다고 느끼는 이유에 대해 더욱 놀라운 설명을 한다. 『일어나면 아무래도 좀 춥잖아요.』(F16) 웃음을 자아내게 하는 대답이긴 하지만 제시카만이 이러한 대답을 한 것은 아니었다. 게다가 여러 사람 입을 통해서 나온 이 대답은 주목할 만한 가치가 있다. 그러므로 좀더 자세히 연구해보도록 하자. 물가에 있고 또 바람도 만만치 않으므로 몸을 일으켰을 때나 바다 쪽으로 가까이 갔을 때 썰렁함을 느끼는 것은 사실일 것이다. 그러나 이런 느낌은 자신을 보호하는 누에고치 속에서 빠져나왔을 때 더욱 두드러진다. 추위를 느낄 때 옷을 입는 것은 너무나 당연한 반사작용이다. 특히 여성들은 추울 때 상반신을 웅크리는(조끼나 외투를 걸치고 가슴을 웅크리거나 어깨를 움츠리는) 경향이 있다. 그러므로 이런 설명은 제시카에게 있어 간단하고 논리적이며 충분한 것이다. 수영복이 차지하는 면적은 얼마 안 되므로 실제 보온효과는 미미하다는 사실이나(투피스 수영복의 경우에는 더욱) 수영을 마치고 돌아온 후 젖은 수영복을 입고 있는 것이 한기를 더 오래 지속시킨다는 사실은 제시카에게 별로 중요하지 않다. 중요한 것은 이런 반사작용 ─상호작용의 게임 속에 완전히 녹아들어간─이 줄 수 있는 안도감이다. 때마침 한기가 느껴지기 때문에 수영복을 입게 되고 그럼으로써 타인의 시선이 주는 압력에 적절히 대처할 수 있게 되는 것이다. 수영복을 다시 입는 것은 너무나 명백한 행동이 되고 만다.

그러나 해변은 기립자세의 토플리스를 금지하지는 않는다(게다가 해변은 아무것도 금하지 않는다. 그저 말없는 충고만을 할 뿐이다). 여성들은, 때때로 많은 여성들은 이 암묵적인 규범을 위반한다. 그러나 여성들은 우연히 그런 행동을 하는 것이 아니다. 그들은 몇 가지 기준을 지킴으로써 정상범주의 공간으로 침투한다. 그 기준이라는 것은 일반법칙에서도 찾아볼 수 있는 몇몇 예외조항이다. 첫번째 관대함은 정당한 사유가 있는 행동일 때 주어진다. 특별한 이유 없이 가슴을 노출한 채 산책하는 행동에서는 「과시」라는 의도 이외의 것은 찾아볼 수 없다. 그러나 분명한 목표물을 향해 움직이는 행위는 비난의 강도를 낮출 수 있다. 특히 그런 움직임이 미리 계획된 것이 아닐 경우에는 더욱 그러하다. 바람에 날아간 파라솔을 잡기 위해 일어나거나, 아이들이 던진 공을 주우러 가는 행동은 충분히 용인될 수 있다. 수영을 하기 위해 토플리스를 한 채 바닷가로 가는 것도 이런 종류의 예외사항이 될 수 있긴 하지만 쉽게 용인될 수 있는 성질의 것은 아니다. 이 때 허용의 정도를 확실하게 하기 위해서는 이동거리가 너무 길어서도 안 된다. 어떤 여성들은 이런 이유 때문에 일부러 바다 가까운 쪽에 자리잡기도 한다. 동선을 최대한 줄이기 위해서다. 이런 경우 사람들의 시선은 훨씬 우호적이 된다. 이렌은「정말 바다가 코 앞에 있지 않는 한」(F182) 서 있는 상태에서 가슴을 노출하는 행위에 강력히 반대한다. 바다까지 걸어갈 때의 걸음걸이가 너무 느려서도 안 된다. 또 걸어가는 동안 취하는 자세(아래를 쳐다보거나 바다를 응시하는)를 통해 어떤 경우에도 목표물과 멀어지지 않고 있다는 확신을 주어야 한다. 라셀은 한 단계씩 밟아나갔다. 우선 그녀는 브래지어 훅을 풀고 엎드렸다. 그리고 꽤 유리한 조건이 조성되었다고「느꼈을 때」잠시 옆으로 눕는 자세를 시험해보았다. 『잠시 바로 누웠다가 또 돌아누웠지요.』(F179) 가슴을 위로 한 채 눕는 시간을 점진적으로 늘린 후 그녀는 마침내 다음 단계로 성큼 나아갔다. 『그리고 나서 가끔씩 그런 차림으로 바닷가까지 걸어갔고, 모래사장으로 돌아올 때도 역시 같은 차림이었죠. 마침내 저도 그런 식으로 시작하게 된 거예요!』그러나 그녀는 그 이상은 시도하지 않겠다고 맹세했다. 토플리스를 한 채 산책하는 등의 행위는 생각도 할 수 없다고 하면서(그녀의 행동반경은 지극히 제한되어 있었다)……. 『아! 말도 안 돼요. 불편하게 어떻게 그러고 다니겠어요?』

관대함이 베풀어지는 두번째 예외조항은 찬란한 아름다움에서 비롯된다. 아름다운 여성 앞에서는 금기사항도 무색해지는 것이다. 『보통 가슴에 자신없는 여성은 토플리스 차림으로 공놀이를 한다든지 산책을 하는 일은 하지 않아요.』(F79) 마지막 예외조항은 자연스러움과 행동의 우아함에서 비롯된다. 『지극히 편안한 모습으로 토플리스를 하는 여성을 보면 참 괜찮다는 느낌이 들어요. 뭐랄까? 자세가 되어 있는 게 보여요. 하지만 수건을 깔고 누워 어색하게 있는 사람들은……!』(F94) 여기서 한 가지 역설적인 사실이 등장한다. 서 있는 자세에서 예외를 인정받기 위해서는 누워 있을 때보다 훨씬 자연스러워야 한다는 것이다. 그러나 일단 이런 자연스러움(또는 가장된 자연스러움)이 인정받고 나면, 그 사람은 서서 토플리스를 할 수 있다는 사실 하나만으로 편안함을 만끽하는 정도에서 최상의 부류로 분류된다. 또 비록 선 자세에서는 예외를 인정받기 힘들긴 해도 경직된 채 누워 있는 이들보다 한 수 위라는 등급을 받게 되는 것이다. 『수건을 깔고 누워서 토플리스를 하는 여자들은 해방되고 싶지만 완전히 해방되지 못한 사람들이지요. 하지만 가슴을 드러낸 채 자연스럽게 산책하는 여자들은 진정으로 해방된 사람들이에요.』(H45) 그러나 이렇듯 예기치 못한 변화는 상당히 미묘한 문제다. 이 모든 것은 매우 사소한 행동이나 표현을 통해서 이루어지며 해변은 숨어서 이를 지켜본다. 혹시 사소한 사고라도 발생하지 않나 주의 깊게 지켜보며, 혹 누군가 예외조항을 어기는 경우에는(주위의 압력은 당사자를 당혹스럽게 하므로 더욱 쉽게 눈에 띈다) 기립자세의 편안함은 사라지고 만다. 『그들은 더욱 자유로워지기 위해서 일어나지요. 하지만 그럴 때 지나치게 쳐다봐서는 안 된다는 생각이 들어요. 그들은 스스로 자연스러워지기를 원하지만 사실 어느 정도는 부끄럽지 않겠어요?』(F31)

　놀이나 스포츠에 열중하는 여성들에게서는 또 다른 문제점이 등장한다. 우선 이들은 첫번째 예외조항에 해당되는, 즉 이유 있는 행동을 하는 사람들이다. 그러나 행동은 결국 과시를 위한 것이 아닌가? 이 경우 상황은 더욱 심각해진다. 우선 스포츠는 토플리스 규범의 주요조항 중 하나인 「부동성」과 완전히 대치되는 행동이다. 그러므로 다른 두 가지 예외조항에 대한 분석은 신중하고 면밀하게 이루어져야 할 것이다. 가슴의 형태, 연령, 행동의 우아함은 흠잡을 데 없어야 한다. 그러나 이러한 완벽함의 요구는 예기치 못한 결과를 가져온다. 즉 스스로 최상의 그룹에 속한다고 자부하기 위해서는 스포츠 기술

또한 훌륭해야 하는 것이다. 에디트는 아직도 충격적인 그 장면을 잊지 못한다. 토플리스 차림으로 윈드 서핑을 하고 있는 여자가 있었는데 게다가 초보자였다. 『계속 넘어지더라구요. 서핑은 이리저리 흔들리고, 정말 보기 흉하더군요!』(F174) 『구체적으로 이런 경우를 들 수 있어요. 잘 하지도 못하면서 토플리스 차림으로 배구를 하는 여자, 정말 꼴불견 아니예요?』(F28) 그녀의 말은, 결국 그 여자가 정말 운동을 하기 위해서 배구를 하는 것이 아니라는 사실을 암시한다. 그러므로 운동기술이 뛰어나다는 인상을 주지 않는 한 예외는 허용되지 않는다. 클로딘은 이렇게 강조한다. 『토플리스 차림으로 운동을 할 수는 있다. 그러나 이 경우 그 여성은 반드시 「근육질」 ─운동을 좋아한다는 증거─이어야 한다.』 또한 바네사(F68)는 『근육이 발달된 동시에 호리호리한 체격을 가져야 한다』고 꼬집어 말한다. 즉 여기서 예외가 부여되기 위한 기준은 날씬한 몸매와도 상관 있는 것이다. 그러나 코린은 이 모든 제약과 2분화된 사고의 경직성에 대해 반기를 든다. 『이런 경우엔 되고, 저런 경우엔 안 된다니!』(F148) 아무런 근거 없는 양분화가 웬말인가? 진정 우리가 자신의 육체를 자유롭게 운용할 수 있다면 눕는 자세는 되고, 서 있는 자세는 안 된다는 논리를 무슨 명분으로 강요할 것인가? 『이해할 수 없는 건 누워 있을 때는 아무렇지 않게 토플리스를 하다가, 수영하려고 일어날 땐 곧장 수영복을 걸쳐야 하는 것이에요. 사고와 행동이 조화를 이루지 못하고 있다는 증거 아니예요?』 코린은 몸과 마음이 조화를 이루는, 스스로 조화로운 사람이 되고자 한다. 그녀는 해변의 압력을 물리치고 수영복을 걸치지 않은 채 바다로 향한다. 그러나 이러한 그녀의 명백한 반란은 토플리스의 법칙을 위반하지 않는다. 물론 그런 사실을 모르고 행동했겠지만, 그녀는 예외를 인정하는 세 가지 사항 모두를 겸비하고 있기 때문이다. 우선 그녀는 이동하기 위한 뚜렷한 목적이 있으며, 젊고 예쁘다. 게다가 조금도 어색하지 않은 행동을 보였던 것이다.

부동성

해변은 무기력증에 몸을 맡기며 수동적이고 달콤한 느낌을 추구하는 사람들이 기거하는 공간이다. 더불어 부동성은 해변의 윤리를 형성하는 근간이 된다. 육체적으로 고정된 상태에서 토플리스를 하는 것은 또 다른 이유 때문에 경직성을 한층 높여준다. 육체와 그 육체의 방탕한 모습은 문명화된 이들에게 항상 걱정거리를 안겨주었다. 중세 기독교 문화가 자리잡은 사회에서 절제되지 않은 방탕한 모습은 경멸과 불신의 대상이므로, 얌전하고 조심스런 몸가짐을 갖기 위한 교육을 통해서 육체는 신중한 행동을 해야만 한다〔슈미트(Schmitt), 1990〕. 특히 가슴은-그 출렁거림으로-타인의 신경을 거슬리게 해서는 안 된다. 그러므로 가슴은 이상적으로 작고 늘어지지 않아야 하며 탄력을 지녀야 한다(볼로뉴, 1986). 이미 로마인들은 가슴이 출렁이는 것을 동물적인 야만성의 표현이라고 생각하여 이를 징계한 바 있다. 그러나 문명화 과정의 제2기에 들어선 오늘날에도 깊은 역사적 뿌리를 지닌 이 금기사항(출렁거림)은 쉽게 사라지지 않고 있다. 가슴의 출렁거림을 그대로 보여주었던 「딤」사의 브래지어 선전이 실패로 끝난 것이 이를 입증한다(퐁타넬, 1992). 그러므로 가슴은 안정된 위치에서 평온하게 고정되어 있어야 한다. 오늘날 각종 포스터와 영상매체는 노출된 여성의 모습을 점점 빈번하게 비추고 있지만, 에로틱한 장면을 연출하기 위한 것이 아니라면 가슴은 제 위치에서 고정되어 있어야 한다(비록 브래지어로 받쳐지지는 않더라도). 특히 해변에서는 더욱 그러하다. 보편화의 지상명령에 따르면 토플리스는 타인의 시선을 너무 끌어서는 안 되기 때문이다. 게다가 타인의 몸이 묘한 생각을 불러일으킬 정도로 너무 바짝 붙어 있는 경우—상황이 상황인 만큼 신중함을 유지해야 하지만—부동성과 긴장감은 사람들이 선호하는 방어기제라는 사실은 주목할 만하다. 그리하여 러시 아워의 지하철 안에서 이리저리 밀리는 사람들—가끔은 너무 지나칠 정도로—은 접촉의 보편화 이론에 대해 확신을 가지려고 노력하며(사람마다 그 의도는 다르겠지만), 가능한 한 최소한으로 움직이며 근육을 수축하는 경향을 보인다(홀, 1971).

그러므로 될 수 있는 한 토플리스를 하는 가슴은 고정되어 있어야 한다. 『누워 있는 것 자체로 됐어요. 저는 움직이지 않아요.』(F6) 그러나 전혀 움직이지 않는다는 것은 불가능한 일이므로, 움직임은 통제되고 꼭 필요한 경우에만 제한적으로 이루어져야 한다. 또 출렁거리지 않도록 천천히 움직이되, 육감적이라는 느낌이 들 정도로 너무 느리게 움직여서도 안 된다. 특히 가슴에 선탠 크림을 바르는 행동(피부보호에 대한 자각으로 점점 흔히 보게 되는)에는 적당한 권장속도를 제시하기 힘들다. 규범을 중시하는 대부분의 사람들은, 위와 같은 행동이 아직 사회학적으로 용인된 행동범주에 들지 못했다는 사실을 인정하면서 가볍게 시선을 돌리는 경향을 보인다. 그러나 이들이 정말 반대 방향으로 시선을 돌리는 것은 아니다. 오히려 용인된 행동을 핑계로 일탈을 꾀하려는 위반자들을 색출하는 데 열심이다. 용의주도하게 주변을 관찰하는 오드는 수상한 여자를 한 명 목격했다. 그 여자는 필요 이상으로 몸을 뒤척였으며 자세—용인된—의 변화를 이용하여 가슴의 움직임을 극대화시켰다. 자연적으로 사람들의 시선이 쏠리게 되었다(특히 그 여자는 사람들이 자기를 쳐다보는지 확인하려고 주위를 힐끔힐끔

보았다고 오드는 지적했다. 바로 그 점 때문에 심증은 물증으로 굳어진 것이다). 드디어 그여자가 일어섰을 때 모든 비난의 화살이 쏟아졌다. 가슴의 출렁거림이 한층 더했기 때문이다. 『어슬렁어슬렁 돌아다니는 여자들 중엔 가슴도 덩달아 움직이는 여자들이 많아요.』(F62) 그래서 때로는 서 있는 자세 그 때문이 아니라, 가슴이 출렁거리는 것 때문에 사람들이 기립자세를 비난하는 것이 아닌가 하는 의문이 생길 정도다. 일반적으로 움직임이 포착되는 경우는 주로 서 있는 자세에서다. 『일어서서 돌아다니는 여자들이 있죠. 그 여자들은 남들로부터 시선을 받고 싶어해요. 안 봐도 훤하다니까요.』(F4) 『물론 서 있을 수도 있지요. 하지만 너무 지나치게 움직이는 건 바람직하지 못해요.』(F4) 마침내 비난은 다시 형태학적인 측면으로 연결된다. 탄력 없고 늘어진, 큰 가슴은 더 심하게 요동치기 때문에 쉽게 비난의 대상이 된다. 그러므로 부동성에 대한 강요는 가슴의 탄력성과 직접적인 관련이 있는 것이다. 코린은 이 모든 금기사항에 반대하며 모두가 자신이 원하는 자세로, 완벽하게 자유로운 상태에서 토플리스를 할 수 있다고 주장한다. 단지 지나치게 큰 가슴만 제외하면······. 『그래도 출렁이지만 않으면 괜찮아요.』(F148) 필리프도 마찬가지 생각이다. 『가슴에 따라 다르죠.』(H89) 그는 정확한 기준을 가지고 있다. 『배처럼 동그랗고 탄력 있는, 건강한 가슴은 괜찮아요.』 반대로 통상적으로 지적되는 희생양, 즉 커다란 가슴에 대해서는 엄격하다(침묵을 지키는 대다수의 사람들이 이 의견을 지지한다). 『큰 가슴을 가진 여자가 돌아다니면 마구 출렁이고, ··· 보기 싫지요, 뭐.』 자비에도 같은 말을 했다. 말로는 우습다고 했지만 결코 그렇지 않은······. 『커다란 가슴을 가진 여자가 뛰어가는 걸 보면 좀 웃겨요. 정 떨어지죠.』(F59) 그러나 그는 비판할 때 어느 정도 신중함을 유지한다. 『저는 작은 가슴에 대해서는 뭐라 말하지 않겠어요. 작은 가슴은 그래도 어느 정도 제자리를 지키잖아요. 』모든 사람의 비난과 배척을 받는 커다란 가슴과 반대로 작은 가슴에 대한 의견은 분분하다. 어떤 이들은 단지 눈에 덜 뜨이고 움직임이 적다는 이유 때문에 작은 가슴의 여성들에게 모든 것을 양보할 기세다. 그러나 다른 의견도 있다. 즉 작은 가슴이 게임의 법칙에 완벽하게 부합된다 하더라도 그것만으로는 충분치 않으며, 현재 효력을 발휘하는 미의 기준 또한 무시해서는 안 된다는 것이다. 『아예 절벽인데도 아무렇지도 않게 토플리스를 하는 여자들도 있어요. 』(F168)

제Ⅱ부·행동의 통제

4

벗는 방법, 보이는 방법

볼 것인가 보지 말아야 할 것인가

『당신은 해변에 누워 있을 때 읽고, 자고, 졸고… 뭐랄까? 자신만의 세계에 빠져 있는 거예요. 오로지 혼자 있는 거지요. 가끔 친구 한두 명과 이야기도 나누다가 또다시 자신의 세계를 만들지요. 당신은 크리스털 방울 안에 들어가 있는 거예요.』 (F41) 『해변에서 일광욕을 하고 뜨거운 태양빛을 쬐며 대수롭지 않은 일들을 떠올리다가 좀 바보 같은 생각을 하기도 하고…….』(F172) 해변은 의식과 무의식의 세계를 넘나드는, 육체가 느끼는 달콤한 느낌과 몽상 사이를 왕래하는 공간이다. 다른 사람들은 실제로 존재하지 않는 배경음이며 풍경일 뿐이다. 토플리스를 하건 하지 않건 간에, 우리는 타인이 아닌 자신을 위해 해변에 있는 것이다. 『다른 사람을 위해서가 아니라, 자신을 위해 있는 거예요.』(F179) 『해변에 있을 땐 자신만을 생각하면 돼요. 다른 사람은 신경 쓰지 않아도 돼요!』(F100) 자신을 드러내거나 남을 쳐다보는 일을 원치 않는 것에서 알 수 있듯이 무관심은 해변을 지배한다. 『나는 쳐다보지 않아요. 단지 나만의 세계에 조용히 있을 뿐이지요.』(F96) 『신경 안 써요. 남들이 나를 쳐다보는지 둘러보지도 않고, 신경 끄고 지내요.』(F114)

해변은 부분적으로 이런 곳이다. 한편에는 몽상이 존재하고 다른 곳에는 분명한 원칙이 있는……. 그러나 눈은 다르게 말한다. 사람의 눈은 보기 위해 있는 것이기 때문에 눈을 감을 때를 제외하면 아무것도 보지 않는 일이란 불가능하다. 사실 보는 방식에는 수천 가지가 있을 수 있으며, 남을 쳐다보지 않는다고 말하는 사람들도 이 사실은 인정한다. 다만, 그 사람들은 신경 써서 쳐다보지 않고, 그저 해변에 펼쳐지는 풍광을 따라 이리저리 시선이 부유하도록 방임할 뿐이다. 그러나 명백한 초연함 뒤에서 눈동자는 추수를 한다. 게다가 그 수확은 만만치 않다. 『해변에 있을 때 사람들은 주변에서 일어나는 일을 빠짐없이 보지요. 그건 분명해요.』(F66) 진정으로 해변의 풍광에 동화되기 위해서는 이 모든 것에 젖어들어야 하며 소음, 냄새, 색깔, 형태, 움직임 모두를 포착해야 한다. 이런 기본적인 기능으로부터 출발하여 눈동자는 많은 일을 한다. 쳐다보지 않는다고 주장하는 사람들이 뭐라 이야기하건 간에 훨씬 많은 일을 하는 것이다. 해변에서 벌어지는 풍경은 얼마나 유혹적인가? 코랄리(Coralie, F115)는 자신이 만든 크리스털 방울 안에서 한번도 나오지 않는다고 이야기하는 사람 중 하나다. 그러나 몇 분 후 그녀는 자신이 목격한 이상한 장면을 자세히 이야기한다. 어떤 여자가 엎드려 있을 때는 수영복을 입고 있다가 바로누울 때는 수영복을 벗는 것이었다. 결코 쳐다보고 싶은 생각이 없다는 진술과 달리, 허용된 행동과 평균적 형태에서 조금만 벗어나는 광경이 있으면 이렇듯 사람들의 시선은 집중되는 것이다. 그러나 이렇게 수집된 정보에 대해 사람들의 평가는 찬성 또는 반대, 즉 극과 극으로 나뉜다. 『일단 쳐다볼 땐 판단을 하게 되지요. 안 하게 될 수 없는 걸요.』(H29) 모든 것에 초연한 눈빛과는 거리가 먼 셈이다.

아무것도 보지 않는다고 말하는 사람과 보는 것이 사실이라고 고백하는 사람들 중 누가 옳은 것인가? 이상하게 들릴는지 모르지만 양쪽 다 맞는 이야기일 것이다. 왜냐하면 해변이라는 장소에서 사람들은 노곤함, 몽상, 풍경의 음미, 풍경에의 참여라는 다른 세계를 수없이 왕래하기 때문이다. 한 세계에서 다른 세계로 이동하기 위해서는 눈을 한 번 감는 것으로 충분하다. 이와 같이 「무대에 등장하고 퇴장하는 놀이」〔그라프메이어(Grafmeyer), 조제프(Joseph), 1979〕는 공공장소에서 흔히 볼 수 있는 현상이지만, 해변이야말로 가장 완성된 형태의 놀이를 볼 수 있는 곳이다. 그러나 사실 해변에서 공공연하게 포착된 장면은 사적인 것이어서는 안 되며, 사적인 모습이 본의 아니게 사람들의 눈에 띄어서도 안 된다. 자신만의 세계에 침잠해 있다가도 쉽게 해변의 풍경에 참여할 수 있는 유동성은 해변에서 얻을 수 있는 미묘한 기쁨 중 하나이며, 그 기쁨은 상황의 모호성으로 인해 한층 높아질 수 있다. 또 두 세계를 쉴새없이 넘나드는 동안에 포착된 이미지는 비밀스럽게 자신의 작은 영화에 투영되며, 자신을 성찰하는 시선은 오수(午睡)에 또 다른 의미를 부여한다. 스테파니는 이런 상황을 적절하게 설명하는 어휘를 찾아냈다. 그녀는 「자신만의 크리스털 방울」(F41) 속에 있다. 「자신만이 홀로 있는」 그 방울 속에서 그녀는 「자신의 세계를 다시 만든다.」 그러나 사실 크리스털 방울

은 투명하므로 그녀는 그 방울 안에 있으면서도 남들을 바라보
고 또 남들로부터 시선을 받는 즐거움을 누릴 수 있다.

아무 말도 하지 않는

　나디아(Nadia)는 센 강변에 나가서 햇빛을 좀 쬐야겠다고
생각하고 「점잖은 비키니 수영복 차림으로」(F62) 자리를 잡았
다. 그러나 그 근처 다리를 건너가던 일단의 남자들은 그녀를
향해 「휘파람을 불고 야유를 던지며 자기네들끼리 평가를 하
기」 시작했다. 결국 그녀는 짐을 챙겨 자리를 뜰 수밖에 없었
다. 하지만 해변이라면 이런 종류의 해프닝은 일어나지 않을
것이다. 해변은 좀더 관용적이며, 그 곳에서 생기는 교류의 대
부분은 침묵 속에서 일어나기 때문이다. 특히 토플리스에 관한
한 더욱 그렇다. 사람이 많은 경우 해변은 꽤 소란스럽지만 그
고함과 웃음의 기능을 속단해서는 안 된다. 그 소리는 소규모
그룹 내에서 퍼지다 그치며, 대중 앞에서 자신의 존재를 드러
내는 수단이 될 뿐 커뮤니케이션의 수단은 아니기 때문이다.
해변에서 언어를 통해 의사소통이 이루어지는 경우는 드물
며, 거의 모든 것은 시선을 통해서 이루어진다. 게다가 토플리
스에 관한 한 상호교류의 침묵은 더욱 무거워진다. 안젤리나는
토플리스 중인 자신을 향해 쏟아지는 질책을 몇 번이나 느꼈으
나, 비난의 말을 들은 적은 단 한번도 없다. 『하지만 사람들의
시선에서 느낄 수 있었지요!』(F81) 사람마다 생각과 행동이
판이하게 틀리다 하더라도 그것이 말로 표현되는 경우는 극히
드물다. 단지 아주 멀리서 어렴풋하게 들리는 소리, 또는 완곡
한 표현, 또는 풍자적으로 던지는 몇 마디가 전부다. 스스로
『정말 뚱뚱하다』라고 말하는 지젤 ― 앞에서 언급한 것처럼 ― 은
자기보다 뚱뚱한 여자들이 토플리스를 하는 모습에 힘입어 남

프랑스 해안에서 토플리스를 시작했다. 그러던 그녀가 어느 날 하마터면 토플리스에 종지부를 찍을 뻔했다. 『한번은 굉장히 기분 나쁜 말을 들었어요. 크레트에서 있던 일이에요. 제 뒤에서 누군가가 「저런, 프랑스인은 영양 상태가 좋구만! 」 이러는 것 아니겠어요?』(F67) 이런 유의 비평은 사실상 금기시되고 있기 때문에 일단 발설하고 나면 그 영향은 엄청나다. 밀렌 (Mylène)은 수영장에서 토플리스를 하고 있던 「굉장히 뚱뚱한」 여자를 기억한다. 그녀는 모든 사람들의 구경거리가 되었고, 특히 어떤 남자는 그렇게 뚱뚱한 여자는 본 적이 없다는 듯한 표정으로 그녀를 뚫어지게 바라보았다. 『그 여자도 금방 눈치 채는 것 같았어요. 하지만 오히려 가장 거북해하는 사람은 바로 그 남자였어요. 어떻게 해야 할지 몰라 쩔쩔매더라고요.』 시간이 조금 흐르자 그녀를 향한 시선은 점점 누그러졌다. 그러나 사실 비난 ― 예외적인 경우에만 들을 수 있기 때문에 ― 보다 더 실질적인 역할을 하는 것은 비난이 쏟아질지도 모른다는 가설이다. 이자벨(Isabelle)은 한번도 고민해보지 않고 토플리스를 시작했다. 『정말 제 모습이 충격적이라면 누군가가 와서 얘기를 할 테니까요.』(F135) 이미 누군가 그런 지적을 한 적이 있는가? 『아니요. 단 한번도요.』 공원에서 토플리스를 하는 뮤리엘은 누군가가 비난의 시선을 던지지 않나 예의주시한다. 또 어느 날 누군가가 불쑥 다가와 질책을 쏟아 붓지나 않을까 걱정이다. 하지만 아직 그런 일은 일어나지 않았다. 게다가 그녀는 든든하게 믿는 구석이 있다. 『수위 아저씨도 아무 말 안 했거든요.』(F70)

　일행과 함께 있을 때는 어느 정도의 코멘트가 이루어질 수도 있다. 그러나 친구 사이, 가족, 남편과 부인 사이에서 코멘트를 하기란 힘든 일이다. 클로딘은 언제부터인가 토플리스를 시작하게 되었는데, 해변에 갈 때는 대부분 시댁식구들과 함께였다. 식구들의 놀라움은 곧 충격으로 변했고, 모두들 입을 굳게 다문 채 휘둥그레한 눈으로 클로딘을 바라보았다. 그러나 시간이 지나자 시누이들의 눈빛과 생각이 변하기 시작했다. 그러나 침묵은 여전했다. 일종의 동의를 의미하는 침묵 속에서 이제는 시누이들이 수영복을 벗기 시작했다. 『저는 그 문제에 대해 한 번도 심각하게 생각해본 적이 없어요.』(F65) 그 후 클로딘은 토플리스를 그만두었지만 시누이들은 계속했다. 역시 이에 대해서도 아무런 말도 오가지 않았다. 그러나 일행의 대부분이 토플리스를 하지 않는데, 어떤 사람만이 토플리스를 하는 경우 코멘트가 이루어질 확률이 높다. 때로는 비난의 목소리로『주로 할아버지들이 불평을 하지요. 하지만 면전이 아니라 주로 구석에서요. 또 주위 사람들에게 불만을 털어놓기도 해요.』(H86) 또는 웃음이나 농담을 통해서. 『벌써 여러 번 그런 광경을 보고 웃은 적이 있어요. 어떤 때는 차라리 수영복을 입는 게 나을 것 같다는 생각을 하며 웃어요. 왜 가슴이 늘어진 여자들 있잖아요. 쳐다보면 우스운 걸 어떡해요.』(F66) 비웃음을 통해서 비난의 의미는 전달된다. 『흉 보는 일도 있어요. 하지만 주로 뒤에서 쑥덕이는 데 그치지요.』(F133) 이런 방법을 통해 사람들은 나름대로의 평가기준을 세웠다는 사실을 은근히 숨긴다. 『사실 전 제 여자친구와 함께, 또는 다른 친구들과 함께 자주 중얼거려요. 「엇! 저 여자는 꽤 괜찮네. 어유, 저 여잔 왜 저렇게 처졌어!」뭐, 이런 식으로요.』(H9) 자신도 모르게 튀어나온 이런 말들은 스스로에게도 효력이 있다. 『괜찮네, 좀 심하군』과 같은 평가기준과 더불어 하나의 행동규범이 형성되기 때문이다. 남의 가슴을 평가하는 건 평계일 뿐이다. 사실은 이를 통해서 집단 내부의 커뮤니케이션이 이루어지는 것이다. 특히 직접 말하기 힘든 메시지를 전할 때는 더욱 그렇다.

느끼기

　해변에 도착해서 어떤 방식으로 토플리스가 시작되는가를 분석하는 일은 상당히 흥미롭다. 자리를 잡자마자 주저하지 않고 수영복을 벗어던지는 여성은 소수에 불과하다. 『수영복 윗도리를 입고 있는 모습은 상상할 수도 없어요. 거의 자동적으로 벗게 되지요. 그럼으로써 전 해변의 일부가 되니까요.』(F173)『「언제 벗어야 하나」 같은 고민은 안 해요. 자동적인 거죠. 그게 전부예요.』(F70) 하지만 대다수의 여성들은 탐색기간을 갖는다. 게다가 아직 주위의 여건이 형성되지 않았을 때, 토플리스를 시작한 지 얼마 되지 않았을 때, 스스로 편안함을 느끼지 못할 때 그 탐색기간은 길어진다. 바캉스를 떠나 해변에 나온 첫날 클로딘은 자신의 하얀 피부 때문에 무척이나 속상했다. 토플리스를 하려고 보니 흰 피부 때문에 정말 벗고 있는 것같이 보였기 때문이다. 그래서 어떤 때는 1시간 정도 뜸을 들이다가 시작하기도 했었다. 그러나 피부가 어느 정도 그을러진 후에는 주위를 둘러보지 않고 곧장 토플리스를 시작하게 되었다. 하지만 주위를 쳐다보지 않는다는 본인의 말과 달리 클로딘은 항상 짧게나마 확인의 시간을 갖는다. 조엘(Joëlle)도 비슷한 경우다. 그녀는 기다리지 않는다. 『도착하자마자 저는 벗어요. 그러면 끝이에요.』(F71) 그러나 「모든 사람이 토플리스를 하고 있음」을 재빠르게 확인한 후에만 그렇다. 가장 이상적인 것은 마치 이 세상에 나만 홀로 있는 것같이 행동하는 것이지만, 대부분의 사람들은 항상 해변을 잠시나마 둘러본다. 이런 분석을 철저히 하는 여성들은 주위를 쳐다봄으로써 해변의 일정을 시작한다는 사실을 인정한다. 아네스(Agnès)는 주위에 토플리스를 하고 있는 여성이 몇 명이나 되는지 센 후에야 결정을 내린다. 『제 주위에 토플리스를 하는 사람이 있나 살펴봐요.』(F87) 세브린느는 특히 남성들의 시선에 신경 쓴다. 그들이 해변에서 통용되는 눈길―토플리스를 인정하는―로 여성들을 바라보는지 확인하기 위해서다. 『저는 주위를 둘러봐요. 그래요, 둘러봐요. 우선 주위에 어떤 사람이 있나 하구요. 곤란하게 만드는 사람은 항상 있게 마련이잖아요. 그래서 주위를 살피지요.』(F183) 솔랑주는 해변을 세밀하게 연구한다. 해변에 적응하기 위해서다. 『저는 모노키니(monokini)를 하는 여자가 주위에 있는지 살펴봐요. 그러고나서 남들이 하는 대로 하지요. 하는 사람이 있을 땐 저도 하지만 아무도 안 할 땐 저도 안 해요.』(F76) 사람에 따라 각자의 방식이 있게 마련이지만, 토플리스를 하는 여성들은 누구나 예비 탐색시간을 갖는다. 이 탐색시간이 너무 짧아서 스스로 인식하지 못하는 사람도 있는 반면에, 너무 길어서 아예 토플리스를 실행에 옮기지 못하는 이도 있다. 그러나 이 두 가지 경우 주위를 살핀다는 사실은 공통적이다. 이 때의 눈동자는 아무 목표 없이 해변에 펼쳐지는 이미지를 좇아 부유하는 무기력한 눈동자가 아니다. 분명한 목적이 있는 역동적인 눈빛인 것이다. 이 눈빛을 바탕으로, 적절한 행동을 취하기 위해 눈에 보이는 사물을 체계적으로 정돈하는 작업, 즉 피터 베르제(Peter Berger)와 토마스 럭만(Thomas Luckmann, 1986)이 「유형 분류를 위한 도식(Schéma de typification)」이라 명명한 작업이 이루어진다.

　　그렇다면 지적인 노력은 찾아볼 수 없고 육체의 무기력함이 만연해 있는 해변에서 어떻게 고도의 인지력이 요구되는 위와 같은 작업이 이루어질 수 있는가? 이는 비교적 간단한 방식으로 이루어진다. 즉 인지과정은 두뇌에 전달되지 않은 채 육체가 느끼는 수준에서 멈춰지고 만다. 그렇기 때문에 아네스, 세브린, 솔랑주와 같이 노골적으로 해변을 관찰·분석한다고 털어놓는 사람은 얼마되지 않았던 것이다. 대부분의 사람들은 자신의 육체 안에서 이루어지는 분명한 결정을 어떻게「느꼈는가」설명하려고 애썼다. 버드위스텔은『진실의 본질이란 항상 상황과 밀접한 관련을 갖는 것』(1981, 297쪽)이라고 말했다. 촉감, 민감한 인식과정, 자기 중심주의가 지배하는 해변에서 진실은 자아의 가장 깊은 곳으로부터 나와야 하며—가장 이상적인 경우—논의의 대상이 될 필요도 없이 그 자체로서 완벽해야 한다. 마치 이성이 모르는 또 다른 이성이 육체 안에 존재하는 것처럼…….

여러 번 반복되는 질문에도 불구하고 로랑스(Laurence)는 자신의 내부에서 느끼는 명백함에 대해 굳은 믿음을 가지고 있다.『물론 토플리스를 하고 싶을 때도 있고 그렇지 않은 경우도 있어요. 하지만 그 이유에 대해선 정확히 알 수 없어요.』(F138) 도미니크는 이보다 더 강경한 자세를 보인다.『무엇보다도 자연스럽게 이루어져야 돼요. 제가 토플리스를 하는 이유는 심각하게 생각하지 않아도 되기 때문이에요.』(F100) 그러나 도미니크는 그리 자주 하지 않는다(『아직 습관까지는 아닌 걸요』). 그렇다면 도미니크는 이성적인 판단도 하지 않은 채 그때그때의 상황에 따라 별 생각 없이 행동을 결정한다는 것인가?『그건 상황에 따라 달라요. 기분이 좋고 하고 싶은 생각이 들면 하는 거지요.』그녀는 더 이상 말을 계속하지 않았다. 스스로 간결하고 일관성 있는 답을 했다고 생각하는 모양이다. 그러나 그녀는 이미 자신의 대답이 진행되는 단 몇 초 사이에 진실을 규정하는 세 가지 방식에 대해 언급한 셈이다. 즉 무의식적 동작, 상황의 관찰, 자신의 기분이 그것이다. 도미니크와 마찬가지로 많은 여성들은 자신의 기분을 파악하는 일과 해변을 관찰하는 일을 혼동하는 경향을 보였다.『그건 제

기분에 달린 거예요. 내 마음이 평온한지, 주위엔 사람이 얼마나 있나, 뭐 그런 거에 따라 달라지는 거지요.』(F54) 『어느 정도 긴장이 풀렸나, 주위 분위기는 어떤가에 달렸죠.』(F37) 『기분이 좋고, 태양이 눈부시고, 사람이 너무 많지 않으면… 그러면 시작하지요.』(F124) 분위기, 뜨거운 태양, 주위 사람들. 암시적인 방법으로 주위의 환경에 대한 묘사가 짧게 이루어졌다. 그러나 유감스럽게도 자신의 기분, 긴장 완화상태, 「기분이 좋을 때」라는 말이 빠진 적은 한번도 없었다. 이것은 곧 주위에 대한 면밀한 관찰이 이루어졌으며, 관찰에 필요한 모든 요소(사람들의 밀집도, 토플리스를 하는 여성의 비율, 주변 사람들의 태도, 태양의 강도 등)도 입력되었다는 것을 의미한다. 그러나 사람들은 이런 기분이 순전히 자신의 심리상태에 의해 결정된 것이라는 착각을 하며 반잠재의식 속으로 빠져든다(페랭, 1985). 『주위에 어떤 사람이 있느냐에 따라 달라질 수도 있어요』(F124)라고 말했던 마리즈(Maryse)는 좀더 구체적인 설명을 요구하는 조사원에게 그 이상의 설명을 하지 못했다. 그녀는 단지 『느낀다』라고 말했을 뿐이다. 어떤 사람들은 상황을 직접 분석할 수 있는 몇 가지 요소를 지적하기도 했다. 그러나 감각기관에 의존하여 인지활동을 벌이는 사람들, 즉 두뇌를 거치지 않고 육체를 통해 인지활동을 벌이는 사람들은 자신들이 해변을 관찰했다는 사실조차 인식하지 못했다. 에리크(Eric)와 플로랑스(Florence)의 이야기는 시사하는 바가 크다. 조사원은 플로랑스에게 질문을 던졌고 그녀는 거침없이 대답했다. 자신은 주변 사람을 절대 쳐다보지 않으며, 하고 싶은 생각이 들 때만 토플리스를 한다고……. 그러자 옆에 있던 에리크가 곧장 반박했다. 『아니예요, 거짓말이에요. 거짓말이라는 걸 증명할 수도 있는걸요. 플로랑스는 아주 가까이 있는 사람까지 관찰한다구요.』(H92) 놀란 플로랑스는 절대 그렇지 않

다고, 수영복을 벗기 전까지 결코 주위를 둘러보지 않는다고
주장했다. 그러나 에리크는 바로 그 날, 1시간 전쯤 있었던 일
을 예로 들었다. 처음에 플로랑스는 조심스러워하면서 이렇게
중얼거렸다. 『여긴 토플리스 하는 여자가 단 한 명도 없는걸.』
그러자 에리크는 플로랑스를 부추겼다. 『해봐. 그러면 네가
선구자가 되는 셈이잖아. 먼저 시범을 보이라구.』 얼마 동안
두 사람 사이에 실랑이가 오갔다. 주위를 어느 정도 둘러본 플
로랑스는 토플리스를 하기로 결심했다. 이런 일련의 행동을 자
세히 얘기하는 에리크의 진술이 끝나자 플로랑스는 인정했다.
주위를 관찰했던 사실을 까마득히 잊어먹고 있었노라고.
　분명 관찰은 체계적으로 이루어지고 중요한 의미를 띠지만
그 중 아주 일부분만이 의식 속에 남는다(그래서 관찰을 했다
는 사실 자체를 기억하고 자세히 이야기하는 사람이 드문 것이
다). 관찰된 사항 중 핵심 요소는, 두뇌가 아닌 육체를 통해서
인지되며, 감성의 형태로 입력되어 몇 가지 표지를 유발시킨
다. 관대한 태양, 토플리스를 하는 많은 여성들, 조용한 해변
은 개인의 성향과 결합되어 이완의 느낌과 노출하고자 하는 욕
구를 생성시킨다. 편안함이 증폭될수록 착각은 커진다. 자신
의 결정은 자아 깊은 곳에서 유래되었다는 착각이다. 이렇게
내재하는 진실을 지적할 때 가장 많이 쓰이는 말은 「기분」이
다. 『그건 제 기분에 달린 거예요.』(F60) 조사원은 아들린
(Adeline)에게 묻는다. 『그 기분 뒤에 있는 것은 과연 무엇입
니까?』 그녀는 꽤 성실해보이는 자세로 오랫동안 생각한다.
그러나 끝내 답하지 못한다. 『뭐, 딴 건 없어요. 그냥 제 기분
에 달린 거예요.』『그건…….』 마리는 주춤한다. 『자~알 모
르겠어요… 그저 기분 내키는 데 따라…….』(F153) 자신 내부
의 느낌을 표현하는 데 「기분」이라는 용어가 꽤 그럴싸하게 받
아들여지는 이유는, 그 용어가 다분히 모호성을 띠며 육체를

통한 인식과정에 완벽하게 부합되기 때문이다. 「기분」이란 다분히 개인적이고 내적인 것이다. 동시에 외적인 조건에 영향받을 수 있는 것이기도 하다. 『상황에 따라서 결정해요. 기분에 달린 거지요.』(F37) 토플리스를 하는 것은 내 기분에 달린 것이다. 그러나 내 기분은 결국 주위 상황에 달린 것이니…….

시선 느끼기

　해변은 무관심하게 바라보기를 거부한다. 해변은 관찰한다는 사실을 의식하지 못한 척하며 주위를 관찰한다. 토플리스를 하는 여성들은 더욱 그렇다. 그들은 정확하고 곧장 실행에 옮길 수 있는 지식을 축적할 필요를 느낀다. 너무 한 곳만을 응시하는 시선은 금기사항이다. 그들은 주위를 「느낀다」. 여기에 동원되는 것은 후각도, 촉각도 아니며 청각은 더욱더 아니다. 그들은 시각을 이용해서 느낀다. 여성들은 자신에 대한 객관적 평가를 얻기 위해 타인의 시선을 은밀히 관찰한다. 토플리스를 하는 여성은 혼자가 아니다. 그들은 시각교류 체계의 중심을 이룬다. 풍경을 바라보는 평범한 눈길 뒤에서 사람들은 서로를 관찰한다. 심지어는 서로가 서로를 무의식적으로 쳐다보는 경우도 있다. 『쳐다볼 생각이 전혀 없으면서도 쳐다보는 사람이 있어요. 뭐랄까 거의 의무적으로 말이죠.』(F66) 또 사람들은 자신이 남들 눈에 어떻게 비추어지는지 관찰한다. 『사람들이 저를 바라보고 있다는 느낌이 조금은 들어요.』(F182) 그렇다면 토플리스를 하는 여성에게는 더 많은 시선이 쏠리는가? 문제는 바로 여기에 있다. 그러므로 여성은 타인의 눈빛을 연구할 필요가 있는 것이다. 자신을 쳐다보는 사람들과 마찬가지로 여성이 가진 연구도구는 시선뿐이다. 그러므로 여성들은 남들의 시선을 「느낄 수」 있는 방법, 즉 노골적으로 바라보지 않으면서 슬쩍 쳐다보는 기술을 찾아내야 한다. 예를 들면 곁눈질을 하거나 해변을 쭉 훑어봄으로써 어렴풋이 상황을 포착하는 방법 등이다. 『누가 누굴 쳐다보는지 자세히 살펴보지는 않지만 웬만큼 알 수는 있어요.』(F187)

대략적인 관찰은 어떤 행동이 상황에 어울리는가-수영복을 벗어야 할지, 그냥 입고 있어야 할지-를 결정해준다. 토플리스를 자제하게 하는 요인 중에서 시선의「양」은 중요한 역할을 한다. 아니는 남성의 시선에 대해 거북함을 느끼곤 하지만『몇 명 되지 않을 땐 괜찮아요』(F37)라는 반응을 보인다. 매우 드문 포즈를 연출하는 경우, 즉 서서 토플리스를 하거나 여성의 가슴이 지나치게 큰 경우, 해변의 시선은 모두 그 쪽으로 쏠린다. 『토플리스를 하는 사람이 저 혼자밖에 없을 땐 시선이 집중되게 마련이지요.』(F65) 그러나 토플리스를 하는 여성이 여러 명일 때는 쳐다보는 사람 수가 똑같이 많다고 해도 시선이 주는 압력은 줄어든다. 『이상한 눈빛으로 쳐다보는 남자들은 어디나 꼭 있게 마련이에요. 하지만 토플리스를 하고 있는 여자가 많을 때 그 시선은 분산되지요.』(F70)

그러나 시선의「양」은 그 시선이 지닌「의미」와 더불어 이해되어야 한다. 좀더 정확히 말하자면 시선이 지닌 의미란 관찰대상이 되는 여성이 상대방 시선을 분석한 내용을 뜻한다. 미모에 자신이 있고 자신을 감탄의 눈빛으로-스스로 평가하기에-쳐다보는 시선을 느끼는 여성은 수영복을 다시 입지 않는다. 그러나 자신이 보잘것없이 평가되고 있다고 느낄 때-가슴이 일반적으로 요구되는 미적 기준에 미치지 못하기 때문에-에는 정반대의 반응이 나타난다. 또는 남성의 시선이 해변에서 통용되는 규범에 어긋나거나 관심이 자신의 나체에 집중된다고 생각될 때 여성은 거북함을 느끼고 곧 수영복을 입게 된다. 『평범한 시선일 땐 신경 쓰지 않아요. 하지만 누군가 범

상치 않은 눈빛으로 저를 쳐다본다는 느낌이 들 땐 몹시 거북해지지요.』(F84) 마침내 시선의 양과 질(내용)에 따라 개인이 느낄 수 있는 편안함은 그 정도가 달라진다. 플로랑스는 혹 누군가가 자기를 뚫어지게 쳐다보지나 않나 늘 긴장한다. 『누가 저를 쳐다보는 거요? 별로 좋은 느낌은 아니죠. 아무리 무감각하려 해도 느껴지는 걸요.』(F187) 겨우 편안한 상태에 도달했을지라도 누군가가 곁눈질한다는 게 느껴지면 그녀는 곧 수영복을 입고 만다. 그러나 마리온의 경우는 정반대다. 자신의 세계에 몰입하여 완전한 이완상태에 들어가게 되면, 그녀는 누가 자기를 쳐다보는지 알려고 하지도, 느끼지도 않는다. 그럼으로써 해변의 시선이 주는 압력에서 벗어나는 것이다. 『누가 저를 보던 상관 안 해요. 그게 전부예요. 거기에 대해 생각하지도 않고 신경도 안 써요.』(F28)

그러므로 해변의 시각적 압력, 여성들에 의한 그 압력의 감지, 수영복을 다시 입게 되는 무의식적 동작의 강화는 다음과 같은 몇 가지 객관적인 요소와 직접적인 관련을 갖는다. 토플리스 인구의 밀집도, 시선의 내용, 가슴의 형태, 편안함의 수준이 바로 그것이다. 그러나 여성들이라고 해서 대응방안을 전혀 준비하지 않는 것은 아니다. 그들의 계략과 의지에 의해 긴장의 나사는 풀어진다. 우선 여성들은 암묵적 규약을 준수한다. 규범 안에 은거하면서 허용된 행동을 할수록 사람들의 시선은 멀어지기 때문이다. 『저는 토플리스를 할 때 편안하게 누워요. 그리고 주위에 있는 사람들에겐 전혀 신경 안 써요.』(F30) 그러는 가운데(개인의 보호장막과 해변의 풍광 사이를 끊임없이 왕래하면서) 해변의 자기중심적 측면은 더욱 강력해진다. 『주위에 사람들이 있는 건 틀림없는 사실이에요. 하지만 토플리스는 제 자신을 위해 하는 것인 만큼 그 사람들에겐 신경 쓰지 않아요.』(F95) 그리고 나선 편안함을 추구하고 토플리스의 자연스러운 특성에 빠져들게 된다. 『가장 중요한 건 무엇이든 자연스럽게 해야 한다는 거예요. 쳐다보는 사람이 있다 해도 할 수 없죠!』(F100) 위와 같은 여러 가지 수단은 타인의 시선이 한풀 꺾인 것처럼, 마치 시선의 집요함과 근접함이 실제로 수그러든 것처럼 느끼게 해준다. 사실 시선의 강도는 변한 바 없고 여성들도 그 사실을 알고 있다. 하지만 시선이 지닌 위력은 예전 그대로가 아닌 것이다. 『남자들이란! 참 엄청나게들 쳐다봐요. 심지어 누워 있는 여자들까지두요. 하지만 전 아무것도 못 본 것처럼 행동해요. 잠도 자고… 저를 쳐다보는 사람을 절대 쳐다보지 않아요. 또 그래야만 하구요.』(F79) 여성이 자신의 세계에 몰입할수록, 주위의 상황이 유리해질수록 남성의 시선은 사라지는 것 같은 착각마저 든다. 『사실 토플리스를 할 때 누가 저를 쳐다본다는 생각은 일부러 하지 않아요.』(F170) 제시카는 누워 있을 때 남의 시선을 전혀 의식하지 않으며, 그 시선이 전달한다고 생각되는 메시지에 대해서도 신경 쓰지 않는다. 그러나 서 있을 때에는 즉각적인 느낌이 피부에 와 닿는다(제시카는 서 있게 되면 추워서 옷을 입어야 한다는 대답을 했던 바로 그 어지). 하지만 누워 있을 때는 『춥지도 덥지도 않아요』(F16)라고 말한다. 이리하여 해변의 시선은 여성들에게서 점점 멀어지게 되고, 여성은 방어의 위치에서 반격의 위치로 전환하는 반전을 경험하게 된다. 느긋한 자세로 토플리스를 즐기는 여성들은 여성을 평가하려는 남성의 시선을 평가하며, 그 시선이 규범에서 얼마나 이탈되어 있는가 지적한다. 『음흉한 눈길로 쳐다보는 사람들이 있어요. 하지만 그건 그 사람들 문제인걸요!』(F5) 이렇게 규범에 어긋나는 시선은 시각적 압력을 행사하는 데 동참하지 못한다. 스스로 낙인 찍힌 대상이 되기 때문이다. 코린은 반격의 강도를 한층 높인다. 『그들이 어디를 쳐다보는지, 꼭 알아내고야

말아요. 난 그런 남자들의 행동을 결코 눈감아주고 싶지 않은 걸요. 상대방 눈을 똑바로 응시함으로써 스스로 방어하는 셈이죠.』(F148) 토플리스를 하는 여성들 중에는 이렇게 음흉한 시선을 제압하는 이들이 꽤 된다. 그러나 느긋하게 토플리스를 한다고 자부하는 여성들의 생각과는 달리, 해변의 시선은 격퇴할 수 있어도 결코 무시할 수는 없다. 그러므로 관찰의 메커니즘은 아직도 어렴풋하게 무의식 속에서 형성되는 중이다. 『저는 신경 끄고 지내요』(F183)라고 단호한 어조로 말한 세브린느조차 집요한 남성의 눈길을 추적해야 할 경우 『너무 오래 끌어서는 안 돼요』라고 말하지 않았던가? 다니엘은 토플리스를 함으로써 최상의 이완상태를 경험할 수 있고, 토플리스를 하는 사람이 아무도 없는 경우에도 자신이 제일 먼저 테이프를 끊는다고 말했던 여성이다. 보통 때는 수상한 시선이 눈에 띄지 않으므로 다니엘은 그런 시선이 존재한다는 사실조차 망각하고 있는 듯하다. 그러나 그녀의 눈동자는 비밀리에 정탐을 계속한다. 그리하여 「수상한 시선」(F97)을 발견했을 때에는 「비밀」정탐이 아닌 「공공연한」 기능을 수행하는 것이다. 다니엘은 상대방 남성을 쳐다보지 않는 것처럼 애쓰면서 그 시선의 집요도를 평가한다. 실패하는 경우엔? 다시 수영복을 입는 수밖에……

여성의 시선

　토플리스를 하는 여성을 바라보는 여성의 시각은 매우 역설적이다. 그들은 노골적으로 「덜 은밀하게」(F81) 많은 여성을 관찰한다. 그러나 시선의 양에 비해 그 압력은 보잘것없다. 여성들이 이렇게 노골적으로 관찰할 수 있는 이유는 자신들의 시선에 강제성이 희박하다는 사실을 직관적으로 알기 때문이다.

마치 여성이 여성을 바라보는 시각은 더욱 쉽게 허용되고, 중립적 성격을 띠는 것처럼 말이다. 그러나 현실은 그렇지 않다. 그들의 시선은 결코 중립적이지 않으며, 그 내용은 지극히 역설적인 것이다. 우선 여성의 시선은 정보를 얻기 위한 순수한 호기심의 발로에서 시작될 수 있다.『패션 잡지를 볼 때와 비슷한 거예요.』(F162) 이런 호기심에서 공격성이란 찾아볼 수 없으며 종종 공모심(共謀心), 나아가 애정까지 동반된다.『여자들이 쳐다보는 건 신경 쓰지 않아요. 우선 저도 여자고 또 저도 다른 여자를 쳐다보니까요. 제각기 다른 몸매를 지닌 여자들을 바라보는 건 즐거운 일이죠. 전 다른 여자들을 쳐다볼 때 호의적으로 바라봐요. 그렇기 때문에 남들도 저를 그렇게 쳐다본다고 생각하지요.』(F148) 그러나 여성의 눈길이 비난과 의심의 화살을 품고 있는 예가 아주 드문 것은 아니다. 그 경우 그들의 시선은 압력을 행사한다.『가끔 저를 뚫어져라 쳐다보는 여자들이 있어요. 어휴! 한 15분 동안 계속 그러고 있는 경우도 있구요.』(F135)

　해변은 깊게 생각하기를 싫어한다. 복잡한 모든 문제들은 무시되고 단순화된다. 그러므로 다양한 여성의 시선은 무대 뒤쪽의 생기 없는 눈빛으로 단순화되는 경향이 있다. 여성의 시선이 지닌 중립성과 비적극성은 남성의 시선을 무대 전면으로 부각시킨다. 하지만 현실적으로는 여성의 시선이 사회통제 운동에서 중요한 역할을 하는 경우도 종종 있으며, 같은 여성의 따가운 눈총 때문에 수영복을 다시 입는 여성들도 있다. 그러나 토플리스를 하는 여성들은 시각적 상호작용(가변적이고 미묘하며 다양한 형태를 띤)의 복합성에 대응하기 위해서 단순화된 인지 도식표(이미 앞에서 살펴본 절차와 같이)를 필요로 하며, 이 도식표는 이미 세워진 해독표를 바탕으로 빠른 시간 안에 분류작업을 가능케 한다. 결국 해독표는 분류화와 차별화를 더욱 심하게 한다. 이 표는 커다란 가슴을 가진 이를 죄인 취급하고, 그렇지 않은 사람에게는 무제한의 자유를 허용한다. 그리고「서 있는 사람」에게는 무조건「과시욕」이라는 평가를 내리고, 누워 있는 사람은 과시에 관심이 없는 사람으로 평가한다. 또한 이 표는 시선을 몇 가지 범주로 분류한다. 우선 첫번째 단계는 남성의 시각과 여성의 시각을 분류하는 일이며, 두번째 단계—가장 중요한—는 남성의 시각을 두 가지로, 즉 정상적인 시선과 그렇지 않은 시선으로 하위 분류하는 것이다.

훔쳐보는 사람 : 상투적인 인물의 형성

정상적인 시선이란 노골적으로 바라보지 않는 시선을 말한다.『훔쳐보는 걸 좋아하는 변태가 아닌 다음에야 자세히 쳐다보는 사람은 없지 않아요?』(F185) 어느 정도의 예의를 갖추고 슬쩍 눈길을 던지는 사람은 정상범주에 든다(이들에 대해서는 후에 다시 언급하도록 하겠다). 이와는 달리「이상한 시선을 던지는 사람」(F179)이 있다.「이상한」이라는 용어는「정상적」인 부류와 정반대되는 이들을 칭할 때 즐겨 사용되는 형용사다. 이 중 가장 흔히 볼 수 있는 이상한 행동은 곁눈질이다.『솔직하지 못한 사람들이지요.』(F97) 이들은 바라보고 싶은 욕구는 있지만 훔쳐보는 사람으로 비추어질까봐 갈팡질팡하는 남자들이다.『왜 있잖아요, 신문을 읽는 척하면서 곁눈질하는 남자들. 마치 잼을 훔쳐먹으려는 아이들 같다니까요!』(F113) 엘레오노르(Éléonore) 또한 이런「강박관념」(F168)에 사로잡힌 남자들에 대해 이야기한다. 그들은 엎드려서 자는 척한다. 대개는 눈을 반쯤 감고 있으며 심한 경우에는 수건으로 얼굴을 가리고, 팔은 한껏 뻗은 채 겨드랑이 사이로 여자들을 감상한다. 그래도 이런 유형의 행동은 용서해줄 수 있는「유아

제Ⅱ부 · 행동의 통제

적」─욜랑이 얘기한 것과 같이 잼을 훔치는 정도의─수준이다. 이보다 심각한 경우는 자신의 생각을 그대로 드러내며 노골적으로 쳐다보는 남자들이다. 거머리같이 달라붙어 음흉한 시선을 꽂는 남자들. 『있잖아요. 혼자 왔으면서 계속 여자들을 쳐다보는 남자요. 바로 1m 앞에서 계속 얼쩡거리는.』(F148)『그런 남자들은 여자들이 누워 있을 때 꼭 그 앞을 지나가요. 그러고선 자세히 들여다보지요!』(F68)『그런 남자들은 여자가 바다에 들어가면 쫓아 들어가요. 그러고선 수영도 않는 거예요. 주위를 맴돌면서!』(F148) 그들이 바로 코앞을 지나가는 것은 해변에 사람이 너무 많아서, 달리 돌아갈 길이 없어서 그러는 것은 아닌가? 또한 별다른 생각 없이, 무심하게 시선을 던지는 것은 아닌가? 아니다. 결코 그렇지 않다. 이에 대한 대답은 분명하고 혼동의 여지는 있을 수 없다. 음흉한 눈길로 바라보는 사람은 금방 표시가 난다. 이 시점부터 그들에 대한 묘사는 적극성을 띠게 된다. 묘사는 점점 과장되고 가장 극단적인 경우에 초점이 맞추어지며, 몇몇 예외적인 에피소드를 발췌하고 변형하는 가운데 결국 추상적인 하나의 전형이 탄생하게 된다. 바로「음흉하게 훔쳐보는 사람」이 해변이 요구하는 전형인 것이다. 『사냥개가 사냥감을 발견한 것처럼 꼼짝도 하지 않고 계속 쳐다보는 사람도 있어요.』(H47) 과장됐건 그렇지 않건 간에, 코린은 자신의 경험담을 늘어놓으며 그 경험담을 바탕으로 손쉽게 전형적인 부류를 만들어낸다. 『이제 막 사춘기에 접어든 딸들과 조카를 데리고 해변에 있었어요. 근데 적어도 55세는 됐을 법한 남자가 그 아이들 근처를 맴도는 거예요. 그 남자의 시선은 마치… 강간범의 눈빛 같았어요. 누구라도 그걸 느낄 수 있었을 거예요! 그는 눈으로 바라보는 게 아니었어요.』(F148) 분명 이런 유형의 행동은 존재한다. 이런 행동은 토플리스를 지배하는 사회적 규약을 해칠 수 있을 정도로 극히 위험하며「보면서도 결국은 보지 않는」 기술의 근간을 이루는 메커니즘을 삐걱거리게 할 수 있다.『그들은 반드시 실수를 하지요. 눈치 없는 남자들이 많으니까요.』(F156) 그들은 게임의 법칙을 이해하지 못했기 때문에 기존의 질서를 파괴할 수 있는 사람들이다. 어떤 상황에서도 항상 평온함을 유지하는 다니엘도 이런 유의 사람들이 위험하다는 사실을 잘 알고 있다.『문제는 관음증 환자들이에요. 매년 해변에서 두세 명 정도는 만나게 되지요. 노출된 여성의 가슴을 보고 흥분을 느끼나 봐요. 미친 사람들이죠!』(F97) 안젤리크는 끔찍한 남자 두 명을 만난 경험이 있다고 말했다.『한마디로 끔찍했어요! 휴!』(F38) 그러나 극단적인 경우를 발췌해서「훔쳐보는 사람」의 전형을 만드는 일은 나름대로 유용한 점도 있다. 그들 덕분에 정상적인-광의의 개념으로-시선을 던지는 사람들의 입장은 떳떳해지며, 토플리스를 하는 여성들은 끊임없이 주위를 관찰해야 하는 짐으로부터 조금은 벗어날 수 있게 된다. 이상한 시선이 느껴지면 여성들은 긴장만 하면 되기 때문이다.

현실에서 유리된, 추상적인 형태의 전형은 쉽게 조작할 수 있는 대상이 되어버리며 또 실제로 조작되기도 한다. 이를 위해서는 비난의 표적이 되는 대상을 전환하는 것만으로도 충분하다. 비난의 여지가 있는 행동을 몇 가지 살펴본 후, 사람들의 관심은 이들 부류를 어떤 식으로 정의할 것인지에 쏠리게 된다. 하지만 그 정의는 명백하고 확실한 사실을 바탕으로 하는 것이 아니라, 개인의 생각과 기호에 따라 형성된다. 에디트는「훔쳐보는 사람」을 적발했다.『노인이었어요. 작업복 차림이었고 시골사람 같아 보였어요. 그 사람이 수영복만 입고 있었더라도 모르고 지나쳤을 거예요. 하지만 그 노인은 아주 가까이 와서 쳐다보는 거예요.』(F174) 그 노인은 어쩌면 너무 가까이 다가갔는지도 모른다. 하지만 노인의 태도를 반박하기 위한 에디트의 묘사는 너무 막연하다. 사실 비난을 뒷받침해줄 수 있는 것이라고는 「노인, 시골사람, 작업복 차림」이 전부다. 하지만 그 노인은 우연히 해변에 발을 디뎠을지도 모르는 일이다. 에디트는 『수영복만 입고 있었더라도 몰랐을 거예요』라는 말을 덧붙이며 자신의 생각을 확인한다. 종종 「훔쳐보는 사람」을 정의하다 보면 사회계급에 대한 비난으로까지 비화될 수 있다. 안젤리크가 『끔찍하다』라고 표현했던 두 명의 남자들에 대한 묘사를 들어보면 다분히 계급적인 냄새가 풍긴다는 것을 알 수 있다. 노동자 계급은 요주의 대상이 되는 반면, 세련된 매너를 가진 사람들은 불명예스러운 부류로 취급되는 위기에서 빠져나올 수 있는 것이다. 젊은 사람의 경우에는 더욱 그렇다. 문제성 있는 부류의 몽타주를 작성하는 동안 「훔쳐보는 사람들」은 재빨리 노인, 「음흉한 노인」과 동일시되어간다. 이 두 어휘(음흉한, 노인)는 상당히 자주 연결되어 쓰이는 말이었다(연구원은 단 한번도 이 어휘를 쓰지 않았다). 『곤란한 건 나이 든 남자들이 쳐다볼 때예요. 그들의 눈빛은 더 징그러워요.』(F187) 『음흉하게 쳐다보는 나이 든 남자들 말이에요. 아무 할 일도 없어보이는.』(F169) 반대로 젊은 남자들은 어떤 태도를 취하건 간에 미리 확실한 면죄부를 교부받는다. 『젊은 애들이야 그러는 게 당연하잖아요.』(F68) 『젊은 남자들이 쳐다보는 건 괜찮아요. 그건 정상이잖아요. 건전하고요. 한 30 ~35세까지는 괜찮아요.』(F148) 이렇게 젊은 사람들을 옹호한 코린은 이번에는 나이 든 사람을 공격한다. 여기서도 노년층은 상대적으로 빨리 시작된다. 『나이 든 남자들, 마흔다섯이 넘는 남자들이 쳐다보면 솔직히 좀 거북해요.』 코린과 마찬가지로 많은 여성들은 나름대로 경계해야 할 대상을 지적했다. 모두 한결같이 「나이 든 남자들」이었다. 그러나 비교적 세분화된 연령표 안에서 정말로 나이가 지긋한 할아버지들은 오히려 공격대상에서 제외되었다. 18세인 셸린은 「서른다섯 살이 넘는 아저씨들」(F10)을, 20세인 바네사와 26세인 세브린은 「40~50대 남자들」을 위험인물로 꼽았다. 한편 69세인 모리세트 할머니의 얘기를 들어보자. 『꽤나 음흉한 눈빛으로 여자들을 쳐다보는 남자들이 있어요. 주로 40~50대 남자들이지요.』(F23) 왜 해변에서는 이와 같이 상대적인 노년층이 형성되는 것인가? 아마도 해변은 남성들의 흰머리를 너무 빨리 발견해 내는 경향이 있는 것 같다. 하지만 그보다는 이 40~50대 남성들이 차지하고 있는 어중간한 위치가 더 크게 작용했을 것이다. 그들보다 젊은 남자들의 행동은 묵인된다. 또 그들보다 나이 든 남자들은 남녀 관계에서 문제를 일으킬 소지가 적은 부류로 나뉘기 때문에 경계의 대상에서 제외된다. 한편 40~50대에 이른 남성들은 관용의 틀 안에서 보호받기에는 이미 나이가 너무 들어버렸지만, 동시에 섹스 파트너로서의 잠재성을 여전히 지니고 있다(게다가 중년 남성이 재혼할 때는 젊은 여성을 상대로 고르는 경우가 많다). 그러므로 그들은 적합지 못한 시선을 보낸다고 의심받을 만한 모든 조건을 골고루 갖춘 셈이다. 그들은 이상적인 「훔쳐보기」 환자인 것이다.

5

시선의 체계

해수욕장의 현대성

　계몽시대 이전『육체는 거의 묘사되지 않았으며 세부적으로 분류되지도 않았고 일종의 뿌연 안개 속에 싸인 듯했다. … 인간의 존재가 시각을 통해서 확인되는 경우 또한 드물었다. 시각은 다른 감각기관보다 포착 능력이 월등하지도 않았다.』(페로, 1984, 62쪽) 그러나 계몽시대 이후부터『시각은 현대성을 지닌 주도적인 감각으로 자리잡게 되었으며』(르 브르통, 1990, 106쪽), 상호작용에 있어서도 개인의 프라이버시를 보장할 수 있는 기구로 선호되었다. 또한 일단 멀리서 목표물을 포착했을 때에도 실제로 그 대상을 속박하지 않고 감지할 수 있는 원격 감지 기능을 발휘했다. 특히 공공장소에서 시각은 감각기관 중 가장 중심 역할을 한다(시멜, 1989). 『모든 이들은 서로를 염탐한다. 서로 신호를 주고받기 때문이다.』(페로, 1984, 62쪽) 말의 현란함에 가리어서, 또는 물질적인 토대(이미지)에 너무 초점이 맞추어져서, 우리는 우리 사회에서 시선이 차지하는 중요성에 대해 미처 파악하지 못하고 있다. 시선이 지닌 풍부한 의미를 서술하는 데 인간은 언어학적으로 너무 빈곤하다. 또 이 빈곤함은 글을 쓰는 작업을 더욱 어렵게 한다(나는 이 기회를 빌어 여러 번 같은 용어를 반복하는 본인의 어휘력 부족에 대해 독자들의 양해를 구하고자 한다).

해변은 이러한 시선의 현대성을 실험해볼 수 있는 좋은 실험실이다. 육체의 향연이 이루어지는, 부드럽게 새어드는 듯한 편안한 느낌을 추구하는 역사적 발명품 – 해변 – 은 처음부터 시선에 중요한 위치를 부여했다(코르뱅, 1988). 사람들의 관심을 끄는 해변의 전형적인 모습은 주로 시각적인 이미지(파도 소리와 갈매기 소리를 배경음으로 하는)로서 한 장의 엽서를 연상시키기도 하고, 「망막에 분명하게 각인된」(위르뱅, 1994, 57쪽) 또 다른 이미지를 떠올리게 하기도 한다. 중심에는 바다가 있고 그 바다의 손짓은 거부하기 힘들다. 또 바다는 부드러운 언어로 속삭인다. 그러므로 비록 「바다를 향한 눈길」이 멀리 떨어진 푸른 한 점에 그친다 할지라도 반드시 바다를 봐야만 하고 눈으로 만져봐야 한다. 시각적 기대는 이토록 크기 때문에 무언가가 결핍된 듯한 허전한 상황은 또 다른 생물학적 반응을 일으키게 한다. 바로 이 시점에서 육체는 무대에 등장하며 이 육체 또한 시각의 탐구대상이 되고 만다. 사실 해변만큼 「보여주는 게임」이 구조적으로 발달된 장소도 없다. 고프먼(1973, 14~15쪽)은 이를 정확히 지적했다. 그는 해변에서 벌어지는 일련의 장면을 《일상생활의 연출(La Mise en scène de la vie quotidienne)》이라는 자신의 책 첫페이지에 서술해놓았다. 거기서 주인공(소설에서 발췌된)은 해변에 있는 사람들이 자신을 쳐다보는 방식에 대해 여러 가지로 상상하며, 자신이 꿈꾸는 것처럼 남들에게 비추어지기 위해 여러 가지 포즈를 연구한다.

눈

『눈이 사회에서 발휘하는 능력은 상당하다.』(고프먼, 1988, 153쪽) 시선이 차지하는 역할이 말에 비해서 부차적이라고 생각하는 것은 오산이다. 분명 언어는 사회에서 중요한 위치를 차지한다. 가장 명확하고 개념화된 메시지를 가장 효과적으로, 직접 전달해주는 것이 바로 인간의 언어이기 때문이다. 그러므로 커뮤니케이션의 계보를 살펴보았을 때 가장 눈에 띄고 정상의 위치에 놓이게 되는 것은 언어일 것이다. 그러나 언어의 가시성 때문에 비언어적 커뮤니케이션 수단이 등한시되는 경향이 있다. 제스처는 언어를 둘러싸고 있는 보잘것없는 범주에 속하는 것으로 생각되었지만, 버드위스텔은 이에 반기를 들었다. 또 그는 많은 연구가 언어를 지나칠 정도로 강조하고 있다는 사실(윈킨, 1981)에 대해서 유감을 표시했다. 사람과 사람 사이에서 이루어지는 언어적 상호작용은 더 넓은 의미체계, 즉 신체의 움직임과 시선에 바탕을 둔 광의의 커뮤니케이션 상황 속에서만 의미를 지니는 것이다. 이런 침묵의 교류가 없을 때 말은 무용지물이 되고 만다.

　언어와 달리「신체의 표현적 신호」는 비의도적이며 비집중적이고, 근처에 있는 모든 사람에게 전달될 수 있는「확산된 상호작용의 근간」을 이룬다(고프먼, 1981, 268쪽). 인간의 시각을 통해서 감지되는 이미지는 수없이 많지만 그 중 일부분만이 의식세계에 도달한다(르 브르통, 1990). 특히 해변에서는 더하다. 눈을 다시 감을 때까지의 그 짧은 시간 동안 눈동자는 아무런 목표물도 없이 해변을 부유한다. 그럼에도 불구하고 눈동자는 게으름을 피우지 않고 비중있는 정보를 쌓아간다. 그 방법론은 상당히 수준 높은 것이며 사회 혁신방법 중에서도 첨단에 해당된다. 사실 눈동자의 움직임은 고도의 기동성을 띠는 순간적인 것이며 표면만을 훑고 지나가는 부유적 성격을 띤다 [소바주(Sauvageot, 1994)]. 해변을 관찰하는 눈동자 또한 사람들을 엉큼하게 훔쳐본다. 이에 대해 그레고리 바트슨(Gregory Bateson)은 더욱 동물적인 이미지를 사용한다. 『저는 이미 옛날부터 이런 느낌이 들었어요. 제가 볼 수 있는 모든 것을 갉아먹어 들어간다는 느낌 말이에요. 눈이란 극도로 구순(口脣)적인 기관이지요.』(1981, 285쪽) 해변을 부유하는 시선도 피사체를 갉아먹는다. 게다가 강한 이미지를 발산하는 대상 앞에서 눈동자는 고정되고 그 대상을 탐욕스럽게 삼켜버린다. 이를 위해서 각막에 비추어지는 수많은 피사체를 선별하는 작업이 이루어지며, 바로 이 시점에서 눈동자는 가장 놀라운 위력을 발휘한다. 왜냐하면 표면만을 보면서도 눈동자는 비추어진 사물의 세세한 부분까지 입력하기 때문이다. 눈은 우리의 감각기관 중 가장 정확한 기관이다[시럴니크(Cyrulnik), 1993]. 아주 먼 곳에서 포착한 대상이라 할지라도 시각은 우리에게 풍부한 의미를 지닌 정확한 정보를 제공한다.

풍 경

해수욕장에서 눈동자가 맡은 첫번째 임무는 해변의 풍경을 확인하는 것이다. 하지만 만약 덩그라니 모래사장만 있을 뿐 다른 풍경이 없다면 해변은 사람들의 눈을 즐겁게 해주지 못할 것이다. 그러므로 가끔은 살아 있는 우편엽서 속으로 몰입해야 한다. 그리고 나서 해변을 향유하며 평범한 풍경에 만족하지 말고, 그 순간 해변의 매력을 배가시켜줄 수 있는 세세한 것들을 모두 새겨두어야 한다. 풍경을 감상하는 사람의 시각에서 보았을 때 노출된 여성의 가슴은 남자들에게 모종의 즐거움을 선사한다. 에리크는 마력을 지닌 해변을 이렇게 묘사한다. 「태양, 바다, 모래, 그리고 여성들의 가슴」(H92). 모든 사람들의 입에서는 「기분 좋은」이라는 말이 이구동성으로 나왔다. 『토플리스는 바캉스에 기분 좋은 즐거움을 주지요.』(H14) 『그들을 쳐다보면 기분 좋아지는 건 사실이에요.』(H89) 『특히 남자들에게는 즐거운 일일 거라고 생각해요.』(F52) 『토플리스는 이미 해변의 일부 아닌가요? 바라보면 기분이 좋아지지요.』(H86) 『토플리스는 눈을 즐겁게 해줘요. 그건 분명한 사실이에요. 특히 매력적인 여자인 경우엔 더하죠.』(H81) 내적·외적 이미지가 혼합되어 몽상적 환상으로 다가오며, 은밀한 즐거움을 맛보려는 눈빛과 달콤하게 밀려드는 나른함 사이를 오가는 중에 이런 즐거움은 더욱 커진다. 『구릿빛 피부, 매력적인 가슴, 아름다운 얼굴, 바람에 흩날리는 머릿결, 물론 그 곁엔 해변이 있고, 부드러운 모래도… 꿈 속에 쉽게 등장하는 여성의 모습이지요…….』(H92)

눈동자는 마음껏 즐거움을 찾아나선다. 해변의 흥분된 모습에 고무되긴 했지만 눈동자는 연극을 관람하는 사람처럼 수동적이다. 그러다 즐거움과 놀라움을 동시에 주는 광경을 발견하게 되면 시선은 고정된다. 심미성(꿈에서 흔히 볼 수 있는 여자), 선정성(서로 다가가서는 안 되는 남녀가 함께 있는 모습), 잔혹성(질투를 이기지 못하는 두 어린아이의 싸움), 희극성(수건으로 몸을 가리고 옷을 갈아입는 우스꽝스런 모습), 비극성(보기 흉한 주름진 가슴). 이렇게 눈동자는 작은 사건들을 넘나들며 관찰한다. 하지만 시선을 끄는 광경만을 본다는 것은 평계에 불과하다. 눈동자는 해변을 여행하면서 좀더 평범하고 기본적인 풍경들을 수집한다. 『우리가 흔히 무의미하다고 말하는 행동들이 어쩌면 더 의미있는 것일지도 모른다.』(고프먼, 1974, 81쪽) 주마간산식으로 해변을 훑어보는 수동적인 시선은 사람들의 단순한 행동과 이미 예전에 보았던 모습을 수집한다. 또 이런 모습은 이미 시상 속에 자리잡고 있는 광경 위에 포개어진다. 시간이 지남에 따라 현실 속의 진짜 현실은 이렇게 형성된다. 이미 예전에 입력된 이미지가 외부의 관찰을 통해 재확인되는 순간이다. 이 과정에서 인간은 눈동자보다 더 적극적이다. 인간은 피사체를 향해 스스로 형성한 도식을 투사시키며 이 도식을 고정화시키려 한다(고프먼, 1991). 이를 위해서는 눈길을 한 번 던지는 것만으로도 충분하다. 그러나 인간의 창조성에는 한계가 있다. 빨간불인데도 그걸 파란불이라고 상상하는 것은 지극히 위험한 일 아닌가? 눈동자는 꿈을 현실에 그대로 투사한다. 물론 그 현실에는 든든한 초석이 있다. 다름 아닌 눈에 덜 뜨이는 평범한 행동들이다(이런 행동들은 모든 사람들이 같은 방식으로 반복하기 때문에 더 이상 시선을 끌지 않게 된다). 이것이 바로 사람들이 말하는 「정상적」 행동이다. 진실의 토대는 사회의 육체적 변화에 의해 강요된 규범 안에 존재한다. 슈미트(1990)는 중세 서양사회에서 정상적 행위가 어떤 식으로 의식화되고 명료화되었는지 보여주고 있다. 시대를 막론하고 규범 속에 포함되는 행동은 진실을 상징했다. 대중의 충실한 규범준수 덕분에 정상적인 행동이 점점 눈에 띄지 않게 되자, 이제는 상궤에서 벗어난 행동에 대해 일반인의 관심이 집중되었다. 그러나 두 가지 경우 모두 절차는 동일하다. 인간은 사회를 관찰함으로써 파악한 정상적 행동을 바탕으로 현실을 구축하는 것이다. 기본적 현실구축을 가능하게 하는 시선은 소란스럽지 않으며, 의식세계의 노력을 요구하지도 않는다. 단지 이미 내재화된 도식(기억과 육체 안에 습관의 형태로 용해되어 있는)을 확인하는 것만으로 충분하다. 만약 자신의 습관과 해변에서 관찰되는 정상적 행동 사이에 차이가 있다면 개인은 이를 조정해야 한다(고프먼, 1973). 이 조정 과정에서는 이완된 태도, 즉 어떤 일이 있어도 규범을 믿고자 하는 의지가 중요한 것이다. 정상적 행동에 근접하기 위한 조정과정에서『개인은 모종의 고요함을 예상할 뿐 아니라, 그런 고요함에 의지할 권리가 있다고 생각한다.』(고프먼, 1973, 228쪽) 가장 중요한 시각적 작업은 해변의 관습인 무기력증과 완벽하게 양립된다.

고정된 시선

　　수동적으로 시선이 몰입되어가는 풍경을 바탕으로, 소리 없이 진행되는 규범 형성을 바탕으로 해변의 이미지는 갑자기 신호를 보내고 신랄함을 떠올리게 한다. 한편 시선은 영상을 포착하고 이를 인지기관에 전달한다. 또한 주어진 대상을 게걸스럽게 삼키고 때에 따라서는 지적인 저작(咀嚼)작용을 시작한다. 일반적 시선과 구별되는 독특한 시선은 매우 다양한 양상을 띠며, 때로는 그 정도가 약할 수 있다. 풍경에서 약간만 이탈되는 사소한 광경에도 관심은 조심스레 쏠린다.『해변에 있을 때 사람들의 눈동자는 쉬지 않고 움직여요.』(H37)『그건 정상이에요. 정말 그래요. 당신도 그렇지 않아요? 남자도 쳐다보고 여자도 쳐다보고. 당신은 또 이렇게 말할 거예요.「어머나! 저 여자는 정말 몸매가 예쁘네!」또는「난 저런 체형은 싫더라」등등이요.』(F148) 하지만 더 강력한 시선도 존재할 수 있다. 어쩔 도리 없이 눈길이 쏠리게 되고 그 대상에 시선이 고정될 때, 시선이 그 대상에 몰입되어 사로잡히게 될 때 등이다.『도저히 보지 않고는 견딜 수 없어요』(H37)와 같은 경우다. 토플리스는 보편화 과정을 겪고 있으며, 적어도 그럼으로써 해변은 토플리스를 수용한다. 이는 토플리스가 정상적인 행동범주에 포함됨으로써 더 이상 사람들의 시선을 끌지 못한다는 사실을 의미한다. 이제 정상적인 모습이 되었으므로 사람들은 관심을 보이지 않으며, 사람들이 더 이상 쳐다보지 않음으로써 토플리스는 정상적인 관행이 된 것이다. 『이젠 하나의 규범이 되어버렸잖아요. 정상적인 형태의 가슴이라면 더 이상 사람들은 쳐다보지 않아요.』(F8) 이를 위해서는 한 가지 조건이 충족되어야 한다. 즉 가슴 자체가 「정상」이어야 하는 것이다. 달리 말하면 사회규범의 바탕이 되는 형태학적 규범을 준수하는 가슴이어야 한다. 그러므로 가슴 모양이 비정상적이면 토플리스 자체가 비정상이 되는 것이다. 동시에 평범함과 비가시성은 사라지고 곧 사람들의 시선은 집중된다. 비정상적인 가슴에는 두 가지가 있다. 추하거나 또는 너무 매력적인 경우다. 해변은 시선의 변화를 야기시키는 조건을 설명하기 위해 종종 극과 극인 두 용어를 함께 묶어 같은 부류로 취급하는 경향이 있다. 『우리 그이는 토플리스 하는 여자들을 쳐다보지 않아요. 여자가 못생겼거나 눈에 띄게 예쁘지 않는 한.』(F73) 『비정상적일 정도로 너무 예쁘거나 비정상적으로 못생긴 경우엔 쳐다보게 되지요.』(H43) 『만약 제 가슴이 지나치게 처졌거나 지나치게 매력적이라면 아마 토플리스를 안 할 거예요.』(F39) 『가슴이 예외에 해당될 정도로 완벽하거나 반대로 끔찍하게 보기 싫은 경우, 사람들의 시선은 집중되죠. 혀를 내두를 정도의 경탄, 또는 포유동물을 향한 냉소인 셈이죠.』(F8) 크리스텔은 한 마디로 『그런 여자들은 시선을 끈다』고 말한다. 비록 눈이 인체의 일부이긴 하지만 인간이 눈의 행동을 모두 지배하진 못한다(눈을 감는 행위를 제외하고). 눈을 유혹하는 것은 가슴이다. 그 가슴은 평범함과 조용한 시선을 유도하는

규범과는 거리가 멀다. 야니크(Yannick)는 말한다. 『사실 볼
거리를 제공하는 여자들이 있어요. 지나치게 큰 가슴을 보면
웃음이 나와요.』(H1) 『가끔 특이하게 시선을 잡아끄는 가슴
이 있어요. 주로 성적 매력이 넘치는 그런 가슴이지요.』(F71)
아르노(Arnaud)는 해변에「문제성」있는 여성이 등장할 때마
다 자신의 의지와는 상관 없이 시선이 쏠리는 데 대해 스스로
곤혹스러움을 느낀다. 그는 자신이「그런 광경에 초연해질 수
있게 되길」원한다. 그러나 그의 시선은 비정상적인 대상이 나
타날 때마다 분주해진다. 예를 들면 엄청나게 크거나 추한 가
슴을 가진 여자가 나타났을 때다. 『마치 한쪽 다리가 잘린 사
람을 보는 것처럼 저도 모르게 눈길이 가요.』(H21) 일반적으
로 신체장애는「상당히 시선을 집중시키는 요인」이다(르 브
르통, 1992, 92쪽). 해변에서는 아주 작은 신체장애에도 많은
사람들의 관심이 쏠린다. 해변에서 한쪽 팔이나 다리가 없는
사람을 보기 힘든 것은 우연이 아니다. 형태학적 기준이 여전
히 효력을 발휘하는—어떤 모습이 정상인지 규정하기 위해—
해변에서 조금이라도 비대한 가슴을 가진 여성은 일종의 신체
장애인처럼 여겨진다. 특히 그런 가슴을 가진 여성이 게임의
법칙을 준수하지 않을 경우에는 더욱 시선이 쏠린다. 『충격적
인 장면일 때, 또는 정상에서 벗어난 모습일 때 쳐다보게 되지
요.』(F157) 약간 늘어진 가슴이 보기 흉하게 처진 가슴으로
비추어지기 위해서는 자리에서 일어나 있는 것만으로도 충분하
다. 누워 있을 때, 살갗이 알맞게 그을렸을 때, 움직이지 않고
제자리를 지킬 때, 시선은 그 사람 위를 미끄러지듯 지나가며
평범한 인물로 분류시킨다. 아네스도 그런 경험이 있다. 그녀
는 자신이 일어설 때마다 주위의 시선 또한 바뀐다는 것을 피
부로 느낄 수 있었다. 게다가 주위 사람들은 시선이 바뀔 때마
다 몸까지 뒤척이는 것이었다. 『그건 사람들의 시선을 통해서

쉽게 알 수 있어요. 자신을 향한, 또는 지나가는 사람을 향한 시선을 통해서요. 그럴 때 사람들은 훨씬 많이 쳐다보는 걸요.』(F87)

그렇다면 왜 사람들은 이토록 관심을 갖는가? 「비정상이기 때문」이라고 해변은 대답한다. 하지만 사람들은 왜 비정상에 끌리는 것인가? 그 이유는 다음과 같다. 즉 정상적인 모습은 기존의 도식을 확인하기 위해 단순히 조용한 시선만을 유도하는 데 비해, 비정상적인 모습은 전혀 다른 상당한 양의 작업을 필요로 하기 때문이다. 비정상은 현실 구축의 핵심을 이루는 「규범」 자체에 대해 의문을 던진다. 동시에 비정상은 그 행동들을 관찰하고 연구하게 하며, 정상과 대치되는 새로운 자리를 마련케 한다. 더불어 기존의 틀을 그대로 유지할 것인가, 아니면 게임의 법칙을 수정할 것인가에 대한 고민거리를 안겨준다. 정상은 안정된 현실이 아닌, 변화의 가능성이 있는 열린 공간이다. 즉 매순간 주어지는 수많은 대답에 따라 바뀌어질 수 있는 공간인 것이다.

반사작용의 시선

복합적 대상인 노출된 가슴은 못생겼거나 매력적인 경우에만 사람들의 눈길을 끄는 것이 아니다. 단지 가슴이고, 또 노출되었다는 이유만으로 남성들의 시선이 머물게 된다. 이는 일종의 유전적 행태로서, 토플리스가 아무리 보편화될지라도 남성들에게 뿌리깊이 박혀있는 오래 된 관행을 완전히 지우기에는 역부족이다. 『태우기 위해서건 남자를 유혹하기 위해서건 간에, 가슴이 예쁘건 밉건 간에, 토플리스를 하는 여성에게 어쨌든 시선이 쏠리게 돼요.』(F181) 『아! 분명 시신경을 자극하지요. 그건 부인할 수 없는 사실이에요.』(H28) 『노출이 시작되는 순간부터 사람들은 쳐다보지 않고는 견딜 수 없게 되지요. 거기에는 일종의 메커니즘이 있을 거예요.』(H2) 클로딘은 주변에서도 이런 관심을 발견할 수 있었다.『가슴을 본다는 것 그 자체가 관심을 끄나 봐요.』(F65) 그녀의 말은 시각적 메커니즘의 분석을 좀더 심도 있게 진행할 수 있게 해준다. 관심을 끄는 것은 바로 본다는 사실 자체다. 처음에 눈동자는 해변을 돌아다니며 보편적인 장면들을 수집한다. 그러나 이렇게 대량 수집된 장면 중 일부분만이 관심을 유발한다.『시선은 한 곳에 고정돼 있지 않고 해변 곳곳을 돌아다니죠. 그러다 토플리스를 하는 여성이 눈에 들어오면 그 땐 반응이 달라져요.』(F37) 에디트는 해변에서 완전 나체상태로 수영복을 갈아입는 남성에게 자신도 모르게 시선이 간다고 - 토플리스를 하는 여성을 바라보는 남성과 마찬가지로 - 말한다.『보지 않으려 해도 어느새 시선은 그 남자를 향해 있어요. 그렇다고 별다른 생각이 있어서 그러는 건 아닌데… 보지 않고는 견딜 수 없는걸요.』(F174) 이렇게 수집된 첫번째 영상은 해변에 대한 정보를 제공해준다. 즉 시신경이 먼저 반응한 후 두뇌작용이 이루어지는 것이다. 쳐다보는 시간을 정하기 위해, 이미 의식세계에 노달한 쳐다보는 행동의 방식을 정하기 위해, 주어진 자료를 바탕으로 몽상에 들어가거나 좀더 깊게 생각하기 위해……. 그러고 나서 다른 장면으로 옮겨가는 것이다.

　　나체에 시선이 가는 것은 불변의 인류학적 사실이 아니다. 일종의 반사작용으로 자리잡을 정도로 남성들의 가치관에 뿌리깊이 박혀있는 이 행동은 어느 정도 문화적 영향을 받으며 변동될 수 있는 것이다. 오늘날 토플리스가 보편화됨에 따라 이런 반사작용도 점점 수그러드는 경향이 있다. 단, 토플리스를 하는 방식이「정상적」일 때에 한해서만 그렇다.『눈길이 가는 건 사실이에요. 하지만 그런 모습을 하도 자주 보게 되니까 이젠 더 이상 관심도 없어요.』(H4) 평범한 가슴을 가졌고 누워서 토플리스를 하는 세브린느는 시각적 압력이 줄어들었음을 느꼈다. 『처음 토플리스를 시작할 때보다 한결 편해요. 사람들이 덜 쳐다보거든요. 전보다 확실히 덜한 것 같아요.』(F183) 신체 일부가 노출되었다는 단 한 가지 이유 때문에 쏠리던 시선은 이제 완전히 사라진 것 같다고 브리지트(Brigitte)는 이야기한다. 『남자들도 이젠 더 이상 관심 있어 하지 않아요. 뭐랄까 하나의 풍속으로 완전히 정착한 것 같아요. 풍경의 일부가 된 셈이죠.』(F7) 일종의 풍속으로 자리잡았다 함은, 토플리스가 정상적 행동이 됨으로써 사람들의 눈을 더 이상 끌지 않음을 뜻한다. 또 풍경의 일부가 되었다 함은, 토플리스를 하는 여성을 향한 사람들의 눈길이 해변의 다른 풍경을 보는 것같이 초연해졌음을 의미하는 것이다.

그러나 브리지트의 이런 생각은 소수의견에 불과하다. 토플리스를 하는 대다수 여성의 의견을 대변하는 제시카의 말에 따르면 여성의 나체에 관심을 갖는 남성의 눈길은 아직도 존재한다. 하지만 시선이 머무는 시간이 너무 짧은 탓에 이런 시선은 이제 존재하지 않는 듯하다. 『한 2초쯤 쳐다보고는 말지요. 그런 사람은 수도 없이 많아요.』(F16) 하지만 이런 눈길이 반사작용(허용된)의 수준에 머물며, 고의적인 눈길(금지된)로 발전하지 않기 위해서는 첫번째 반사작용이 진행되는 시간과 강도를 현명하게 조정해야 한다. 해변은 쳐다보는 사람과 그 대상이 되는 사람의 입장을 모두 감안하여 정상적인 행동을 규정했고, 그 행동이 해변이라는 무대에서 어떻게 적용되는지에 대해 면밀히 관찰해왔다. 예를 들어, 남성들은 쳐다보는「방식」에 중점을 둔다. 즉 쳐다보기는 하되, 한번으로 족해야 하고「상반신을 쳐다본다든가」한 사람을 오랫동안 쳐다보는 일은 삼가야 한다고 생각한다. 『쳐다봐요. 그래요, 쳐다보긴 하지요. 하지만 한번이면 족해요.』(H88)『쳐다본다는 건 확실해요. 하지만 그 이상은 아니예요.』(H18)『쳐다보는 건 꽤 즐거운 일이에요. 하지만 그렇다고 해서 노골적으로 가슴을 쳐다봐서는 안 되지요.』(H93) 여성들은 남성들의 시선이 머무는 시간을 측정하고(「2초 동안」이라고 한 제시카의 말은 상투적인 표현일 뿐이며, 실상 허용된 시간은 이보다 짧다) 과연 그들이 다른 곳으로 눈을 돌릴 능력이 있는지 검증한다.『한번 쳐다보았다가 금방 다른 곳으로 향하는 시선은 괜찮아요. 하지만 한곳을 뚫어지게 보는 건 곤란하지요.』(F87)『잠시 동안이라면 괜찮지만 그 시간이 너무 길어지면 참기 힘들어져요.』(F149)『너무 오래 쳐다봐서는 안 된다구요!』(F183) 솔랑주는 그런 사람들에게 「약간의 관음증 경향」이 있다고 지적하면서도 곧 그들을 정상적인 부류에 포함시키는 관대함을 보인다.『하지만 심각한 정도는 아니예요. 슬쩍 보는 데 그치니까요.』(F76)

보지 않는 듯 보는 기술

『정상에서 벗어나는 눈길도 있을 수 있어요. 하지만 사람들은 이렇게 말하죠. 고비란 있게 마련이라구요. 그건 서서히 변화되는 일인 만큼 언젠간 더 이상 문젯거리로 여겨지지 않을 거예요.』(F37) 아니는 연속적 단계를 밟아 태도를 변화시키는 「역사적 과정에의 참여」에 대해 분명한 의식을 가지고 있다. 해변은 18세기 말 시선의 체제-오늘날에는 더 이상 통용되지 않는-에 의해 새로이 부각되었다. 하나의 풍경으로서 자리잡았던 해변(육체가 자신의 법칙을 포고하기 이전)에서 무언가를 뚫어지게 응시하는 행동은 당연한 것이었으며, 이는 「쌍안경 놀이」로 상징되었다.『당시의 증인들은 입을 모아 이렇게 말한다. 「쌍안경 놀이는 당시의 남자들이 해변에서 시간을 보내기 위해 애용하던 취미였다.」』(코르뱅, 1988, 93쪽) 오늘날에는 몇몇 노인들만이 당시의 풍습을 재현시킴으로써 이미 막을 내린 그 시대의 모습을 증언하고 있다. 접이의자에 편안하게 앉아서 오랫동안 이곳 저곳을 응시하는 73세의 할머니 욜랑도 그런 경우다. 『집에서 텔레비전 연속극 보는 것보다 한결 낫지.』(F113) 또는 자비에가 지적하는, 「오후 내내 쌍안경을 들고 해변을 이리저리 관찰하는 작은 파라솔 밑의 노인들」(H59) 또한 같은 부류다. 하지만 앞으로 해변은 더 이상 노골적인 관찰을 허용하지 않을 것이며, 그저 한번 훑어보는 것만으로 만족해야 한다. 즉 관심을 가지고 특정 대상을 지켜보는 것은 적절한 행동이 아니며, 「마치 다른 곳을 보는 것처럼」(H68) 의미 없는 시선을 이리저리 던지는 것이 예의바른 행동이 된 것이다. 이런 새로운 방식은 토플리스가 처음 시작되던 당시에도 이미 어느 정도 자리잡고 있었다. 그러나 누군가가 고요함에 돌을 던지기 시작했다. 『아주 초기엔 모든 사람들이 다 쳐다보았어요.』(F79) 『남자들은 이런 말을 주고받곤 했지요. 「너, 그 여자 봤니? 굉장해!」라구요.』(F81) 그러나 토플리스가 점차 평범한 사건으로 자리잡게 되자 가슴을 노출한 여성을 바라보는 시선도 변하기 시작했다. 『이젠 평범한 일이 됐어요. 예전의 그런 눈빛은 찾아볼 수 없어요.』(F81)

하지만 시선이 담고 있는 표현은 끝도 없을 정도로 다양하다. 불타는 듯한, 강렬한, 도발적인, 차가운, 무관심한, 집착하는, 탐욕스런, 이글거리는, 호기심 가득한, 조심성 없는, 노골적인, 솔직한, 반짝이는, 영감을 받은 듯한, 천진난만한, 순수한, 응시하는, 즐거운, 장난기 어린, 빛나는, 비꼬는, 빈정거리는, 슬픈, 고통스런, 고뇌에 찬, 눈물을 머금은, 엉큼한, 당황케 하는, 매끄러운, 타는 듯한, 주의 깊은, 따스한,

경탄을 담은, 사랑스런……(데캉, 1989). 이런 눈빛은 상대방에게 전하려 하는 메시지, 즉 의미와 더불어 감정을 담고 있다. 가장 이상적인 상태를 말하면 시선은 어떤 표현도 담고 있어서는 안 되며, 어떤 메시지를 전하려 해서도 안 된다. 또 시선의 주체는 아무런 감정도 느끼지 못한다고 간주되거나 또는 느끼게 되더라도 비밀스럽게 가슴 속에 담고 있어야 한다. 즉 중립적인 시선, 타인을 향해 아무런 의미도 담고 있지 않은 시선, 자신만을 향한 시선이어야 한다. 또한 이 시선은 탐미주의자의 시선처럼 「보려고 하는 욕망으로부터 초연한 시선」이어야 한다. 이 시선은 아무런 관심도, 필요성도 담지 않은 지극히 편안한 상태의 발현이다[피에르 부르디외(Pierre Bourdieu), 1979, 58 쪽]. 그러므로 토플리스를 하는 여성에게는 노력(구경거리를 제공해서는 안 되는)이 요구된다. 시선의 주체가 초연한 상태에 도달하기 위해서는, 시선의 객체가 무의식적인 반사작용을 일으킬 만한 원인을 제공해서는 안 되기 때문이다. 여러 사람이 공통적으로 말한 다음의 구절은 가장 이상적인 모델이란 어떤 것인가를 잘 보여주고 있다. 「마치 다른 것을 보는 것처럼 쳐다보는 것」. 『제 친구 경우를 들자면… 그 앤 해변에 구경거리를 찾으러 나오는 건 아니에요. 하지만 뭔가 특이한 대상이 있으면 마치 다른 사람을 보는 척하면서 눈길을 던져요.』(F71) 어딘가 분명하지 않고 2중적 의미를 지닐 수 있는 대답이지만 「보지 않는 듯 보는 기술」의 모든 것을 말해준다. 우선 「다른 곳을 보는 것처럼 쳐다보는 것」이 기술의 핵심이다. 하지만 그 밖에도 다른 조건이 충족되어야 한다. 즉 자신으로부터 이탈된 듯한 눈빛으로 상대방을 바라보는 동안 의식세계도 다른 대상을 향해 있는 듯이 보여야 하는 것이다. 그럴 때에만 눈동자는 어떤 의미도 담지 않은 채 중립성을 지킬 수 있으며, 더 나아가 외로운 몽상의 물결 속에서 부유할 수 있게 되는 것이다.

사실「보지 않는 듯 보는 기술」은 낯선 것이 아니다. 볼로뉴는 이 기술이 적용되었던, 매우 인상 깊은 에피소드를 전해준다. 르네상스 시대부터 정숙함에 대한 신사고가 자리잡게 되자(문명화 과정의 1단계) 사람들은 인분이나 배변행위를 지극히 불결하고 천한 것으로 생각하게 되었다. 그 역설적인 결과로서 사람들은 더 이상「그 장소」를 언급하지 않게 되고, 그 장소는 건축가들로부터 외면당하기에 이르렀다. 그러므로「그 행위」는 사람들이 지나다니는 곳에서 해결돼야 했지만(유일한 해결책은 덤불을 찾는 것이었지만, 덤불이 아무 곳에서나 쉽게 발견되는 것도 아니었고 우천시에는 특히 불편했다) 그 행위가 갖는 은밀한 성격은 변할 수 없는 것이었다. 이런 역설적 상황을 해결할 수 있는 유일한 방법은「보고서도 못 본 척」하는 기술에 바탕을 둔, 새로운 행동양식을 실천하는 것이었다. 1731년 《품위 있는 윤리학(Éthique galante)》이라는 책은 다음과 같은 태도를 권장했다. 『자연의 부름을 받고 응답 중(생리작용 중)인 사람 곁을 지나갈 때엔 못 본 척 지나쳐야 한다. 인사말을 던지는 일반적인 예절과는 상반되지만 그것이 품위 있는 행동이다.』(볼로뉴, 1986, 165쪽) 이렇듯 오래 된 관행인「보고서도 못 본 척」하는 기술은 최근 시선의 교류가 급증하고 있는 공공장소—공식적인 게임의 규칙과 개인의 비밀 사이에 존재하는 모순이 점점 커가는—에서 전형적으로 사용되는 행동방식이다. 이 기술은 앞으로 점점 더 보편화될 것이며, 적극적이고 체계적으로 실행될 것이다.

「보지 않는 듯 보는」기술은 개인이 자유자재로 시선의 이동과 정지를 명령할 수 있을 때에 비로소 가능해진다. 한 곳을 응시하는 행동 자체가 금지된 것은 아니다. 다만, 그 대상이 모든 사람이 공감할 정도의「중립성」을 띠어야만 한다. 해변이라면 수평선, 멀리 보이는 바다, 또는 갈매기, 배와 같은 것이 대상이 될 수 있다. 사실 한 곳을 응시하는 행동은 이 쪽에서 저 쪽으로 응시대상을 바꾸는 동안 시선의 이동을 가능케 하므로 나름대로 유용한 것이다. 즉 그 과정에서 흐릿하지만 관심있는 대상을 비밀스레 포착할 수 있기 때문이다. 하지만 수확의 대부분은 빗자루로 청소라도 하듯이 해변을 훑어보는 가운데-관찰하고 있다는 사실을 숨기기 위한 전형적 술책-얻어진다(고프먼, 1973). 뤼세트와 파트리크(Patrick)는 고개를 한 차례 돌린다. 『고개를 돌리는 모습은 으레 볼 수 있잖아요. 그런 움직임엔 신경 쓰지 않아요.』(F184) 『뭐, 한 번 쭉 훑어보긴 하지만 다시 돌아본다든지 하진 않아요.』(H96) 사실 질문을 받은 사람들이 이 선천적인 기술에 대해 묘사하기란 상당히 힘든 것이다. 보통 때에는 무의식적으로 사용하기 때문이다. 뤼세트와 파트리크는 해변을 훑어보는 자신들의 행동이 규칙적으로 이루어진다고 하지만 이는 약간 과장된 말이다. 어쨌든 관찰 결과 고개를 돌리는 사람들의 행동에서 규칙성을 찾아보기는 힘들었다. 「왼쪽, 오른쪽, 제멋대로」(F30)였던 것이다. 그러나 그들의 말에 귀 기울일 필요가 있다. 비록 고개의 움직임은 그들이 말한 것보다 훨씬 유동적이었으며 그 덕분에 눈동자는 사방을 훑어볼 수 있었지만(한 순간도 쉬지 않고) 그들의 모습은 단순한 일탈이 아니다. 그 모습은 의식의 세계에 입력되어 있는 시선체계의 적극적 원칙, 즉 「빗자루질의 필요성」을 나타내는 것이다.

작은 실수는 허용되고 또 해변은 그만큼 관용적이다. 하지만 단 몇 초 만에 「보지 않는 듯 보는」 기술에 대한 믿음을 깨뜨릴 수 있는, 불경스런 방법은 지양되어야 한다. 가장 심각한 실수는 노출된 가슴을 향해 표현력 가득한(감탄이건 비난이건 간에) 시선을 던지는 것이다. 그러므로 시선은 항상 중립성을 띠어야 하며, 어떤 경우에도 여성의 가슴 위에서 멈추는 일은 없어야 한다. 그 밖에도 문제성을 내포하는 행동이 몇 가지 더 있을 수 있다. 예를 들면「훔쳐보는 일」을 즐기는 사람의 비밀스런 시선이다. 그들의 시선은 고도의 기술로 무장된다. 특별히 가슴만을 바라본다는 증거가 없는 한, 슬쩍 쳐다보며 희미한 영상을 포착하는 것은 묵인될 수 있는 행위다. 그러나 명백한 2중성이 드러나거나 영상을 비밀스럽게 포착하려는 수치스런 전법이 탄로나는 경우, 곁눈질을 하는 행동은 비난의 대상이 된다. 이 모든 것은 얼굴이나 신체의 미묘한 움직임을 얼마나 잘 관찰하느냐에 달려 있다. 그들에게「보지 않는 듯 보는」기술은 하나의 가면에 불과한 것이다. 또 다른 중요한 금기사항은「시선을 주고받는 일」이다. 해변은 멀리 떨어져서 바라보는 독특한 사회관계를 바탕으로 형성되며, 이 관계는 지극히 개인주의적인 것이다. 또한 그 관계는 해변에서 포착된 영상을 바탕으로 비밀리에 이루어진다. 이런 해변에서 시선을 주고받는 행동은 용납되기 힘들다. 시선의 교류는 다른 형식의 커뮤니케이션 방식일 뿐만 아니라, 토플리스와 가장 이율배반적일 수 있는 관계, 즉 다름 아닌 남녀 관계가 형성될 가능성을 암시해주기 때문이다. 해변은,『토플리스가 가능한 이유는 여성의 가슴이 노출되었지만, 그 이상의 사건이 발생하지 않기 때문이다』라고 이구동성으로 이야기한다. 나아가 신체적 접촉도 없으며 서로 이야기를 나누는 경우도 없고 시선의 주체와 객체 사이의 교류는 현 수준 이상도 이하도 아닌, 중립적인 것으로서 완전한 익명성이 보장되기 때문이라고 말한다.『시선이 가끔 마주치는 경우를 제외하면 실질적인 관계란 전혀 없어요.』(H86)『건수를 올리려는 사람도 있어요. 그런 만큼 쳐다보지 않으려고 애써야 하지요.』(F149) 서로 시선이 오가는 것은 사랑이 싹틀 수 있는 전형적인 조건이다. 눈은 상대방의 가

장 깊은 곳까지 파고들 수 있다. 남성들의 눈빛에 특별한 속셈
이 없다는 사실을 회의론자들에게 증명해야 하는 해변에서, 낯
모르는 남녀 사이의 그윽한 눈길은 참을 수 없는 것이 되고 만
다. 하지만 해변을 둘러보다가 순수한 우연의 일치로 남녀의
시선이 교차되는 경우도 있고(고프먼, 1973), 한 남성의 시선
이 토플리스를 하고 있는 여성의 시선과 다시 맞부딪치게 되는
경우—고의가 아닌—도 있다. 그러므로 이론상 적합한 행동은
다음과 같다. 우선 남성은, 눈이 마주침으로써 갑자기 불꽃 같
은 사랑이 시작될 수 있다는 전형적인 로맨스의 신화를 지워버
리고, 감정이 생길 수 있는 요소를 모두 없애버린다[루세
(Rousset), 1984]. 또 아무런 표정도 담지 않은 공허한 눈빛을
나름대로 잘 관리하며, 여성의 시선과 마주쳤을 때에는 재빨리
눈길을 돌려야 한다. 단, 이 때 너무 허둥대는 것은 바람직하
지 않다. 그것은 마음이 동요되고 있다는 사실을 암시하기 때
문이다. 어쨌든 다른 곳을 보고 있었다는 듯 느긋하게 눈길을
돌릴 것.

「조금만 더 !」가 지닌 모호성

중립적이고 무관심한 시선을 끌어내는 「토플리스 보편화」의
논리가 해변을 지배하는 유일한 법칙은 아니다. 보편화 논리
이외에도 2차적인 논리가 작용하며, 이 논리는 「보지 않는 듯
보는」기술과 모호한 방식으로 결합되어 서로 다른 시선체계
를 구축한다. 2차적 논리 중 눈에 띄는 것은 미에 바탕을 둔
여성의 자존심이다. 주위 사람들의 부추김은 기분 좋은 일이
될 수 있으며, 거울에 비친 자신의 모습은 주관적으로 다가
온다. 그러나 자신을 향한 타인의 시선은 객관적으로 미를
평가하는 수단이 된다. 자신의 외모가 타인의 시각적 반사작

용을 일으키게 한다는 사실을 느끼는 것만으로도 여성은 긍정
적인 정체성을 확립할 수 있다. 『남들이 쳐다보면 왠지 기분이
좋아요.』(F128) 그러나 「보지 않는 듯 보는」기술과 마찬가지
로 이 경우도 시선이 너무 집착을 보여서는 안 된다. 『잠시 슬
쩍 쳐다보지요. 이런 남성들의 행동은 여성에겐 기분 좋은 일
이 되는 것 같아요.』(H77) 『조화로운 사고를 가진 남자라면
재빨리 한번 쳐다보고 말지요. 「어! 저 여자 몸매가 괜찮군」
등의 생각을 하면서 말이죠.』(H93) 「조화로운」 남자, 달리 말
해서 정상적인 남자라면 비록 평범한 가슴을 가진 여성을 보더
라는 것을 해변이라는 상황에서는 평상시보다 더 끌려야만 한
다. 때로는 경탄의 눈빛을 띤다는 의심을 받기도 하지만, 그는
허용된 시간보다 더 오랫동안 여성을 바라볼 수 있고 또 바라
보아야만 한다. 『정상적인 일 아니예요? 남성들은 아름다운
여성을 바라보기 좋아하니까요.』(F91) 여러 유형의 시선체계
(잠시 쳐다보는 공허한 시선, 아니면 조금 더 오래 쳐다보는
반짝이는 눈빛 등) 사이에서 우리는 상반되는 점을 발견할 수
있다. 해변은 결국 상반된 시선으로 가득 차 있는 셈이다. 그
러기에 타협의 기술은 무엇보다 필요하다. 도달점은 허용된 시
간을 미세하게 조정하는 것, 즉「조금만 더」쳐다보는 것이 된
다. 『아름다운 여성을 발견하면 조금은 더 쳐다보게 마련이
죠. 물론 가벼운 시선으로요. 다른 여자들에겐 평범한 시선을
던지죠.』(H93)

　　그러나 「란미」 객관적으로 가늠할 수 있는 것이 아니다. 자
신이 어떻게 평가되고 있는지를 알기 위해서 여성은 상대방의
눈빛을 읽어야 한다. 하지만「조금 더 오래」쳐다보는 시선 뒤
에는 무슨 속셈이 있는 것인가? 진정 나의 아름다움에 취해서
인가? 혹 벗은 몸에 관심을 갖기 때문은 아닌가? 내 모습이
이상하게 비추어지기 때문은 아닌가? 더 심한 경우, 부정적

으로 평가되는 부분이 있기 때문은 아닌가? 만약 그렇다면 어떤 면이? 일반적으로 상대방이 평가하는 자신의 이미지는, 감정이 담긴 상대의 눈에서 그대로 드러나며, 자신이 호의적으로 비추어지는가 아니면 거부감의 대상으로 생각되는가 역시 쉽게 드러난다(르 브르통, 1990). 그러나 일반적으로 해변에서 볼 수 있는 시선은 중립적이고 무감각하므로 해독이 불가능하다. 아네스(F87)는 토플리스를 할 때면 자신을 향한 눈길을 느낄 수 있다. 그러나 그 눈빛이 무얼 뜻하는지에 대해서는 자신 있게 말하지 못한다. 같은 가슴을 보고도 사람에 따라 평가가 달라지므로 그녀의 이런 태도는 십분 이해할 수 있다. 50대 여성의 가슴을 예로 들어보자. 로제르(Roger)는 50대 여성에게서 특별한 매력을 느끼며 『20대 여성보다 훨씬 아름답다』(F31)라고 주저하지 않고 말하지만, 엠마뉘엘은 『50대 여성의 가슴은 퇴역 군인 같다』라고 말한다. 이번에는 뚱뚱한 여성의 가슴을 예로 들자. 공식적인 해변의 평가에 따르면 가슴이 지나치게 큰 여성은 마치 꼴불견인 것처럼 여겨진다. 그렇지만 가슴이 빈약한 소피는 풍만한 여자들을 볼 때마다 정신 없이 쳐다본다. 자신이 왜 그러는지도 설명하지 못한다. 그 이유가 상황에 따라 달라지기 때문이다. 어떤 때는 해변에 있는 대부분의 사람들과 마찬가지로 더욱 두드러지게 느껴지는 「노출」때문에 뚱뚱한 여성을 쳐다보지만, 또 어떤 때는 정반대로 부러움 가득한 질투심 때문에 그들을 쳐다본다. 『전 혼잣말로 이렇게 말해요. 「어머, 복도 많아라!」』(F39)

그렇다면 뚱뚱한 여성들은 어느 날 자신을 바라보는 시선 중에 소피와 같이 부러움에 가득 찬 눈빛이 있다는 사실을 어떻게 알 수 있을까? 이런 해석을 가능케 하는 객관적 지수는 거의 존재하지 않는다. 여성들이 수집한 정보는 양적인 것(자신을 쳐다보는 사람의 수, 쳐다보는 시간), 또는 시선을 보내는 태도(응시, 무관심 등등)에 관한 것이다. 또한 그 정보를 바탕으로 상대방이 자신을 특별히 관심 있는 눈빛으로 바라보는지, 아니면 그 시선이「보지 않는 듯 보는」단계를 넘은 것인지 정도는 파악할 수 있지만 그 관심의 본질이 무엇인지까지는 알 수 없다. 그것을 상상하는 일은 여성 당사자의 몫이다. 이베트는 처음으로 토플리스를 시도했을 때 사람들로부터 따가운 시선을 느꼈다. 토플리스를 하고 있는 동안 그녀는 사람들의 시선, 특히 여자들의 시선에 온통 정신이 팔려 있었다. 그녀는 다른 여자들이 자기를 나쁘게 평가할까봐 두려웠던 것이다. 『저 여자는 분명 과시하려고 토플리스를 하는 걸거야!』(F86)라는 목소리가 들리는 것 같았다. 그러나 시간이 지남에 따라 이런 시선에 점점 익숙해져 갔고, 이제는 편안하게 토플리스를 즐기게 되었다. 또 더 이상 사람들의 시선에 신경 쓰지 않게 되었다. 그녀는 변화를 이렇게 설명한다. 『시간이 지남에 따라 여자들은 제가 과시하기 위해서가 아니라, 단순히 일광욕을 즐기기 위해서 토플리스를 한다는 사실을 알게 된 것 같아요.』그녀는, 타인의 시선이 변한 것이 아니라 그녀 자신, 그리고 타인의 시선을 바라보는 자신의 시선이 변한 것이라는 사실을 인식하지 못하고 있다. 사실 해변은 무표정하고 중립적인 상태 그대로 머물러 있다. 하지만 아무런 증거 없이 타인의 시선을 평가해야 하는 여성들은 자신이 느끼는 감정만 가지고 나름대로 생각한다. 그러므로 타인의 시선을 해석하는 일은 스스로를 어떻게 평가하느냐와 밀접한 관련을 가진다.

자신을 둘러싼 상황이 긍정적으로 느껴질 때 사람들의 시선은 자신을 우쭐하게 만든다. 그러나 그 반대의 상황일 때는 오히려 타인의 시선이 거북하게 느껴질 뿐이다. 마찬가지로 자신이 참가하고 있는 대화의 분위기가 긍정적이면 사람들로부터 눈길을 받는 것이 기분 좋게 느껴지지만, 그 반대의 상황이면 같은 눈길도 영 다르게 느껴진다. 해변에서도 마찬가지다. 스스로 미인이라고 생각하며 다른 사람들도 그렇게 보리라고 믿는 여성은 타인의 시선을(조심스럽게) 불러들인다. 그러나 자신에게 결점이 있다고 생각하는 여성은 다른 사람들도 자신의 결점만을 바라본다고 생각하며, 되도록이면 사람들의 시선에서 벗어나고자 한다. 그러므로 가장 중요한 것은 자신의 내부에 어떤 유형의「작은 영화(petit cinéma)」가 존재하고 있느냐다. 다행스럽게도 자존심의 논리는 자신에게 관대하며, 다른 사람들이 평가하는 것보다 후한 점수를 주게 마련이다. 또한 이미 전성기가 지난 여성도 토플리스를 하고 있을 때 남들이 자신을 쳐다보면, 그것이 곧 자신의 미모 때문이라고 해석하며 잔인한 해변의 현실을 무시하는 경향이 있다. 타인의 시선이 불편하게 느껴지기 전까지는 그렇다. 엘리스는 자신의 내부에서 이런 불편함이 싹트는 것을 느꼈다. 더불어 타인의 시선을 바라보는 엘리스의 시선 또한 변했다. 『남자건 여자건 간에, 비난의 눈초리로 바라보는 것 같아요.』(F73) 자존심의 논리—스스로가 괜찮은 여성으로 평가되고 있다는 생각을 갖게 하고, 표면적인 거울 게임의 미혹적인 연을 향유하게 만드는— 를 내세우면서도 여성은 사실 다른 시선으로, 즉 더욱 분석적이고 비판적인 눈길로 해변을 관찰한다. 그러나 여성은 이런 정보를 의식의 세계나 몽상의 세계에 직접 전달하지 않는다. 다만, 불안의 물방울을 한 방울씩 내부에 떨어뜨릴 뿐······.

제Ⅲ부

•

여성의
세 가지 육체

해변은 스스로
구속받지 않는다고 생각한다.
그러나 실상 그 곳에서 이루어지는
사소한 행동과 눈길은 모두 통제의 대상이
된다. 해변에서 일어나는 수많은 미시적 상호
작용 속에서「정상적 행동」에 대한 개념이 성립
되며 이 개념을 둘러싸고 중심이 되는 행동체제가
자리잡게 된다. 그리고 이 체제는 일단 정착되고 나면
손가락 하나, 눈동자 한 번 움직이는 사소한 행동까지
지배하게 된다. 그러나 해변은 어느 정도의 실수를 용납
한다. 육체와 시선이 평균적 행동체제의 한계 선상에 위
치하게 될 경우, 해변은 이런 예외적 행동을 묵인하는 듯
하다.「조금만 더」의 경우와 같이 육체와 시선은 중심체제
에서 벗어난, 약간은 건방지고 개인적인 행동을 조심스레
덧붙인다. 그러나 눈에 띌 정도는 아니다. 입에서 흘러
나온 말 한 마디, 무슨 말을 하는 것만 같은 묘한 눈빛,
관능적 기쁨을 내뿜게 하는 느린 손동작 등이 전부다.
노골적으로 말을 하지는 않더라도 육체와 시선은 이
미 해변에 정착해 있는「정당성」에 반기를 든다. 물
론 이런 행동들은 평범한 행동보다 사람들의 눈총
을 받기 쉽다. 그러나 그들은 개인 자격으로
이렇게 행동하는 것이 아니다. 이런 행동은
당장이라도 최전방에서 공격을
개시할 것 같은,

대항할 만반의
준비가 되어 있는 암흑의
군대를 인도하는 척후병과 같다.
곁에서 볼 때 그들은 어느 정도 규칙을
준수하는 듯한 인상을 준다. 즉 육체는 해
변의 법칙에 순종하는 것이다. 그러나 머릿속
에서는 다른 생각이 펼쳐진다. 상식에서 약간 벗
어난 행동 뒤에는 또 다른 해변의 정부가 존재하
는 것이다. 비밀스럽게 행동할 수밖에 없고, 관용이
지배하는 장소에서는 예의 바르게 자신을 표현하는데
만족해야 하며, 행동체제의 경계선을 소극적으로 공격
하는 정부. 그러나 여기에 속아서는 안 된다. 다른 법,
다른 형태의 행동 - 정상적 행위로 인정받기 위한 - 이
태동 중이기 때문이다. 여기서는 세 가지 개념의 정
부가 경합을 벌인다. 그 중 하나는 기존의 위치를
지키려 하는 보편성의 정부이며 나머지 두 정부
는 관능성의 정부, 미의 정부로서 자리 다툼
에 여념이 없다. 이와 같은 세 가지 관점
에 따라 여성의 육체는 각기 다른 모
습으로 비추어진다. 이리하여
여성의 육체는 서로 다른
세 가지 모습을 띠게
되는 것이다.

1

보편성

『모든 사람들이 그걸 하니까요』

여성의 첫번째 육체는 기묘한 대상이며 육체에 대한 일종의 부정이다. 우리가 쳐다본다는 의식을 갖지 않고 보는, 그래서 종국에는 아무것도 보지 않는다고 생각하게 되는, 그런 육체다. 이 첫번째 육체는 정상적 행동의 중심에 있기 때문에 세인의 눈에 띄지 않게 된다. 여체를 향한 터질 것 같은 감정의 파도는 「비가시성」이라는 물체 앞에서 얌전히 사라진다. 노출이 빈번해짐에 따라 사람들은 더 이상 인간의 벗은 몸에 대해 비상한 관심을 갖지 않게 된다. 바로 이것이 문명화 과정에서 나타나는 역설적 현상이다.

여성의 가슴노출은 단 몇 년 만에 이런 비가시성을 형성시킨 좋은 예다. 티에리는 토플리스가 막 시작되던 때를 떠올리고 가슴을 노출한 여성을 바라보며 성적 흥분을 느끼던 일을 기억한다. 『하지만 이젠 끝났어요. 이젠 아무 관심없어요.』(H18) 해변은 이구동성으로 같은 말을 되풀이한다. 『남자들요? 아마 예전엔 두리번거리며 쳐다봤겠지만 지금은 그렇지 않아요.』(F182) 아들린도 토플리스를 하는 여성의 「숫자」와 보편성의 관계를 강조하면서 마찬가지 대답을 한다. 『이젠 토플리스를 하는 여성이 꽤 많아졌잖아요. 남자들에겐 더 이상 관심거리가 아니예요.』(F60) 토플리스를 하는 여성이 증가했다는 사실은 「평범함」의 효과를 설명하기 위해 필수적이다. 『해변에 40명 정도의 여자들이 토플리스를 하고 있다고 칩시다. 처음엔 한 명, 두 명, 세 명 이렇게 쳐다보겠지만, 그 다음부턴… 거의 일상적인 일이 되고 말죠.』(H60) 『매일 해변에서 가슴을 드러낸 여자들을 50명 정도 보게 된다면 누가 관심 있게 보겠어요?』(H45) 로즐린과 아니는 이런 사실을 잘 이해했다. 그들은 주위에 충분한 수의 동지들이 포진해 있지 않는 한 토플리스를 하지 않는다. 『저는 주위에 토플리스를 하는 사람이 많을 때만 해요. 다른 사람들과 마찬가지로 행동하고, 사람들 속에 섞이기 위해서죠.』(F125) 『남들의 시선을 끄려고 해변에 있는 건 아니잖아요.』(F37) 『하는 사람이 많을수록 더욱 수월해지지요. 실제로 모든 여자들이 다 하는 걸요.』(F183) 모든 여자가 토플리스를 한다? 그러나 세브린이 있던 그 해변에는 겨우 3분의 1 정도의 여성만이 가슴을 노출하고 있었다. 『아! 요즈음엔 누구나 다 그러고 있는 걸요. 사람들도 더 이상 관심 있어 하지 않구요.』(F114) 누구나 다 한다? 이런 대답을 한 엘렌이 있던 해변에는 토플리스를 하는 여성의 수가 더욱 적었다. 40세에 이르러서야 처음으로 토플리스를 시작한 초보자 엘렌은 「모든 사람」을 대표할 만한 인물은 못 되었다. 뮤리엘 또한 이 마법의 문장 뒤에 숨어 스스로를 방어한다. 『모든 사람이 다 하니까요.』(F70) 그러나 조사를 하던 그 날, 그녀는 공원에서 토플리스를 하고 있는 유일한 여자였다. 몰래 훔쳐보는 많은 시선의 표적이 될 수 있는 공원에서……. 여기서 토플리스의 보편화는 더 이상 그 순간의 「수적 효과」와 연관되지 않는다. 『모든 사람이 한다』라는 말은 정확한 계산이나 상황의 철저한 관찰이 아닌, 전반적인 인상과 느낌에서 이루어진 것이다. 게다가 그 인상이라는 것도 측정할 수 있는 정확한 비율을 토대로 이루어진 것이 아니라, 이미 획득된 「비가시성」과 「확신」-토플리스는 정상적인 행동이라는-에서 얻어진 것이다. 구조의 항구적 현실을 공고히 하는 것은 집단 구성원의 인정이다(베르거, 1971). 토플리스에 대한 전반적 인상은 앞으로 비교적 안정적이고 독립된, 고유의 생명력을 얻게 될 것이다. 비록 공원에서 토플리스를 하고 있는 사람은 혼자뿐이었지만 뮤리엘은 자신이 남의 눈에 띄지 않는다고 생각한다. 다른 장소에서는 「모든 사람」이 토플리스를 하고 있고, 또는 적어도 할 수 있으므로, 누구나 토플리스의 보편화에 대해 공감하고 있다고 스스로에게 말하면서…….

『어디서든 볼 수 있지요』

노출된 여성의 가슴은 해변에서 쉽게 볼 수 있다. 그러나 이젠 비단 해변뿐 아니라 사회 곳곳에서도 심심치 않게 접하게 된다. 『어디서든 볼 수 있어요. TV를 비롯해서 어디서든지요.』(F114) 『영상 매체를 통해서도 그렇고, 이젠 관심 없어요. 흔한 모습이 된걸요.』(F93) 『해변에서, TV에서, 사방에서 볼 수 있어요. 벗은 여성을 소재로 한 광고는 더 이상 낯선 일이 아닌걸요.』(F67) 이렇듯 많은 사람들은 규범을 형성하는 최상의 기관인 TV와 광고를 언급했다. 노출된 여성의 가슴은 이제 차고 넘쳐서 마지막 남은 호기심까지 사라질 지경이다. 『겨우 화장 비누 하나 광고하는 데도 여성의 가슴이 등장하지요. 뭐 여기까진 그렇다 쳐요. 하지만 그 이상이 되면 물건이 더 잘 팔리지도 않을 거예요.』(H72) 『여성의 가슴이라… 수도 없이 많이 보게 되지요. 거의 모든 TV 광고가 여성의 나체를 소재로 하니까요. 샴푸 광고, 요구르트 광고 등…….』(H47) 『심지어 치약 선전에서도 가슴을 드러낸 여성이 등장해요. 너무 자주 보게 돼서… 이젠 무감각해졌어요.』(F156)

『모든 사람이 한다』라는 말은 그 자체로 독립성을 띠게 되어 마치 추상적 개념처럼 작용하는 단순화된 표현이 되었다. 『어디서든 볼 수 있어요』라는 말도 단순화된 표현이기는 마찬가지다. 사실 여성의 가슴을 어디서든 볼 수 있는 건 아니다. 학교, 사무실, 공장, 스포츠 센터 등 가슴의 노출이 엄격히 제한된 장소가 엄연히 있기 때문이다. 더불어 영상매체에 등장하는 노출장면이 아무런 문제도 일으키지 않는 것은 아니다. TV에 등장하는 여성의 가슴은 흔히 볼 수 있는 평범한 가슴이 아니다. 공공연하게 드러냈다면 그건 분명 세인의 관심을 끌기 위해서이며, 심지어 어떤 경우에는 명백하게 성적 의미를 가득 담은 모습으로 연출되기도 한다. 이렇듯 사람들의 이목을 끌수 있는 선정적 모습이 흔해진 것은 사실이지만 이 선정성은 「보는 듯하나 결국에는 아무것도 보지 않는 태도」─이론상으로는 성적인 요소를 모두 배제하는─와 본질적으로 다르다. 해변은 이런 미묘함 속으로 들어가지 않는다. 역설적인 것을 좋아하지 않기 때문이다. 해변은 나름대로 수집하고 아무렇게나 짜맞춘, 단순한 사고만을 필요로 한다. 즉 여성의 가슴은 다른 곳과 마찬가지로 해변에서도 쉽게 볼 수 있으며, 우리의 눈은 이런 광경에 익숙해졌기 때문에 곧 토플리스는 보편화됐다는 논리를 지지하는 것이다.

『어디서든 볼 수 있어요』라는 지적인 마술 지팡이를 가지고 해변은 또 하나의 엉성한 단순화를 꾀한다. 토플리스가 보편화될 수 있었던 까닭은 해변이라는 장소가 바깥 세계와는 전혀 다른, 고유의 특성을 가지고 있기 때문이다. 그 밖에 해변은 그 지역적 경계가 확실하며, 또 해변이라는 공간 내에서만 토플리스를 허용하므로써「확실성」을 성립시키고 있다. 『사실 해변이 아닌 곳에서 가슴을 노출시킨다면 곧장 사람들의 시선이 집중되겠죠. 하지만 여기선 그렇지 않아요.』(H89) 이런 비가시성을 형성시킨 사회적 협약은 상황의 특수성과 밀접하게 연관되어 있다. 1863년 에두아르 마네(Edouard Manet)가 발표한 〈풀밭 위에서의 식사〉란 작품이 스캔들을 불러일으킨 까닭은, 작가가 화폭에 담은 노출의 정도(사실 많은 고전작품들이 이보다 더한 노출을 꾀했다) 때문이 아니라, 그런 노출을 연출한 상황(일상생활)의 생경함 때문이었다. 이 그림 앞에서 사람들은「보는 듯하지만 결국에는 아무것도 보지 않는 태도」를 위한 준거점을 상실하게 된다.

『누구나 다 비슷하게 생겼잖아요』

남성들은 더 이상 관심을 기울이지 않는다. 어쨌든 더 이상 특별하게 볼「거리」가 없는 것이다. 『누구나 비슷하게 생겼잖아요.』(F40) 이 새로운 논리에 의하면「보편화」는 가슴의「몰개성」에서 비롯될 것이다. 모든 가슴은 특별한 의미가 없는, 평범한 가슴의 표본일 뿐이다. 지난날의 시각적 관심은「재화의 희소성」에서 비롯된 것이지만, 오늘날 대량생산된 재화는 매력을 잃어가고 있다. 『요즈음 신세대들은 더 이상 여자 가슴을 관심 있게 보지 않아요.』(H45) 여기서「보편화」란 사람들

의 태도―「보는 듯하지만 결국은 아무것도 보지 않는」―에서
비롯된 것이 아니라, 시선의 객체가 되는 여성의 가슴이 시각
적 매력을 완전히 상실했기 때문에 나타나는 것이다. 조사에
응한 사람들은 기독교 윤리에서 찾아볼 수 있는 「나체의 자연
스러움」을 논리적 배경으로 제시하며 정당성을 주장한다. 기
독교 정신에 따르면 인간의 벌거벗은 몸은 금욕과 원죄 이전의
순수함을 상징하기 때문이다. 이 사상은 이미 나체주의자들이
여러 번 원용한 이론이기도 하다(로랑, 1979). 『쳐다볼 게 뭐
있나요? 너무나 자연스러운 것 아니예요?』(F182) 『그건 자
연스러운 거예요. 아담과 이브를 보는 것처럼…….』(H93)
　「인성」을 상실한 가슴은 곧 「독자성」마저 잃어버릴 가능성
이 있다. 그리하여 여성의 유방은 신체의 다른 부분과 마찬가
지로 육체를 이루는 평범한 조각으로 전락한다. 이런 획일화의
경지에 다다르기 위해 또다시 「자연스러움」이라는 논리가 소
집된다. 여체의 특정 부위를 향한 집요한 시선에 대항하여,
「태초부터의 벗은 몸」이란 논리를 강조하는 태도는 야릇한 시
선의 동기를 박탈하고 모든 시선을 획일화시켜버린다. 이제 가
슴은 등이나 팔꿈치와 별로 다를 것이 없는 평범한 신체 일부
일 뿐이다. 『가슴이 뭐 그렇게 특별할 것까지 있나요. 다른 데
와 마찬가지로 단지 제 몸의 일부일 뿐이에요.』(F93) 크리스
텔은 육체가 무미건조한 중립성을 띠게 된 데 대해 안타깝게
생각한다. 그녀는 「무언가 잃어버린 것 같은」 기분을 느끼며
『조금은 슬프고 공허하다』(F8)라는 말을 덧붙인다. 그러나 변
화는 막을 수 없는 추세로 나아가는 만큼 안타까움을 느껴도
아무 소용 없다. 『그건 변화예요. 가슴은 평범하기 그지없는
신체의 일부분이 된 거예요.』(F63) 그러나 이것이 진정 여성
들이 바라던 바는 아니었으리라. 세인의 시선이 가슴으로 집중
되던 그 옛날, 여성들은 수영복을 벗어던지면서 오늘날과 같은

상황이 도래하리라고는 상상도 못했을 것이다. 야니크는 이런 모순을 지적한다. 『50년 전과 비교해보았을 때 여성의 가슴이 지닌 성적 매력은 많이 줄어들었어요. 하지만 그렇게 만든 장본인은 바로 여성 자신인걸요.』(H1)

『더 이상 어느 누구도 관심 갖지 않아요』

해변은 많은 사람들이 이구동성으로 말하는 단순한 문장을 내뱉고 있지만 이 문장은 사실 복합적인 의미를 숨기고 있다. 『모든 사람이 하잖아요』, 『어디서든 볼 수 있어요』와 같은 말이 그렇고 『누구도 관심 갖지 않아요』라는 대답도 마찬가지다. 「비가시성」은 서로 다른 두 가지 단계에서 형성될 수 있지만 위와 같은 평범한 표현으로 뭉뚱그려 지칭되는 것이다.

우선 비가시성이 형성되는 첫번째 단계를 살펴보자. 이는 성적 의미를 담은 남성의 눈빛이 인정되고 묵인되는 「관음증」의 보편화 단계다. 『그래요. 남자들은 여자들을 쳐다보지요. 하지만 우리도 지나가는 남자들을 쳐다보는걸요. 그건 이미 해변의 풍속으로 정착했어요.』(F74) 『비도덕적이라고 할 수 없어요. 또 그걸 가지고 훔쳐본다고 말할 수도 없구요. 사실 여자들이 자진해서 내보이고 있는 거지, 우리가 비밀스럽게 훔쳐보는 건 아니잖아요.』(H95) 『많이들 훔쳐보지요. 특히 남자들의 경우엔… 하지만 그건 당연히… 어쨌든 사람은 사람을 쳐다보게 마련이니까요.』(F148) 사람들의 대답을 통해 알 수 있듯이 여기에서는 「정상적 행동」의 한계가 꽤 너그럽게 ― 성적인 시선마저 용인하는 ― 책정되었다. 사람들은 「훔쳐보는」 사람이 많아졌다는 사실을 인정하면서도 토플리스가 보편화되었음을 시인한다. 이렇듯 역설적인 결과는 성적인 시선이 내포하는 문제성을 망각한 채 그런 시선을 정상적인 것으로 받아들임으로써 얻어진 것이다. 『우리 그이는 괜찮은 여자가 있으면 쳐다봐요. 하지만 그건 당연한 거예요. 저도 잘생긴 남자가 눈에 띄면 쳐다보니까요. 그건 지극히 당연한 인간 본성 아닌가요?』(F156) 그러나 이런 광의의 보편화가 정당성을 인정받기 위해서는 결코 넘어서는 안 될 마지노선이 확실히 그어져야 한다. 그 마지노선이란 다름 아닌「접촉의 금지」다. 『엉큼한 속셈이 있어서는 안 돼요. 또 신체적 접촉도 마찬가지구요.』(F33) 훔쳐보는 사람들은 시선 게임의 규칙—은밀하게 쳐다봐야 한다는—을 위반한다. 『남자들은 많이 쳐다봐요. 하지만 혀를 내두르면서까지 쳐다보는 사람은 없어요.』(H48) 『저는 남자를 쳐다볼 때랑 똑같이 여자들을 쳐다봐요. 결코 무관심하다곤 할 수 없지만 그렇다고 훔쳐본다고도 할 수 없어요. 여자들을 보면서 입맛을 다신다거나 하진 않거든요.』(H3)

커뮤니케이션의 주요 골자 중 하나는 보이지 않는 것으로 간주되지 않는 대상이 무엇인지 아는 것이다〔와츨라위크(Watzlawick, 1981〕. 바로 여기에「보는 듯하면서 결국은 보지 않는 행동」의 핵심이 있는 것이다. 공식적으로는 보이지 않는다고 간주되는 대상(예 : 여성의 가슴) 또는 자신과 상관 없는 대상에 대해서도 이미 사람들은 많은 지식을 가지고 있다. 비가시성의 첫단계에서 작용하는 메커니즘은 이중의「나」를 연출하는 이중 게임과 흡사하다. 행동의 중심체제는 공식적인 현실이지만 그 뒤에는 음탕한 상상의 세계가 숨어 있다. 그러므로 보편화는 육체와 시선의 동작에 그치는 허울뿐인 것이다. 그러나 두번째 단계의 경우 사정은 달라진다. 사람들은 진정으로 보편성을 믿게 되기 때문에 이중 게임은 자취를 감추고 여성의 가슴은 더 이상「시선의 객체」로서 존재하지 않는다. 이제 우리는 보이지 않는 것으로 간주되는 대상이 무엇인지 알 필요조차 없어진다. 가슴은 진정 사라지고 만 것이다. 조사에 응한 여러 명의 남성들은 결코 여성을 뚫어지게 바라보지 않는다고 자신 있게 단언했다. 그들이 과연 진실을 말하고 있는지 알 도리는 없다. 그러나 대부분의 경우 남성들의 대답은 꽤 진지해보였다. 이본의 경우를 들어보자. 조사 자체를 매우 심각하게 받아들인 그는 첫번째 질문(해변에서 주위의 여자들을 쳐다봅니까?)을 던지자마자 정보가 부족하다는 사실을 부끄러워하며 해변을 재빠르게 훑어보았다. 『아! 별로 신경을 안 썼거든요.』(H45) 조사원은 좋은 기회를 포착한 듯 혹시 필요 이상의 시선을 던지지 않았는지 물어보았다. 그러자 그는 벌컥 화를 냈다. 『결코 아니예요. 전 정말 정직하다구요! 진실만을 말할 뿐이에요. 전 전혀 관심 없어요.』토플리스를 하는 여성들에게 토플리스의 보편화는 재론의 여지가 없는 확고부동한 사실이다. 마르셀린을 비롯한 많은 여성들은 보편화를 철석같이 믿고 있으며, 남성의 시선에 대해서는 생각조차 하지 않는다(금방 눈에 띄는 관음증 환자를 제외하고). 『저는 전혀 신경 쓰지 않아요. 이제 사람들은 더 이상 쳐다보지 않는걸요. 그건 다 옛날 일이에요.』(F149)

일상적인 보편성

비록 모든 사람들이 토플리스를 하는 것은 아니며 아직도 수상한 시선을 던지는 사람이 종종 있지만, 『모든 사람들이 하는걸요』또는『어느 누구도 관심 갖지 않아요』라는 식의 말은 비가시성을 형성시키는 규범을 떠올리게 한다. 일상적인 행동에 대한 사람들의 무관심은 사회생활의 핵심을 이룬다. 매일매일의 현실은 바로 이런 일상적 행동이 반복됨으로써 이루어지는 것이지만 사람들은 그런 사실마저 잊고 있다. 이런 일상적 행위의 반복 속에서 인간관계는 형성되며, 그럼으로써 인간의 삶도 훨씬 수월해지는 것이다.

　남자와 여자는 수없이 많은 상황 속에서 끊임없는 만남을 반복한다. 지적인 교류를 위해, 직업상의 이유로, 스포츠를 통해서, 또는 우정을 쌓기 위해……. 매순간 그 상황에 어울리는 명시된 행동체제가 남녀 간 상호교류의 형태를 결정짓는다. 그러나 대부분의 행동은 지극히 일상적이고 관례적인 것이어서 사람들은 그런 행동을 했다는 사실조차 잊어버린다. 더불어 육체는 잊혀져가며 여성의 육체 또한 망각의 대상이 되고 만다. 바로 이것이 여성의 첫번째 육체다. 예를 들어, 악수는 지극히 평범한, 의례적인 행동이다. 그러나 악수라는 행위는 「공공장소에서의 접촉 금지」라는 법칙을 무색하게 만드는 드문 예 중 하나다. 즉 남자와 여자는 악수라는 미명하에 떳떳하게 손과 손을 마주 잡을 수 있는 것이다. 그러나 사실 손은 애무 행위를 할 때 가장 분주히 움직이는 민감한 부분이 아닌가? 그렇다면 악수를 하는 동안 어떤 일이 일어나는가? 악수라는 행동은 무의식적이고 무감각하게 이루어진다. 그러므로 그 순간 상황과 어울리지 않는 해석은 모두 자취를 감추게 된다. 남자와 여자는 자신의 육체를 초월한 채 상대방의 육체를 느끼지 않으려고 노력한다. 그 순간 손은 마치 자신과 분리되어 있는, 의례적인 행동을 하기 위한 든든한 버팀목이 되며, 확실한 교류를 가능케 하는 효과적인 기구로 변신한다. 모호성이라든가 감정이 개입될 만한 여지는 모두 배제된다. 왜냐하면 사회조직은 가장 단순한 행동에 대한 정의가 명확히 이루어져야만 지탱될 수 있기 때문이다. 그 명확성은 이제 최상의 경지에 다다랐으며, 일상적인 행동은 사람들의 시상에 흔적조차 남기지 않고 사라진다.

　그러나 이런 보편화가 삶을 보잘것 없거나 공허한 것으로 만드는 것은 아니다. 오히려 보편화는 복합적인 작업을 요구하는 적극적인 과정이며, 모든 사람은 이 작업에 동원된다. 개인은 일상적 행동이 보편화되는 것을 거부하지 않는다. 오히려 이런 보편화가 그 무게로 자신을 짓누르기를 바랄 뿐이다[자보(Ja-veau), 1983]. 인간은 보이지 않고 느낄 수 없을 정도로 일상적 행동을 반복하며, 그 반복을 통해 일상의 현실을 구체적으로 만들어간다. 보편화는 강력하고 지속적으로 움직임으로써 장애물로 등장하는, 존재를 복잡하게 만드는 모든 것을 녹여낸다. 시선을 끄는 대상, 문제를 제기하는 대상, 감정으로 가득 찬 것들은 모두 보편화의 장애물이다. 이런 보편화 덕분에 어느 날 해변에서 보게 되는 여성의 가슴은 그냥 스쳐지나가는 대상으로 비추어진다.

2

성(性)

보편성은 여성의 첫번째 육체, 즉 보이지 않는 육체를 규정한다. 그러나 모든 사람들이 이 보편화의 논리에 부합되는 시선을 보내는 것은 아니다. 어떤 사람은 보편화의 논리에 순종하는 것처럼 행동하지만, 이는 자신의 생각을 효과적으로 숨기기 위한 연극에 불과하다. 때로는 노골적으로 보편화에 반대하는 사람들도 있다. 이제 우리는 전혀 다른 세계로 들어가게 된다. 그 안에서 남성의 또 다른 시선을 발견하고 여성의 또 다른 육체, 즉 관능적인 육체를 만나게 될 것이다.

남자들, 그리고 벗은 몸의 실체

보편성의 법칙에 반기를 드는 남자들은 어떤 사람들인가?

그들은 주로 해변의 주변인이다. 자신의 충동대로 행동하는 단순한 사람들, 아직 감정의 통제 원칙을 습득하지 못한 젊은이들, 해변에서 진행 중인 새로운 관습에 미처 익숙해지지 못한 나이가 지긋하게 든「산보족」, 문명화 과정을 따라가지 못하는 뒤처진 사람들……. 간단하게 말해서「훔쳐보는 사람들」,「불명예스러운 관음증 환자들」이다. 바로 이들이 해변이 그려내는 전형적인 초상이다.『나이 든 사람들, 그 사람들은 바로 여자들을 훔쳐보기 위해서 해변에 나와 있는 거예요. 하루도 빠지지 않고 해변에 나와요. 마치 원색적인 사진으로 가득 찬 잡지를 사 보는 것처럼요.』(H16) 하지만 파트리스(Patrice)는 그들을 너그러운 시선으로 쳐다본다.『대개 뭔가 결핍된 사람들이에요. 같은 여자 앞을 15번쯤 지나가는 쭈그러진 할아버지들을 볼 경우가 있어요. 개인적으로 저랑은 상관 없지만 그저 좀 우스워보일 뿐이지요.』(H95) 파트리스가 그「할아버지들」을 이해한다면 그건 순수한 휴머니즘의 발로 때문이 아니라, 그들에게서 자신의 모습을 발견했기 때문일 것이다. 즉 그도 비슷한 시선을 던질 수 있는 것이다. 그러나 아마 할아버지와는 다른 차원에서, 또 훨씬 점잖은 모습으로 여자들을 쳐다볼 것이다. 그는「정상적인 남자」인 것이다.『모든 것은 남자들이 환상을 품고 있는가, 그렇지 않은가에 달렸다고 봐요. 만약 결핍된 부분이 너무 많지 않은, 정상적인 남자라면「야! 매력적인 가슴인걸!」이라고 말하면서 혼자 즐길 뿐이죠. 그걸로서 끝이에요.』(H95) 파트리스의 눈길은 비밀스럽지도, 수치스럽지도, 구태의연하지도 않다. 오히려 타의 모범이 될 수 있는, 논증되고 확증된 눈빛이다. 현실적으로 이런 시선은 또 다른 게임의 법칙이 존재할 수 있는 가능성을 시사해준다. 새로운 게임의 법칙 안에서는 여성의 가슴을 보고도 못본 척하는 것이 정상적인 모습은 아니다. 오히려 은밀하면서도 시각적인 에로티시즘을 느끼는 것―모두가 공감하고 이해하는―이 정상이다. 게다가 파트리스는 바로 이것이야말로 진정한 법이라고 생각한다. 그에 따르면 보편성의 법칙이란 단순한 가면에 불과하다. 사람들은 보편성의 법칙을 따르는 척하지만, 이는 사실 고요한 몽상에 빠지기 위한 이중 게임인 것이다. 근래 들어 노출의 보편화와 성 해방운동의 의미가 혼동됨으로써 파트리스와 같은 사람들의 입지는 더욱 강화된다. 문명화 과정 제2기의 특징인 노출의 보편화는 대개 공공장소에서 볼 수 있으며 육체와 감정의 통제능력을 입증해주고 있다. 반면 성의 해방은 사생활의 기조를 이룬다. 즉 남녀 간의 관계를 통해 육체적 접촉은 뜨거워지고 즉시적인 감정은 파도를 친다. 그러므로 이론상으로 이 두 논리―노출의 보편화, 성 해방운동―는 엄격하게 분리되는 것이다. 그러나 이런 사실이 어디에 씌여 있는가? 어디에서도 찾아볼 수 없다. 해변에서 남성들은 평소와 같이 행동해서는 안 되고, 쉽게 연애감정에 휩싸여서는 안 된다고 그 누가 말했던가? 아무도 그런 말을 한 적은 없다. 단지 보편화라는 침묵의 무게만이 「보면서도 결국은 아무것도 보지 않는 태도」를 강요하는 것이다.

엇갈리는 시선

그렇다면 해변에서 여성의 육체를 성적인 대상으로 바라보는 사람은 얼마나 되는가? 이는 상당히 어려운 질문이다. 대부분의 남자들은 보편화라는 공식적인 이론을 추종하는 것처럼 보이려고 거짓말을 하거나 속마음을 감추기 때문이다. 그러므로 그런 시선으로 여성을 바라본다고 대답한 사람이 몇 명이나 되는지 세는 일은 쓸모 없을 것이다. 게다가 한 사람이 항상 같은 눈빛으로 여성을 바라보는 것은 아니다. 동일한 사람에게서도 서로 다른 두 가지 눈빛을 발견할 수 있기 때문이다. 어떤 때는「보는 것 같지만 실제는 보지 않는 행위」가 현실을 지배한다는 사실을 인정했다가, 또 어느 순간에는 여성의 관능적인 육체에서 은밀한 즐거움을 느낄 수 있다고 토로하는 것처럼 같은 사람의 응답에서도 모순되는 점이 발견되지만 이는 결코 우연이 아니다. 단 몇 초 사이에도 시선과 생각은 쉴새없이 바뀌며 이런 변화는 계속된다. 그러던 중 나는 한 가지 방법을 통해서 객관적 분석을 할 수 있게 되었다. 조사가 이루어지는 상황의 특성에 따라 응답내용이 바뀌는 사실을 목격하게 된 것이다. 즉 그 순간의 상황에 따라 대답은 판이하게 달라졌다. 예를 들어, 토플리스를 하는 여성과 하지 않는 여성들의 대답은 거의 정반대였으며, 배우자를 동반한 남성과 남성들끼리만 모여 있는 그룹의 대답 역시 큰 차이를 보였다. 또한 질문의 내용과 조사원의 성별도 큰 변수였다〔베젱(Béjin), 1993〕. 예를 들어, 여성 조사원이 질문을 했을 때 남성들은 과장되거나, 또는 축소된 응답을 했지만(여성 조사원을 마치 잠재적 파트너로 생각하는 것처럼) 남성 조사원이 질문했을 때는 좀더 객관적인 대답을 했던 것이다. 매순간 변형의 효과는 뚜렷이 드러났고, 이런 사실을 염두에 둔 우리는 그들의 대답에서 한 발자국 물러나 더욱 객관적인 분석을 할 수 있었다. 그리하여 조사에 응한 남성들이 품고 있는 비밀스런 생각에 접근해갈 수 있었던 것이다. 가장 흥미로운 것은「성적 의미가 담긴 시선」에 관한 것으로서, 대부분의 사람들은 자신의 이야기보다는 남의 예를 드는 것으로 대답을 대신했다. 조사원이 개인적인 행동에 대해 질문했을 때도 대부분의 남자들은 다른 사람의 예를 들었다. 꽤 풍부한 내용을 담은, 충분히 이해할 수 있는 그들의 간접적인 대답 속에서 우리는 말하는 바로 그 사람의 모습을 발견할 수 있었다. 예컨대, 그는 누구에게 들은 얘기라고 하면서 말문을 연다. 『모두들 산책을 한다는 핑계로 돌아다니지만 사실은 해변을 정탐하는 거예요. 특별한 이유가 있는 건 아니지만… 모든 기능이 정상적으로 돌아가는 남자라면 적어도 한번쯤은 관심 있게 누군가를 바라보지요. 남자들에게 엿본다는 건 일종의 기쁨이니까요. 만약 그럴 만한 대상이 없을 땐 좀 실망하게 되죠. 대부분의 남자들은 「여자 감상」을 꽤 좋아하죠.』(H47) 그러나 이야기가 진행됨에 따라 사람들은 타인에 대한 관찰보다는 개인적인 의견을 더 늘어놓는다. 『가끔 어떤 여자들을 보면서 신선한 충격을 받을 때가 있어요. 그건 분명해요! 돌부처가 아닌 다음에야 어떻게 무심하게만 있을 수 있겠어요? 우린 목석이 아니라구요.』(H88) 우리는 조사 이전과 이후의 행동을 관찰함으로써 그들이 진실을 말했는지, 그리고 말과 상치되는 행동은 없는지 파악할 수 있었다. 올리비에(Olivier)의 예를 보자. 『저는 여성의 가슴을 뚫어지게 바라볼 만큼 뻔뻔스런 사람은 아니에요. 전 그런 데 별로 관심 없어요. 일부러 쳐다보는 일은 정말 없다구요.』(H43) 이렇게 대답했던 그는 얼마 지나지 않아 해변에 있는 여자들을 노골적으로 바라보기 시작했다. 불성실한 대답의 표본이었던 것이다.

그러나 이렇게 대답과 행동을 대조해보는 작업도 「음흉한 시선」을 던지는 사람의 수를 파악하기에는—엄밀한 객관성을 가지고—역부족이었다. 단지, 어느 정도 많은지 어렴풋이 알 수 있을 뿐이었다. 이제 남은 것은 학자로서 가질 수 있는 내적 확신뿐이다. 2년 동안 나는 「시선과 육체 게임」의 가장 깊숙한 곳까지 들어감으로써 육체와 시선의 동작을 지배하는 일정한 법칙을 발견하게 되었다. 또 이렇게 발견된 법칙 덕분에 나의 눈은 더욱 예리한 관찰력을 지닐 수 있게 되었다. 나는 이 법칙들을 충분히 체험하기 시작했으며, 특히 「음흉한 시선」을 던지는 사람이 어느 정도 되는지 더욱 확실히 알 수 있게 되었다. 나는 결론을 내리는 데 주저하지 않는다. 조사가 이루어지는 동안 나의 생각이 근본적으로 바뀌었기 때문이다. 조사를 막 시작하던 때만 해도 나는 이런 유형—음흉한—의 시선이 압도적일 것이라 생각했다. 또 공식적인 행동체계는 하나의 바람막이일 뿐이며, 그 뒤에는 「음흉한 시선」이 숨어 있을 것이라는 생각을 했다. 좀더 이론적으로 표현하자면 인간이 맡은 사회적 역할과 인간 본연의 모습과는 상당한 거리가 있으리라고 생각했던 것이다. 그러나 시간이 지나면 지날수록 이런 생각은 보편성이라는 무시할 수 없는 무게에 짓눌려 설 자리를 잃어갔다. 즉 해변에는 은폐의 욕구만이 있는 것이 아니라 실질적이고 강렬하게, 그리고 진지하게 「비가시성」을 추구하려는 욕망도 존재하는 것이다. 거짓말 뒤에 숨은 「음흉한 시선」은 꽤 여러 곳에서 목격되지만 보편성의 힘과 비교해보았을 때 아직도 소수집단에 불과하다.

입은 여성들의 합창

　하지만 옷을 「입은」 여성들의 생각은 다르다. 가슴을 드러내지 않으며, 이제껏 한번도 토플리스를 해본 적이 없는 여성들, 남편을 동반하지 않았거나 해변 이외의 지역에서 조사대상으로 선택된 여성들의 대답은 다른 집단과 확실하게 차별화되었다. 그들은 거의 동일한 의견을 가지고 있었다. 나데주(Nadège)의 대답을 들어보자. 『남자들은 벗은 여자들을 눈요깃거리로 생각하는 것 같아요.』(F19)『그 남자들이 뭘 바라겠어요? 벗은 여자들을 보면서 흐뭇해할 거예요.』(F61) 산드라(Sandra)는 이렇게 말한다. 토플리스를 하지 않는 여성들에게 이런 사실은 새삼스러울 것도 없는 단순명백한 명제다. 또 어떤 여성들은 속마음을 시원스레 털어놓지는 않지만 훨씬 예민한 반응을 보이는 것 같았다. 한 마디 한 마디를 강조하는 방식과 「음흉한 시선」의 존재를 주장하는 태도는, 다른 방식으로는 달리 표현할 수 없는 비난 그 자체였다. 『보나마나 남자들을 유혹하려는 거예요. 남자들의 시선을 끌기 위해서지요. 여자가 몸매를 과시하는 데 어떤 남자가 목석같이 있겠어요? 분명 그들은 여자들을 섹스 파트너로 생각하는 거예요. 틀림없는 사실이에요!』(F69) 스무 살인 오드리(Audrey)는 이런「불공정 경쟁」에 대한 불만을 삭이지 못한다. 『토플리스 하는 여자를 바라보는 젊은 남자들을 자세히 살펴보면 그들이 어떤 생각을 하는지 훤히 알 수 있어요. 그들은 무척이나 관심 있어 한다구요.』(F20)

어떤 여성들은 남편을 동반했음에도 불구하고 같은 대답을 했다. 그들의 생각은 마음 속에 품고만 있기에는 너무 강렬했기 때문에 발산될 필요가 있었다. 위게트(Huguette)는 분명히 말한다. 『확실히 남자들은 쳐다봐요. 그들은 오직 성적인 관심밖에 없다구요!』(F175) 옆에 있던 남편도 부인의 생각에 전적으로 동감한다는 제스처를 쓰며 자신의 생각을 표시했다. 그렇기 때문에 자신은 토플리스에 반대한다는 것이었다. 이번에는 남편에게 개인적인 질문을 던졌다. 『그렇다면 선생님도 다른 여자들을 그렇게 쳐다보십니까?』순간 거북한 침묵이 흘렀고 그는 대답을 거부했다. 그 다음 조사대상자였던 밀렌도 당황해하기는 마찬가지였다. 처음에 그녀는 질문에 차분하게 답했다. 그러나 대화가 진행되는 가운데 말은 꼬리에 꼬리를 물게 되었으며, 그녀는 자신도 모르는 사이에 많은 것을 털어놓게 되었다. 밀렌은 마침내 큰 소리로 말했다. 『이거 말고 위선에 대해서도 얘기해야겠어요! 대부분의 남자들은, 물론 정상적인 사람을 얘기하는 거예요. 남자란 여든 살 노인이건 열다섯 살 어린애건 간에 다 똑같아요. 예쁜 여자가 눈앞에서 아른거리는데 누가 쳐다보지 않겠어요? 안 보는 척하면서도 사실은 다 훔쳐보고 있다구요. 하지만 부인과, 그것도 토플리스를 하지 않는 부인과 함께 해변에 앉아 있는 남자에게 가서 물어보세요.「가슴을 드러낸 매력적인 여성을 보는 건 정말 즐거운 일이에요」라고 솔직하게 대답하는 남자가 단 한 명이라도 있겠어요?」(F156) 그 순간 밀렌은 거북한 표정을 지으면서 갑자기 말을 멈췄다. 문제의 근원을 주위에서 포착했기 때문이다. 그 동안은 바로 자기 옆에 있는, 침묵 속에 몸을 비비 꼬고 있는 남편의 존재를 잊고 있던 것이다. 그녀는 깨달았다. 남편이 바로 자기의 이야기에 등장하는 인물―부인과 함께 온 정상적인 남자―의 완벽한 예라는 사실을. 그녀가 갑자기, 그리고 약간은 황당하게 화를 낸 이유는 해변에 있는 익명의 남자들의 시선 때문이 아니라, 바로 자기 남편의 눈빛 때문이었을까? 침묵은 점점 무거워만 갔고 그녀는 말하고 싶은 의욕을 잃었다. 마침내 밀렌은 처음의 일장연설에 비하면 용두사미격인 불분명한 결론으로 대화의 끝을 맺었다. 『토플리스요? 남편도 저도 그저 시시한 일이라 생각할 뿐이에요.』

남성 집단의 반응

해변에는 주목할 만한 또 하나의 부류가 있다. 다름 아닌 남성만으로 이루어진 집단이다. 우리는 이들 집단(특히 젊은 사람들)에게서 매우 특이한 반응을 발견할 수 있었다. 그들은 킥킥거리고 농담을 섞어가며 대답했다. 그러나 남성 집단의 평상시 행동이 대부분 농담과 비웃음 속에서 이루어진다는 사실을 생각해보았을 때 그들은 평상시와 다름없는 성실한 대답―역설적이기는 하지만―을 한 셈이다. 그러나 일행 중 젊은 여성이 한 명이라도 있을 경우 전형적인 남성 집단의 역동성―주로 젊음과 연관된(군대의 내무반이나 축구팀에서 찾아볼 수 있는)-은 곧 사라지고 만다. 여기서 성적인 시선이 가지는 효과는 남성 집단의 특성이라 할 수 있는 농담을 자유롭게 표출시킨다는 것이다. 그들의 시선은 유희적인 성향을 띠었으며 지극히 노골적인 것이었다. 쳐다보기는 하되 건성으로 쳐다보며 아무런 코멘트도 하지 않은 것이 아니라, 실질적으로 뚫어지게 대상을 파악하며 거기에 대한 논평을 하기 위한 눈빛이었던 것이다. 그들은 여성의 가슴을 진정 생물학적이며 성적인 대상으로 바라보고 있었다. 『친구들끼리 있을 때 서로 이렇게 말하지요. 「야, 저기 토플리스 하는 여자가 있는 데 어떤 것 같아?」』(H8) 『친구들끼리 같이 쳐다보고 또 낄낄대며 웃기도 하고, 어쨌든 재미있어요.』(H32) 『결코 악의가 있어서 그러는 건 아니에요. 그저 웃자고 하는 일이죠.』(H88) 『남자들끼리 있을 땐 약간 짓궂은 행동도 하고, 또 놀리거나 농담도 하지만, 그래도 거기서 그쳐요. 하지만 혼자 있을 땐 그러지 않죠.』(H89)

홀로 온 남성의 반응

남자만으로 이루어진 그룹은 그들만의 시끌벅적한 모습으로 다른 그룹과 차별되지만 쉽게 찾아볼 수 있는 부류는 아니다. 일반적으로 음흉한 시선은 사람이 많지 않은 곳에서 매우 비밀스럽게 이루어진다. 그들은 건성으로, 무관심하게 쳐다보는 것 같은 행동을 취하지만 사실은 마치 좀도둑질이라도 하는 것처럼 여성의 몸매를 훔쳐보며, 또 그런 자신의 모습이 들키지 않도록 쉬지 않고 주위를 둘러본다. 『쳐다보지 않을래야 않을 수 없는 그런 대상이… 항상 있게 마련이에요.』(H13) 『쳐다보는 건 꽤 괜찮은 일이에요!』(H17) 『여자들을 쳐다보는 건 사실이지만 그러는 사람이 저 혼자는 아니잖아요.』(H46) 해변

에서 여성의 벗은 몸을 바라보는 것은 포르노 잡지를 보는 것
과 자주 비교되었지만 여기서는 이제까지와는 반대의 주장이
제기된다. 즉「토플리스의 보편화」라는 시각에서 보았을 때
사람들은『포르노 잡지를 보는 것과 토플리스 하는 여성을 보
는 것은 본질적으로 다르다. 해변의 시선은 독소가 제거된 건
전한 시선이다』라고 말했다. 그러나 토플리스를 하는 여성을
성적인 대상으로 파악했을 때에는 이와 정반대의 현상이 나타
난다. 즉 해변의 노출이 책 속의 노출보다 훨씬 사실적이라는
것이다.『그건 실제 상황이잖아요.』(H18)『그런 잡지보다 해
변에 있는 여성들을 보는 게 훨씬 에로틱해요. 바로 눈앞에서
생생하게 볼 수 있으니까요.』(H16)

　일반적으로 음흉한 시선은 토플리스의 보편화와 완전하게
동떨어져 있는 것은 아니다. 그런 시선은「보는 듯하지만 보지
않는 시선」이 한 단계 발전한 형태다. 매순간 강렬한 이미지는
상상의 세계로 투영되지만 해변의 협약을 지키기 위해 관념의
세계에만 머물 뿐이다. 그러나 몇몇 남성들은 이와 다른 태도
를 취했다. 브뤼노는 그런 사람 중 한 명이었으며 솔직하게 자
신의 생각을 털어놓았다. 그에 의하면 다른 사람들은 모두 연
극을 하고 있으며, 자신의 감정을 숨긴 채 해변의 연극에 동참
하고 있다는 것이다.『저는 제가 느끼는 감정을 솔직하게 말할
수 있어요. 하지만 다른 남자들도 그럴 수 있을까요? 아마 힘
들걸요?』(H14) 이렇게 서두를 꺼낸 그는 갑자기 매우 흥미로
운 상황을 설정했다. 즉 자신은 대부분의 남자들이 거짓말을
한다는 사실을 지적할 용기가 있으며 조사원이 여자일지라도,
아니 특히 여자일 때는 더욱 당당하게 말할 자신이 있다는 것
이었다(당시 브뤼노에게 질문을 던진 조사원은 여성이었다).
그는 가면을 벗어던진, 진실만을 얘기하는 영웅처럼 행동했으
며 모든 걸 폭로할 태세였다. 결국 브뤼노는 모든 걸 털어놓았

다. 그 순간 그에게 가장 중요한 덕목은 바로「솔직함」이었기 때문이다. 처음에는 조심스럽게 말을 시작했다. 『전 정상적인 남자가 여자를 바라보는 그런 눈길로 여자들을 쳐다봐요. 저는 서른여섯 살이에요. 또 목석이 아니라 피가 흐르는 인간이구요. 매력적인 여성이 가슴을 노출하고 있는데 무심하게 있다면 그게 더 이상한 것 아니예요?』(H14) 자신의 머리 속에 있는 환상을 늘어놓으며 그는 흥분하기 시작했다. 『14~15세 된 사춘기 소녀들이 가슴을 노출하고 있는 모습을 볼 때면… 고백하건대 심한 경우엔 그들을 유괴하고 싶은 충동이 일 때도 있어요. 그게 바로 남자라구요! 동물적이고 원초적 본능을 지닌… 육체를 갈망하는!』여기서 우리는 토플리스의 보편화나 문명화 과정과는 크게 동떨어진, 육욕을 억누르려고 발버둥치는 인간의 모습을 발견하게 된다. 여성의 육체가 보이지 않는 대상이 되고 만다는 건 모두 거짓이었다. 롤랑도 공원의 예를 들며 이런 한계상황을 언급했다(불명확한 비인칭적 표현방식을 쓰며). 『특히 토플리스를 하는 여자가 한 명이나 두 명밖에 없을 때, 또 주로 가슴이 큰 여자들이 그러고 있을 때 남자들은 강간하고 싶은 충동을 느껴요.』(H93)

그러나 성욕을 느낀다고 고백한 남자들은 한번도 그 한계를 넘은 적은 없다고 강조했다. 모든 것은 머리 속에서만 일어나는 상상뿐이며 욕망이 행동으로 연결된 적은 없었다고……. 게다가 남들이 알아차릴 정도로 신체상의 변화가 생긴 적도 없으며, 이것이야말로 자신을 통제할 능력이 충분히 있음을 드러내는 증거라고 주장했다. 『쳐다보긴 하지요. 하지만 그렇다고 신체적 변화가 일어날 정도는 아니예요.』(H88) 『별다른 느낌은 없어요. 그저 머리 속의 세계에만 머무를 뿐이에요.』(H31) 뤼도비크는 말을 빙빙 돌리기는 했지만 발기된 적이 있었다는 사실을 고백한 유일한 사람이었다. 『그건 음흉한 시선이에요. 일종의 환상이기도 하구요. 예쁜 여자를 보게 되면 생리적 변화가 생기는 건 당연한 것 아니예요 ?」(H80) 뤼도비크는 정말 예외에 속하는 것인가 ? 우리의 조사방법으로는 다른 사람들이 진심을 말하는 것인지 명확하게 알 도리가 없었다.

여자들의 이중적 사고

토플리스를 하는 여성들이 남성들의 음흉한 시선에 대해 하는 말을 들어보면 해변에는 또 다른 세계가 존재하는 것만 같다. 그것은 여성의 육체는 아예 눈에 보이지 않고「아무도 신경 쓰지 않는다」라는 믿음이 확고히 자리한 세계다. 그들의 진지한 믿음 속에서 나는 다음과 같은 사실을 깨달을 수 있었다. 만약 이런 믿음이 없었다면 토플리스는 오늘날과 같이 보편화될 수 없었을 것이라고…… 비록 사람에 따라 의견은 분분했지만 대체적으로 토플리스를 하는 여성들의 대답과 그들을 바라보는 남성들의 대답은 큰 차이를 보였다. 즉 여성들은 자신의 육체가「감상의 대상」이 되지 않는다고 생각한 것에 비해, 남성들은 해변의 법칙에 순종히면서도 나름대로 여성의 몸을 감상한다고 답했던 것이다. 그러므로「보면서도 보지 않는 태도」에 대해서 남성과 여성은 서로 다른 두 가지 해석을 내리고 있다. 여성들은「보면서도 보지 않는」이란 표현 중 후반부 (즉「보지 않는」)에 중점을 두며 다음과 같은 점을 강조한다. 본다는 것은 하나의 도구에 불과하며, 결국은 보는 행위를 통해「보이지 않는 육체」라는 현실이 구현된다는 것이다. 하지만 남성들은「보면서도」에 초점을 맞춘다. 그들은「보면서도 보지 않는」기술을 통해 결국은 조금이라도 무언가를 보게 된다는 것이었다.

『저는 좀 어리숙한 구석이 있었어요. 한때 저는 남자들이 결코 여자들의 몸을 훑어보지 않는다고 생각했지요. 하지만 주위 사람들의 말을 듣고 나서야 현실을 깨닫게 되었죠. 여자의 가슴을 감상하는 일이 남자들에겐 커다란 즐거움이라는 사실을요. 아직도 어떤 여자들은 그런 눈빛으로 쳐다보는 남자는 없다고 말하지만, 전 이제 믿지 않아요.』(F100) 이렇게 말한 도미니크처럼 많은 여성들은 자신의 믿음에 확신이 없었다. 게다가 어떤 여자들은 스스로 모순되는 말을 하기도 했다. 기슬렌의 예를 들어보자. 인터뷰를 하는 동안 그녀는 계속해서 이런 말을 반복했다. 『이젠 해변의 풍속으로 정착했어요. 어느 누구도 신경 쓰지 않는다구요.』(F30) 그러다가 그녀는 중요한 단서를 흘려버리고 말았다. 『남자들요? 물론 항상 쳐다보지요. 눈요깃거리를 찾으려고 얼마나 눈동자를 굴리는데요.』 우리는 정밀한 분석을 통해서 다음과 같은 사실을 발견하게 되었다. 즉 토플리스를 하는 여성들에게는 두 가지 사고(「보면서도 보지 않는 태도」의 두 가지 축─보는 것, 보지 않는 것─에 상응하는)가 공존하며, 서로 다른 두 사고는 상황에 따라 선별적으로 표현된다는 것이다. 안젤리크는 이런 상황을 잘 설명한다. 『비록 악의는 없을지라도 남자들이 관심을 갖는 것만은 분명해요. 하지만 그런 사실을 알면서도 막상 토플리스를 하게 되면 남자들의 시선을 잊게 돼요.』(F38) 자연스럽게 토플리스를 하기 위해서는 절대적인 믿음이 필요하다. 그러므로 여성들은 자신의 육체가 탐닉의 대상이 되지 않는다는, 일종의 「자기 확신」의 과정을 필요로 한다. 그러고 나면 더 이상 타인의 시선을 생각하지 않아도 되고 토플리스 본연의 세계, 즉 감각의 세계로 빠져들 수 있게 되는 것이다. 보편화 과정의 가장 중요한 이 순간에 남성의 시선은 실제로 잊혀지고 만다. 그러나 작은 사고─종류를 막론하고─가 일어나 주위를 관찰하고 행동을 가다듬어야 할 경우, 또 인터뷰와 같이 생각을 해야 하는 상황에 놓였을 경우 「끈적한 시선」이 존재한다는 현실은 다시 고개를 든다. 즉 이런 현실은 완벽하게 잊혀졌던 것이 아니라 사고의 뒤편에 저장되었던 것뿐이며, 해변의 무기력과 노출하고자 하는 욕망이 지배하는 동안 쉽게 표출되지 않았던 것이다.

어떤 질문이 가장 어려웠느냐는 질문으로 인터뷰는 끝을 맺었다. 로렌은 「음흉한 시선」에 대해 답하기가 제일 곤혹스러웠다고 말한다. 『그건 머리 속으로만 생각했던 것이고… 생각하는 일과 그걸 말로 표현하는 일은 엄밀히 다른 거니까요.』 (F116) 그녀는 알고는 있었지만 깊숙이 알고 싶지 않았던 사실을 더 이상 말하기가 곤혹스러웠던 것 같다. 설명이 점점 길어질수록(지적인 성실함을 억누를 길이 없었기에) 로렌은 자신이 이제껏 느꼈던 해변의 단순한 즐거움이 얼마나 덧없는 것인가를 알게 되었다. 다른 사람들과 마찬가지로 인터뷰를 마친 로렌에게서는 가벼운 마음으로 시작했던 처음의 모습과는 달리 피곤한 빛이 역력했다. 한편 에스텔(Estelle)은 이런 위험부담을 안기가 싫었다. 『그래요. 남자들의 시선, 머리 속 상상의 세계……. 이런 게 있다는 건 인정해요. 하지만 그들이 직접 내 몸에 손대지 않는 한, 별 상관 없어요.』(F171) 남성들의 시선을 의식하면서도 여성들은 그 시선을 완벽하게 무시하고자 했으며, 강렬한 태양에 압도당한 여성들은 실제로 남성의 시선을 무시할 수 있게 되었다. 편안하고 느긋하게 토플리스를 즐기기 위해서 여성들은 남성의 시선이 존재한다는 생각을 떨쳐버린다. 또 그렇게 해야만 토플리스의 보편화는 뿌리내릴 수 있는 것이다. 그러므로 남성과 여성의 의견이 큰 차이를 보인 것은 우연한 일이 아니며, 개선해야 할 사항도 아닌, 보편화라는 과정을 위한 구조적 요소인 것이다. 해변 전체를 이끌어나가는 것은 남성의 시선을 무시할 능력을 지닌, 토플리스를 감행할 용기 있는 여성들이다. 여성들의 사고수준을 따라가지 못하지만 자신이 만든 작은 상상의 산물을 떠올리며 은밀히 즐거워하는 남성들은 그저 여성이 이끄는 해변의 논리를 따를 뿐이다. 자신들이 적극적으로 지지하는 이런 보편성의 움직임이 결국 여체의 완전한 증발을 야기시킨다는 사실을 모른 채…….

노출증

남성들의 시선이 한결같지 않듯이, 자신을 드러내는 여성들의 행동방식 또한 개인 차가 있다. 나아가 모든 여성들이 보편화의 논리에 대해 똑같은 수준의 믿음을 가지고 있는 것은 아니며, 모든 여성들이 「감상의 대상」이 되지 않으려고 노력하는 것도 아니다. 어떤 여성들은 음흉한 남성의 눈빛을 사고의 저편으로 배격하지 않으며, 오히려 공공연하게 인정한다. 그뿐 아니라 자신들이 볼거리를 제공해준다는 사실마저 털어놓는다. 『남자들이 쳐다보는 건 사실이에요. 하지만 그건 당연한 일이에요. 여성은 유혹의 상징이니까요.』(F6) 소니아(Sonia)는 짧은 대답(『아! 그건 남성들의 관심을 유발하게 마련이지요』)을 하면서 은밀한 웃음을 보였으며 조사원의 눈을 똑바로 쳐다보지 못했다. 그녀의 이런 행동은 짧은 대답보다 중요한 무언가를 얘기해주고 있었다. 반대로 매우 자신 있는 태도의 세브린은 조사원의 눈을 똑바로 쳐다보며 이렇게 얘기했다. 『매우 에로틱한 상황이지요. 남자들은 우리를 쳐다보며 은밀한 상상을 할 거예요.』(F183) 코린도 같은 생각이다. 특히 토플리스를 하는 여성이 혼자일 때는 더욱 그렇다고 한다. 『그럴 땐 사람들의 주목을 더 받게 되지요. 남자들은 그녀 하나만을 생각하고… 해변의 주인공이 되는 셈이죠.』(F148) 그렇다면 여성의 입장에서 보았을 때 「보이지 않는 육체의 법칙」을 위반하는 노출 게임은 어떤 의미를 갖는가? 이 주제에 대해 조사하기란 어려운 일이었으며, 단편적인 지식밖에는 얻을 수 없었다. 몇몇 남성들은 자신 있게 자신의 의견을 말했으며 주로 백분율을 사용해서 분석을 전개시켰다. 우선 그들의 공통적인 의견은『과시욕에서 비롯된 육체적 기쁨을 얻기 위해 토플리스를 하는 여성은 소수다』라는 것이었다.『어떤 면에선 교활한 면도 있지만, 그 여자들도 즐기려는 것뿐이에요.』(H89)『눈에 보일 정도로 남자를 유혹하려는 여자들도 있어요.』(H20) 『60% 정도는 순수하게 일광욕을 하기 위해서지만 40% 정도는 남자를 유혹하기 위해서죠.』(H60) 이번에는 색다른 질문을 던져보았다.『만약 당신이 여자로 태어났다면 어떤 행동을 취하겠습니까?』그럴 경우 토플리스를 하겠다고 대답한 남자들은「과시욕」을 주요 동기로 지적했다 .『저는 과시하기 위해서 토플리스를 할 거예요.』(H32) 그러나 정작 토플리스를 하는 여성들 사이에서는 한번도 이런 말이 언급되지 않았다. 솔직한 마음을 숨기고 있어서인지, 아니면 과시욕이란 지극히 부차적인, 또는 전혀 존재하지 않는 요소이기 때문인지는 알 수 없었다. 이런 침묵은 성과 관련된 요소를 모두 배격하려는 보편화 과정의 위력에서 기인한 것이다. 보편화 과정은 성적인 요소의 언급뿐 아니라 생각조차 금하기 때문이다. 해변은 공공연한 관능적 감정의 표출을 허락하지 않는다. 그러나 사실 이런 감정이 전혀 존재하지 않는 것은 아니며, 전반적으로 희미하게 인지되는 감성의 세계에 포함될 뿐이다. 게다가 그 세계를 구성하고 있는 요소가 무엇인지 확실하게 아는 일은 불가능하다. 오딜은 이렇게 말한다.『처음엔 사람들 앞에서 가슴을 보인다는 일이, 어쨌든 충격이었어요. 정신 없었으니까요.』(F79) 그러나 이런 느낌은 스스로 원해서 생긴 것이 아닌, 토플리스 초년병이라면 누구나 거쳐야 하는 단계다.『그러고 나선 곧 익숙해졌어요.」 그녀는 곧 보편화 논리에 젖어들었으며 자유와 새로운 편안함, 그리고 피부가 느끼는 새로운 감촉(가슴이 태양과 맞닿는)을 체험함으로써 작은 흥분을 느낄 수 있었다. 『여자들도 색다른 것을 체험하고 싶은 거예요. 한번도 경험해보지 못한, 일상에서 찾아볼 수 없는 그런 거요.』(H2) 토플리스는 일상의 무미건조함에 대한 일종의 반격이다. 또 처음에 느끼는 작은 설레임은 이런 축제의 분위기를 더욱 치열하게 느끼도록 해주는 요소일 뿐, 그 이상도 이하도 아니며 보편화가 가져다 주는 고요함이나 해변의 태양에 비하면 미미한 것이다. 그러나 이 점에서도 남성과 여성의 의견은 큰 차이를 보인다.

특이한 일행이 우리의 눈길을 끌었다. 깔깔대고 웃으며 이리저리 눈동자를 굴리는 두 쌍의 영국인 커플이었다. 분홍빛 피부와 풍만한 가슴을 가진 페기(Peggy, F155)에게 사람들의 시선이 집중됐다. 인터뷰에 응한 그녀는 이런 「집단노출 의식」에 참여해보기는 처음이며 자신의 고향에서는 이런 모습을 찾아볼 수 없다고 설명했다. 또한 자신이 보기에 토플리스란 단지 서로를 유혹하기 위한 게임에 불과하다고 말했다. 우연히 이 곳에 들르게 된 그들은 완벽한 익명성을 보장받은 채 희한한 축제에 「감히」 참여하게 된 것이다. 그러나 고요함을 지키고 있는 해변의 나머지 사람들은 영국인 일행과 좋은 대조를 이뤘다. 해변의 고요함은 보편화의 힘을 다시금 실감케 했으며, 비가시성을 향한 움직임은 「과시」라는 생각을 해변 저편으로 던져버린 것이다.

한편 「과시」가 눈에 띄게 되는 경우, 그 여성들은 남성들의 주장처럼 성적 매력을 과시하려는 것이 아니라 그저 타인의 관심을 끄려는 것뿐이다. 그러므로 남성들의 시선도 건전한 방향으로 전환될 수 있다. 에로틱한 모습에 한눈을 팔거나 가슴을

집중적으로 바라보는 남성들을 향해 여성들은 하나의 인격체로
서 관심받기를 원한다. 그러기에 시선을 받는 이유가 자신의
가슴 때문이건 다른 매력 때문이건 간에, 그건 중요하지 않다.
바로 그런 이유 때문에 여성은 비가시성이라는 보편화의 논리
를 박차고 나와 자신의 두번째 육체, 즉 육감적 육체를 사용하
고 연출하는 것이다. 넘어서는 안 될 새로운 한계(여기서는 여
성의 과시)에 근접해가면서 해변은 해서는 안 되는 일, 무례한
일이 무엇인지 규정해야 할 필요성을 느낀다. 우선 남성의
시선을 떠올려보자. 우리는「훔쳐보는 사람」의 전형적인 모습
을 기술함으로써「보는 듯 보지 않는 행위」에 정당성을 부여할
수 있었다. 이번에는 정반대의 경우, 즉「유혹하는 여자」의 전
형을 떠올려보기로 하자. 『남자들을 유혹하려는 여자들요.』
(F90) 『젊은 남자들 앞에서 도발적인 포즈를 취하는 여자들.
벌써 훤히 들여다보이는 걸요.』(F33) 『남성의 시선을 끄려는
여자들이 꽤 있어요.』(F61) 『남자를 흥분시키는 기술을 가지
고 있는 여자들도 있어요.』(H93) 『그래요. 어떻게든 튀어보
려는 여자들이 있지요. 제 친구 중 한 명은 해변에서 노골적으
로 남자들을 유혹해요. 가슴을 드러내고 말이에요.』(F19) 이
런 여자들에 대한 묘사는 상세하게 계속되었으며 여러 요소들
을 종합하여 하나의 전형이 탄생했다. 즉「훔쳐보는 남자」이
후 이제는「유혹하는 여자」의 몽타주가 작성된 것이다. 『바로
눈에 띄어요. 일어서거나 수영복을 다시 고쳐 입는 모습, 벗은
모습. 확실히 달라요.』(F38) 『그런 여자들은 힐끗힐끗 주위를
살펴보고 남들과 뭔가 다른 포즈를 취해요. 주로 서 있거나 반
쯤 누운 자세로 있지요.』(F33) 『남자들의 관심을 끌려는 여자
들은 몸을 여러 번 뒤척이고 쓸데없이 선탠 크림을 바르지요.
크림을 바르는 방식도 좀 특별하고 자기 가슴을 쓸어내리는 손
길, 주위를 둘러보는 눈길, 모두 틀려요.』(H2) 『그들만의 특별

한 제스처가 있어요. 3분마다 머리카락을 매만진다든지. 머리카락을 좌우로 흔들거나 쓸어내리고 그래요. 나름대로 관능적인 포즈를 취하는 거지요. 선탠 크림을 바르고, 특히 가슴 부분을 집중적으로 바르고 가슴을 앞으로 내밀고… 그래요.』(H92)

교 류

가슴에 선탠 크림을 바르기 위한 손동작에는 문제성이 다분히 묻어난다. 우선 그 동작은 사람들의 시선을 끈다. 해변은 아직 그런 동작을 보편성의 체계에 합류시키지 못했기 때문이다. 너무 열정적으로 바르다 보면「금지된」출렁거림이 나타날 수 있으며, 너무 천천히 바르다 보면「유혹하려는 여자」로 비춰질 수 있는 것이다. 혹시나 비가시성에서 벗어나는 동작 —천천히 크림을 바르는 손동작처럼—이 포착되는지 주도면밀하게 지켜보는 남성들은 이런 움직임을 고의적 행위, 즉 관심을 끌기 위한 행위로 해석하는 경향이 있다. 에리크는 확신에 찬 모습이다. 『물론 일부러 그러는 거지요. 하지만 남자들에겐 큰 즐거움이에요. 몽상에 잠길 수 있으니까요.』(H92) 그에 의하면 해변이란 침묵이 흐르는 가운데, 환상의 받침목이 되는 사소한 행동을 통해 관능적 교류가 은밀히 이루어지는 곳이다. 에리크는 이에 대해 추호의 의심도 없다. 그러나 그렇게 생각하는 사람이 에리크 혼자만은 아니며, 이같이「파격적인 생각을 가진 사람」의 수는 무시 못할 정도로 많다. 하지만 그렇게 생각하는 사람은 순전히 남자들뿐이다. 여성들은 이런 교류가 존재한다는 사실조차 상상하지 못한다. 그러나 남자들의 답변을 자세히 연구해보면 그들의 주장은 객관적 사실을 바탕으로 한 것이 아니라는 사실이 드러난다. 그들은 일반론을 이야기할 뿐이며 하나의 원칙, 즉 자신들이 상상하는 또 다른 게임의 법칙이 가능할 수 있다는 원칙을 옹호하는 것에 가깝다. 도미니크가 생각하기에 여자들이 겉으로 보이는 태연함은「연막작전」(H33)에 불과하다. 사실 그에게 현실이란 지극히 단순한 것이다.『본래 여자에겐 과시욕이 있게 마련이고, 남자에겐 훔쳐보려는 욕구가 있게 마련이에요. 그러니까 결국 해변에선 궁합이 잘 맞는 거 아니겠어요?』줄리앙(Julien)과 제롬(Jérôme)은『약간은 도발적인 여자가 좋다』(H15)고 말한다. 그런 여자들을 보면 즐겁기 때문이다.『여자들이 섹시한 포즈를 취하고 있으면 영감이 떠올라요.』(H8)『여자들도 그런 사실을 잘 알고 있지요.』(H15) 로제는 이렇게 상상한다.『남자들의 시선을 받으려고 도발적 행동을 하는 여자들요? 속으론 즐기면서도 겉으론 남자란 다 짐승이라고 욕한다니까요.』(H31) 크리스토프(Christophe)는 좀더 정확한 예를 제시하는 몇 안 되는 사람 중 하나다. 그에 따르면 교류란「스쳐 지나가는 시선의 공모(共謀)」를 통해 이루어지는 것이다. 하지만 해변을 훑어보다 보면 눈길이 서로 마주칠 수도 있는데, 그걸 굳이「공모」라고까지 할 수 있을까?

　그러나 이런 남성들이라고 해서 해변의 법칙을 완전히 무시하는 것은 아니다. 그들에게도 나름대로의 한계가 있다. 로제는 이렇게 강조한다.『「저 여자 가슴은 정말 끝내주는데! 어떻게 좀 해봐야지.」뭐 이런 생각이 있어서 쳐다보는 건 아니예요. 그저 쳐다보는 데 그칠 뿐이죠.』(H31) 넘어서는 안 될 한계가 있다는 사실에 대해 동감을 표시하면서 기(Guy)는 토플리스에 관한 또 다른 게임의 법칙을 제시한다. 바로「유혹은 무죄」라는 논리다.『물론 그 여자들은「감상의 대상」이 되는 현실을 받아들인 거예요. 또 이렇게 생각하죠.「너 한가하니? 나도 한가해. 너 날 쳐다봐? 나도 널 쳐다볼게.」하지만 여기서 끝나요. 이런 유혹은 무죄 아니예요? 약간의 노출증과 관음증이 있는 건 사실이지만 있다고도 할 수 없는 수준이지요.』
(H47) 에리크는 한계를 어디에 두어야 할지 몰라 고민하는 모
양이다. 『어디까지가 가능한 건진 모르겠지만… 요즈음 여자
들이 하는 것보다 더한 행동도 가능하다는 생각이 들어요.』
(H92) 기, 로제, 도미니크와 마찬가지로 그는 노골적으로 쳐
다보는 것이 합당한 행동이며, 특히「섹시한 포즈를 취하는 여
자」의 가슴을 쳐다보는 건 예의에 속한다고 생각한다. 평상복
차림으로 파라솔 아래에서 해변을 감상하는 57세의 로제는「훔
쳐보는 사람」의 전형적인 예다. 자신이 세운 게임의 법칙에 나
름대로 충실한 그는, 토플리스를 하는 여자들이 남자들의 시선
을 버거워하는 것을 도무지 이해할 수 없다는 투다. 『이상한 건
토플리스를 하는 여성들의 태도예요. 남자들이 쳐다보기라도
하면 몹시 불편한 기색이거든요. 하지만 가슴을 노출하는 건
결국 좀 봐달라는 뜻 아닙니까?』(H31) 도미니크는 한 수 더
뜬다. 공식적 게임의 법칙에 반대하는 그는, 자신이 벌이는 전
투에서 희열을 느낀다고 고백하며 모호한 게릴라전을 벌인다.
일단 공격대상을 발견하면 그는 상대방이 거북해하는 것에 아
랑곳하지 않고 가슴만 집요하게 쳐다본다. 하지만 그럴 때 여
자들의 반응은 수영복을 다시 올린다든가 조용히 장소로 옮기
는 것에 불과하다며 몹시 실망스런 표정을 짓는다. 『쳐다보고
싶은 생각이 들면 쳐다보는 거예요. 그것 뿐이에요! 왜 그렇
게 자기를 뚫어지게 쳐다보냐고 와서 따지는 여자는 여태까지
한 명도 없었지만 그런 여자도 좀 있었으면 좋겠어요……』
(H33)

유 혹

젊은 여성에게「유혹」이 차지하는 위치는 남성들이 가지고

있는 생각과 상당히 근접해 있다. 이성과의 관계를 기대하는 그들의 노출행위는 모종의 만남을 유도하기 위한 것이다. 다른 연령층에 비해 젊은 여성들의 토플리스는 확실히 관심의 대상이 된다. 『분명 젊은 남자들은 자기 또래 여자들만 쳐다봐요. 그러니까 남자들을 유혹하는 건 여자라구요.』(F1) 그리고 나면 개방의 징조는 엿보이게 된다. 『사실 여자들이 더 약아빠진 거 같아요.』(H20)『토플리스란 접근을 허락하는 거나 마찬가지예요.』(F183) 그러나「유혹」은 아무렇게나 이루어지지 않는다. 토플리스를 하나의 핑곗거리로 이용하는 것이다. 스테판(Stéphane)과 다비드(David)는「일부러 토플리스를 하는 여자들」이 눈에 띄기만을 고대한다. 『그런 여자들을 유혹하기란 훨씬 쉬워요. 까놓고 접근하면 되니까요.』(H20) 접근 과정은 위에서 언급한「남성만의 그룹」의 관행과 비슷하다. 토플리스를 하는 젊은 여자들 곁으로 지나가며 으레 농담을 던지고 여성들의 반응－웃음을 참느라고 애쓰는 모양－을 은근히 기대한다. 『토플리스 차림의 여자가 남자들과 마주치게 될 경우, 남자들은 돌아다보면서 이렇게 말하곤 하죠. 「괜찮은데!」그러면 여자는 회심의 미소를 지어요. 그렇다고 해서 남자들이 당장「잠자리」를 생각하는 건 아니지만……. 하지만 분명 여자들은 남자들이 관심을 보이면 좋아해요.』(H89) 조사원의 질문을 받기 전날 오렐리는 두 명의 여자친구와 함께 있었다. 오렐리 일행을 쫓아오던 일단의 남자들은「자기들끼리 킥킥대며」이렇게 중얼거렸다. 『어이구! 잘 나가는 여자들이군!』오렐리와 그녀의 친구들은 아무런 대꾸도 하지 않았다. 그러자 소심한 공격자들은 그 다음에는 어떤 작전을 개시해야 할지 몰라 여기서 수작을 멈추고 말았다. 이 에피소드는 토플리스 차림의 여성을 대상으로 이루어지는「유혹」이 이론상 어떤 위치를 차지하는지 잘 보여준다. 즉 밀고 당기는 남녀 간의 게임은

침묵 속에 이루어지는 교류에 비해 시끌벅적하고 두드러지긴
하지만 그 결과는 한정된 범위에 머물 뿐이다.

　반면 대부분의 경우 토플리스란 남녀 간의 접촉에 장애물로
등장한다. 여기서 우리는 또다시 토플리스가 얼마나 남녀 간의
관계─앞에서 살펴본 바와 같이 이미 형성된 기존의 관계건 앞
으로 형성될 새로운 관계건 간에─를 복잡하게 만드는지 알게
된다. 더불어 남녀의 육체가 해변이라는 공간에서 밀착됨에 따
라 비가시성은 그 효과를 잃어간다는 것도 알게 된다. 토플리
스 차림의 젊은 여성은 더 이상 평범한 여성이 아니다. 그녀는
무엇보다 가슴의 미적 수준에 따라 평가되며, 그녀를 나타내는
것은 「가슴」뿐인 것이다. 그러므로 앞으로 생길지도 모를 남
녀 간의 만남은 다분히 성적 의미를 내포하게 된다. 『토플리스
차림의 여자와 이야기를 나누고 있으면 진지한 문제를 토론하
더라도 남들은 그렇게 봐주지 않아요. 그저 건수나 올려보려는
시도로 해석하지요.』(H17) 이런 상황은 일을 더 꼬이게 하고
토플리스에 필수적인 「자연스러움」을 빼앗아버린다. 『일단 여
자가 토플리스를 하고 있으면 다가가기가 조금은 거북해요.』
(H22) 『아무래도 조금은 어려워요. 거북스러우니까요.』
(H15) 『한번은 담배가 없는 거예요. 그래서 담배를 빌릴까 하
고 어떤 여자한테 다가가는데, 어! 바로 코앞에까지 갔을 때
그 여자가 수영복을 내리는 거 아니겠어요? 그만 멈춰서고 말
았어요. 그리고 생각했죠. 「아무래도 토플리스를 하는 여자한
테 가는 건… 좀 그렇지? 안 가는 게 낫겠어.」 이상한 일이
죠? 저절로 걸음이 멈춰지는 거예요.』(H17) 이런 방어적 행
동은 토플리스로 인해 생기게 되는 성적 오해를 막기 위한 것
이다. 토플리스를 하는 여성에게 가까이 간다는 것은 결국 그
여자를 보았기 때문이라는 말이다. 그런데도 보지 않은 것처럼
행동하려면 어떻게 해야 하는가? 노출을 시도하는 용감한 여

성들의「배짱」, 자연스러움, 「자신감」때문에 그런 여성들에게 접근하는 일은 더욱 엄두가 나지 않는다. 『그런 여자들은 배짱이 있어요. 약간은 위협적이기도 하지요.』(H15) 『멋져요. 자연스러움을 아는 당당한 여자들이죠. 하지만 정면으로 마주보긴 좀…….』(H16)

어떤 이들에게는 접근을 더욱 용이하게 만들어주고, 또 어떤 이들에게는 접촉의 장애요소가 되는 토플리스는 특별한 사회관계를 형성한다. 오드는 다음과 같은 사실을 인정한다. 『토플리스가 도움이 될 수도 있지만, 사람에 따라 다르죠.』(F118) 크리스토프가 여성에게 접근하는 경우는 두 가지가 있지만 방식은 완전히 틀리다. 『일단 여자가 토플리스를 하고 있으면 외모를 많이 따지게 돼요.』(H32) 이 경우 육체는 더욱 부각되며 비록 직접적인 신체접촉은 없을지라도 유희적인 관점의 즉각적・육체적 관계는 자연적으로 부각된다. 마르조리는 매우 완벽한 분석을 전개한다. 그녀는 우선「남자를 유인하려는 여자」를「가끔 토플리스를 하는 여자」, 「숨어서 하는 여자」와 구별한다(물론 정상적인 생각을 가지고 토플리스를 하는 사람도 많다). 우선「유혹하려는 여자들」은 젊은 남자들에게 주목을 받는다. 『남자들은 말해요. 그런 여자들은 남자를 찾는「두리번족」이라구요. 그들은 자유분방한 모습으로 비추어지지요. 어딘가 다른 부류로 나누어지는 거예요.』(F1) 덧붙여 그녀는 약간은 씁쓸하게 다음과 같은 사실을 인정한다(마르조리는 토플리스를 하지 않으며 스스로 고립되었다고 생각한다). 『한 건 올리려는 남자들은 우선 토플리스를 하고 있는 세련된 여자에게 다가가요.』자신의 동성친구들을 떠올려 보았을 때「해변에서 토플리스를 하는 여성이 성적인 면에서도 훨씬 개방적」이라는 생각은 충분한 근거가 있는 것이라고 그녀는 말한다. 『그런 여자들은 이렇게 말해요.「저기 젊은 남자가 있

네. 그리고 난 여기 있고. 그럼 시작해볼까?」』 이런 현실 앞
에서 그녀는 달리 어떻게 할 방도도 없이 그저 번뇌만을 곱씹
을 뿐이다. 다른 친구들처럼 수영복을 벗어던지며 남자들을 유
혹하는 것이 전혀 불가능한 일만은 아니다. 그러나 그녀는 그
렇게 하고 싶지 않다. 분명한 이유가 있기 때문이다. 그런 관
계는 자신이 꿈꾸어오던 것이 아니며, 또 「시시덕거리고 잠자
리만을 원하는 남자들」은 자신의 타입이 아닌 것이다. 그녀는
뭔가 좀더 심오하고 감상적인 것을 원하며 자신의 있는 그대로
의 모습에 끌리는, 인생을 함께 이야기할 사람이 필요하다. 즉
매우 진지한 관계를 원하는 것이다. 그러므로 천조각 하나를
걸쳤는가, 벗었는가에 따라 서로 다른 두 가지 방식의 관계가
전개된다. 벗은 쪽에는 흥미, 순간의 감정, 피부 한꺼풀에서
느껴지는 쾌락이 존재하고 입은 쪽에는 조심성, 신중함, 서로
에게 구속되고자 하는 의지, 미래를 향한 시선이 존재한다. 한
쪽에서는 육체가 사고를 지배하고 다른 쪽에서는 사고가 육체
를 지배한다. 수영복을 입은 젊은 여성은 아무 생각 없이 그저
피부의 즐거움을 위해 태양 아래 몸을 맡기는 행위를 거부한
다. 그들은 자신들이 토플리스를 한다면 어떤 일을 경험하게
될지 상상한다. 『그런 여자들은 남자들이 혹시 「막 가는 여
자」라고 부르지나 않을지 걱정하는 거예요.』(H15) 오렐리는
토플리스를 시작했지만 특별하게 고안한 전략을 구사하면서 경
계태세를 늦추지 않는다. 즉 누군가와 어느 정도 확실한 관계
를 맺게 되는 날이면 토플리스를 당장 그만두겠다는 생각이
다. 일반적으로 젊은 여성들은 선택을 하기 위해 별로 고민을
하지 않는 편이다. 왜냐하면 선택이란 「부끄러움」에 관한 개
인의 습관-육체의 향연을 좇을 것인가, 신중함을 지킬 것인
가 하는 고민의 이전에 존재하는-에 영향을 받기 때문이다.
우연 아닌 우연에 의해서……

커 플

  토플리스란 여성의 육체를 보이지 않는 대상으로 만들어버리는 시선의 체계 속에서 이루어지는, 지극히 개인적인 행동이다. 그러나 평범하지 않은 눈빛이 포착될 때, 여성의 관능적인 육체가 드러날 때 남녀 간의 상호작용은 익명성과 거리감, 그리고 침묵 속에 이루어지는 시각적 교류라는 특징을 갖는다. 그러나 이는 결국 자기만족을 위한 관계일 뿐이다. 즉 멀리 있는 파트너는 몽상의 세계로 들어가게 해주는 매체일 뿐이다. 그러므로 성을 전제로 해서 이루어진 견고한 관계, 즉 커플—연인 또는 부부—은 해변의 역설적 존재인 것이다. 그렇기 때문에 해변에서의 커플은 평상시와 뭔가 달라보인다. 앞에서도 살펴보았듯이 여성의 육체는 그 여성에게 속한 것이기 때문에 아내가 토플리스를 한다고 해서 남편이 막을 권리는 없다. 한 쌍의 커플이 해변에 도착했다고 치자. 그들은 익명성을 띤 다른 사람들에 비해 특수한 위치를 차지한다. 또 해변이라는 장소의 법치을 지키기 위해 은밀하고 조심스럽게 사랑의 언어를 나눌 것이다. 특히 정열을 다시 찾게 되는 40대의 경우는 더욱 그렇다. 부부생활의 사이클이 이 시점에 달하게 되면, 권태로운 일상은 이중의 불만을 탄생시킨다. 즉 부인은 남편과의 애틋한 커뮤니케이션(대화, 접촉 등)이 사라졌다고 투덜대며, 남편은 부인에게서 성적 매력이 감소했다고 불만을 토로한다〔프란체스카토(Francescato), 1992〕. 그러므로 토플리스는 시의 적절한 모험의 씨앗이다. 토플리스 덕분에 일상의 권태로움은 어느 정도 배격되며 부부라는 관계는 다시 무대 전면으로 등장하게 되는 것이다. 부부는 다분히 연극적인 방식으로 스스로를 재연출한다. 실제로 연출도 이루어지며 이를 바라보는 관객도 있으므로 조건은 충분한 것이다. 은밀한 세계에는 충격이 찾아들며 육체는 충만한 모습을 되찾게 된다. 『분명한 사실은 마치 파티에라도 가는 것처럼 준비하게 된다는 거예요.』(H85) 라파엘(Raphaël)은 부인의 가슴을 매우 가까이서 뚫어지도록 「그 누구보다 더 열심히」 쳐다본다. 그러나 이상한 것은, 평상시에는 부인의 가슴을 이처럼 관심 있게 바라보지 않는다는 것이다. 『해변에서는 정말 뭔가 달라요.』 해변에는 다양한 모습이 펼쳐진다. 그러나 그는 부인의 가슴만 쳐다볼 뿐이다. 『아내의 가슴은 다른 여자의 가슴과 달라요. 제가 원하기만 하면 만져볼 수도 있고 마음껏 떠올릴 수도 있으니까요.』 만약 게임의 법칙이 허락한다면 그는 정말 만질 것이다. 그러나 그런 행동이 용납되지 않는다는 사실을 그는 잘 알고 있다. 부인에게 선탠 크림을 발라준다는 명목하에 이루어지는 접촉조차 금지된다는 사실을……. 그러나 가슴을 제외한 다른 신체부위-등이나 전면-에 대해서는 아무런 제약도 없다. 로랑은 이런 접촉을 좋아한다. 『부드럽게 온몸을 쓸어내리며 크림을 발라줄 때의 느낌은 정말 좋아요. 확실히 더 친근감이 느껴지구요.』(H9) 애매한 경계선상에서 이루어지는 남녀 간의 게임은 여러 종류가 있다. 티에르는 아무런 행동도 하지 않는다. 그저 그녀 가까이 있다는 사실만으로도 행복한 것이다. 『여자친구가 토플리스를 하고 있으면 굉장히 흥분돼요.』(H18) 사빈(Sabine)은 훨씬 적극적이고 외향적이다. 높은 목소리에 브르타뉴 지방의 억양을 가진, 그리고 매력적인 외모 때문에 다른 사람의 눈에 잘 띄는 그녀는 남편과의 남프랑스 여행이 부부생활에 얼마나 큰 활력소가 되었는지 설명했다. 특히 토플리스와 남프랑스 지방의 민속놀이인 공놀이는 새로운 세계와의 접촉이었다. 적극적인 사빈의 행동 덕분에 두 사람은 항상 흥분되어 있었고, 전례 없이 치열하게 살아간다는 느낌을 가질 수 있었다.

커플이 토플리스를 통해 더욱 친밀해지듯이 해변의 나머지 사람들도 그러한가? 축제의 주역들은 그렇게 생각하지 않는다. 『보는 것과 만지는 것은 전혀 다른 차원의 일이에요. 우리가 서로를 가까이 느낄 수 있는 건 서로 만질 수 있기 때문이에요. 성적인 면을 포함한 특별한 관계지요. 하지만 보는 건 누구나 다 할 수 있잖아요.』(H92) 다른 사람에게도 볼 권리는 있지만 파트너는 특별한 눈길로 볼 수 있는 특권이 있다. 그녀를 만질 수 있다는 사실을 알고 있기 때문이다. 해변은 육체적 현실을 파악하지 못하는 단순한 배경일 뿐이다. 여성의 가슴을 향한 시선은 영상만을 거두어들이며 그 후에도 여전히 영상만으로 남을 뿐이다. 그러나 커플은 다르다. 보는 것을 통해 관계를 더욱 공고히 할 수 있기 때문이다. 남녀 간의 교류가 시작되면 여성의 두번째 육체, 즉 관능적인 육체가 무대 전면으로 등장한다. 그러나 해변이라는 장소에서 남녀 간 교류는 부차적인 요소다. 그것은 먼 곳에서 이루어지며 보편화라는 무게에 눌려 사라지고 만다. 하지만 관능적인 여성의 육체는 「도발적」인 몇 가지 동작에 의해서 다시 등장한다. 그러나 그들의 동작을 「도발적」이라고 해석하는 것은 해변이다. 그리고 상상의 세계에서 관능적인 육체를 형성하는 자는 바로 눈빛에 꿈을 머금고 있는 남성들이다.

미(美)

　여성의 육체가 표방하는「비가시성」앞에서 관능적인 육체는 쉽게 표출될 수 없다. 그러나 남성의 눈에서 훨훨 타오르는 성적인 욕망을 제지하기란 힘든 일이다. 남성의 원초적 감정은 표면상으로만 통제된 것이며, 어느 순간 저 깊은 곳으로부터 폭발할지도 모르는 일이기 때문이다. 하지만 현실의 세계는 다르다. 여성의 세번째 육체, 즉 증원군으로 등장한 미학의 육체가 인간의 충동적인 면을 억누르고 해변의 고요함을 수호하기 때문이다. 그러나 미학의 육체도 충성스런 연합군은 아니다. 두 경쟁자를 물리치고 해변의 권좌를 차지하기 위해 여념이 없기 때문이다. 그리하여 미학의 육체는 세 가지 육체 사이에서 번민하는 남성의 시선에 미묘한 복합성을 부여한다.

성(性)에서 미(美)까지

『여성이 토플리스를 하고 있으면 쳐다보게 됩니까?』

『때에 따라 다르죠.』

『그 기준은 무엇이죠?』

『예쁘냐, 그렇지 않냐는 거예요. 예쁜 여자일 경우엔 쳐다보지만 그렇지 않으면 쳐다보지 않아요.』(H55)

남성들은 여성의 아름다움에 대해 여러 번 언급했다. 쳐다본다는 사실마저 부인할 정도로 불성실해보이고 싶지는 않았기 때문이다. 탐미적 시각은 기적을 탄생시킨다. 그런 시각이 존재하는 한 남성들은 「추잡한 관음증 환자」로 분류되지 않아도 되기 때문이다. 그리하여 여성의 아름다움은 제1주제로 부각된다. 『우린 그저 여성의 미를 감상할 뿐이에요. 그게 전부라구요!』(H90) 『어느 정도 아름다운가에 달렸죠. 아름다운 가슴을 가진 여자를 바라보는 건 기분 좋은 일이니까요. 신통치 않을 땐 쳐다보지도 않게 돼요.』(H95) 하지만 분명 이런 말은 겉치레에 불과하며 스스로를 그럴싸하게 포장하려는 사회적 협약일 뿐이다. 게다가 이 협약은 각 개인이 처해 있는 각기 다른 현실을 제대로 반영하지 못하며, 남성의 시선을 이루는 요소 중 미학적 부분을 과장하여 부각시킨다. 남성은 아름다운 여성만 쳐다보는 것이 아니라, 추한 여성도 쳐다본다는 사실을 위에서 살펴본 바 있다. 그러므로 아름다운 여성일 경우에만 쳐다본다고 대답한 남자들은 거짓말을 한 것이다. 그러나 그것은 거짓말이라기보다는 해야 할 말을 하지 않은 것에 가깝다. 즉 관능적인 육체에 끌릴 수 있다는 사실을 생략한 것이다. 그들은 진실 중 한 가지 면만을 강조했고 그 한 가지 면은 실제로 존재한다. 바로 「아름다움」이란 필터를 통해 바라보는 인식의 세계가 그것이다.

미셸(Michel, H90), 얀(Yann, H91), 릴리안(Liliane, F181), 루이즈(Louise, F180)는 오후 내내 해변에 앉아 경치를 감상하는 대가족(각각 아버지, 아들, 어머니, 할머니)의 전형적인 예였다. 그들은 한 가지 놀이를 시작했다. 즉 눈에 보이는 여성의 가슴을 1~10점까지 매기는 것이었다. 릴리안과 루이즈는 반복되는 놀이에 곧 흥미를 잃은 것같이 보였지만 미셸과 얀은 달랐다. 조사원에게 놀이를 설명하는 그들은 흥미로움으로 가득 찬 눈빛을 반짝였다. 그들에게 아름다움이니 추함이니 하는 것은 하나의 핑계일 뿐이며(게다가 가족 전체가 동의한 게임이라는 명분까지 있었으니) 이 게임을 통해 그들은 마음놓고 여자들의 가슴을 쳐다볼 수 있었던 것이다. 마침내 그들은 여성의 가슴을 쳐다보는 일이 무슨 의무라도 되는 양 노골적으로 바라보게 되었다. 그러나 아름다움을 향한 시선이 항상 순수한 탐미성만 띠는 것은 아니다. 관능성과 아름다움 중 과연 어떤 것이 1차적인 관심을 유발시키는지 알기란 몹시 힘든 일이다. 그러나 많은 변형과 은폐를 거쳐 드디어 여체를 예술적으로 승화시키는 움직임이 생겨나게 된다. 해변을 바라보던 시선은 두드러지게 아름다운 대상 앞에서 멈추게 된다. 여성의 노출된 가슴은 예술적 인식을 위한 재료가 돼버리며, 이를 바라보는 남성의 충동적인 에너지도 결국에는 예술적 승화를 위해 전환된다. 이런 결과에 이르기까지 어떤 우여곡절을 겪던 간에, 아름다움에 대한 경탄은 일종의 초탈함과 함께 표현된다. 『정말이지 아름다운 가슴을 보고 있으면 이런 게 진정한 아름다움이구나 하는 생각이 들어요.』(H31) 『16세쯤 된 사춘기 소녀가 기가 막힌 가슴을 드러내고 있을 땐, 도저히 보지 않고는 못 견딜걸요. 그건 도덕성의 문제가 아니예요. 감탄의 문제지요.』(H37) 『토플리스를 하는 여성을 쳐다보게 되는 것

은 순전히 그 아름다움 때문이에요. 아름다운 여성을 보는 건
즐거운 일이거든요. 그뿐이에요.』(H89)

미에서 욕망까지

이렇게 승화된 아름다움은 아름다움 자체로서 시선을 끈다.
이제 전면에 등장하는 것은 나체의 관능미가 아닌 예술미다.
『아름다운 여성이 있을 때 쳐다보게 되는 것은 그 아름다움에
끌리기 때문이에요. 그건 당연한 거지요.』(H28) 그러나 아름
다움과 성적인 매력을 완전히 분리할 수는 없다.『젊고 아름다
운 여자가 있으면 자연히 쳐다보게 되죠. 마치 예술품을 감상
하는 것처럼요. 하지만 성적 매력 때문이라는 것도 부인할 순
없어요.』(H69) 그러므로 성적인 요소를 완전히 초월하는 일은
있을 수 없다. 욕망이란 예술적 인식의 세계로 흘러들어가면서
또 다른 형태를 띠게 된다. 여성의 나체는 더 이상 생물학적
관점이 아닌, 미학적 판단에 의해 여과되는 것이다. 욕망이 생
기는 것은 그 후의 일이다. 그러므로 관심을 불러일으키는 것
도 여성의 아름다움이고 충동을 발산케 하는 것 또한 여성의 아
름다움이다.『그래요. 미끈한 여자를 보면 남자들은 으레 성
적인 상상을 하거든요.』(F2)『뭐, 꼭 특별한 생각을 가지고
여자들을 쳐다보진 않아요. 가슴이 굉장히 아름다운 여자를 봤
을 땐 다르지만요.』(H31)『가슴이 아름다운 여자를 보면 섹시
하다는 생각이 들어요.』(H54)

이렇게 예술미와 관능미가 미묘하게 뒤섞이는 가운데 언어
학적 혼돈이 발생하기도 한다. 즉 가장 탐미적인 어휘가 결국
에는 가장 동물적인 본능을 지칭하는 경우가 종종 있기 때문이
다. 즉「아름다움」이라는 단어가 순수한 충동을 표현하는 말
이 되기도 한다. 이 두 가지 용어가 서로 차별화될 때 비로소

「우아함을 위한 우아함」이 그 가치를 인정받게 마련이지만 현실은 그렇지 못하다. 여성의 세번째 육체는 덧없이 사라지고마는 언어의 세계에만 존재하는 듯하다. 니콜은 사람들의 말과 생각이 서로 다른 것에 대해 큰 충격을 받은 모습이다. 『사람들은 생각하는 것 따로, 말하는 것 따로예요. 남자들과 함께 해변에 나가게 되는 경우가 가끔 있는데, 남자들은 토플리스를 하는 여자를 보고 이렇게 말해요. 『야! 멋진데! 가슴 한번 매력적이네!』 하지만 그들이 여성의 가슴에서 발견하는 건 결국 성적인 매력이에요. 아름답다 뭐다 해도 결국 그들의 관심을 끄는 건 성적 매력이라구요. 이걸 꼭 알아야 해요. 남자들이 여성의 미에 대해 애기할 땐 곧바로 성과 연관된다는 것을요. 남성과 토플리스와의 관계는 생각보다 훨씬 성과 밀접한 관련을 갖고 있거든요.』(F32) 니콜은 「아름다움」이라는 용어 자체가 모순투성이라고 생각했다. 그러나 「아름다움」이란 단순히 말만으로 그치는 것은 아니다. 「아름다움」은 실질적으로 「아름다운」 부류를 형성시켜 남성들의 욕망을 자극한다. 레진 (Régine)은 자신의 경험을 통해서 이를 입증했다. 토플리스를 하지만 한번도 남성의 집요한 시선을 느낀 적이 없다고 말한 그녀는 그 이유를 간단히 설명한다. 『저는 눈에 띌 정도의 미인은 아니거든요.』(F74) 아름다움을 향한 남성의 시선은 순수한 명상을 위한, 초연한 눈빛은 아니다. 여성의 세번째 육체는 보편성과 관능미 사이에서 애매모호한 세계로 들어가게 되는 것이다.

여성의 시선

이와는 달리 아름다운 여성을 바라보는 여성의 시선은 산뜻하다. 즉 순수한 경탄만이 있을 뿐이다. 『아름다운 여자가 토플리스를 하는 모습은 보기만 해도 좋아요. 특히 젊고 아름다운 여자의 모습은 더욱 그렇죠.』(F94)『아름다운 여자가 가슴을 태우고 있는 모습은 마치 명화를 감상하는 듯한 느낌을 줘요. 정말 아름답지요.』(F66)『가끔 보면 기가 막히게 완벽한 가슴을 가진 여자가 있어요. 그럴 땐 정말 쳐다보는 것만으로도 즐거워요.』(F79)

하지만 기슬렌의 생각은 다르다(그녀는 일반론을 펴다가 결국엔 자신의 생각을 드러낸다).『여자들이 주로 쳐다보는 대상은 매력적인 여자가 아니라, 처진 가슴을 가졌다든지 하는 흉한 여자들이에요. 가끔 이렇게 말하잖아요. 「차라리 수영복을 입는 게 나을 텐데.」 한 마디로 끔찍하다는 거죠.』(F30) 이와 같이 어떤 여성들은 아름다운 여자보다는 못생긴 여자를 보는 것을 더 좋아한다. 그러나 그런 경우에도 심미안적 판단은 지배적이다. 여성이 순수한 마음으로 상대방을 응시하는 경우는 드물다고 기슬렌은 말한다. 일리 있는 지적이다. 여성이 같은 여성을 그토록 관심 있게 쳐다보는 이유는 상대방을 바라보면서 결국 자기 자신을 바라볼 수 있기 때문이다. 즉 상대방 가슴의 형태, 탄력성, 그리고 미적 수준을 평가하면서 사신의 모습과 견주어보는 것이다.『비교를 하는 건 어쩔 수 없어요. 거의 모든 여자들이 그럴 걸요. 바보 같은 짓이지만! 미끈한 여자가 가슴을 드러내고 지나가면 말은 안 해도 대부분의 여자들은 이렇게 생각할 거예요. 「어, 나보다 낫잖아.」』(F81)

또 다른 과시

남성과 여성은,『인간은 아름다움을 바라보고 그 아름다움을 높이 평가하며, 모든 것은 아름다움이라는 이름 속에서 묵인될 수 있다』라고 말한다. 그러기에 아름답지 못한 광경 앞에서는 자연히 신랄한 비판을 하게 되는 것이다. 그러므로 가슴을 노출하는 여성들은 이런 법칙을 지키며 자신의 미를 과시할 수밖에 없다. 이미 1900년 브르타뉴 해안 지방에서 팔과 목을 대담하게 드러냈던 여성들은 미모에 자신이 있는 여성으로 평가됐다〔들르스트르(Delestre), 1973〕. 오랜 시간이 지난 오늘날에도 해변은 여성의 가슴노출을 여전히 미의 과시 때문이라고 생각하고 있다. 『주로 예쁜 여자들이 토플리스를 해요. 보나마나 뻔한 것 아니예요?』(H73) 그러므로 가슴을 노출했을 때 제3자로부터 높은 점수를 받는―생물학적 우연으로 인해―여성들(강요에 의해 가슴을 노출하는 것같이 보이지 않는)은 미를 과시하기 위해 토플리스를 한다는 사실을 인정해야 할 것이다. 하지만 이상하게도 그들은 이런 사실에 대해 고백하길 꺼려 한다. 이런 면에서 보았을 때 로즐린은 예외에 속한다. 그녀는 연사가 청중 앞에서 의례적인 서두를 늘어놓듯 쓸데없는 말을 계속하다가 조심스럽게 고백한다. 『다른 사람들이 쳐다보면 왠지 기분이 좋아져요. 특히 못생겨서 쳐다보는 게 아니라는 확신이 들면 더욱 그렇죠.』(F125) 코린은 침묵의 법칙을 깬 유일한 여성이었다. 『저는 토플리스 하는 걸 무척이나 좋아해요. 그리고 제 가슴이 정말 매력적이고 아름답다고 생각해요. 제가 봐도 예쁜걸요. 자랑스러워요.』(F148) 그러나 스스로를 아름답다고 생각하고 미를 과시한다는 사실을 고백하기란 어려운 일이다. 이런 사실을 드러내 놓고 말하는 것은 성적 매력을 과시하기 위해서 토플리스를 한다는 사실을 인정하는 것만큼이나 힘들기 때문이다(토플리스를 하는 대부분 여성들은 스스로의 선택에 정당성을 부여하기 위해서 「보편성」이라는 빈약한 이유를 댄다). 여성들이 이렇게 소극적 태도를 보이는 이유는 두 가지다. 첫째, 미를 뽐내는 행동에 대해 사람들이 곱지만은 않은 시선을 보낸다는 사실을 알기 때문이며, 둘째 미를 평가하는 일은 제3자만이 할 수 있는 일이라 생각하기 때문이다. 그러므로 당사자인 여성들은 침묵을 지킨 채 생각만 할 뿐이다. 그러나 그러는 동안 해변은 여성들이 차마 하지 못한 말들을 대신 해준다. 탐미적 시선을 보내는 남성, 저속한 눈빛으로 쳐다보는 남성, 경탄의 눈빛으로 쳐다보는 여성, 비난의 눈길로 쳐다보는 여성……. 쳐다보는 태도는 모두 달라도 그들이 말하는 것은 결국 한 가지다. 예를 들어보자. 『무엇보다 외모가 중요한 것 같아요. 매력적인 가슴을 가진 여자는 그렇지 않은 여자보다 더 쉽게 가슴을 노출하는 경향이 있어요.』(H29) 『외모에 자신 있을 땐 자신의 아름다움을 남에게 뽐내고 싶어하지요. 그건 지극히 당연한 일이에요.』(F23) 『그런 여자들은 사람들이 쳐다본다고 해서 불편해하지 않아요. 오히려 그걸 즐기는걸요.』(F176) 『10~15% 정도의 여자들은 단순한 아름다움 그 이상의 것을 생각해요. 예를 들어, 그런 여자들은 지나가는 사람들을 유심히 살펴요. 혹시 자길 쳐다보나 하구요.』(H88) 『사람들이 쳐다보는 이유는 남보다 외모가 뒤지지 않기 때문일 거예요. 사람들이 별로 쳐다보지 않으면 저도 신경 쓰지 않아요. 하지만 여자들은 결국 남에게 주목받고 싶어서 그걸 하는 거라구요.』(H93) 한편 모니크는 위와는 반대의 경우를 들어 동일한 원칙을 확인한다. 『저는 제 가슴에 대해 별로 자신이 없어요. 그래서 남들 앞에서 보이고 싶지 않아요.』(F5) 「과시욕」에 관한 한 토플리스를 하는 여성과 그들을 바라보는 남성의 의견이 서로 일치하지 않았다는 점을 위에서 살펴본 바 있다. 그러나 「아름다움」이라는 논리로써 얻어진 많은 대답들은 더욱 풍부한 분석을 가능하게 해준다. 토플리스를 하는 여성들에게는 아름다움이란 중요한 요소다(비록 그런 사실을 쉽게 고백하진 않지만). 일례로 조사에 응했던 아니크는 「피부의 즐거움」을 위해 토플리스를 해왔다고 장황하게 설명했지만, 『왜 그만두었는가』라는 질문에 이렇게 고백했다. 가슴에 더 이상 자신이 없어졌기 때문이라고……. 『결국 어느 정도는 과시하기 위해서 토플리스를 했던 거죠.』(F12) 그러나 여기서의 과시란 성적 매력이 아닌, 아름다움의 과시다. 이리하여 남성들은 침묵을 지켜야만 하는 「노출 여성」의 대변인 역할을 한다. 여성이 토플리스를 하는 이유를 「남에게 과시하기 위해서」라고 분석하는 남자들은 여성의 성적 매력보다는 아름다움 자체를 강조하는 경향을 보인다. 『외모에 웬만큼 자신이 있는 여자들은 자신이 가진 매력을 드러내고 싶어해요. 그건 금방 알 수 있어요.』(H93) 『그래요. 분명 과시하기 위해서죠. 그런 여자들은 대부분 예쁘거든요.』(H58) 그러나 이렇게 미학적 측면을 강조하는 것은 어딘지 모르게 석연치 않다. 남성의 입장에서 보았을 때 「아름다움」 또는 그 아름다움을 지칭하는 말들은 곧 욕망을 불러일으키는 도구가 될 수 있기 때문이다. 그렇다면 요약해보자. 남성은 성적 매력에 끌린다는 사실을 고백하고 싶지 않기 때문에 아름다움에 끌린다고 이야기한다. 한편 여성은 「아름다움」의 과시를 떠올리면서도 그런 내색을 하지 않는다. 그러므로 남성은 여성이 하고 싶어하는 말을 대변해주는 셈이다. 그러나 「아름다움」을 언급하는 남성의 어휘와 시선은 결국 성적인 측면으로 귀결된다. 이리하여 남성의 언어는 모호성을 띠게 되는 것이다. 즉 여성들의 생각을 대변해준다고 주장하는 남성들은 결국 자신들이 하고 싶은 말을 하는 것이다. 이제 여성들은─아름다움이라는 말 속에 녹아 있는 성적인 의미 때문에─아름다움을 과시하기 위해 토플리스를 한다는 고백을 하기가 더욱 어려워진다.

여성의 아름다움

시멜은 이렇게 말했다. 『여성의 아름다움은 피상적인 면에 그쳐서는 안 된다.』 사실 여성의 아름다움은 미학적 측면뿐만 아니라 윤리학적 측면까지 포함하는 것이며, 예술작품의 모델이 되는 실존적 조화인 동시에 세상과 이루어나가는 조화로움이다. 남성이 「되어가는 존재」라면 여성은 「되어 있는 존재」다(시멜, 1989, 147쪽). 이와 같은 시멜의 분석은 20세기 초반, 즉 여성해방운동이 시작되기 이전으로 거슬러 올라간다. 그러나 여성해방운동으로 말미암아 여성의 사회진출은 급격히 늘어나고 「되어가는 존재」가 될 정도로 위상의 변화를 겪게 된다. 그러나 시대가 바뀌어도 여성의 아름다움이 차지하는 지위에는 변화가 없으며—적어도 표면상으로는—여성들은 여전히 남성의 시선을 끌기 위한 능력을 발휘하고 있다. 이는 주목할 만한 일이 아닐 수 없다. 「결혼시장」 또한 마찬가지다. 예나 지금이나 대조적 형태의 남녀 교류가 결혼시장을 지배하고 있기 때문이다. 결혼시장은 경제적 자본(남성) 대 아름다움(여성)의 교류가 이루어지는 장(場)이다〔드 생리(de Singly), 1984〕. 성의식의 개방에도 불구하고 「유혹하고 유혹받는 관계」는 변화하지 않은 것이다. 여성은 여전히 「표현하는 대상, 지배하는 남성의 욕망을 받는 대상」이다〔보존(Bozon), 레리동(Léridon), 1993〕. 여성의 아름다움은 모든 변화를 거부한다. 『뭘 알고 싶은 거죠? 「여성의 매력」 하면 무엇보다 섹시한 몸매 아닌가요?』(H31)

미를 과시하려는 여성에게 가슴은 중요한 부분이다. 평상시에는 엿보거나 상상할 수밖에 없는 부분이 유행처럼 번지는 토플리스 덕분에 드러날 수 있기 때문이다. 『가슴을 보인다는 건 자기 재산을 보이는 것과 마찬가지예요. 또 남의 관심을 받고 싶다는 뜻이기도 하구요.』(H2) 『여성들은 자랑스러운 부분, 하지만 사람들로부터 잊혀진 부분을 보이고 싶어해요.』(H92) 『진열장에 1년 내내 올려놓는 물건은 제일 좋은 것 아니예요?』(H47) 미를 가꾸는 여성의 본능을 생각해보았을 때 가슴은 꽤 중요한 부분이다. 『여성에게 매력적인 가슴을 가졌다는 건 몹시 뿌듯한 일일 거예요. 가슴이란 여성스러움의 상징이니까요.』(H79) 그렇기 때문에 오늘날 화장품 제조업자의 선조격인 중세 연금술사들은 시대가 요구하는 미적 기준에 따라 가슴을 세우고 탄력을 주고 확대하거나 축소하기 위해 여성의 가슴에 그토록 연연했던 것이다. 이 중요한 과업을 이룩하기 위해서 그들은 다양한 재료를 발굴해냈다. 오이풀, 가새풀, 뜨거운 빵의 속부분, 양의 골수, 산토끼의 내장 등(그로, 1987). 오늘날에는 단지 재료의 다양화와 성형 기술의 발달에 따라 미의 실현이 더욱 효과적으로 됐을 뿐, 기본원칙은 그대로인 것이다.

보이기

『해변에 있으면 무의식적으로 과시하게 되지요. 그럴 때마다 자신을 쳐다보는 사람이 있다는 사실을 느끼게 됩니다.』(H44) 비록 스스로 원해서 그런 것은 아니지만 공공장소에 있는 한 누구나 어느 정도는 「구경거리」가 되는 상황에 처하게 된다. 상호 감시가 왕성하게 이루어지는 해변이란 장소에서는 더욱 그렇다. 이런 시각적 압력 앞에서 어떤 여성들은 불편을 느낀다. 게다가 부정적 메시지를 담은 시선이 쏟아질 경우에는 바늘 방석에 앉아 있는 느낌이다. 그러나 가벼운 시선에 대해서는 반응이 다르다. 즉 가슴에 자신 있는 여성이 느긋하게 토플리스를 즐기는 경우, 자신을 향한 은밀한 타인의 시선(「조금만 더」의 경우와 같이)은 일종의 활력소로 느껴지며 심지어 은근히 기다려지는 것이다. 『아름다움을 뽐내려고 토플리스를 하는 거예요. 어떻게 설명해야 할지 모르겠지만… 어쨌든 여자들은 남의 시선을 받고 싶어하는 거라구요.』(H16)『사실 저는 누군가가 쳐다보면「아직도 날 쳐다보는 사람이 있구나!」라고 중얼거려요.』(F86)『한번은 이런 적이 있어요. 귀엽긴 하지만 그렇다고 썩 미인은 아닌 젊은 여자가 있었는데, 몹시도 사람들의 시선을 받고 싶어하는 표정이었어요. 심지어 그 옆에 있던 남편도 누가 자기 부인 좀 쳐다봐 주지 않나 하는 기색이었구요. 얼마 후 누군가가 쳐다보자 무척 만족해하는 표정이었어요.』(F184) 수상한 생각 없이 자신을 바라보는 사람이 있다는 사실은 삶을 더욱 풍요롭게 해준다. 이런 시선은 자신의 존재를 더욱 강렬하게 만들어주기 때문이다. 『외모에 자신이 있어서 가슴을 드러낼 때, 그 여자는 결국 자기를 평가하는 거예요.』(H36) 즉 여성들은 남들의 시선을 통해 결국 자신을 바라보는 것이다. 타인의 시선을 받으면 꽤 기분이 좋아지기 때문에 여성들은 자신의 존재를 확인하기 위해서 더욱 과시하고 싶어한다. 『가슴을 드러내길 좋아하는 여자들은 다른 사람이 쳐다본다고 해서 결코 불편해하지 않아요. 오히려 더욱더 내보이려고 하지요.』(H29)『여자들은 남들 눈에 자신이 어떻게 비추어질지 무척 불안해해요. 하지만 동시에 남자들이 자기를 쳐다봐 주길 원하지요. 대부분 이런 사실을 솔직하게 말하진 않지만 그건 사실이에요. 여름이 되면 여자들은 남의 시선을 끌기 위해 별별 짓을 다하잖아요.』(F75) 남의 시선을 자극하고 그 시선을 느끼는 것(특히 호감을 가진 시선)이 편한 것만은 아니다. 남들이 쳐다본다는 느낌이 들면 1단계로 신체적 변화가 생긴다. 심장 박동이 빨라지고 머리 속 긴장의 끈이 팽

팽하게 당겨지는 등, 신체의 에너지 대사율이 높아지는 것이다 (데캉, 1989). 그러나 이런 반응도 얼마 동안만 지속될 뿐 시간이 지나고 나면 자신의 존재가 묵직해지는 느낌이 든다. 정체성이 재발견되고 모든 의혹이 사라지는 순간이다. 『많은 여자들이 그런 기분을 느끼고 싶어해요. 그건 자신이 존재한다는 사실을 확인하기 위해 필요한 거죠.』(F8) 토플리스의 경우, 정체성의 재발견은 더욱 강렬하게 이루어진다. 그 과정은 다분히 변증법적인 것이며, 자신에 대한 사랑에서 출발한 것이기 때문이다. 『무엇보다도 자기 자신을 사랑해야 해요. 자신의 몸을 사랑해야 한다구요.』(F148)『무엇보다 자기가 자기를 사랑해야 해요. 내가 나를 사랑해야 남들도 나를 사랑해주지 않겠어요?』(F12) 이렇듯 자신에 대해 긍정적인 생각을 가지고 있어야 남들의 시선을 통해서 정체성이 강화될 수 있는 것이다. 『토플리스를 하는 자신이 관심의 대상이 되는지 확인하기 위해서예요. 쳐다본다는 건 곧 관심이 있다는 뜻이니까요.』(F87) 사빈은 변증법적 논리를 하나의 문장으로 요약한다. 언뜻 보기에는 역설적인 것 같지만 사실은 그렇지 않다. 『자기 자신을 위한 거예요. 남들의 사랑을 받기 위한 것이기도 하구요.』(F159) 그러나 타인의 시선을 통한 정체성의 강화가 꼭 필요한 과정은 아니다. 어떤 사람들은 그 필요성을 그다지 느끼지 못하며 다른 방식으로 정체성을 강화하기도 한다. 「노출을 절대 금하는 타입의 여성」(H22)인 세바스티엔(Sébastien) 어머니가 그런 경우다. 남녀 관계에서 여성의 미모는 여전히 중요한 요소로 생각되기 때문에 여성은 아직도 「바라보아지는 대상」으로 존재할 수밖에 없다. 문제가 미묘해지는 것은 여성 스스로 자신의 육체에 대해 관대한 평가를 하지 않는 경우다. 『자기 몸매에 대해 완벽하게 만족하는 여자는 별로 없어요. 항상 마음에 들지 않는 부분이 있게 마련이지요.』(F148) 그러나 토플리스는 자기 콤플렉스에서 벗어날 수 있는 기회가 될 수 있다. 자신은 없지만 노출을 함으로써「감히」했다는 만족감을 얻을 수 있으며, 남들의 시선을「획득」함으로써 안도감을 느낄 수 있게 된다. 즉 남들의 시선을 통해 자신의 걱정이 기우에 불과하다는 사실이 입증되는 것이다.

여성이「바라는」시선에는 두 가지 종류가 있다. 그들이 가장 많이 원하는 것은 완전한 익명성을 지닌,「아무개」의 시선이다. 그런 시선은「나」라는 사람이 존재하며, 그것도 강하게 존재하고, 나는 더 이상 보이지 않는 존재가 아니며, 사람들은 무관심 속에 나를 버려두지 않는다는 사실을 입증한다. 또 하나의 시선은 아무 흔적도 남기지 않는 순간적인, 덧없는 시선이다. 여기서 중요한 것은 은밀한 느낌이다. 이런 시선은 과거도 미래도 없고, 현실적으로 어떤 관계도 갖지 않는다. 이 시선을 얻기 위해 사람들은 많은 노력－자신을 드러내기 위한－을 경주한다. 마치 인생 전체가 여기에 달려 있는 것처럼……. 여러 시선이 뒤죽박죽된 가운데 매우 특별한 이유로 몇몇 사람의 눈길이 주목된다. 이는 젊고 잘생긴, 이상적인 파트너의 시선으로서「훔쳐보는 사람」과는 정반대의 초상화를 지닌다. 『늙은 사람이 쳐다보면 정말 괴롭지만, 잘생겼거나 젊은 사람이 쳐다보면 나쁠 것 없죠.』(F133)『늙고 수염 난 남자였어요! 정말 끔찍했지요! 하지만 정상적인 남자라면 괜찮아요. 잘생긴 남자가 쳐다보면 금상첨화구요!』(F17)

아름다운 가슴의 독재

모든 것은 아름다움을 과시하도록 만든다. 여성들은 비록 이런 사실을 드러내고 말하지는 않지만 자신의 미모에 타인의 시선을 머물게 한다. 한편 남자들은 리비도(역주 : libido, 프로이트 정신분석학의 기초개념인 성적 본능에 의한 충동) 에너지의 원시성을 극복하기 위해 여성의 미에 관심을 기울인다. 아름다움과 그 아름다움을 찬양하는 어휘들은 해변이 그렇게도 바라던 것처럼 관능적인 육체를 잊게 해준다. 성적인 것과 관련된 모든 것은 한순간 아름다운 또는 추한 모습으로 마법처럼 바뀌게 된다. 관능적인 육체는 때로는 욕망의 대상으로, 때로는 외설스러운 모습으로 비추어진다. 이 두번째 변이형에서도 미를 찬양하는 말들은 육체적 동물성과 추잡함을 부인한 채 우아하게 표현된다. 게임의 법칙에서 벗어나는 행동(서 있는 자세, 커다란 가슴, 하얀 피부)을 하는 여성―바로 그 순간 해변이 견디지 못하는 성적인 요소가 부각되지만―을 향해서도 외설스럽다는 표현은 직접 사용되지 않는다. 이런 여성을 비난하기 위해 동원되는 수단은 언제나 한 가지, 즉 미적 판단인 것이다. 토플리스를 한 채 산책하는 여성을 보면, 『이리저리 흔들리는 것좀 봐. 정말 보기 흉해!』(F30) 커다란 가슴을 가진 여성을 보면, 『추하다고 말할 수밖에 없어요.』(F1) 하얀 가슴을 보면, 『보기 싫어요.』(F56) 늙고 처진 가슴을 보면 『끔직해요』(F129)라고 말한다. 이렇게 성적인 요소를 직접 언급하기보다 아름다움이라는 기준을 동원하는 것은 말로만 그치는 것이 아니다. 「미관상 보기 흉하기 때문에」(F28) 일어서서 토플리스를 하지 않는다는 마리온의 말은, 단순한 말의 차원을 넘어서 그녀의 사고방식까지 나타내주는 것이다. 그녀는 관능적 육체를 배격하면서 진지한 자세를 취한다. 아름다움과 추함은 마치 마술과 같이 여성의 두번째 육체―융통성 없는 해변을 그토록 괴롭히는―를 사라지게 만든다.

성적인 요소를 망각하기 위해서 아름다움을 부각시키는 것은 우연한 일이 아니다. 게다가 이런 행동은 정확한 법칙의 지배를 받는다. 의복이 추방된 나체촌의 경우 미적 기준은 거의

존재하지 않으며, 나체주의 주창자들은 이런 기준이 아예 사라
져버리기를 원한다. 토플리스와 관계된 상호작용의 체계 속에
서 아름다움이 차지하는 비중은 노출하는 여성의 비율에 달려
있다. 토플리스를 하는 여성이 적을수록 사람들의 시선은 더욱
집중되며 급기야 비가시성은 깨지고 만다. 이리하여 아름다움
이 차지하는 비중은 상대적으로 높아지고 외모에 의해 차별을
강화하는 행위는 점점 정당성을 얻게 된다. 즉 아름다운 여성
대 추한 여성이라는 구도가 형성되는 것이다. 『아름다운 가슴
을 보면 감탄하게 되지만 추한 가슴을 보면 흉보게 돼요.』(F
116) 게다가 토플리스를 하는 여성의 수가 줄어들게 되면 이런
차별은 더욱 두드러지며, 급기야는 정상적이고 합법적인 가슴
을 정의하는 중심체계가 생기게 된다. 단 한 명만이 토플리스
를 하고 있을 때 그 여자의 가슴은 나무랄 데 없을 정도로 완
벽해야 한다. 수영복을 입고 있는 다른 여성들은, 자동적으로
「예쁘지 않거나」, 「끔찍한 여성」으로 전락해버리는 것이다.
해변이 스스로 부여한 한계점―서 있는 자세, 커다란 가슴―
에서도 미적 기준에 의한 분류는 확실하게 나타난다. 앙투안은
테라스가 있는 카페에 감히 토플리스 차림으로 나타났던 한 여
자를 기억한다. 『하지만 그 여자의 가슴은 정말… 정말로 완
벽했어요. 그러고 돌아다닐 만도 했지요.』(H2) 비난의 목소
리가 높아짐과 동시에 판단과 합법화의 기준으로 아름다움을
내세우는 경향은 두드러진다. 토플리스에 반대하는 사람일수
록 미적 기준을 들먹이며 완벽한 가슴에 대해서만 관대한 모습
을 보이는 경향이 있다. 게다가 사방에서는 정상적 모습이 줄
어듦으로써(소수만이 즐기는 특이한 방식, 허용수준의 한계에
다다른 행동, 그에 따른 비난의 목소리, 성적 의미를 담은 시
선) 보편화 형성의 주요요소인 「아름다움」을 강조하는 방어기
제가 탄생한다. 그 결과 다른 곳에서라면 근거 있는 주장으로

3.
미
(美)

생각될 수도 있는 요구가, 해변에서는 엄격하게 제한되고 배격되는 것이다. 토플리스에 대해 관용적인 생각을 가지고 있는 사람들은 가슴을 노출하는 여성들을 그저 좀 더 아름답고 덜 아름다운, 큰 차이가 없는 하나의 집단으로 바라보지만 토플리스에 반대하는 사람들은 엄격하게 분류되는 두 개의 집단으로 여성을 바라본다. 그 중 한 집단은 모든 행동이 용서될 수 있는, 매우 아름다운 여성군이다. 『아름다운 여성일 때는 분명 괜찮지요. 웬만큼 예쁜 정도가 아닌, 굉장한 미인 말이에요.』(H18)『만약 정말 기가 막히게 완벽한 몸매를 지닌, 엄청나게 예쁜 여자일 경우에는 모든 행위가 용납되지요.』(F59) 나머지 한 집단은 평범한 가슴을 가진 대다수의 여성들이며, 그들에 대해서는 조소가 쏟아진다. 『매우 신랄한 비판을 하게 돼요. 한 마디로 끔찍하다고 할 수 있지요!』(H16)『남자들은 좀 심하다 싶을 정도로 공격해요.』(H2)『할 만한 자격이 있는 여자들만 해야죠. 그럴 만한 조건이 안 되는 여자들이 하는 건 도저히 참고 볼 수가 없다구요!』(H3)

아름다움? 아니면 분류를 위한 법칙?

해변은 연신 아름다움이라는 말을 입에 달고 다닌다. 그러나 해변이 말하는 아름다움이란 어떤 것인가? 다양한 형태가 조화를 이루는, 발견할 만한 가치가 있는 것을 말하는가? 사람마다 다른 심미관에 따라 창조될 수 있는 주관적 미를 말하는가? 연륜을 나타내는 주름 가득한 육체의 노련미를 말하는가? 아니면 저마다의 특징을 강조하는 개성미를 말하는가? 아니다! 해변이 말하는 아름다움이란 이런 것이 아닌, 오히려 그 반대의 것이다. 즉 창조적이고 다양한 형태의 아름다움이 아니라 유일하고 협소한 기준에 의해 정의되는, 정형화된 아름다움인 것이다. 제한된 수의 이원적 대치(가슴의 높낮이, 탄력과 처짐, 대소)를 기준으로 삼아 미의 계급을 나누는 것이 해변의 현실이다. 나신의 예술작품-품격 있는 상상을 하기 위한 원료-에서처럼 가슴은 하나의 출발점이 아니라 완성품일 뿐이다. 아름다움과 추함은 선천적으로 결정된 것이며, 해변은 결코 아름다움을 창조하려는 노력을 기울이지 않는다. 그저 정해진 단순한 기준에 의해서 정리작업을 하는 데 그칠 뿐이다. 해변이 말하는 아름다움은 행동체계를 형성하기 위해 필요한, 정형화되어 분류된 모습일 뿐이다.

여기서 아름다움은 사회적 역할, 즉 여성을 바라보는 시각을 정형화시키는 역할을 수행한다[비다트(Bidart), 1991]. 즉 아름다움이란 새롭게 정의되는 것이 아닌, 다분히 추상적이라는 사실을 의미한다. 아름다움과 추함이라는 것은 이미 정해진 사실로서 암묵적 도식에 의해 내재화된 것이다. 그렇기 때문에 더욱더 재론의 여지가 없는 것이다. 해변에서 관찰된 현실에 대해 도식이 적용되는 경우, 판단은 단호하며 일체의 코멘트도 허용되지 않는다. 여성의 가슴은 「아주 아름답거나」 또는 「추할 뿐」이다. 즉 이미 판결이 끝난 사실이다. 좀더 자세하게 평가해야 할 경우에는 가슴의 등급을 매기기 위해 마련된 세 가지 기준이 적용된다. 즉 볼륨과 탄력성, 그리고 높이다. 그러나 볼륨은 그다지 신통한 기준이 되지 못한다. 이 점에서 해변은 한 목소리가 아니기 때문이다. 커다란 가슴에 대한 비난의 목소리가 높아질수록-해변의 비가시성을 깨뜨린다는 이유로-가슴의 크기와 아름다움과의 관계에 대한 의견은 분분하다. 여기에 대해서는 차후에 자세히 다루기로 하겠다. 반면 두번째 기준, 즉 탄력성은 매우 적절한 지표다. 가슴은 탄력이 있을수록 아름답기 때문이다. 하지만 사람들의 의견을 자세히 분석해 보면 새로운 사실이 드러난다. 즉 탄력성을 중시하는 배후에는 출렁거림에 대한 강박관념이 자리하고 있다는 점이다. 탄탄한 가슴이 아름다운 이유는 바로 그 고정성 때문인 것이다. 비난의 대상이 되는 물렁거리는 가슴은 세포의 밀도가 아닌, 축 늘어진 가슴이 주는 이미지와 관련된다. 『탄력 없이 흐물거리는 가슴은 축 늘어지잖아요. 정말 추하기 짝이 없지요.』(H42) 더 나아가 탄력성은 가장 중심이 되는 기준, 즉 가슴의「고도」와 관련이 있다. 높이에 대한 원칙은 지극히 단순하며 미의 등급을 매기는 데 가장 이상적인 기준이 된다. 즉 가슴은 위를 향하면 향할수록 아름다운 것이 되며, 처지면 처질수록 추한 것이 되고마는 것이다. 토플리스를 계속하고 싶은 여성은 나이가 듦에 따라 어쩔 수 없이 처지게 되는 가슴의 변화를 예의주시해야 한다. 비관론자의 말을 들어보자. 『어쩔 수 없잖아요. 나이가 들면 처지게 마련이니까요.』(F167) 낙관론자의 생각은 어떤가? 『저는 믿어요. 제 가슴이 처지지 않을 거라는 사실을요.』(F148) 이들을 지켜보는 제3자의 입장은? 『아름다운 가슴이란 결국 처지지 않는 가슴을 말하는 거예요.』(F33) 유두의 방향이 어디를 향하는가에 따라서 해변은 가슴의 등급과 점수를 매긴다. 여성들은 이런 법칙을 내면화하고 또 이 법칙을 명심한다. 그리하여「가슴의 고도는 미를 분류하는 가장 중요한 기준이 되는 것이다. 여성의 가슴은 남성의 심벌에 비유될 수 있을 정도이며, 처진 가슴은 온갖 고뇌를 안게 된다」(그로, 1987). 게다가 그로는 브래지어의 주요 기능 중 하나가 가슴을 처지지 않게 받쳐주는 것이라고 했다(원더 브라의 경우, 브래지어는 조인다는 의미를 잃게 된다). 가슴의 미학에서 높이가 중시됨에 따라 1970년대에 유행했던「남자 같은 가슴」은 사라지게 된다. 미의 평가가 더욱 엄격하게, 그것도 주로 가슴을 대상으로 이루어지는 해변에서「고도」는 아무도 부인할 수 없는 신성불가침의 원칙이 된 것이다.

그러나 가슴의 형태적 다양성을 고려해볼 때 편협한 기준을 바탕으로 미의 등급을 매기는 것은 역설적인 일이 아닐 수 없다. 가슴은 사람의 얼굴만큼이나 다양한 개성을 지니고 있다(그로, 1987). 그러므로 가슴에 대한 선호도나 취향은 사람에 따라(남성일 경우에는 더욱) 적지 않은 차이를 보이며 상황에 따라서도 변화한다. 우선 단단한 가슴은 시각적 측면에서 높은 점수를 받을 수 있어도 촉감의 차원으로 넘어갔을 때는 사정이 달라질 수 있다. 또한 시대와 문화에 따라서도 미의 기준은 시시각각 변화한다. 고대 그리스 시대에는 남성과 같은 근육질의 평평한 가슴이 선호되었지만, 중세 유럽에서는 작고 탄력 있는 가슴이 미의 표준이 되었다. 또한 인도에서는 육중하고 커다란 가슴이, 탐욕적인 르네상스 시대에는 넉넉하고 풍만한 가슴이, 프랑스 혁명 시대에는 늘씬한 가슴이, 제2제정 시대에는 부드럽고 약간 아래로 처진 가슴이 아름다움의 표본이 되었다. 그 이후 1920년대에는 소년과 같이 삐쩍 마른 가슴이, 1950년대에는 할리우드 여배우와 같이 풍만한 가슴이, 1970년대에는 브래지어를 하지 않은 가슴이 선호되었으며, 1990년대에는 「위를 향한 가슴」이 권좌를 차지하게 되었다(페로, 1984/그로, 1987/퐁타넬, 1992). 그러므로 현재 해변이 선호하는 가슴은 수많은 형태 중 선택된, 그리고 임의적으로 부각된 하나의 표본일 뿐이다. 그러나 해변은 다양한 아름다움을 받아들일 자세가 되어 있지 않다. 오히려 모델을 단순화, 단일화하는 경향이 있으며 그 모델을 표본으로 적용하기 위해 고착화시키는 경향이 있다. 왜냐하면 추상화(「아름다운 가슴」이라는 것이 등급을 매기는 기준으로 충분한)의 경향에서 멀어져 구체적인 현실과 만나게 될 때 확실한 모델이 없다면 분류가 매우 어려워지기 때문이다. 더 심한 경우 두 가지의 하위 모델, 즉 평범한 아름다움과 지나친 아름다움이 서로 각축전을 벌이게 된다.

『제 가슴이 아름답다고 말하긴 좀 뭣 해요. 자랑하고 싶은 마음까진 없으니까요. 하지만 뭐 이 정도면 평균치엔 속하죠.』(F66)「평범한 가슴」이란 것은 매우 이상한 범주에 속한다. 아름다움과 비가시성이라는, 이론적으로는 서로 상치되는 요소를 모두 가지고 있기 때문이다. 크리스텔은「평범한 가슴」에 대해 세밀하게 묘사한다. 그것은 다름 아닌「평균적이고 늘어지지 않은 탄력 있고 꽤나 아름다운」(F8) 가슴이다. 너무 작아서도 안 되고 특히 너무 커서는 더욱 안 되며, 물론 처지지 않아야 한다. 또 출렁거리지 않기 위해서 충분한 탄력을 가지고 있어야 하며, 아름답다고 묘사될 수 있거나 또는 크리스텔이 말한 대로「꽤나 아름다운」가슴으로 표현될 수 있어야 한다. 그 이상도 그 이하도 아니다. 이리하여 평범하면서도 아름다운 가슴은 비가시성에 도달하게 되는 것이다. 평범한 가슴에 대한 정의를 내린 크리스텔은 다음과 같은 사실을 덧붙여 설명한다.『정상적인 범주에 드는 가슴은 사람들의 시선을 끌지 않아요. 이미 하나의 규범 속으로 녹아들었기 때문에 사람들은 더 이상 쳐다보지 않게 되지요.』(F8) 그리하여 노출되었을 때 사람들의 시선을 가장 덜 받는 가슴이 아름다운 가슴으로 자리잡게 된 것이다. 바로 이것이 해변이 공식적으로 추구하는, 기교가 배제된 가슴이다. 이런 가슴은 해변에서 중요한 역할을 수행하기 때문에 사람들은 암묵적 합의를 통해 그 가치를 인정하려 한다. 그러나 여기저기서 웅성거리는 소리가 들린다. 일반적으로「아름다운 가슴」이라는 표현 속에 내포된 다양한 내용(특히 남성의 입장에서 보았을 때)은 해변이 정의한 협소한 틀 속으로 쉽게 녹아들지 못하기 때문이다.『아름다운 가슴이란, 어느 정도는 풍만하고 봉긋 솟은 그런 가슴이지요.』(H31) 남성들이 욕정 어린 눈길로 여성을 바라봄으로써 아름다운 가슴은 정상적인 가슴과는 정반대의 이미지를 띠게 된다.

그래서 급기야 평범한 모습을 넘는, 시선을 끄는 모습으로 변화되는 것이다. 눈에 띄지 않기에는 너무 아름다운 가슴, 평범한 모습으로 남아 있기에는 너무 눈에 띄는 가슴으로……. 아름다운 가슴에 대한 정의가 이렇게 난항을 겪게 되자 우리는 사람들의 대답을 다른 각도에서 경청해야만 했다. 단호하며 판단의 근거가 부족한 평가(『멋진데!』, 『보기 흉해!』)는 문제의 핵심에 지나치게 접근하지 않으려는, 강요된 표현처럼 보인다. 하지만 이는 미의 등급을 매기는 기구의 효력을 유지시켜 주는 유일한 방법이다. 동시에 아름다움은 지극히 모호한 대상으로 떠오른다.

모호성

여성의 세 가지 육체는 결코 분리되어 있지 않다. 한 가지 육체가 모습을 드러낼 때일지라도 나머지 육체는 그리 먼 곳에 있지 않다. 보편성의 육체가 정상적 모습을 위한 조건을 형성하며 남녀 간의 교류를 가능하게 해줄 때 아름다움의 육체는 비가시성의 논리에 대항하며 육체를 드러내고자 한다. 아름다움의 육체가 선보이게 되면 곧이어 남성의 욕망이 투영되고, 그 순간 관능의 육체는 꿈틀대며 모습을 드러낸다. 이런 충동에서 야기되는 무질서가 등장할 위험이 보이면 어느 새 미적 승화 또는 평온한 보편성은 옆에 다가와 있다. 이처럼 여성은 끊임없이 세 가지 육체 사이를 여행한다. 게다가 어느 하나의 육체에 완전히 빠져 있는 경우는 드물며 두세 가지 육체가 겹쳐서 떠오르는 모호한 상황이 대부분이다. 자연히 그들을 바라보는 시선도 그에 못지않게 모호해진다.

복합성에 대한 단순한 인지

『인생이란 그 형태로 보았을 때 결코 일직선이 아니다.』 오히려 인생이란 끊임없는 우유부단, 그리고 『예』와 『아니오』 사이의 갈등, 특히 남녀관계의 갈등 속에서 이루어지는 것이다 (시멜, 1989, 229쪽). 이런 지그재그식 법칙—사람들에게 널리 알려지지 않은—은 「복합성에 대한 단순한 인지」라는 메커니즘을 이해하는 데 필수적이다.

일상의 현실은 그 현실을 겪는 평범한 사람에게는 이 세상 무엇보다 단순하지만, 학자의 입장에서 보았을 때는 끝없이 복잡다단한 대상으로 비친다. 육체를 통해 전해지는 메시지의 예를 들어보자. 상호작용을 주고받는 배우가 직접 그 의미를 해독하는 경우는 드물다(르 브르통, 1992). 그렇기 때문에 「제스처의 문법」을 만들어보려던 버드위스텔의 시도가 실패로 끝난 것이다. 하나의 결정을 내리기까지 감추어져 있는 현실은 역설적인 복합체를 이룬다[테라이(Terrail), 1993]. 이런 현실 속에서 인간은 최소한의 질문만을 던진 채 단순하게 살아야 한다. 인간은 「충동의 소나기」 속에서 「확인 가능한 이미지」를 추적하며(바트슨, 1981, 125쪽), 기초적이고 반복적인 해석모델을 형성하고 불확실한 분야를 만들어놓음으로써 단순하게 삶을 살아가는 경지에 이르게 된다[쉬츠(Schutz), 1987]. 그러나 현실의 단순화에는 한계가 있다. 우선 단순화의 시도는 연속적인 태도를 취하게 만드는 상호작용의 복합성 및 역동성과 충돌하게 된다[스트로스(Strass), 1992]. 시선의 게임 안에서 해변에 있는 여성은 끊임없이 세 가지 육체 사이를 여행한다. 단 몇 초 사이에도 여성은 보편성의 육체에서 아름다움의 육체로, 또는 아름다움의 육체에서 관능성의 육체로 이동할 수 있는 것이다. 하지만 랠프 린턴(Ralph Linton, 1986)은 『인간은 각각의 역할을 순간순간 충실히 수행함으로써 역할충돌을 극복해나간다』라고 강조했다. 그러나 그는 역할의 전이가 이토록 짧은 시간 동안, 이렇게 자주 일어나리라고는 상상하지 못했다. 사실 이런 역할전이는 변화무쌍한 상호작용의 복합성을 처리하기 위한, 암묵적이고 통상적인 방법이다. 마르셀린은 다른 사람에게 전혀 신경 쓰지 않을 뿐 아니라 아무도 자기를 쳐다보지 않는다고 말했다. 조사원은 『그래도 관심 있어 하는 남자가 몇 명은 있지 않나요?』 하고 물었다. 바로 튀어나온 그녀의 대답은 보편성을 가차없이 배격하고 아름다움을 등장시킨다. 『그야 당연히 있죠. 쳐다본다는 건 그 사람에게 관심이 있다는 뜻이니까요.』(F149) 자신도 모르는 사이에 마르셀린은 하나의 육체에서 또 다른 육체로 옮겨갔으며, 「비가시성」이라는 게임의 법칙에서 「조금만 더」라는 다른 게임의 법칙으로 옮겨갔다. 그러면서도 자신의 생각은 한결같다는 사실을 조사원에게 설득하려는 모습이었다. 「복합성에 대한 단순한 인식」은 주로 서로 다른 역할을 연속적으로 교체하는 행위를 통해서, 즉 짧은 시간 안에 서로 다른 인식의 세계를 체험함으로써 얻어진다. 사람들은 매번 분명하고 단순화된, 명확한 의미를 지닌 메시지와 의미에 집중한다. 그러나 이는 일반적으로 짧은 생명력을 지니기 때문에 곧바로 다른 메시지로 옮겨가게 된다. 이런 과정은 정의의 모호성 덕분에 가능할 수 있으며 별다른 충돌 없이 다른 세계로 흘러들어가게 해준다. 위에서 관찰한 것 같이 아름다움과 관능성의 정의 사이에 모호함이 없다면 「조금만 더」와 같은 미묘한 메커니즘은 존재할 수 없을 것이다.

그러나 「복합성에 대한 단순한 인지」라는 것이 말처럼 간단한 것만은 아니다. 위에서 정의된 것과 마찬가지로 이는 뚜렷이 인식되는 의식세계의 수준에서 진행된다. 그러나 이성적인 요소가 단 하나의 이미지와 의미를 선택했을 때에도 어둠 속에 가려져 있는 또 다른 자아는 같은 현실을 앞에 두고 다른 길을 걸어간다. 이런 「다중 코드화(codage multiple)」(바트슨, 1981, 125쪽) 현상은 수많은 역할 속에서 몇 가지 역할만을 무대 전면에 등장시킨다(스트로스, 1992). 그럼으로써 우리는 바라보면서도 진정 아무것도 보지 않을 수 있게 되는 것이다. 보편성이라는 역할에 몰입했다고 생각하는 인간이 여성의 가슴을 바라볼 때 그의 눈앞에는 보이지 않는 가슴이 놓여지지만, 그 순간 또 다른 자아는 아름다움을 관찰하며, 더 깊숙한 곳에 숨겨져 있는 자아는 음탕한 생각을 하며 흐뭇해한다. 문제성 있는 장면에 시선이 고정되는 것만으로도 숨겨져 있는 자아는 수면 위로 떠오르고 보편성은 강바닥으로 내던져진다. 그러므로 다른 이미지가 연이어 펼쳐진다 해도 인간은 놀라지 않는다. 자신 안에서 희미하게 느껴지는 또 다른 의미의 가정에 대해 끊임없이 연구 중이기 때문이다. 그렇기 때문에 조사원에게 한 대답의 앞과 뒤가 틀린 경우에도 당사자는 중도에 의견을 수정했다는 의식을 하지 못한다. 이러한 해석체계 덕분에 복합성에 대한 단순한 인지는 진일보할 수 있게 된다. 「복합성에 대한 단순한 인지」는 인간에게 수많은 의미의 세계를 여행하게 한 후에[카스토리아디스(Castoriadis), 1982] 「정체성의 연속」이라는 중요한 받침목을 선사한다. 즉 인간은 서로 다른, 나아가 서로 모순되는 역할을 끊임없이 연기하며 내면에서 일어나는 자아의 충돌로 괴로워한다[더글러스(Douglas), 1990]. 그러면서도 희미한 인식세계의 연속은 「정신과 육체의 세계가 극단적으로 대비되는 삶 가운데」 「불변하는 지속성」일 수밖에 없는 심오한 정체성을 느끼게 해준다[아브라모브스키(Abramovsky), 1897, 592쪽].

구조를 이루는 의례적 행위

의미의 다양화와 복합성에 대항하여 개인은 두 가지 방식으로 스스로를 안심시킨다. 우선 내면적으로는 일관성의 유지와 지속적인 정체성을 형성함으로써, 외면적으로는 매우 단순한 몇 가지 행동에 초점을 맞춤으로써 심리적 안정감을 얻는 것이다. 의미의 충돌이 심해지고 모호성이 커질수록 기본이 되는 의례적 행위의 구조적 기능은 전면으로 부각된다. 고프먼은 극도로 체계화된 동시에 그 의미가 모호한 몇 가지 「사소한 행위」에 관심을 기울였다(1988, 152쪽). 행위에 대한 해석이 분분할 경우 그 행위에 대한 명확한 의미는 도출되지 못한다. 그러나 그렇다고 해서 사회 속에서 형성된 「행동체계」가 현실구축의 과정에서 중심역할을 수행하지 못하는 것은 아니다. 규범의 핵심은 고도로 체계화된 사소한 행위 안에 있으며, 비록 그 의미가 모호하다 하더라도 그 행위를 둘러싸고 여러 가지 해석이 제기될 수 있다. 예를 들어, 토플리스를 하는 여성의 가슴에 잠시나마 시선이 머물 수 있다는 사실은 모든 이가 인정하는 바다. 어떤 이들에게 이런 모습은 비가시성을 위반하지 않는 단순한 관용의 대상이 될 수 있다. 그러나 시선의 객체가 되는 몇몇 여성들은 이런 현상이 자신의 아름다움에서 비롯되었다고 생각하며 자존심을 한층 내세우게 된다. 그 밖에도 성적인 매력이나 추한 모습도 시선을 잡아 끌 수 있다. 이렇듯 같은 현상 앞에서도 해석은 각기 다른 것이다. 사람은 누구나 자신만의 생각을 가질 권리가 있으며, 더 나아가 그 생각에 대해 확신을 갖지 않아도 될 권리마저 있다. 허용되는 행위에 대한 정의는 매우 구체적으로 이루어지므로 그 행위의 모호성에도 불구하고 상호작용의 법칙이 원용(援用)된다. 시선은 구조

를 이루는 의례적 행위를 선별하는 독특한 기능을 가지고 있
다. 또 시각은 어떤 감각기관보다도 세밀하게 대상을 포착하며
상당한 양의 정보를 곳간에 저장하는 동시에, 이렇게 거두어
들인 이미지를 인식세계의 희미한 개념에 연결시키는 역할을
한다(소바주, 1994). 또 필요한 경우 정상적 행위를 구성하는
유일한 요소인 「시각적 영상」과 매우 복합적이며 모호한 「의
미론적 내용」의 분리작업도 이루어질 수 있다.

이런 점에서 볼 때 몇 가지 역설적인 해석이 가능한, 모호한
상황을 분석하는 일은 흥미로울 것이다. 예를 들어, 한 여성이
누드·모델로서 포즈를 취했을 경우 「매우 구체적인 공간적·
시간적 틀」이 정의됨으로써 문제의 소지는 사라지게 된다(고
프먼, 1991, 87쪽). 이런 틀은 새로운 게임의 법칙에 적응함
으로써 얻어지는 편안함의 논리에서 비롯된 것이다. 손님이 탈
의실에서 옷을 갈아입을 때 자연스럽게 코멘트를 해주는 판매
원의 경우도 마찬가지다[페레즈(Péretz), 1992]. 산부인과에서
진찰을 받게 될 때에도 상황의 특수성(하얀 가운, 특수 기구들)
과 언어 및 행동의 상투성 덕분에 의학적 보편성은 자리잡게
되며, 의사뿐 아니라 환자도 훨씬 수월하게 행동할 수 있게 된
다[에머슨(Emerson), 1970]. 그러나 일반의의 경우엔 사정이
다르다. 상황의 정당성이 전문의만큼 확실하지 않기에 진료과
정 안에 포함되는 것이라 할지라도 환자의 가슴을 만지는 행위
에는 망설임이 따를 수밖에 없다. 손님의 머리를 만지는 미용
사의 손놀림은 잠재적인 관능적 접촉으로 해석될 수도 있다.
그러나 행위의 기술적 측면을 스스로에게 주입시키려는 미용사
자신의 끊임없는 노력으로 이런 잠재성은 사라지고 만다. 매순
간 모호한 상호작용 속에 숨어 있을 수 있는 파괴적이고 감정
적인 요소를 배격하는 것은 특수한 상황 속에 녹아 있는 의례
적 행위의 의미론적 단순성이다.

모호한 가슴

유방은 신체 부위 중 지극히 모호한 부분이다. 『젖을 빠는 아이에서 애무하는 남성, 스스로의 가슴을 바라보는 여성에 이르기까지……. 모성, 에로티시즘, 나르시시즘은 유방이라는 하나의 정원에서 조우하며 유방이라는 하나의 열매를 먹고 자라난다.』(그로, 1987, 59쪽) 그 밖에 은밀하게 감추어진 또 다른 느낌도 있다. 예를 들어, 수유하는 여성이 성적 쾌락과 비슷한 느낌을 경험하는 경우가 드문 것만은 아니다(그로, 1987). 그러나 이런 장면을 바라보는 남성이 생각하는 것은 무엇인가? 모성애? 아름다움? 또는 관능성? 가슴이 지닌 모호성은 여성해방운동이 제기한 문제에서도 잘 드러난다. 1920년대에 소년과 같은 의상이 유행하고 평평한 가슴이 선호되었던 것은 남녀 평등에의 갈망과 무관하지만은 않다. 1970년대에 들어서자 자아의 확인과 스스럼없이 활동하는 육체가 이슈로 떠오르게 되었다. 그리하여 가슴은 해방되고 노출되었으며, 본인이 원하는 삶을 얻고자 하는 여권쟁취운동의 상징이 되었다. 조사에 응한 대다수 사람들은 토플리스가 여성해방운동과 관련 있는 것처럼 보인다고 대답했다. 그러나 가슴은 노출과 동시에 남성의 시선을 끌며, 그 시선은 여성을 전통적인 모습 ―남성의 욕망의 대상― 뿐 아니라, 더 나아가 소극적인 모습 ―결코 여성이 원한 바가 아닌―으로 머물게 한다. 비가시성과 과시욕의 사이에서, 감탄의 대상과 욕정의 대상 사이에서 번민하는 여성해방론자의 가슴은 여성해방운동이 표출하고자 하는 의미에 도달하지 못한다.

토플리스에 대한 해석이 저마다 다른 것은 토플리스가 얼마나 모호한 행위인가를 잘 보여준다. 똑같은 시선이라 할지라도 쳐다보는 사람과 그 대상이 되는 사람에게 있어서 그 의미는 다르다. 더불어 미의 과시는 용인되지만 미를 이해하는 개념은 서로 다르다. 순수한 미학적 관심이 있는가 하면, 욕망의 형성이라는 또 다른 얼굴이 있는 것이다. 도처에서 억압받고 있는 성은 계속해서 표면으로 떠오르려 한다. 『어떤 면에서 보면 당연한 행동이라고 할 수 있지만, 또 어떻게 보면 약간의 죄책감이 느껴지는 것도 사실이에요. 누구를 유혹하려 한다는 죄책감…….』(F178) 『토플리스를 할 때 애매한 면이 있는 건 사실이에요. 왜냐하면 신체 중에서 꽤나 은밀한 부분을… 공적인 자리에서 노출하는 거니까요. 어쨌든 해석하기 나름이에요.』(F31) 이제 해변이 해야 할 일은 한 가지밖에 없다. 보편성을 더욱 강조하고 비가시성의 장벽을 더욱 두텁게 하는 일이 바로 그것이다.

노스탤지어

그러므로 남성과 여성은 피할 수 없는 「보편화의 강화」라는 동일한 움직임 속으로 빨려들어간다. 많은 사람들은 어쩔 수 없이 이런 경향을 받아들이지만 「감추어져 있고 그것을 상상할 수 있던」(F79) 시대에 대해 아직도 향수를 가득 머금고 있다. 『뭐 그냥 그런 거 아니겠어요!』토플리스의 열렬한 신봉자인 오딜은 이렇게 덧붙여 말한다. 육체는 남들이 하는 대로 따를 수밖에 없지만 그녀는 잃어버린 세계를 찾아 꿈 속을 헤맨다. 『어쨌든 좀 아쉬워요. 그건 분명한 사실이에요.』『문제가 있어요. 여자들이 토플리스를 함으로써 매력은 점점 사라지게 되죠. 이젠 습관이 되어, 결국 평범한 해변의 풍경으로 자리잡게 된 거지요. 그렇게 쉽게 내보이면 결국 무관심해질 수밖에 없어요.』(H89) 「제공된」 나체가 차고 넘침으로써 이제는 포화나 거부의 느낌까지 생기게 된다. 『그건 뭐랄까, 여성이 아닌 암컷이라는 느낌을 갖게 하죠. 「관능적」이라는 생각은 이미 사라진 지오래구요.」(F8) 『마치 포장을 잔뜩 뜯어놓은 것 같아요. 대낮에 벗은 채 마구 뒤섞여 있는 모습이란…….」(H31) 『사방에 온통 가슴을 내놓은 여자들뿐이니…….」(F122) 그러나 대부분의 경우 반응은 이중성을 띠고 있다. 즉 억누를 수 없는 육체의 해방에 대한 욕망이 있는 한편, 가려진 것에 대한 향수가 남아 있는 것이다. 이것이 해변에 새롭게 등장한 역설적 모습이다.

가려진 부분을 드러내는 것은 욕망을 형성케 하는 메커니즘 중 기본적이고 수동적이며 편리한 형태에 속한다. 보통 때에는 볼 수 없던 것을 봄으로써 야기되는 놀라움은 그 자체만으로도 감흥을 불러일으킨다. 그러나 토플리스가 보편화됨으로써 이런 감흥 시스템도 약화된다. 만인이 노출하는 해변 곳곳에서는 한탄의 목소리가 터져나온다. 『이젠 더 이상 보고싶은 게 없어졌어요.」(H67) 『가려져 있을 땐 어떻게든 훔쳐보려고 했었는데… 그 때가 더 좋았어요.」(F80) 『이젠 더 이상 감춰진 게 없어요. 더불어 매력도 잃게 된 거구요.」(F61) 『모든 게 다 드러나 있다는 건 아쉬운 일이에요. 어느 정도는 신비함을 간직해야지요.」(F32) 『그건 여성의 매력과 신비를 앗아가는 행위예요. 더 이상 보고 싶은 게 없어지잖아요.」(F59) 『가장 매력적인 것은 역시 감추어져 있는 것 아니겠어요?」(F8) 그러나 이렇게 감추어져 있는 것을 과감히 드러내는 것이 욕망과 유혹을 불러일으키는 유일한 메커니즘은 아니다. 시멜은 한 가지 메커니즘을 덧붙였는데, 그에게는 이것이 더 중요했다. 즉 이는 감추어진 것이 아니라 「절반쯤 감추어진」 메커니즘으로서 「살짝 드러난 「예」와 「아니오」가 동시에 존재」하는 모호성을 띠고 있다(1988, 208~209쪽). 이는 주로 노출이 심한 옷에서 볼 수 있는데, 여기에서는 숨김과 노출이라는 두 가지 측면을 공유하는 경우, 특히 그 경계가 불분명한 경우에는 더욱 그렇다. 『보이지 않는 듯하면서도 보이는 것이 정말로 야한 것 아니겠어요?』(H2) 극소수(토플리스에 반대하는 사람들로부터 충원된)의 사람들이 아직도 수영복 입은 모습을 선호하는 것은 「절반쯤 감추어진 것」—지금은 해변에서 점점 사라지고 있는—의 위력을 믿기 때문이다. 『수영복을 근사하게 입은 모습이 더 야하거든요.』(H86) 『저는 오히려 모든 걸 가려주는 수영복이 좋아요. 사람들은 수영복 안의 모습을 제각기 상상할 수 있으니까요.』(F94) 『수영복을 멋지게 입은 모습이 더 자극적이에요. 욕망을 자극하구요.』(F7) 토플리스를 반박하지는 않겠다는 코린은 다음과 같이 말한다. 『남자들은 수영복 안에 숨겨진 풍만한 가슴을 보면서 더 많은 상상을 해요.』(F148) 그녀는 「노출의 해변」에서 방금 관찰한 장면을 지적하며 자신의 의견이 타당하다는 사실을 강조한다. 『그 여자는 끈 없는, 아주 깊게 패인, 1950년대 스타일의 검은 수영복을 입고 있었어요. 수영 팬티는 분홍색이었는데 아슬아슬했구요. 해변의 시선은 모두 그녀에게 집중되어 있었어요. 그 여자는 입고 있긴 했지만 마치 벗은 것 같은 인상을 주었거든요. 사람들은 모든 걸 보면서도 동시에 결국은 아무것도 보지 못한 셈이죠.』

모호성이 갖는 에로티시즘

유혹의 도구인 수영복 예찬론자들은 보이는 것과 보이지 않는 것 사이의 게임을 강조하며 자신들의 논리를 증명하려 한다. 즉 욕망의 원천인 모호성을 강조하는 것이다. 그러나 그들은 단 한 가지 형태의 모호성만을 생각한다. 즉 보이는 것과 감추어진 것 사이에서 망설이는 소극적인 관찰자가 느끼는 모호성이다. 그러나 문명화 과정 제2기에서 비롯된 노출의 보편화는 인간관계의 중심에서 모호성을 강화시킨다. 여성의 세 가지 육체가 동시에 드러나는 곳이 비단 해변만은 아니다. 일상적으로는 감추어졌던 부분이 노출됨으로써 느끼는 흥분은 점점 사라지게 되고, 세 가지 육체가 번갈아 모습을 드러내는 모호성을 통해 인간은 흥분을 느낀다. 보편성이 자리한 듯싶으면서도 욕망은 또 다른 시선을 통해 그 보편성을 변질시킨다. 아르노는 이 질문에 대해 오랫동안 생각했다. 토플리스가, 가슴이 지니고 있는 성적인 상상력을 떨어뜨린다는 이론에 대해 아르노는 반대 의사를 표했다. 그는 가슴보다는 오히려 어깨나 견갑골 또는 무릎처럼 평상시에도 드러나는 부분을 더 유심히 바라보는 독특한 취향을 가지고 있었다. 그에게는 이런 부분이 더 강렬한 욕망의 출발점이 되기 때문이다. 『사람의 욕망이란 머리 속에서 비롯되는 거예요. 그러니까 사람마다 다른 것이고 또 바라보는 방식에 따라서도 달라지지요. 쳐다봐야 할 곳은 너무도 많다구요!』(H21) 그가 말하는 욕망의 개념이 노출로 야기된, 약간은 동물적이고 무의식적인 감정과 얼마나 동떨어진 것인지에 대해 생각해봐야 할 것이다. 그의 욕망은 모호성의 샘에서 유래된, 매우 창조적이고 적극적인 것이다. 즉 시야에 들어오는 모든 것을 원료로 삼아 자신의 욕망을 형성하는 것이다. 어떻게? 바로 아름다움이라는 필터를 통해서다. 이런 점을 고려해보았을 때 성에 관한 남성들의 대답에서 아름다움이 차지하는 위치는 쉽게 이해할 수 있을 것이다. 남성들은 여체의 특정 해부학적 부분에 시선이 끌릴지라도 좀더 미학적이고 창조적인 욕망을 떠올리려고 애쓴다. 그런데 역설적인 사실은, 이런 창조성으로 남성을 인도하는 것이 여성의 첫번째 육체, 즉 보편성의 육체라는 것이다. 「미학적」이니 「창조적」이니 하는 말들은 우연히 사용된 어휘가 아니다. 이런 형용사로 욕망을 표현하는 것은 예술적 감흥과 매우 유사하기 때문이다. 예술작품으로서의 나체는 사람들이 원하는 것만큼 성적인 현실과 유리되지 않는다. 「순수한」 감흥이 위력을 갖게 되는 것은 리비도의 에너지를 억제하는 것이 아니라, 이를 미묘하게 우회시킴으로써 가능해진다〔클라크(Clark), 1969〕. 보편적인 모습을 파괴하여 얻어지는 쾌락은 예술작품을 바라봄으로써 얻어지는 감흥과 유사하다.

『만약 당신이 아름다운 가슴과 목을 지니고 있다면 결코 가리지 마십시오. 당신의 옷이 깊게 파여 있다면 사람들은 당신의 가슴과 목을 탐하고 꿈꿀 것입니다.』(볼로뉴의 인용, 1986, 54쪽). 예법 지침서에서 발췌된 이 구절은 윗옷의 파인 것이 지닐 수 있는 이중성을 지적한다. 가슴의 비가시성을 공격적으로 준수하고 있는 「정상적으로」 파인 옷 뒤에는 아름다움과 욕망이 누가 먼저랄 것도 없이 춤추고 있다. 그러나 이렇게 무대 뒷면에 모호성이 존재하는 것은 흔히 볼 수 있는 광경이다. 어디에서나 미적·성적인 시선은 보편성의 장막을 갈기갈기 찢어버린다. 이제는 공공장소에서 쉽게 볼 수 있는 단순한 제스처의 예를 들어보기로 하자. 여성이 자신의 머리를 쓰다듬는 모습은 지극히 정상적이며 기능적인 행위로 정의된다. 그럼에도 불구하고 이런 모습은 시선을 끌며, 눈동자는 이런 시각적 반사작용을 억제하고 외면하려고 애쓴다. 사실 여성의 입장에서 보았을 때 머리를 매만지는 행동이 갖는 기능성은 미약하다. 이는 스스로를 안심시키려는 단순한 무의식적 동작일 뿐이다. 항상 같은 방식으로 머리를 매만지고 눈을 찌르는 거추장스러운 머리칼을 뒤로 넘기는 무의식적 동작은 결코 불쾌한 것이 아니며 그 이상의 성격을 띠기도 한다. 부드럽게 머리를 매만지는 여성의 손길에서 남성은 관능적 쾌락을 맛보기도 한다. 어떤 경우에 이런 행동은 나르시시즘적 애무와도 유사한 형태를 띠기도 한다. 무의식적 행동과 보편성이라는 틀로 위장된 여성은 모호성이라는 것에 대해 전혀 의식하지 못하며 어떠한 질문도 던지지 않는다. 나아가 자신의 행동이 다른 각도로 해석될 수 있다는 생각은 꿈에도 하지 않는다. 스스로에게 자신이 있는 여성일수록 이런 무의식적 행위를 자주 하지만 이에 대한 해석은 분분할 수 있다. 이런 행위의 예는 그 밖에도 많다. 가장 고전적이며 또 고의적인 것은 다리를 꼬는 행동이며, 가장 복합적이고 미묘한 모습은 화장을 고치는 모습(미를 가꾸기 위한 은밀한 작업)이다. 화장을 고치는 행위는 사람이 많은 곳이나 사생활의 공간이라고 착각되는 장소(자동차 안) —사실은 쉽게 볼 수 있는—에서 이루어진다. 모든 경우에 있어 상황은 동일하다. 겉으로 보기에는 아무리 평범한 행동일지라도 그 뒤에는 여성의 나머지 두 가지 육체가 꿈틀대고 있는 것이다. 그러므로 조금만 다른 시선으로 바라보게 되면 장면은 완전히 바뀐다. 즉 아름다움과 욕망이 보편성—삶을 수월하게 하는 것—을 파괴하는 것이다. 그러므로 아름다움과 욕망이 보편성에 의해 퇴각당하는 것이 무의미한 일만은 아니다.

비밀스럽고 은밀한 남녀관계

여성은 타인의 시선을 추구한다. 자신에게 잠시 머무는 시선을 통해 정체성의 강화를 느끼기 때문이다. 이를 위해 여성은 미를 뽐내며, 드러내지 않는 듯하면서 무언가를 드러내는 것과 같이 공식적으로 허용되는 기교를 통해서 타인의 시선을 끄는 데 여념이 없다. 게다가 보면서도 보지 않는 체계가 정착된 곳에서는 노골적으로 자신을 내보이고 만다. 모든 경우 시선은 결국 여성의 미에 끌리게 되는 것이다.

여성은 누구를 위해 아름다워지려 하는가? 또 누구를 위해서 그 많은 에너지를 소진하며 미를 가꾸는 데 몰두하는가?

남편을 위해서? 부분적으로는 그럴지 몰라도 완벽한 정답은
아니다. 그 이유는 다름 아닌 자기 자신을 위해서다. 자신의
아름다움을 확인함으로써 얻을 수 있는 만족을 느끼기 위해 미
를 가꾸는 것이다. 그렇다면 그런 만족감은 어떻게 얻어지는
가? 그것은 자신을 쳐다보는 타인의 시선을 통해서다. 즉 여
성은 시선을 끌기 위해 유혹하는 것이다. 우선 유혹의 대상이
되는 것은 익명의 대중이다. 특히 그 중에서도 이상적인 파트
너 역할을 할 수 있는 매력적인 남성이 유혹의 대상이다. 하지
만 유혹의 목적은 새로운 감정의 모험을 경험하거나 연애를 시
작하기 위해서가 아니다. 단지 유혹을 위한 유혹, 즉 자신을
기분 좋게 만들어주는 타인의 시선을 끌기 위한 것이다. 그러
나 이런 미묘한 게임은 대개 경계가 명확하게 정해지지 않는
다. 누군가 자신에게 관심 있는 눈길을 보내는데 어찌 모른 척
할 수 있으랴? 소설의 스토리는, 여주인공이 남성의 관심어
린 눈빛을 느낄 때 시작되는데, 이는 우연한 일이 아니다[앙리
(Henry), 1993]. 여성이 애정 어린 시선을 느끼게 되면 사랑
은 이미 몇 발자국 앞에 와 있다는 것을 독자들은 이미 간파하
고 있다. 자신을 드러냄으로써 정체성이 강화되는 가운데 잠재
적인 커플은 매순간 시선의 교류 속에서 희미한 영상을 싹틔운
다. 그러나 뿌연 애정의 몽환은 결코(또는 거의) 결실을 맺을
수 없으며, 지극히 일상적인 개인의 기억체계 속으로 사라지게
된다. 자아의 이미지를 통한 정체성의 강화는 비교적 새로운
과정에 속한다. 또한 이는 기존의 커플 관계를 흔들어놓는 무
질서한 애정행각과 무관하지만은 않다. 그러므로 육체의 해방
을 이루는 두 가지 요소(감정의 통제, 사생활의 기본이 되는
성)가 생각만큼 완벽하게 분리되는 것은 아니다. 이 두 가지
요소는 은밀하고 비밀스런 남녀의 시선 게임 안에서 다시 만나
게 되는 것이다.

제 Ⅳ 부

•

해변의 포도(鋪道)

68 5월혁명
(역주 : 1968년 5월
프랑스에서 발생한 대규모
학생 정신혁명운동)에는 『포도(鋪道)
아래 해변을!』이라는 이상한 슬로건이
등장했다. 의미의 모호성에도 불구하고 수천
명의 젊은이들은 이 구호를 외치며 거리로 나섰다.
여기서 포도란 학생들이 바리케이드를 치기 위해서
보도 블록을 깼던 카르티에 라탱(Quartier latin : 소르본
느대 등 대학 캠퍼스가 밀집해 있는 파리의 대학가)을
의미하는 것이었다. 하지만 엉뚱하게 해변이라니? 해변은
그 무엇보다 효과적으로 자유를, 정복해야 할 자유를 상징
하기 때문이다. 즉 아무런 구속도 받지 않는 육체의 자유,
아무런 명에도, 강요된 규칙도 없으며 분류도, 위계
질서도 없는 삶의 자유. 그러나! 해변의 모래사장
아래에는 또 다른 포도, 즉 검은 명에, 암시적 규칙,
가차없는 분류, 냉엄한 위계 질서라는 이름의 포도가
깔려 있다. 때로 해변은 스스로가 표방하는
이상적인 관용의 모습과 정반대의 얼굴을
한다. 게다가 토플리스가
행해지는 해변은 더욱
그러하니……

1

관 용

누구나 원하는 걸 할 수 있어요

엘리야스(1991)는 개인이란 자신이 살고 있는 시대와 분리되어 생각할 수 없으며 개인의 행동, 말 한 마디, 심지어는 지극히 개인적인 생각조차 전체의 움직임을 이루는 구성요소라고 생각했다. 매순간 개인이 모여서 전체가 형성되며, 개인은 전체가 존재할 때에만 가치 있는 것이다. 이런 명제는 우리의 조사과정에서 입증될 수 있었으며, 특히 많은 사람들이 강조했던 표현(사회적 메커니즘이 존재함을 드러낸)을 통해서 증명될 수 있었다. 「하얀 자국」, 「얇은 여름 옷」, 「모든 사람들이 하는걸요」 등등이 그런 표현이다. 그 중 가장 많은 사람들이 언급했던 말은 분명 이런 것이리라. 『누구나 원하는 걸 할 수 있

잖아요.』『민주주의가 뭐예요? 하고 싶은 걸 하는 거 아니에
요?』(F94)『누구나 하고 싶은 대로 행동할 수 있어요. 바로
그게 자유잖아요.』(F99)『누구나 원하는 대로 할 수 있어요.
자기 인생이니까요.』(F20) 다만, 어린아이들만이『괜찮아요』
『나빠요』등과 같이 단호한 도덕적 판단을 내릴 뿐이었다. 하
지만 조사에 응한 거의 대다수 성인들은 누구에게나 원하는 대
로 행동할 권리가 있음을 강조했다. 대부분의 사람들은 조사원
이 채 이 문제를 언급하기도 전에 자유의 권리를 강조했다. 마
치 모든 대답에 필수적인 서두라도 되는 양. 때로는 지나칠 정
도로 강조해서 그 동기가 좀 석연찮아 보일 때도 있었다. 마치
그렇게 한 마디 던지고 나면 더 이상 다른 대답은 하지 않아도
되거나, 한 순간 방해받았던 감미로운 시간-태양이 피부를
어루만지는-이나 해변의 무기력증을 금세 되찾을 수 있는 것
처럼 생각하는 것 같았다. 전반적으로 해변은 관용적이다. 판
단을 한다는 것은 곧 생각해야 한다는 것을 의미하며, 생각한
다는 것은 너무 피곤한 일이기 때문이다. 자유의 원칙은 육신
의 편안함과 완벽하게 일치한다. 따뜻한 모래와의 접촉, 피부
에 와 닿는 태양과 물의 감촉은 단순히 안락한 해변의 모습만
을 떠올리게 하는 것이 아니라 부드러움과 관용, 아무런 투쟁
도 존재하지 않는 평화로운 사회를 연상시키기 때문에 더욱 감
미로운 것이 되고 만다(퀄레슈태드, 1992).『저는 다른 사람
을 쳐다보는 그런 부류가 아니예요. 전 관용적인 사람이에요.
누구나 자신이 원하는 걸 할 수 있죠. 누구든지 타고난 그대로
살게 마련이고, 그래서 전 쳐다보지 않아요. 본인이 괜찮다고
느끼면 괜찮은 거예요. 또 누구나 그렇게 생각한다는 걸 느끼
게 되면 기분이 좋아져요.』(F61) 개인의 자유란 절대적이고
공식적인 규칙이며, 해변의 정신을 이루는 기초가 된다. 조사
내용 중에는 좀 색다른 질문-만약 나체촌과 같이 토플리스를

위한 특수지역이 생긴다면 어떻겠냐는—도 끼여 있었다. 이
질문은 곧장 거센 반발을 불러일으켰다. 그런 생각은 자유의
원칙과 너무나 동떨어진 것이었으므로 사람들은 격앙된 목소리
로 빠르게 대답했다. 『토플리스에 대한 규제가 생긴다구요?
만약 그런 일이 일어난다면, 솔직히 말해서 참을 수 없을 거예
요. 누구나 하고 싶은 대로 하는 거지 규제가 왜 있어야 하지
요?』(F94)『정말 바보 같은 발상이에요. 어떻게 요즘 같은
세상에 그런 규제가 존재할 수 있겠어요?』(H64)『옷을 갈아
입을 때 완전히 알몸을 내보이는 사람도 있어요. 본인이 그게
편하다면 전 상관 없어요. 저는 자유를 찬양해요. 금기에 대해
선 몸서리 난다구요!』(F53)

민주주의적 의지

　관용은 끊임없이 강조되는 사회원칙이자 가치로서[외로바로
메트르(Eurobarometre), 1993] 개인은 관용의 틀 안에서 도덕
규범에 대한 정의를 스스로 내릴 수 있다. 사람은 누구나 본인
이 원하는 삶을 추구할 수 있으며 그 선택은 존중되어야 한
다. 변화는 심도있고 빠르게 진행된다. 한두 세대가 바뀌는 동
안 윤리의 틀은 명시적이고 집단적인 형태에서 개인 스스로 정
의를 내리는 개인주의적 형태로 변화한다. 토플리스가 막 시작
되던 1960~70년대에 개인의 판단은 어느 정도 보편성을 띠었
고(좋다, 나쁘다 식으로), 사회가 추구하는 가치를 지키지 않
는 사람은 일탈자로 취급되었다. 하지만 오늘날에는 원하는 것
을 할 수 있는 권리와 제3자를 평가하는 일은 별개의 것으로
생각하고 있다. 『토플리스를 하는 모습이 그다지 아름답다고
생각지는 않아요. 하지만 인간은 자유로운 존재이니만큼 그런
행동이 나쁘다고 생각지도 않구요.』(F140) 집단적 규범이 도

출될 때 그 규범은 암묵적인 동의와 내재성을 포함하는 것이므로 재론의 여지가 없는 명백한 원칙이 되고 만다. 『어쨌든 특별히 덧붙이고 싶은 말은 없어요. 그건 당연한 모습이고 남들도 다 하잖아요. 누구나 자기가 하고 싶은 걸 할 권리가 있다구요.』(H65) 그러나 예전에는 명시적인 집합적 규범이 있었고, 좋고 싫은 것에 대한 공통된 규칙이 존재했다. 자신의 개인적 의견을 제시하고 그것이 모델로 받아들여지도록 제안함으로써 모든 사람들은 중심이 되는 규범을 재정립하기 위해 공공연하게 노력해왔던 것이다. 그러나 오늘날 이런 중심규범은 더이상 눈에 띄지 않으며, 개인 스스로가 천명한 모델-『누구나 원하는 대로 할 수 있어요.』-이 그 자리를 대신하고 있다. 개인적 의견을 제시해서 그것을 공통규칙으로 강요하기 위한 시도는 이제 더 이상 허용되지 않으며 이런 현실은 분명히 받아들여지고 있다. 그러므로 스스로의 행동방침에 대해서는 점점 큰 목소리를 내고 있는 개인이, 집단의 정부에 대해서는 점점 그 목소리를 낮추고 있는 것 같다. 그것은 자신의 일이 아니기 때문이다. 그러나 우리는 해변이 육체와 시선의 게임을 통해서 적극적으로 제3자의 일에 개입하는 것을 지켜보았다. 이 경우 말은 단 한 마디도 사용되지 않는다. 이제 말은 다른 목적, 즉 자유원칙의 천명을 위해 쓰이기 때문이다.

해변은 이렇게 자유의 원칙이 극명하게 표현되는 곳이다. 우선 해변을 자주 드나드는 사람은 젊고 현대적 감각을 지닌 사람들이며 고곳에는 자유를 기본요소로 하는 「해변의 정신」이 있기 때문이다. 『해변에선 누구나 원하는 대로 할 수 있어요. 자유롭지요. 해변은 100%의 관용이 존재하는 곳이에요.』(F156) 『저는 개인의 완전한 자유를 지지해요.』(F100) 이런 의미에서 보았을 때 해변은 민주주의의 실험실-비록 나태가 지배하지만-처럼 생각될 수 있다. 즉 누구에게나 선택의 자

유가 허용되지만, 동시에 더불어 살 수 있는 방법이 모색되는
실험실인 것이다. 많은 사람들이 토플리스에 대해 개인적인 의
견제시를 거부했던 까닭은, 코멘트를 하는 것이 마치 판단이나
규제를 하기 위한 시도로 보일 수 있다고 우려했기 때문이다
(더불어 그것은 비난의 대상이 될 수 있는 케케묵은 태도로 비
추어질 수 있을 것이다). 어떤 사람들은 민주주의의 신체계 중
핵심적인 면, 즉「가치와 행동에 대한 개인의 자율적 정의」를
강조하면서 더 완강하게 대답을 거부하기도 했다. 『어쨌든 간
에 그 자체만으로 칭송받을 수 있는 행위란 없는 거예요. 이제
인간은 스스로의 규범을 정하기 위해 상당히 똑똑해져야 할 필
요가 있어요. 』(H23)『본인만 편안하면 그만이에요. 매력적인
몸매를 가진 사람에게만 토플리스를 할 권리가 있는 건 아니니
까요. 타인을 존중하고 타인의 생각, 사는 방식을 존중해야 해
요. 누구나 자기 인생의 주인이 될 권리가 있으니까요. 』(F150)
엘리야스(1976)의 관점에서 보았을 때 인간이 항상 이렇게 의
지적·관용적·초월적·현대적 태도를 취했던 것은 아니다.
인간의 태도는 시대의 영향을 받아왔다. 예를 들어, 중세시대
에는 마치 하늘에서 떨어진 것처럼 미리 정해져 있었지만(이건
해야 하고, 저건 하지 말아야 하고 등등) 그 법규를 지키는 사
람은 소수에 불과했다. 그 후 르네상스 시대에 이르게 되자 새
로운 방식이 자리잡게 되었다. 타인의 논리를 이해하기 위해서
남의 행동을 관찰하고, 나의 행동을 조정해나가는 모습이 등장
한 것이다. 이렇게 타인의 태도를 탐색하는 행동은 규범이라는
압력으로 작용했다. 또 다양한 개인의 행동을 관찰하여 하나의
진실을 도출해내기란 여간 힘든 일이 아니었다. 그리하여 또
다른 새로운 계명이 등장하게 되었다. 「누구의 기분도 상하게
하지 않는 계율」과 「관용의 정신」이 바로 그것이었다. 『남들
이 어긋나는 행동을 하더라도 용서해라. 이런 덕을 통해서 인

간은 예의를 발견하게 된다.』(엘리야스, 1976, 115~116쪽)
이런 정신으로 무장되어 있지 않다면 인생은 금세 지옥으로 변
할 것이다. 즉 조용하게 살 수 있는 최선의 방법은 관용의 정
신을 갖는 것이다. 관용의 정신 안에서는 복잡한 분석도, 미묘
한 문제의 판단도 모두 필요 없는 일이 되기 때문이다. 베네딕
트(Bénédicte)는 개인적 의견을 끝끝내 밝히려 하지 않았다.
『저는 중립적이에요. 완전한 중립요. 저는 어떤 것에도 찬성
하지 않고, 또 어떤 것에도 반대하지 않아요. 누구나 하고 싶
은 걸 할 권리가 있는 거예요. 그게 전부예요.』(F127)

『저는 개의치 않아요』

　관용이란 무관심과 크게 다른 것은 아니다. 공공장소에서
볼 수 있는 전형적 현상인「변화하는 이미지의 집중현상」앞에
서 인간은 무의식적으로 방어자세를 취하게 되며, 이 자세는
「대상의 차이점을 식별하지 않는 무관심」을 바탕으로 이루어
진다(시멜, 1979, 62, 66쪽). 어떤 경우, 이러한 이미지의 포
화상태는 규범의 포화를 불러일으키며, 바로 이 때 무관심은
꼭 필요한 능력으로 부각된다. 토플리스가 바로 그런 경우다.
관객은 놀라운 장면을 보고도 충격받지 않는 기술, 다소 놀라
더라도 그런 느낌을 억제할 수 있는 기술을 지녀야 한다. 아나
벨(Annabelle)은 바로 어제 자신의 옆에 자리잡았던 두 명의
독일 여성을 기억한다. 너무도 자연스럽게 옷을 모두 벗어버리
고(수영복을 입은 여성이 대다수였던 해변에서) 수영복을 갈
아입던 그들의 모습은 몹시 인상적이었다. 『좀 우습긴 했지만
기분이 나쁘다거나 하진 않았어요.』(F133) 한편 제르마니
(Germaine)는 수영장에서도 토플리스를 할 수 있다는 사실을
모르고 있었다. 『전 사실 좀 놀랐어요. 그건 분명해요. 하지만

충격까지 받은 건 아니예요. 사실 요즈음 세상에 충격받을 일
이 뭐 있겠어요? 별거 아니죠.』(F137)『어쨌든 저는 요즘 충
격적인 일을 찾아볼 수 없어요. 누구나 원하는 걸 할 수 있으
니까요.』(F25)「충격에 대한 거부」는 기본자세이며(구체적인
반응이 어떠하건 간에) 그 순간 민주주의의 덕목은 확인된다.
『일흔 살 먹은 할머니도 우리처럼 즐거움을 누릴 권리가 있는
거라구요. 저는 상관 안 해요. 전혀 충격받지 않는다구요.』
(F93)「충격에 대한 거부」이후에 등장하는 것은「무관심 할
수 있는 능력」이다. 무관심은 소극적 의미의 관용이라 할 수
있으며, 여러 사람의 대답을 통해서 다시금 그 실체가 확인된
다.『저는 개의치 않아요.』『직접 해를 입히지 않는 한 상관
안 해요.』(H3)『저에게 피해를 주지 않는 한 누구나 원하는
걸 할 수 있어요.』(F94)『제게 방해가 되지 않는다면 찬성도
반대도 안 해요. 저랑은 상관 없는 일인걸요.』(H60) 여기서
방해란 종종 단순한 외부의 피해와 동일시되어 생각된다.『토
플리스요? 해변에 쓰레기가 널려 있는 걸 보는 것보단 낫죠.
저는 상관 안 해요.』(H81) 그 밖에도 여러 가지 표현이 등장
한다.『저는 거북하지 않아요』『그 여자들은 하고 싶은 걸 하
는 거예요. 저는 개의치 않아요.』(H 90)『제·주위에 토플리스
를 하는 여자들이 한 트럭이나 있어도 상관 없어요. 누구나 하
고 싶은 일을 할 수 있으니까요.』(F150) 그러나 거북하다는
말은 주로 내적인 느낌이며 이는 토플리스를 실천하는데 가장
핵심적 영향을 미친다. 인간은 감정억제 기술을 터득한 연후에
야 비로소「무관심」이라는 또 다른 능력을 얻게 되는 것이다.

애매한 관용

눈동자는 통제 및 비난의 작업을 하고 있지만, 입은 만인의

행동의 자유를 외친다. 관용적인 자세를 취한다는 대답은 단순히 말로만 그치는 것이 아니라, 타인의 의견을 존중한다는 의지를 표명하는 것이다. 해변은 민주주의의 학습장이다. 『해변엔 각양각색의 사람들이 있어요. 뚱뚱한 사람, 마른 사람, 피부가 까만 사람, 하얀 사람, 갈색인 사람. 그런데 마치 해변에도 엘리트가 존재하는 것처럼 한 부류의 사람들에게만 토플리스가 허용된다면 그건 불행한 일일 거예요. 누구나 할 수 있으니 다행이지요.』(F81) 주변인─형태학적으로 해변의 표준과 거리가 있는 사람, 또는 규범에서 어긋나는 행동을 하는 사람─에게도 원하는 것을 할 수 있는 자유가 주어진다. 해변은 결코 아무것도 금하지 않는다. 『뚱뚱하다고 해서 못 하게 할 수는 없잖아요.』(H37) 『나이 든 여자가 토플리스 하고 있는 모습을 보면 미관상 좋지 않다는 생각이 들어요. 「차라리 수영복을 입는 게 나을 텐데」라며 혼잣말을 하기도 하지요. 하지만 충격을 받거나 하진 않아요. 또 그 사람에 대해 어떤 판단을 내리고 싶지도 않구요. 그건 그 사람이 알아서 할 일이니까요.』(F94) 『중년 여성이 토플리스를 하는 건 그다지 아름다운 광경은 아니예요. 하지만 괜찮아요. 그게 그 여자의 자유니까요. 쓸데없이 부끄러워한다거나 할 필요는 없거든요.』(F178) 이와 같이 해변은 아무것도 금하지 않을 뿐만 아니라, 게임의 법칙에서 벗어나는 몇 가지 전형적인 광경을 보는 걸 즐긴다. 해변에도 불행한 사람이 있다고 스스로에게 말하면서 그걸 즐기는 것이다. 불행한 사람이 있다는 것은 해변이 진정 관용적이며, 모든 사람들은 원하는 것을 할 수 있다는 증거이기 때문이다.

불행한 사람에게도 다른 사람과 마찬가지로 행동하고 표현할 권리가 있다. 바로 그것이 민주주의의 기본원칙이다. 그러나 불행한 사람들은 동시에 모든 사람이 지양하는 절대적인 반(反)모델이기도 하다. 현대인은 모든 종류의 소외된 사람 앞

에서 제각기 다른 의견을 내놓는다(드 셍글리, 1990). 자유와
평등을 주장하는 해변의 외침이 정말 순수한 동기에서 비롯되
는 경우는 드물다. 불행한 사람도 남들과 마찬가지로 모든 권
리를 갖고 있기는 하지만, 여전히 불행한 사람으로 남는다는
생각이 자유의 외침 아래 깔려 있기 때문이다. 그러므로 관용
은 표준에서 벗어날 수 있는 권리에 대한 인정이 아니라, 모종
의 결점을 눈감아주는 행동인 것이다. 로이크(Loïc)는 해변의
민주적 권리를 재확인한다. 『주로 예쁜 여자들이 토플리스를
하지만 좀 미련스럽고 처진 가슴을 가진 여자들이라고 못 할
이유는 없지요?』(H60) 그러나 그의 억양은 중립적이었으며
열의가 엿보이지도 않았다. 그는 규범에서 약간만 벗어난 여성
을 지칭하고 있었다. 즉 제한된 민주주의의 수호자였던 것이
다. 디디에(Didier)는 언뜻 보기에는 더욱 관대한 태도를 취했
다. 『크고 처진 가슴을 가진 여자가 토플리스를 하고 싶어한다
면, 하는 거지요, 뭐. 저는 상관 안 해요. 하지만……』(H3)
그의 대답은 「하지만」 - 다른 사람의 대답에서도 계속 듣게 될
- 으로 끝났다. 이는 이미 자신이 한 말을 번복하고 싶다는 의
지를 암시하는 것이기도 하다. 엘리안(Élianne)과 코린은 2중
적 의미를 지닌 대답을 하면서 더욱 미묘한 태도를 취했다. 원
칙적으로는 자유를 천명하면서도 교묘하게 미적인 기준을 도입
한 것이다. 『제가 제일 싫어하는 말은 이런 거예요. 「저 여자
는 너무 크고, 저 여자는 괜찮고, 저 여자는 차라리 가리는 게
낫겠다」 하는 식의 말이요. 자기만 편하면 되는 거잖아요. 그
게 중요한 거죠.』(F53) 『어떤 경우엔 「내 가슴이 만약 저 여
자 같다면 정말 비극적이겠다」라는 생각이 들 때가 있어요. 하
지만 본인이 하고 싶으면 하는 거지요.』(F148) 관용은 결코
절대적인 방식으로 표현되지 못한다. 엄격한 침묵이 요구되는
가운데서도 해변은 판단과 비평의 욕구 속에서 괴로워한다.

『매력적인 가슴을 갖지 못한 가엾은 여자들도 토플리스를 할
권리는 있어요. 하지만…… .』(F33)

제Ⅳ부 · 해변의 포도(鋪道)

2

편협성

말과는 다른 시선

관용에 대한 명령에도 불구하고 타인을 비평하고자 하는 욕구는 존재하게 마련이다. 하지만 이를 단순히 편협성 또는 구태의연한 태도라고 말할 수는 없다. 비평의 욕구도 나름대로 중요한 기능을 수행하기 때문이다. 우선 비평하는 사람 자신을 위해서 그렇다. 타인에 대한 무관심이 「노 코멘트」를 가능하게 해주는 것과 마찬가지로, 상대방을 비평하는 단호한 의견 또한 자신의 정체성 형성에 도움이 되기 때문이다. 그 다음에 논의되는 것은 사회적 단계다. 규범의 교류 없이는 어떤 사회적 관계도 존재할 수 없다. 아무리 일시적이고 멀리서 이루어지는 상호작용이라 할지라도 개인은 자신의 행동 및 가치체계

를 상대방에게 제시하며, 상대방은 그것을 수용하거나 재구성
한다. 그리하여 「양방향으로 오가는 규범의 압력」〔파로(Pha-
ro), 1991, 64쪽〕이 탄생하게 된다. 해변이 아무리 개인적 성
향을 띠며 타인에 대한 무관심을 바탕으로 형성되었다 할지라
도(이상적인 경우), 무엇이 옳고 무엇이 그른지 정도는 생각
하지 않을 수 없다. 또 어떤 경우에는 그 생각을 주위에 은밀
하게 알리게 된다. 이는 오히려 긍정적인 일일 수 있다. 해변
에 존재하는 소도시에 관한 문제이기 때문이다. 그러나 정말로
문제가 되는 것은 관용의 원칙(『누구나 원하는 것을 할 수 있
어요』)과 윤리적 평가(『그래도 좀…』) 사이에 존재하는 이율
배반성이다. 그러므로 두 가지 논리는 경쟁상태에 놓이게 된
다. 해변에서 만난 사람들도 이 두 논리 사이에서 방황하고 있
었다. 예를 들어, 에리크는 이런 미스테리를 해명하지 못하면
서 이렇게 대답했다. 『사실 평상시에 가지고 있는 생각이랑 전
혀 다른, 엉뚱한 생각이 들 때가 가끔 있어요.』(H92) 평상시
에 그는 「개인의 자유」를 가장 중요하게 생각하지만 가끔 「미
적 기준」을 주요변수로 적용시키기 때문이다. 『사실 외모에
자신이 없는 여자들은 토플리스에 대한 열의가 덜해요.』 그러
나 관용과 비평의 논리가 동일 수준의 인지선상에 놓이는 것은
아니다. 우선 관용의 원칙은 가장 이성적이고 의식적인 성찰에
서 출발한다. 반면 비평의 욕구는 자아보다 강한 내면의 세계
에서 뿜어져 나오는 것이다. 여기서 역설적인 사실은 육체해방
운동의 선봉이라 할 수 있는 토플리스가 오히려 편협성과 소외
를 조장한다는 사실이다. 이것이 바로 모래사장을 한꺼풀 벗기
면 드러나는 첫번째 포도다.

　이성적 사고에서 출발한 「관용」은 언어를 통해서 표현된다.
조사에 응한 사람들은 개인의 자유, 그리고 자신의 육체를 마
음대로 운용할 수 있는 권리를 강조했다. 반면 더욱 민감한 문

제라 할 수 있는 비평의 욕구는 비교적 간접적인 방법을 통해 나타나며 언어로는 거의 표현되지 않는다. 그러므로 코멘트가 거의 이루어지지 않는 해변이라는 장소에 더욱 완벽히 부합되는 것이다. 여기서 중요한 무기가 되는 것은 시선이다. 해변에 있는 사람들은 모두 눈으로 말하기 때문이다. 그러므로 비평의 언어가 조금밖에 들리지 않는다고 해서 이를 과소평가해서는 안 된다. 침묵 속에 이루어지는 상호작용 속에서 비평은 더욱 크게 들려온다. 우리는 반사작용에 의해서 시선이 어떻게 움직이는지 살펴보았다. 너무 아름답거나 추한 대상 앞에서 시선은 어쩔 수 없이 끌리게 된다. 이는 의식적인 사고가 채 개입하기도 전에 나타나는 반응이다. 그러나 이런 반사작용이란 것은 단순한 근육의 움직임에 국한되지 않는다. 이는 의식적인 사고 (관용의 원칙)와 일치하지 않는 비밀스런 사고체계, 즉 내재화된 인지체계에서부터 출발하는 것이다. 두뇌는 마치 시선이 얼마 동안 상대적인 자율권을 누릴 수 있는 것처럼 눈동자의 행동을 방임한다. 그러고 나서 이성의 세계로 인도하는 것이다.

침묵 속에서 이루어지는 시각적 압력은 그 압력을 느끼고자 하는 사람에게는 매우 빠르게 인지된다. 자신의 가슴에 별로 자신이 없는 로르는 토플리스에 대한 욕구를 참을 수 없었다. 『하지만 그럴 수 없었어요. 저는 그걸 누구보다 확실히 느낄 수 있었지요. 토플리스는 자신 있는 여자들이나 할 수 있는 것인걸요. 제가 감히 어떻게 하겠어요.』(F94) 스스로를 『활발하다』(F97)라고 평가하는(실제로도 그런) 46세의 다니엘은 매우 조심스럽게, 그리고 약간 불안해하면서 주변의 반응을 살핀다. 『불편하다고 느껴지는 날이 오면 저는 토플리스를 당장 그만둘 거예요.』 베로니크의 대답은 『누구든 할 수 있어요』에 대한 미묘한 변이형처럼 들린다. 『그건 스스로 눈치채야 하는 문제예요.』(F54) 즉 누구든지 토플리스를 할 수는 있지만 동시에

해변이 보내는 신호를 이해해야 한다는 것이다. 해변의 중심규
범을 이탈한 여성에게 전달되는 메시지는(만약 그것을 귀 기울
여 듣는다면) 역설적이기는 하지만 분명한 것이다. 예를 들어,
규범의 중심에 있는 여성이 토플리스를 할 때 모든 사람들은
동의와 허용의 시선을 보내지만, 형태학적으로 또는 행동학적
으로 규범에서 동떨어진 여성이 토플리스를 할 때 사람들의 의
견은 관용과 불관용으로 나뉘게 된다. 규범의 한계선상에 위치
한 여성을 보고 해변은 몇 마디 중얼거리며, 불관용을 외치는
침묵의 목소리는 더욱 커져간다. 그러나 느긋하게 토플리스를
즐길 수 있고 자신의 행동에 대한 믿음이 있는 여성은 마치 아
무 말도 듣지 못한 양, 이런 해변의 메시지를 무시할 수 있다.
그러므로 게임의 규칙을 이해하지 못하는 것처럼 보이는 대담
한 여성들 앞에서 해변은 놀라움을 감추지 못한다. 이렇게 신
경이 날카로워져 있는 해변은 신중함의 의무에도 불구하고 조
사원의 질문을 받게 될 때 자신의 속마음을 털어놓게 되는 것
이다.

이중 언어

『제가 이런 생각을 하게 될 줄은 몰랐어요. 하지만 「토플리
스를 하는 여자들은 개방적이고 하지 않는 여자들은 꽉 막힌
여자들이야」라는 말이 갑자기 튀어나오는 거예요. 마치 예전
부터 그런 생각을 가지고 있었던 것처럼요.』(H92) 이렇게 말
한 에리크는 자신이 어쩌다가 이런 모순에 빠지게 되었는지 이
해할 수 없다는 투였다. 게다가 가장 심각한 사실은 사고의 일
관성을 회복할 만한 방법을 찾을 수 없다는 것이었다. 결국 그
는 상반되는 두 가지 사실 모두에 동의한다는 사실을 고백했다.
그리고 첫번째 생각은 자신이 평상시에 가지고 있는 공식적인

생각이고, 두번째 생각은 무의식 속에 머물다가「갑자기 튀어나온」생각이라는 사실을 인정했다. 이렇게 충동적인 진실이 내재하고 있다는 게 썩 즐거운 일은 아니었지만, 그런 생각을 했다는 사실마저 부인할 수 없었다. 준비에브는 이와 흡사한 혼동상태에 빠져 있다. 『충격을 받았을 때 대개의 사람들은 충격받았다는 사실을 말하지 않으려 해요. 하지만 언젠가는 얘기하게 되지요.』(F176) 민주적인 이성이 지배하는 두뇌는 무관심을 요구하지만, 저 깊숙한 곳에 있는 어두운 힘은 비평의 욕구를 자극한다. 이 비평의 욕구는 때로는 예고 없이 불쑥 찾아와서 인간의 사고에 무질서를 형성한다. 대담 도중 많은 사람들은 이미 앞서 한 말과 모순되는 말을 몇 마디씩 흘렸다. 때로는 관용이라는 주제에 대해 너무 장황하게 이야기했기 때문에 그 반작용으로 또 다른 사고의 체계가 부각되었는지도 모르겠다. 이렌의 말을 들어보도록 하자. 개인의 권리를 강조했던 그녀는 갑자기 이와 반대되는 주제─가슴의 처짐─로 대답을 마무리지었다. 『꼬챙이처럼 매우 마른, 나이 든 여자가 있었어요. 그 여자의 가슴은 축 처져 있었고 보기 흉했어요. 근데 전혀 개의치 않고 당당하게 주위를 활보하는 거예요. 사실 콤플렉스가 없다는 건 정말 중요한 일이에요. 누구나 하고 싶은 걸 할 권리가 있으니까요. 하지만 그만둘 줄도 알아야 해요. 어디나 한계란 있게 마련이니까요!』(F182) 자신도 눈치 채지 못하는 사이에 이렌은 두 개의 사고가 충돌하는 내면세계의 혼동상태에 들어와 있었다. 필리프도 마찬가지다. 그에게는「어딘가」,「고약한 생각」이 자리잡고 있었다. 『그래요. 가끔 저는 속으로 이렇게 말하지요.「저 여자는 수영복을 입는 게 훨씬 낫겠어.」하지만 동시에 이렇게 생각해요.「그렇게 생각하는 건 고약한 거고, 또 그런 생각을 말한다는 건 정말 예의 없는 짓이야」라구요』(H89) 비록 그의 말은 혼란스럽지만 아무런 법칙도 없이 논리의 틀이 진행되는 것은 아니다. 게다가 그의 논리는 꽤 조직적이다. 조사원이 어디에 초점을 맞춰(일반적인 또는 구체적인) 질문을 하느냐에 따라 대답은 각기 달랐다. 대답을 이루는 문장의 배열(언뜻 보기에는 무질서한 것처럼 보이는) 또한 아무 생각없이 이루어진 것은 아니다. 안느(Anne)과 클로딘의 대답을 비교해보는 것은 좋은 예가 될 것이다. 두 여성은 모두 세 가지 단계를 거쳐 논리를 전개했다. 우선 1단계에서는 자유에 대한 일반원칙을 거론했다. 2단계에서는 중립성에 대한 개인적 의견을, 마지막 3단계에서는 그럼에도 불구하고 인정해야만 하는 한계의 존재를 언급했다. 『누구나 하고 싶은 대로 할 수 있어요. 저는 어떤 평가도 하지 않아요. 하지만 이왕이면 보기에 아름다운 여자들이 하는 게 낫지요.』(F18) 『모든 사람들은 할 수 있어요. 누구나 할 수 있는 자유가 있는 거지요. 저는 찬성도 반대도 아니예요. 하지만 미관상 추한 가슴을 보게 되면…….』(F65) 많은 사람들은 자신이 논리적인 답변을 하지 못한다는 사실에 놀라워했고, 또 어떤 사람들은 스스로 만들어 놓은 모순 속에서 빠져나오지 못했다. 반대로 안느, 클로딘, 그리고 몇몇 사람들은 지나치게 무질서하지 않은 상태에서 사고의 여러 가지 단면을 제시할 수 있는 논리적 구조를 찾는 데 성공한 것이다. 하지만 그들은 이 구조를 발명한 것이 아니라 다만, 이런 구조가 존재한다는 사실을 깨달은 것뿐이다. 왜냐하면 이는 사회적 구조이며, 이 구조가 반복됨으로써 공식적인 게임의 규칙이 형성되기 때문이다.

아름다움에 반대할 권리

첫번째 사회적 구조는 외모가 뒤떨어지는 여성들의 개인적 이익을 대변하는 것이다. 개인의 자유는 절대적이며 시간이 흐른다고 소멸되는 것은 아니지만, 규범에 부합하지 못한 가슴을 소유한 여성에게 있어서 이런 권리를 향유하는 일은 허상에 불과할 것이다. 그러나 소외와 비난의 의지와는 달리, 그들을 향한 목소리에는 동정심이 넘쳐난다. 이렇게 온유한 목소리로 말하는 자들은 불운한 여성들의 주장을 옹호하며, 그들에게 도움이 되는 방법을 점잖게 지적하기 위해서 그 여성들 입장에 서서 생각한다고 말한다. 그러나 부드럽고 자선적인 그들의 행동은 비평한다는 인상을 주지 않으면서 비평하기 위한, 스스로의 모순에서 빠져나오기 위한 핑계에 불과하다. 『저는 누구나 원하는 걸 할 수 있다고 생각해요. 또 그 권리를 존중하구요. 하지만 저는 조건이 안 되는 여자들 입장에 서서 이렇게 말하곤 해요. 「내 가슴이 만약 저렇게 생겼다면 난 절대 토플리스를 하지 않을 텐데.」』(F32) 『누구나 원하는 걸 할 수 있어요. 가끔 영 아니다 싶은 여자들이 토플리스를 하고 있는 걸 보면 제가 다 불편하지만, 그건 그 여자들을 생각해서예요. 토플리스를 하지 않으면 남에게 흠잡힐 일도 없을 텐데요.』(F170)

　　동정심에 바탕을 둔 위와 같은 첫번째 논증방법은 미를 중심요소로 삼는다. 또 가장 흔하게 들을 수 있는 사람들의 대답에서도 「아름다움」은 중심요소로 등장하며 그 원칙은 간단하다. 한쪽에는 추상적 권리(『누구나 할 수 있어요』)를 책정하고, 또 다른 한쪽에는 그 권리의 허용을 어렵게 만드는 구체적인 현실(수준 미달의 외모)을 제시하는 것이다. 『할 만한 조건이 안 되는 여자들도 할 권리는 있어요. 하지만……』(H15) 『그 여자들도 할 권리는 있어요. 하지만 보기 좋지는 않지요.』(F65) 『자기들만 편하다면야 할 말 없어요. 하지만 보기 싫은 건 사실이예요.』(F68) 『자기가 원하는 대로 하는 거예요. 그건 그들의 권리니까요. 하지만 보기에 유쾌하지 않은 여자가 있는 건 사실이에요. 수영복을 입는 편이 훨씬 나을 듯한…….』(H30)

조사에 응한 사람들이 침묵과 혼란에서 빠져나오자마자 이런
유형의 이중적 대답은 여러 사람의 입에서 흘러나왔다. 물론
일반적인 권리와 구체적 상황을 대조해가며 조리 있는 대답을
할 수 있는 사람은 소수에 불과했다. 다만, 이러한 모순에 의
미를 부여할 수 있는 논증방법이 존재한다는 직감만이 있을 뿐
이었다. 그러나 마리안느에게 그 직감은 너무나 희미했다. 그
녀는 하나의 제안을 했고 그 제안에 논리성이 부족하다는 걸
느끼자 신경이 날카로워졌다. 그러던 그녀는 곧바로 자신이 한
말과 반대되는 주장을 하다가 또다시 말을 번복하는 등 끊임없
는 모순을 늘어놓았다(조사원은 마치 1인 2역을 하듯 우왕좌왕
하는 그녀의 넋두리를 중간에서 가로막아야만 했다). 그녀의
이야기를 발췌해보자. 『좀 나이 들고 가슴도 처진 여자가 토플
리스를 하는 모습을 본다면 충격받을 거예요. 그래도 자신이
감당할 만한 능력만 있다면 저는 어떤 판단도 내리지 않을 거
예요. 사실 뚱뚱하고 처진 가슴을 가진 여자보다는 늘씬한 여
자가 토플리스 하는 게 한결 보기 좋지요. 하지만 자신의 몸을
감당할 만한 능력만 있다면, 상관 없어요. 좋아요! 』(F31)
　그러나 권리와 한계 중 어디에 비중을 두느냐에 따라 대답은
몹시 다양했다. 비록 전반적인 대답은 비슷한 경향을 보였지만
사람에 따라 비중을 두는 방법은 크게 달랐다. 울라(Ulla)는
토플리스에 아무런 제약도 가하지 않은 거의 유일한 사람이었
다. 거기에는 독일인이라는 사실이 어느 정도 작용한 듯싶다.
『나이 들고 결코 아름답지 못하며, 배도 나오고 가슴도 처진
여자가 주변의 시선을 의식하지 않고 자신을 드러낼 때, 저는
정말 멋지다고 생각해요.』(F84) 몇몇 여성들은 나체촌의 생활
을 경험했을 때 이런 심리상태(완벽한 자유)를 느꼈지만 토플
리스를 할 때는 어느 정도 불편함을 느낀다고 고백했다. 베로
니크(Véronique)가 바로 그런 경우다. 그녀는 자유의 원칙에

제한이 가해진다는 점에 대해 강한 불만을 나타냈다. 『그렇게 된다면 해변은 온통 젊은 사람들, 미끈한 사람들, 잘난 사람들 차지가 될 거예요. 해변이 특정 부류를 위한 고립지역이 되어서는 안 되지요!』(F54) 그러나 그녀는 어쩔 수 없이 다음 말을 덧붙이고 말았다. 『하지만 사실 점점 나이가 들게 되면… 나 같아도 너무 추해지면 토플리스를 하고 싶지 않을 거예요.』 그러나 권리를 언급하는 것은 결국 제약이 필요하다는 사실을 강조하기 위한 우회전술에 불과하다. 몇 마디, 몇 가지 미묘한 언어학적 변이형, 사람마다 약간씩 다른 어조를 제외하면 결국 해변은 또 다른 세계로 들어가게 되는 것이다. 편협의 세계, 규제의 의지가 지배하는 세계…… 밀렌은 매우 개방적이고 이해심 많은 여성이다. 그녀는 약 30분 동안 쉬지 않고 누구나 원하는 것을 할 수 있는 권리가 있다고 강조하다가 돌연 이렇게 말했다. 『미끈한 여자뿐 아니라 평범한 여자들도 토플리스를 할 수 있는 권리가 있어요. 하지만 사람들의 시선이 달라지는 건 사실이지요. 정말 충격적인 건 절구통 같은 여자들이 토플리스를 하는 모습이에요. 그건 정말 보기 흉하지요. 충격적이라구요! 게다가 약간은 우습기도 하구요!』(F156) 카롤린과 엘리자벳에게서 권리란 입 밖으로 겨우 나온 형식적이고 틀에 박힌 말일 뿐이다. 그들은 추한 여자들을 흉보는 데 여념이 없다. 『끔찍하게 흉한 가슴을 가진 여자들이 감히 토플리스를 할 때가 있어요. 저는 상관 없지만 본인들이 가엾죠! 혐오감이 느껴지는 것도 사실이구요!』(F101) 『가끔 매력적인 여자가 수영복을 입고 있는 모습을 보면 「왜 저 여자는 토플리스를 안 하나」 하는 궁금증이 생기기도 해요. 반대로 뚱뚱한 여자들을 보면 당연히 감춰야 한다는 생각이 들어요. 그런 몸을 드러내서 뭐 하게요? 가끔 가슴이 처진 여자가 토플리스를 하는 걸 보면 전 이렇게 중얼거려요. 「우습잖아.」』(F169)

아름다움의 희소성

이리하여 아름다움은 다시 전면으로 떠오른다. 아름다움은 관능적 육체를 배격하기 위한 수단으로 이미 사용된 바 있다. 즉 리비도의 성적 에너지를 미적 관심으로 전환시켰던 것이다. 하지만 여기서 아름다움의 용도는 완전히 다르다. 아름다움은 게임의 법칙과 사회교류의 틀을 정의하는 유일한 수단인 것이다. 그러나 중심역할을 한다는 점에서 보았을 때 결과는 마찬가지다. 『일단 한번 보면 저 여자는 예쁘고 저 여자는 영 아니고… 확실히 판가름 나지요. 아름답지 않은 여자들은 차라리 수영복으로 가리는 게 나아요.』(H89) 이번 논의의 주제가 되는 것은 아름다움이라기보다, 좀더 정확히 말하자면 「추함」이다. 관능적 육체를 초월하기 위해서 아름다움이 강조되었던 것처럼 필요한 한계를 책정하기 위해서는 추함이 강조되기 때문이다. 해변은 추함에 대해 많이 이야기한다. 일정 수준 이하의 외모를 지닌 사람은 일반적 권리마저 누릴 수 없기 때문이다. 『가끔 충격적인 장면을 목격할 때가 있어요. 정말 너무 보기 흉한 여자가 토플리스를 할 때죠. 그런 경우는 정말이지 곤란해요.』(F59) 『만약 제 가슴이 처지고 흉하다면 저는 절대 토플리스를 하지 않을 거예요.』(F30)

추함을 중심요소로 상정하는 것은 여성을 바라보는 방식에 중대한 영향을 끼친다. 해변은 특히 가슴의 추함을 예민하게 포착하여 많은 비평을 하기 때문에, 가슴이라는 부위는 아름답기가 쉽지 않은 곳이라는 인상을 준다. 권리에 대한 일상적 제약을 언급할 때, 사람들은 종종 비난의 대상을 간단하게 묘사하곤 한다. 그들의 대답은 추함의 정도에 따라 개인의 자유가 침해될 수 있다는 사실을 암시한다. 『여자들은 자신들이 원하는 대로 할 수 있어요. 하지만 가끔 상상할 수 없을 정도의 여자를 보게 되는 경우도 있어요! 「하지 않는 게 좋을 텐데」라는 생각이 들게 되지요.」(H88)『자기 가슴이 꽤 매력적인 줄 착각하는 여자들이 가끔 있어요. 하지만 솔직히 말해서 하지 말았으면 싶은 여자들이 종종 있지요.」(H2)『하지 않는 게 좋겠다 싶은, 영 어울리지 않는 여자들이 있어요.』(H8) 여성의 가슴에 대해서는 누구 못지않은 전문가라고 자부하는 기와 자비에는 자신들도 모르는 사이에 소외계층을 형성시키고 만다.『사냥개 귀처럼 처진 가슴, 물 먹은 솜처럼 퉁퉁 부은 가슴, 그런 모습은 영… 수영복을 입는 게 나을 듯한 여자들이 사방천지에 널렸어요.』(H47)『처지고 비대한 가슴은 정말 보기 흉하지요.』(H59) 이 조사 덕분에 사람들은 평상시에는 거의 언급하지 않는 문제에 대해 분명하게 의견을 말할 수 있었다. 그러나 사람들의 대답을 들으면 들을수록 알게 되는 사실은 비탄스런 풍경이 펼쳐진다는 것이었다.『사실 끔찍한 여자들이 많이 있어요.』(F63)『매력적이지 않을 뿐 아니라, 보기에 흉한 여자들이 내놓고 있는 경우가 많아요.』(F66)『처진 가슴을 가진 여자들을 보면, 그건… 그건 한계상황이에요.』(F26) 스스로 긍정적인 생각과 이해심을 겸비하려고 노력하는 실비안(Sylviane)도 결국에는 같은 말을 하고 만다.『정말 아름다운 가슴을 가진 사람만 노출할 수 있다면, 해변에서 여자 가슴을 보기란 어려워질 걸요!』(F188)

낙인의 형성

사회는 낙인(烙印)을 필요로 한다. 즉「수치스러운 차이점」덕분에 사회는 스스로의 정상성(定常性)을 인정받을 수 있게 되는 것이며, 그러기에 사회는 낙인을 형성하는 것이다(고프먼,

1975, 163쪽). 낙인 형성의 주요 원천은 육체와 관련된 모든
것이다(르 브르통, 1990). 육체는 정체성과 가장 깊은 관련을
가진 버팀목이며, 정상에 대한 요구가 가장 엄격한 곳이다. 그
러므로 신체 장애인은 다른 지위에는 다가서 보지도 못한 채,
일상적인 인간조건을 상실하게 되는 것이다. 장애인은 규범에
대한 부정문(~이 아니고, ~도 아니며…)으로 정의된다[칼베
(Calvez), 1994]. 낙인은 수많은 시선과 독설 속에서 매일매일
탄생한다. 또 낙인은 게임의 법칙을 만드는 작업 도중에 특이
하다고 생각되는 형태나 행동－그러나 종종 볼 수 있는－으로
부터 형성된다. 일단 규범에서 어긋나는 대상이 포착되면 낙인
을 강화하려는 논리는 그 필요성이 느껴지는 한 지체하지 않고
전개된다.

　　이미 살펴보았듯이 해변에서 토플리스를 하는 여성들은 형
태학적 또는 행동학적으로 규범과 얼마나 떨어져 있느냐에 따
라 낙인의 수준이 달라진다. 즉 규범에서 멀리 떨어지면 떨어
질수록 낙인은 가혹하게 찍히며, 토플리스를 하는 여성의 수가
제한될수록 규범의 비중은 커지고 요구사항은 까다로워진다.
해변의 규범은「은밀한 일련의 아름다움」이라는 사실을 상기
해보자. 이 경우 지나치게 아름다운 여성 또한 규범에서 벗어
나며 낙인의 대상이 된다. 필리프는 이 미스테리를 이해하지
못하겠다는 투다. 『그건 정말 이상해요. 눈에 띄게 예쁜 여자
는 오히려 토플리스를 할 수 없다는 사실 말이에요. 배 나온
뚱뚱한 아줌마들이 토플리스를 하며 해변을 활보해도 사람들은
아무 말도 않잖아요. 하지만 기막히게 미끈한 여자가 그러고
돌아다니면 사람들은 꼭 한 마디씩 한다니까요.「너 그 천박한
여자 봤니? 남자란 남자는 모두 꼬시려는 것 같다니까!」』
(H89) 만약 그의 말이 사실이라면 이는 가진 자의 고뇌인 것
이다. 비방의 대상이 되는 해변의 하층계급－외모가 받쳐주지

않는데도 감히 토플리스를 하는 여성들로 대표되는—과 비교
되는 또 다른 차원의 번뇌인 것이다. 규범에서 멀어지면 멀어
질수록 낙인은 더욱 무거운 압력을 행사하며, 허용되는 행위도
점점 줄어든다. 얀은 매우 분명하게 등급을 설정했다. 서서 토
플리스를 하기 위해서는「매우 탄력 있고 아름다운 가슴」을 가
져야 하며, 누워서 토플리스를 하려면「약간은 처져도 괜찮지
만 너무 처지면 안 되고 또 너무 커서도 안 되는 가슴」을 가져
야 하며, 엎드려서 하려면「별 특별한 조건 없는, 보통 가
슴」(H91)이어도 괜찮다는 것이다.

낙인의 전파

육체와 시선의 게임, 소규모 일행 사이에서 흘러나오는 몇
마디 말은 결국 다수가 인정하는 게임의 법칙을 형성하게 된
다. 그러나 이 게임의 법칙은 여기저기에서 흘러나오는 비평을
통해 형성되는 것이다. 사람들은 각자 나름대로「꼴불견상」을
이야기하며 자신이 그 부류에 속하지 않는다는 사실을 확인함
으로써 스스로를 안심시킨다. 엘리안의 예를 살펴보면 이런 사
실은 쉽게 이해할 수 있을 것이다. 그녀는 자신이 관용적이라
는 사실과「할머니, 뚱뚱한 여자, 못생긴 여자」(F53)도 토플
리스를 할 권리가 있다는 사실을 장시간에 걸쳐 강조했다. 그
러던 중 엘리안은 갑자기 예외를 설정했다. 즉 45~50세 정도
되는 아줌마들이 젊어보이려고 토플리스를 하는 건 딱 질색이
라며 난색을 표명한 것이다. 『결국 과시하려는 거예요. 자신
들은 깨닫지 못하겠지만, 저는 그런 여자들을 보면 딱하다는
생각이 들어요. 웃음거리가 되는 셈이니까요. 자기 가슴이 어
떻게 생겼는지 쳐다보지도 않나 봐요!』그녀는 47세였다. 그
렇다면 그녀는 자신의 나이를 망각한 실언이란 말인가? 결코

그렇지 않을 것이다. 그렇다면 한번 자세히 살펴보기로 하자. 엘리안에게 「과시한다」는 건 곧 서서 토플리스 하는 모습을 의미한다. 그렇다면 그녀의 공격목표는 분명해진다. 서서 토플리스를 하는 45~50세 정도의 여성들, 특히 그럴 만한 객관적 조건을 갖추지 못한—엘리안이 보았을 때—여성들이다. 그렇다면 엘리안 자신은 어떤가? 47세인 그녀는 오래 전부터 토플리스를 해왔지만 몇 년 전 한 가지 결심을 하게 되었다. 누워 있는 자세에서만 토플리스를 해야겠다고 결심한 것이다. 그런데 그녀의 기분을 상하게 하고 비난의 욕구를 불러일으킨 이들이 있었으니, 그들은 바로 동년배 여성들이었다. 즉 자신은 이미 몇 년 전에 포기한 「기립 토플리스」를 그들은 아직도 뻔뻔스럽게 하고 있었던 것이다. 엘리안은 자신과 비교해 보았다. 심난해진 눈동자는 「기립 토플리스」를 하고 있는 여자들의 보기 흉한 가슴에서 떠날 줄 몰랐다. 이렇게 엘리안이 책정한 「꼴불견 여성」의 조건은 상당히 까다롭기 때문에 일반화될 가능성은 거의 없다. 차라리 「할머니」들이 토플리스를 하는 모습이 45~50세 여성들의 모습보다 한결 낫다는 엘리안의 궤변을 해변은 거부할 것이기 때문이다. 그러나 어떤 면에서 보았을 때 엘리안이 지적한 부류는 공감을 불러일으킬 수 있는 혐오대상이다. 해변 역시 「기립 토플리스」를 하는 45~50세 여성들을 너그러운 눈빛으로 바라보지 않기 때문이다.

이리하여 「비방 그룹」 간에는 일종의 동맹이 이루어진다. 비록 그런 동맹을 발견해내기는 힘들지라도(개인의 취향은 상이하므로) 비난의 대상은 분명하게 드러난다. 토플리스를 할 수 있는 권리에 되도록 많은 제한(연령, 형태, 자세)을 가하려는 진영에 대해 어떤 이들은 오히려 수영복 입은 여성을 향해 비난의 화살을 던진다. 『이제 토플리스는 일상적 모습이 되어버렸어요. 어떻게 보면 토플리스를 하지 않는 여자들이야말로 정말 시대에 뒤떨어진 거죠. 주로 노동자, 잡부, 세련되지 못한 여자들이 그러니까요.』(F114)『그건 곧 매력적인 가슴을 갖지 못했다는 증거예요. 만약 자기 가슴에 자신이 있다면 당연히 노출하고 싶을 것 아니예요? 토플리스를 안 하는 여자들은 꽉 막힌 답답한 여자들이에요.』(H92)『토플리스 옹호론자들은 편협적이에요. 그들은 항상 이렇게 말하며 우리를 설득하려고 하지요. 「저거 봐! 멋있잖아! 너도 해봐! 왜 그렇게 고리타분해!」』(F59) 분명 이런 압력은 토플리스를 하는 여성이 많아질수록 더욱 거세진다. 즉 거의 대다수 여성이 토플리스를 하고 있을 때 혼자 수영복을 입고 있으면 희미했던 의심은 곧 확실한 비난의 화살로 변해 꽂히게 된다.『혼자 안 하고 있다는 사실을 알게 되면 불편해져요.』(F184)『남불 해안에선 오히려 수영복을 입은 여자가 눈에 띄게 돼요.』(F101)『다른 사람들이 다 하는데 혼자만 안 하고 있으면 눈에 거슬리게 되죠.』(H60)『다른 사람들과 다르게 튀려고 하면 안 돼요. 남들이 하는 대로 따라 하면 되는 거예요. 그뿐이에요.』(F59) 위에서 살펴보았듯이『다른 사람들도 다 하잖아요』라고 말한 응답자가 있던 해변에 실상 토플리스를 하는 여성이 소수인 경우도 있었다. 수영복을 입었다는 사실 때문에 남들로부터 손가락질 받을지도 모른다는 두려움……. 이런 규범의 압력은 토플리스를 하는 여성이 비교적 적은 해변에서도 시작될 수 있다. 니콜은 「균형 잡히지 않은 몸매에 대해 상당한 콤플렉스」(F32)를 느끼고 있었다. 그렇기 때문에 굳이 수영복을 고집했던 것이다. 그러던 중 그녀는 자신이 토플리스도 못하는 무능력한 여자로 평가받고 있다는 느낌을 받았다.『그런 시선을 느끼는 순간 몹시 당황했어요.』그녀는 편히 있을 수 없었다. 그리고 토플리스를 하는 여자들을 향해 차가운 비난을 던졌다.『절구통 같은 여자들도 아무렇지 않게 토플리스를 하고 있었어요.

창피한지도 모르나봐요.』이는 자신에게 쏟아진다고 생각되는 비난을 타인에게 전가하는 그녀만의 독특한 방어수단이기도 했다. 사람은 누구나 또 다른 표적을 만들어가며 스스로를 안심시키는 모양이다.

커다란 가슴

해변에 있는 사람들이 도마 위에 올리기 좋아하는 두 가지 대상은 나이 든 여성의 가슴과 지나치게 큰 가슴이다. 이 두 부류의 가슴은 만인의 입에 오르내리며 혐오의 대상이 된다. 반면「아름다운 가슴」에 대한 모델은 시대에 따라 큰 변화를 보여왔다. 그러나 공식적인 미의 기준으로 보았을 때 커다란 가슴에 대한 예찬론자는 시대를 막론하고 극소수에 불과했다. 예를 들어, 그리스 시대에는 가슴이 큰 여자의 고민을 해결해주기 위해 많은 이들이 나름대로의 처방전을 제시했다. 디오스코리드(Dioscoride)는 낙소스(Naxos)의 돌가루가 효험이 있다고 했으며, 플린(Pline)은 거푸집의 침전을, 오비드(Ovide)는 빵의 하얀 부분을 고약처럼 붙이고 있으면 효과가 있다고 했다(퐁타넬, 1992). 그러나 역사는 비공식적인 미의 기준에 대해 많은 기록을 남기지 않는다. 그리고 오늘날의 추세를 연구해보면 사람에 따라 취향은 매우 다양하다는 사실을 알게 된다. 예를 들어, 커다란 가슴에 대한 비난은 공식적인 미의 기준을 참고로 했을 뿐 구체적인 개인의 선호도가 참작된 것은 아니다. 아름다움이 전면으로 부각되어 중심역할을 하는 해변에서 이런 비평은 더욱 거세어질 수밖에 없다. 또 때때로 비평은 극히 편협한 성격을 띠기도 한다. 『뚱뚱한 여자는 정말 보기 역겨워요. 정상적인 여자나 토플리스를 해야 한다구요.』(F137) 『커다란 가슴을 가진 여자가 수영복을 입으면 수영복까지 축 늘어지잖아요. 완전 젖소부인이지요! 근데 토플리스가 웬말이에요?』(H89) 이런 극단적인 거부는 게임의 규칙에서 비롯되는 것일 뿐 커다란 가슴 자체를 배격하는 것은 아니다. 베르트랑(Bertrand)과 그의 여자친구, 아폴린(Apolline)의 이야기는 이런 사실을 잘 보여준다. 베르트랑은 분명하다. 『아폴린의 가슴은 좀 크지만 그래서 싫거나 하진 않아요. 반대로 저는 그대로가 좋은걸요.』(H54) 아폴린도 있는 그대로의 자기 가슴을 좋아한다. 사실 「자신의 가슴에 대해 콤플렉스를 느끼게 된 것」은 해변에 나온 이후였다. 그녀는 수영복을 벗어던지고 싶었지만 불가능하다는 사실을 깨닫게 되었다. 어쩔 수 없이 수영복을 입고 있었지만, 그러면서도 사람들이 자기를 손가락질한다는 느낌을 떨쳐버릴 수 없었다. 풍만한 가슴에 성적 매력을 느끼는 남성은 의외로 많다(그로, 1987). 그러므로 베르트랑의 경우가 예외는 아닌 것이다. 게다가 우리는 미적 관점이라는 것 자체가 에로티시즘과 무관하지만은 않으며, 남성의 성적·미적인 시선은 풍만한 여성에 대한 희구를 가능케 하기 때문에 아름다움의 표본은 다양해질 수밖에 없다는 사실을 위에서 살펴본 바 있다. 뤼도비크는 아름다운 가슴에 대해 남들과 다른, 특이한 생각을 가지고 있다. 『어떤 여자를 우연히 보게 되었는데, 세상에! 가슴밖에 안 보이는 거예요. 엄청났어요! 엄청 크더라고요! 약간 처지긴 했지만 그런 대로 괜찮았어요. 묘한 매력을 느꼈죠.』(H80) 몇 주가 지났음에도 불구하고 그는 그 여자의 모습에서 받은 충격에서 헤어나지 못하고 있다. 커다란 가슴이 배척되는 이유는, 해변이 그토록 떨쳐내고자 하는 관능성이 드러나기 때문이다. 이처럼 개인의 취향이나 의견이 다양하지만(큰 가슴을 선호하는 사람이 있듯이) 규범은 결국 큰 가슴을 배척시키고 만다.

노년층의 가슴

젊음과 아름다움이라는 가치를 절대적 준거점으로 정의하는 현대 사회는 노년층을 소외시키는 경향이 있다. 이 과정은 주로 육체를 출발점으로 한다. 즉 육체의 노화는 소외를 나타내는 지표인 것이다[페더스톤(Featherstone), 헵워스(Hepworth), 1991]. 젊음과 아름다움, 그리고 육체가 노출되는 지역에서 이런 소외는 더욱 두드러지며 바로 해변의 경우가 그러하다(위르뱅, 1994). 프랭크(H77)는 자신이 잘 알고 있는 바닷가 마을에서 일어난 변화를 설명한다. 몇 년 전, 즉 기껏해야 4~5년 전만 해도 그 마을의 해변은 주로 나이 든 사람들의 집합장소였고 접의자, 파라솔, 평범한 애깃거리로 가득한 작은 사회에 불과했다. 그러던 어느 날 토플리스 차림의 여성들이 해변에 등장했다. 작은 사회는 술렁거리기 시작했고 저항의 물결이 일었다. 하지만 모두 부질 없는 일이었다. 노출의 바람은 젊은이들을 불러들였고 젊은이들은 노출을 시도했다. 이런 움직임은 걷잡을 수 없이 번져나갔으며, 해변에 나오는 노년층은 점차 줄어들기 시작했다. 토플리스로 인해 젊음과 미에 뿌리를 둔 규범의 압력이 강화되었기 때문이다. 또한 이런 압력은 새로운 소외계층(더욱 철저한 소외를 향한 첫 발자국)을 양산했으며 때로는 35~40세의 여성들조차 소외대상에 끼이기 시작했다. 이쯤 되면 「40대의 정열」은 더욱 쉽게 이해될 수 있을 것이다. 그들은 때이른 노화를 강력하게 거부하고 싶었던 것이다. 그러나 개인적으로 미를 과시하는 40대 여성들은 결국 자신들을 집단적 함정에 빠뜨리는 소외의 과정을 강화시킬 뿐이다. 반면 이들보다 연령이 높은 「노년층」의 경우는 사정이 다르다. 그들은 젊음과 미가 절대적인 가치인 양 활개를 치는 세태에 강력히 반대하기 때문이다. 태양의 손짓, 일광욕, 감미로운 피부의 즐거움을 위해 자유로운 육체는 아무런 질문도 하지 않는다. 로랑은 일흔 살 정도 되는 할머니 한 분을 알고 있다. 그 할머니는 자신을 향한 남들의 눈총, 그리고 나지막하게 전해오는 우정 어린 지적(심한 경우, 비평은 입 밖으로 나오고 만다)에 전혀 신경 쓰지 않는다. 『그 할머니는 이렇게 말하곤 해요. 「그건 다 그냥 하는 소리야! 뭐 항상 그러게 마련이지.」할머니는 그저 태양을 원할 뿐이고 남들이 뭐라건 전혀 신경 쓰지 않아요.』(H9) 그러나 이렇게 행동할 수 있기 위해서는 주변의 반응에 대해 완벽하게 무관심할 수 있는 능력이 있어야 한다. 이는 일종의 「사회적 자폐증」으로서 몇몇 관객들에게는 영웅주의로 비칠 수 있지만, 대다수의 사람들에게는 마치 유배된 생활처럼 보이는 것이다.

니콜은 할머니들의 토플리스를 비판해야 한다는 것이 마음에 걸리는 모양이다. 『그 문제에 대해선 좀 생각해봐야 해요. 왜 그 나이가 되면 해선 안 되는 건지……. 슬픈 일이잖아요. 하지만 그 때가 되면 정말 하기 힘들어질 것 같아요.』(F32) 연령에 제한이 있을 수 있다는 생각은 너무도 단호하게 드러났다. 그러나 토플리스를 해서는 안 되는 연령을 정확하게 긋고자 하는 사람은 드물었다. 마치 모든 종류의 예외를 허용할 준비가 되어 있다는 듯이……. 그들이 주장하는 것은 게임의 법칙을 정하는 데 필수불가결한 요소인 「한계」의 필요성이었다. 『나이를 불문하고 모든 여성이 할 수는 있지만 그래도 어느 정도 한계는 있어야지요.』(H44) 『정확하게 몇 살이 지나면 안된다고 말하긴 힘들어요. 하지만 사실 나이 든 여성이 토플리스를 하고 있는 모습을 보면 별로 좋아보이지 않아요. 그만 두는 게 낫지요.』(F27) 해변에 존재하는 관용의 정신 때문인지 대부분의 사람들은 일반적인 권리에도 제한이 가해질 수 있다는

사실만을 언급할 뿐이었다. 그러나 규제를 가하고자 하는 욕구
는 너무 강렬하기 때문에 내부에서 억제되지 못하고 급기야는
밖으로 표출되고 만다. 해변은 한 목소리로 주름진 가슴을 비
난한다. 『할 권리는 있지만 그래도 충격적인 건 사실이에요.』
(F6) 『할 권리는 있지만 내 눈에는 끔찍하게 보여요. 어쨌든
한계를 그을 줄 알아야지요!』(F96) 『나이랑 상관 없이 계속
토플리스를 하는 여자를 보면 좀 충격적이에요.』(F37) 『때가
되면 그만둘 줄 알아야 해요.』(F174) 『일단 가슴이 처지기 시
작하면 미련 없이 그만둬야 해요.』(F114) 『가슴이 처진, 나이
든 여성이 토플리스를 하는 모습은 사실 정상이 아니지요.』
(F25) 『윽! 이에요.』(H10) 이는 몇몇 사람만의 반응은 아니
었다. 거의 모든 사람들이 이런 사실에 동감했으며 심지어는
토플리스 하는 여성들—D데이가 가까워옴을 슬픈 마음으로 지
켜봐야 하는—까지도 마찬가지였다. 『해가 바뀔 때마다 저는
이렇게 말하곤 하죠. 「좋아! 금년만 지나면 그만둬야지!」
하지만 사실 그게 강요할 성질의 것은 아니잖아요. 황혼기라는
말은 별로 하고 싶지 않아요. 하지만 가슴이 점점 처지는 걸
보면서 이렇게 위안해요. 「아직 보기 흉할 정도로 처지진 않았
는 걸…….」』(F97)

소 외

　해변은 게임의 법칙을 필요로 하므로 아무에게나, 아무 행
동이나 허용하지 않는다. 이를 위해서 해변은 소외대상을 처리
할 수 있는 일종의 배출구를 준비하고 그것에 집착한다. 이는
정상적인 사람들이 고요함을 누리기 위해 치러야 할 사회적 대
가인 것이다. 이 때 악역을 맡은 사람은 허용된 한계를 넘을
수 있다. 권리를 제약하는 조건들은 암묵적일 뿐 절대적 명령

은 아니기 때문이다. 그리하여 해변에는 날씬한 사람도 있지
만 뚱뚱한 사람도 있고, 젊은 사람뿐 아니라 나이 든 사람도,
보기 좋게 태운 사람뿐만 아니라 창백한 사람도, 외모가 뛰어
난 사람뿐 아니라 뒤처지는 사람도 있는 것이다. 외모나 인종
또는 연령에 따라 해변의 출입이 금지되지도 않는다. 그러나
자세히 살펴보면, 특히 유명 휴양지일수록 뚱뚱하고 못생기고
나이 든 사람들—후미진 곳에 쭈그리고 있게 마련인—이 거의
눈에 띄지 않는다. 비록 출입이 금지된 것은 아니지만 사람
들의 시선과 암묵적인 메시지가 그들의 주위에서—비난의 표
적이 되고 있다는 사실을 암시하면서—맴돌기 때문이다. 관용
의 대상이 되기는 하지만 그들은 냉엄한 평가를 받게 되며, 결
국「자격 없음」이라는 꼬리표를 달게 된다. 이리하여 우리는
또다시 모래사장 아래 있는 새로운 포도를 발견하게 되는 것
이다.

「규제」하려는 욕구를 정당화하기 위해 사람들은 비난의 대
상이 되는 사람에게 더 무거운 멍에를 지우곤 한다. 『한 가지
단점을 발견하게 되면 뒤이어 여러 개의 단점을 추측하는 경향
이 있다.』(고프먼, 1975, 15쪽) 너무 비대한, 처진, 주름진,
탄력 없는 가슴에 대한 비난의 목소리가 높아지게 되면 사람들
은 그렇게 노출하고 있는 여성의 의도가 과연 무엇인가에 관심
의 초점을 맞춘다. 게임의 법칙을 지키지 않는 여성은 사상까
지 의심받게 되는 것이다. 결국 그런 여성들에게는「성적 과시」
라는 평가가 내려진다. 『「차라리 옷을 입지 그래! 볼품 없는
모습으로 누구를 유혹하려고? 속셈이 훤히 들여다보이는군.」
이렇게 얘기해주고 싶은 여자들이 있어요.』(F158) 『별볼일 없
는 여자가 토플리스를 하는 건 결국 과시하려는 거예요.』(F7)
데니스는 해변에 있는 사람들이 으레 지적하는 것처럼 지나친
노출을 비난했다. 열정적으로 이야기하던 그는 자신도 모르는

사이에 「외국인 혐오」라는 옆길로 빠지기 시작했다. 『영국 사
람이 제일 끔찍해요. 피부도 허옇고 몸은 절구통이고, 또 순
할머니뿐이라니까요. 근데 뻔뻔스럽게도 토플리스를 하지요.
게다가 큰 소리로 말하면서 주위는 전혀 의식하지 않아요.』
(H43) 사회적 인종차별로 빠지는 사람도 있었다. 『가끔 보면
노동자 계층의 뚱뚱한 여자들이 있어요. 보기에 별로 유쾌하지
않죠.』(F174) 해변에 불행한 사람이 있다는 말은 순전히 은유
적인 표현만은 아니다. 젊음과 아름다움에 의해 자행되는 소외
는 종종 사회적 인식에 의한 소외와도 연관된다. 우선 외모는
외모 자체로만 끝나는 것이 아니라, 개인의 가치관이나 태도까
지 함께 평가되기 때문이다. 예를 들어, 쭈글쭈글한 가슴을 가
졌더라도 어느 정도 교육을 받은 것 같은 여성은 비교적 관대
한 평가를 받을 수 있다. 둘째, 외모가 점점 노력의 결과, 능
력을 나타내는 지표, 다른 사람과 구별되는 신호로 생각되기
때문이다. 예를 들어, 뚱뚱한 사람은 단지 뚱뚱한 사람으로만
생각되는 것이 아니라 「날씬해질 만한 능력이 없는 사람」으로
평가되는 것이다. 『살이 투실투실하게 쪘는데도 그렇다는 것조
차 모르는 사람이 있어요. 그건 교육수준의 문제예요. 자기 몸
이 어떤 상태인지 객관적으로 바라볼 줄 알아야 해요.』(F174)
『자기 몸을 가꾸려는 의지가 있는 사람이 있는가 하면 그 의지
마저 없는 사람이 있어요. 길게 얘기할 것도 없어요! 굳이 성
형수술까지 들먹이지 않아도 의지를 갖는 것만으로 많은 신체
적 단점을 고칠 수 있으니까요!』(H89)

　　그러나 사실 의지만으로 충분한 건 아니다. 적합한 문화와
재력도 필요하기 때문이다. 생물학적 우연이라는 현실에 반하
여, 있는 자와 없는 자는 미모의 등급에 따라 나누어진다. 이
런 현실은 길거리나 슈퍼마켓과 같은 「말 그대로의」 공공장소
에서 관찰할 수 있다. 그러나 해변은 그렇지 않다. 해변은 잘

난 사람들에게만 개방된 장소이므로 없는 자, 못난 자는 발 붙이기 힘들기 때문이다. 이런 결론 앞에서 독자들은 놀랄 것이다. 이제껏 우리는 「해변은 완전히 개방된 장소」라는 환상을 가져왔기 때문이다. 그러나 현실은 그렇지 못하며 앞으로는 더욱 그러할 것 같다. 유럽의 해변이 얼마나 제한된 구역인가 알기 위해서는 교외에 사는 소시민과 빈민촌 주민으로 가득 찬, 활기넘치는 리우데자네이루 해변〔페이소토(Peixoto), 1993〕을 떠올려보는 것만으로도 충분하다. 사실 공식적으로 금지된 것은 아무것도 없다. 단지 아름다움이라는 규범이 지배하는 침묵의 게임만이 있을 뿐이다. 소외는 미의 규범을 중심으로 동심원을 그리며 작용한다. 즉 외모가 아주 뛰어난 사람은 모든 것을 할 권리가 있고, 좀 뒤처지는 사람은 약간의 권리가 있으며, 아주 박색인 사람은 전혀 아무런 권리도 없는 것이다. 『신체 장애인이 해변에 나와 있는 걸 본적 있나요? 아마 없을 거예요. 만약 한 명이라도 있다면 사람들의 시선은 모두 그 사람을 향해 집중될 거고… 견디기 힘들 거예요. 다시는 해변에서 그 사람을 보기 힘들 거예요.』(F148) 코린은 나체촌의 해변을 떠올리며 해변의 편협성과 대비시킨다. 『거기엔 별별 사람이 다 있어요. 장애인, 가슴이 아예 없는 여자, 왜소한 사람, 등이 굽은 사람, 쭈그러진 노인, 흉터가 크게 나 있는 사람, 너무나 뚱뚱해서 맞는 수영복이 좀처럼 없을 것같이 보이는 여자… 하지만 일반 해변에서 이런 사람들을 찾아보기란 힘들걸요.』(F148) 운율에 취한 코린은 나체촌 해변의 광경을 이렇게 묘사한다. 비록 그녀가 말한 것처럼 별별 종류의 사람들이 활보하지는 않더라도 나체촌의 분위기가 훨씬 관용적일 것이라는 사실은 분명하다. 그 곳에는 또 다른 게임의 법칙이 존재하며, 아름다움이라는 것이 해변만큼이나 중심 역할을 하지 않기 때문이다.

신체장애 요소 중 가장 심각한 것이 팔다리의 상실이나 기형적 모습이라면 그 다음으로 지적되는 것은 바로 비만이다. 대부분의 사람들은 스스로 약간 살이 쪘다고 생각하며 또 살이 찔까 두려워한다. 그렇기 때문에 자기보다 뚱뚱한 사람을 소외시키는 메커니즘은 결국 자신에게도 직접적인 영향을 미칠 수 있게 된다. 게다가 체중이 1kg씩 늘 때마다 해변에서 차지하는 위치는 한 단계씩 내려가며, 결국 허용되는 행위도 제한된다. 바네사는 흠잡을 데 없는 외모를 지닌 스무 살의 아가씨다. 그러나 그녀는 걷잡을 수 없는 식욕 때문에 항상 걱정하며 토플리스를 할 때마다 신경을 곤두세운다. 『저는 겨우 겨우 하고 있어요. 하지만 2kg 정도 더 는다면 그만두어야 할 거예요.』 (F68) 아니크는 벌써 감추려는 결심을 했다. 『이젠 너무 커졌고 살이 쪄서 더 이상 사람들 앞에 내보일 용기가 없어요.』(F12) 처음 살이 쪘을 때는 수영복을 입음으로써 어느 정도 감출 수 있었으나, 이제는 수영복을 입는 것만으로는 부족하게 될 지도 모른다. 스물여덟 살인 엘로이즈(Héloïse)는 항상 옷을 입은 채로 해변에 나온다. 『제 몸에 대한 콤플렉스가 너무 심해요. 수영복조차 입고 싶지 않은걸요.』(F22) 사람이 없는 한적한 해변, 또는 차별의 정도가 덜한 해변이라면 모를까……. 『특히 사람이 많은 유명 해수욕장일수록 그런 경향이 강해요. 뚱뚱한 여자들이 수영복을 입고 있는 모습은 찾아보기 힘들거든요.』(H86) 하지만 일단 어떤 한계체중을 넘게 되면 아무리 옷을 입고 있더라도, 아무리 관용적인 지역이라도 해변에 나오는 것은 완전히 불가능한 일이 되고 만다. 『살이 좀 찌자 아예 해변 근처에도 안 오는 친구들이 있어요. 사람들의 시선을 견디기가 힘들었나 봐요.』(F148) 그들에게 해변은 불가능한 장소가 되어버렸기 때문에 더 이상 가고 싶은 욕구도 사라진 것이다. 그도 그럴 것이 욕구는, 자신이 해변에서 차지하는 위치와 밀접한 관련을 갖기 때문이다. 즉 자신에게 허용되는 행동이 점차 줄어들고 미적으로 열등한 사람으로 평가됨에 따라 욕구는 점점 줄어들고, 해변은 즐길 수 있는 공간이라기보다 평범한 장소로 전락해버린다. 아니크는 드디어 토플리스를 그만두기로 결심했다. 『더 이상 처진 가슴을 사람들에게 보이기 싫었어요.』(F12) 이런 차가운 현실은 이제껏 그녀를 해변으로 인도했던 활력을 앗아버리고 말았다. 『이젠 토플리스를 하지 말아야겠다는 생각이 들었어요. 그리고 해변에 나가고 싶은 욕구도 줄어들었구요. 요즈음엔 아주 가끔 가요.』 그러나 소외는 해변의 출입과 일련의 행동을 금지시키는 외부적 제약과는 달리 기계적으로 작용하지 않는다. 즉 소외는 각자가 차지해야 하는 위치와 할 수 있는 행동을 「느낄」 수 있게 해주는 인식의 범주 안에서 작용하는 것이다.

해변에서는 젊고 아름다운 엘리트 중 진짜 엘리트만이 모든 권리를 누릴 수 있다. 그 이외의 사람들은 자기 위치와 한계를 깨달아야 하는 것이다. 하위계층으로 취급되는 사람에게는 비참한 일이 될 수도 있겠지만, 그렇기 때문에 상호관찰이라는 것이 필요한 것이다. 밀렌은 다음과 같은 분석을 제시한다. 『알다시피 미끈한 몸매를 가진 사람이 있는가 하면 아무것도 내놓을 만한 것이 없는 사람도 있어요. 불행한 일이지만 어쩔 수 없는 일이죠. 보기 흉한 외모를 가지고 태어난 사람은 남들이 쳐다볼 때 불행을 느껴요. 하지만 그렇다고 해서 남의 시선을 무시할 수만도 없는 일이에요. 일단 수영복을 입게 되면 자신을관찰할 수 있으니까요. 인간인 이상 어쩔 수 없어요.』(F156) 많은 의미를 함축하고 있는 그녀의 분석을 다시 살펴보자. 「아무것도 내놓을 것이 없는」 자는 남들이 쳐다볼 때 불행함을 느끼지만 그래도 그 시선을 받아들여야 한다. 그것이야말로 「스스로를 성찰하고」, 자신의 분수와 해야 할 일을 깨달을 수 있는 유일한 길이기 때문이다. 즉 남의 시선을 통해서 자신을 바라보는 것이다. 그렇지 않다면 인간으로서의 자질을 잃게 될 위험이 있다. 다르게 표현하자면 이렇다. 비록 관대한 운명이 펼쳐지지 않는다 할지라도 분수를 지킬 줄 알며, 행동 규범—외모가 뛰어난 사람보다는 훨씬 엄격한—을 준수할 줄 아는 사람은 인간으로서의 자질을 충분히 지닌 것이다. 어느 누구도 해변의 눈길—졸음이 가득하지만 그래도 반짝이는—을 피할 수는 없다. 『행동뿐 아니라 외모에서도 금방 어떤 수준에 속하는지 알 수 있어요. 어느 선에서 만족해야 하는지도 분명하구요.』(H86)

『어떤 때는 고약한 생각을 품고 있는 제 자신을 발견하게 돼요』(H89)라고 말한 필리프는 예외적인 사람이 아니다. (비록 해변은 공공연하게 고백하지 않지만) 해변은 꿈을 가지고 있다. 평온한 모습, 우편엽서에서 볼 수 있는 매혹적인 풍경이 되고자 하는 꿈. 이런 매력적 모습에 토플리스는 또 하나의 세계를 첨가한다. 물론 아름다운 가슴을 가진 자만이 들어갈 수 있는 세계다. 미관을 해치는 요소를 모두 제거하려는 시도가 가장 순수하게 이루어지는 곳은, 아마 이상적인 풍경이 되고자 하는 꿈—감성적인 즐거움에 필수적인—의 세계 안에서일 것이다. 『솔직히 토플리스를 하려면 유쾌한 모습을 제공할 수 있어야 해요.』(F174) 그러나 다행히 이런 꿈은 그저 꿈으로만 남을 뿐이며, 앙투안처럼 공공연하게「못생긴 사람」을 공격하는 이는 드물다. 『해변은 마치 인간군상의 집합소 같아요. 잔뜩 배가 나오고 머리는 하얗게 셌으며, 가슴이 평평한 나이 든 사람들도 활보하니까요. 대개는 쳐다보기도 끔찍하지요.』(H2) 그러나 관용의 원칙 때문에 그는 더 이상 말을 잇지 않았다. 크리스텔은 불행한 사람이 전혀 없는 풍경을 꿈꾸다가 갑자기 뒷걸음질치기 시작한다. 『어떤 땐「못생긴 여자는 그저 집에

나 있어야 돼」라고 말하고 싶은 충동이 생기는 것도 사실이에
요.」(F8) 침묵의 상호작용, 무관심에 대한 갈망, 그리고 오수
에의 유혹에 밀린 해변은 소외의 논리를 억누른다. 단지 그 논
리는 머리 속에서만 비밀스럽게 활동할 뿐….

3

편안함

부자연스러움의 형성

　개인의 행동을 지정해주는 코드는 서로 다른 두 개의 기억 체계 속에 저장된다. 그 중 하나는 이미 《부부생활의 씨실》(코프만, 1992)이라는 책에서 분석한 바 있는 개인적 기억체계로서, 의식의 세계가 아닌 평상시의 행동과 습관 속에 저장된다. 또 하나의 기억체계는 자신이 맡은 사회적 역할 속에 용해되어 있는 사회적 기억체계다(이 두 기억체계는 모두 사회규범을 준수한다는 공통분모를 지닌다). 그런데 부자연스러움은 이 두 가지 체계 모두에서 유래될 수 있다. 부자연스러움은 때때로 개인의 경험에서 비롯될 수 있으며 그 경험에 따라 경직된, 또는 유연한 행동을 보일 수 있는 것이다. 『남 앞에서 자신을 드러내고 편안함을 누릴 수 있는 능력은 사람마다 조금씩 다르게 마련이에요.』(H9)『이미 스스로 어떤 콤플렉스를 가지고 있다면 일은 힘들어지지요.』(F183) 부자연스러움은 자신이 맡은 역할에 대한 적응력과도 밀접한 관련을 가진다. 고프먼은 불안이 생성되는 과정을 분석한 바 있다(1974). 즉 그는 구체적인 상황에서 불안감이 어떻게 생성되며, 역할과 자아 사이의 거리가 불안 형성에 어떤 영향을 미치는지 입증하고 있다. 자신이 맡기에 벅차거나 생소한 역할을 맡았을 때, 이제껏 해왔던 역할과 모순되는 역할을 해야 할 때 인간은 부자연스러움을 느낀다. 어빙 고프먼은『편안함이란 자신이 하는 행동이 정상적 행위라는 확신을 갖게 될 때, 즉 자신이 맡은 역할이 사회의 규범에 의해 확인되고 정당화되었다고 확신하게 될 때 얻어질 수 있다』라고 덧붙였다(1973). 그 원칙은 간단하다. 역할과 자아 사이에 거리감이나 망설임 없이 역할을 성실하게 받아들일수록 현재 맡고 있는 역할이 그 사람 본연의 모습이라는 생각은 강해지며, 그 역할이 정상적인 것일수록 부자연스러움을 느낄 위험은 줄어드는 것이다. 이는 인간의 외부에 존재하는 조정의 메커니즘이 아니다. 엘리야스(1975)는 두 개의 자아가 내부에서 충돌함으로써 불안이 생성된다고 분석했다. 자유를 허용하려는 자아가 한편에 있는가 하면, 스스로를 통제하려는 또 다른 자아가 존재하기 때문이다. 그러므로 인간은 한 가지 역할을 맡게 되더라도 두 가지의 자아 중 어떤 것을 선택하느냐에 따라 다른 경험을 하게 된다. 즉 불안함이 생길 수도, 그렇지 않을 수도 있다. 그렇기 때문에 인간은 자신이 받는 메시지를 선별하고 단순화하려 한다. 모호함이 남게 되면 편안함은 줄어들기 때문이다(피카르, 1983). 그러나 인간은 자아를 단일화하고 편안함을 추구하는 쪽으로만 노력하는 것은 아니다. 다시 말해 일부러 불편함을 유발할 때도 있는 것이다.

이런 불편함은 현재 맡고 있는 역할에 의해 평가받기를 거부하는 자아의 존재를 알려준다(고프먼, 1974). 예를 들어, 보수적이고 정숙함을 강조하는 여성이 있다 치자. 의사 앞에서 옷을 벗어야 할 상황에 처했을 때 그녀는 지나치게 편안한 자세를 취할 수는 없을 것이다. 진찰이라는 합법적인 상황 속에서도 그녀는 현재 역할(옷을 벗어야 하는 환자)이 자신의 평상시 모습과 동떨어진 것이라는 사실을 나타내고자 조심스런 태도를 취할 것이다. 즉 그녀는 일부러 약간의 부자연스러움을 나타내는 것이다.

자연요소와의 접촉이 가져다주는 편안함

어떤 역할에 완전히 빠져든다는 것은 주어진 상황 속에서 역할과 자아 사이에 일관성이 형성되는 것을 의미한다. 그럴 때에만 편안함이 유지될 수 있는 것이다. 부르디외(1979)의 표현을 빌리자면「주변을 관찰할 필요 없이 자신의 몸과 하나가 되는」것이다. 그의 말은 해변에서 여러 번 들을 수 있었던 또 하나의 새로운 표현과 일맥상통한다. 『편안해요.』『토플리스는 마치 대머리와 같은 거예요. 본인만 편하다면 굳이 가발을 쓸 필요가 없는 거죠. 어쨌든 본인이 편한 게 제일 중요해요.』(H75)『제일 중요한 건 편안함을 느끼는 거예요. 그러면 모든 건 한결 수월해지지요. 다른 방식으로 삶을 사는 거예요.』(F150)

토플리스는 육체의 해방과 제반 자연요소와의 접촉이 가져다 주는 편안함을 바탕으로 이루어진다. 즉 주변에 사람들이 많아지고 남들의 눈총이 따가워지더라도 편안함을 유지하는 것이 토플리스의 기본원칙이다. 능력이 뛰어난 사람은 토플리스와 같은 행동을 감히 선택할 수 있으며, 이런 행동은 그 사람을 최상의 편안함을 누릴 수 있는 자로 분류시켜준다. 그러나 정당화되지 못한 야망은 가차없이 비난의 대상이 된다. 즉 목표를 너무 높게 잡은 경우 어설픈 행동은 금방 눈에 띄게 되어 곧 낙오자가 되고 마는 것이다. 지나치게 자만심을 내세우는 사람에 대해 해변은 『사람은 누구나 자신이 설 자리를 알아야 하며 거기에 만족해야 한다』라고 본질적인 충고를 해준다. 「편안하다」는 말의 속뜻은 타고난 자신의 모습과 걸맞은 가장 자연스런 행동을 취하는 것이다. 『중요한 것은 진짜 자기 모습이어야 하는 거예요. 편안하고 자연스러운 모습요. 또 그런 모습이 자연스럽게(인위적 노력 없이) 나타나야 하구요.』(F182) 그러나 사실 편안함이란 스스로 노력함으로써 얻을 수 있는 변화 가능한 과정이기도 한다. 예를 들어, 앞에서 살펴본 바와 같이 치료 목적으로 토플리스가 사용됐을 때가 그렇다. 마리안느는 이를 그럴 듯하지만 역설적인 말로 표현한다. 『토플리스를 할 땐 모든 게 생각하기에 달렸다고 봐요. 중요한 건 극히 자연스럽게 해야 한다는 거죠.』(F31) 그러나 생각한다는 건 이미 인위적 노력을 의미하며 자연스러워야 한다는 명제에 위반되지 않는가? 순발력이 타인과 구별해주는 교육수준의 지표가 되는 것과 마찬가지로(드 셍글리, 1988)「자연스러움」역시 능력이 있는 사람에게만 부여된 기술이다. 그러나 심한 경우 이 자연스러움은, 스스로 편안한 척 위장하며 주위 사람들에게 자신의 편안함을 선전하는 연극으로 전락하게 된다. 왜냐하면 이런「연극」을 통해 실제로 편안함의 경지에 이르는 경우가 많기 때문이다. 그러므로 훌륭한 배우가 되어 주변에 자신의 편안함을 믿는 공모의 시선체계를 형성시키는 것만으로도 편안함은 얻어질 수 있다. 편안함을 만끽하기 위한 또 하나의 가능성은 내부의 힘, 즉 이미 형성된 습관에서 찾을 수 있다. 이러한 습관은 타인을 쳐다보지 않으며 마치 해변에 자기 혼자

있는 것처럼 느낄 수 있도록 해준다. 『사람들이 저를 쳐다보는
지 안 보는지조차 대답할 수 없네요. 사실 저만 편하면 되는
거 아닌가요?』(F30)『남들이 자기를 어떻게 생각하는지 지나
치게 신경 쓰는 사람은 결코 편하게 토플리스를 할 수 없어요.
거기에 신경 쓰면 안 돼요. 뭐든지 자연스럽게 해야지요.』
(H75)『편안함을 느낄 때 제 주위에 있는 장벽은 모두 무너져
버려요.』(H89)

편안함과 아름다움

토플리스를 하고자 하는 여성에게 편안함은 단순하지만 중
요한 준거점이 된다. 여성들은 토플리스를 실행하기 전에 그럴
만한 조건이 형성되었는지 살핀다. 『토플리스를 할 때마다 신
경이 날카로워진다면… 하지 말아야지요.』(F183)『사람들 앞
에서 편안하게 토플리스를 할 수 있다면 뭘 망설이겠어요? 지
체하지 말고 바로 해야지요.』(F31) 편안함은 개인적인 성향에
서만 비롯되는 것은 아니다. 그 느낌은 해변과의 끝없는 대화
를 통해서 형성되며, 이렌느는 이와 같은 현상을 매우 잘 설명
한다. 그녀의 설명에 따르면 초기에는「부자연스러움」이 유일
한 판단기준이 된다. 『부자연스럽다는 생각이 안 들 때만 토플
리스를 하게 돼요. 하지만 조금만 거북해져도, 절대 하지 않아
요.』(F182) 그녀는 하나의 예를 든다. 『저를 아는 사람, 게다
가 토플리스를 하지 않는 사람이 곁에 있다면 꽤나 불편 할 거
예요. 금방 수영복을 입게 될 걸요.』 이렌느는 방해꾼이 와서
이런 편안함을 깨지 않는 한 매우 편안한 자세를 취한다. 하지
만 자연스러움이 깨지는 가장 흔한 경우는 규범에서 벗어나는
모습을 보일 때다. 주름진 가슴, 지나치게 큰 가슴, 서서 토플
리스를 하는 모습 등등. 그럴 때마다 해변은 허용의 한계선상

제Ⅳ부·해변의 포도(鋪道)

에 위치하고 있다는 사실을 당사자에게 알리기 위해서 눈총을
준다. 이런 메시지를 느끼게 되면 기존의 편안함은 흔들리게
된다. 해변의 압력은 불안함을 가중시키고, 결국 그 여성은 토
플리스에 대한 욕구가 사라지는 것을 「느끼게」 된다. 『만약
토플리스를 하고 있는 여성이 단 한 명뿐이라면 사람들의 시선
은 온통 그 여자의 가슴으로 쏠릴 거예요. 그러면 금세 불편함
을 느끼게 될 거구요.』(H94) 규범에서 어긋나는 행동을 할수
록 눈총은 따가워지고 편안한 자세는 흐트러지게 된다. 그러므
로 가장 편안함을 느끼는 사람만이 끝까지 토플리스를 즐길 수
있는 것이다. 나머지 사람들은 게임의 법칙을 준수해야만 한
다. 즉 「자연스러운 상태에서」 편안함을 즐기지 못하는 사람
일수록 게임의 법칙을 예의 주시해야만 하는 것이다. 만약 이
런 법칙을 거부한다면 또다른 시각적 압력이 덮치고 만다. 자
연스러움이 부족하면 행동은 어색해지고, 그런 모습은 더욱 주
의 깊은 관찰의 대상이 된다. 응징자의 역할을 맡은 해변의 파
수꾼들은 그들을 엄중히 비난한다. 결국 불편함은 또 다른 불
편함을 낳는 것이다.

　이런 메커니즘은 우리에게 무언가를 상기시킨다. 아름다움
의 메커니즘도 이와 동일한 과정을 거쳤기 때문이다. 즉 아름
다운(또는 그렇다고 생각하는) 여성일수록 자신이 원하는 것
을 할 수 있는 권리를 충분히 누릴 수 있으며, 그럼으로써 토
플리스를 하기도 한결 쉬워지는 것이다. 자신이 편안함을 느낄
수록 일은 수월하게 풀리게 된다. 그러나 미와 편안함 사이의
유사성이 우연히 얻어진 것은 아니다. 편안함이란 아름다움의
완벽한 복사본-밀접한 관련을 갖는-이며, 토플리스의 두번
째 요소이기 때문이다. 이 두 지표는 해변에서 만난 사람들이
가장 자주 지적하는 내용이었으며, 아무 문제 없이 토플리스를
할 수 있게 해주는 요술방망이였다. 『누가 토플리스를 하냐구

요? 그야 몸매에 자신이 있고 느긋하게 즐길 수 있는 사람이지요.』(F183) 그러나 이 두 가지 요소는 결코 분리되어 작용하지 않으며, 많은 사람들도 그런 사실을 지적했다. 그 중 가장 분명한 사실은, 아름다움이 편안함을 느끼기 위한 선결조건이라는 것이었다. 이에 대해 솔랑주는 이렇게 요약—— 의도성은 없었지만—— 한다. 『편하게 토플리스를 하려면 적어도 못생기지는 말아야죠.』(F76) 달리 말하자면『편안함을 느끼려면 우선 예쁘고 볼 일이에요』(F73)인 것이다. 이는 명백한 사실이다. 객관적 기준에 미달된다고 생각되는 가슴을 쳐다보면서 사람들은 거북함을 느낀다. 비록 직접 압력을 가하려는 의도는 없다 할지라도 추함은 관찰자의 거북함을 불러오고, 그 거북함은 결국 어떤 형태로건 압력으로 나타난다. 『정말 끔찍한 여자들이 있어요. 그건 반드시 말해야 한다구요. 그런 여자들을 보면 저까지 불편해져요. 하지만 이해할 수 없는 건, 당사자들은 아무렇지도 않게 토플리스를 한다는 사실이에요. 옆에서 보는 저도 불편한데 어떻게 본인은 태연할 수 있는지 모르겠어요!』(F5) 여자들은 나이가 들어감에 따라 자신의 외모를 자세히 관찰한다. 토플리스를 그만두어야 할 시기를 결정하기 위해서다. 동시에 남들의 시선을 통해서 그들이 보내오는 비난의 메시지를 읽는다. 『일단 콤플렉스를 느끼게 되면 여자들은 토플리스를 그만두지요.』(H43) 대개의 경우 토플리스가 허용되기 위해서는 아름다움과 편안함이라는 두 가지 요소가 모두 충족되어야 한다(토플리스를 금지할 때에도 불편함과 추함은 같은 식으로 적용된다). 그러나 두 가지 자질 중 한 가지만 갖춘 여성이 스스로의 행위에 정당성을 부여할 때 토플리스가 관용되는 경우도 있다. 예를 들어, 아름다운 여성이 약간 부자연스런 자세로 토플리스를 하고 있다고 해서 흠 잡히지는 않는다. 이와 반대로 외모가 따라주지 않는 여성이라 할지라도 지극히 자연스런 모습으로 토플리스를 하고 있다면 추한 외모는 한 순간 잊혀지고 만다. 『정말 아무 거리낌 없이 편안하다면 이렇게 말할 수 있을 거예요. 「내 가슴이 크건 작건 간에, 노출하고 싶은 생각이 들면 하는 거야. 다른 사람은 신경 쓸 필요 없다구!」』(H9) 『비록 가슴이 절벽인 여자라도 자신만 편하다면 얼마든지 토플리스를 할 수 있는 거예요. 자신의 느낌이 중요한 거죠.』(F179) 즉 편안함이 부족하다면 아름다움이 이를 상쇄할 수 있으며, 반대로 외모가 뒤처진다면 편안함이 부족한 외모를 덮어줄 수 있는 것이다. 그러나 지나칠 정도로 부자연스럽거나 구제불능일 정도로 박색일 경우에는 문제가 좀 다르다. 이를 상쇄할 만한 나머지 조건의 수준이 그만큼 높아야 하기 때문이다. 하지만 웬만한 미모를 갖춘 여성이 웬만큼 편한 자세를 취하고 있다면 정상적인 범주에 들기에 충분한 것이다.

부자연스러움의 전파

토플리스를 할 수 있는 권리의 판단기준으로 등장하는 「불편함」과 「아름다움」은 종종 비교의 대상이 되지만 이 두 가지는 별개의 것이다. 부자연스러움은 토플리스 인구의 증가 및 감소를 좌우하게 된다. 외모에 대한 평가는 고정적인 데 반해, 편안함은 동일한 사람일지라도 상황에 따라 달라질 수 있기 때문이다. 친구들은 모두 수영복을 입고 있는데, 혼자 토플리스를 하고 있는 다니엘의 경우를 보자. 『주위 친구들은 모두 수영복을 입고 있었는데 다니엘만 토플리스를 하고 있었어요. 근데 불편해하는 건 오히려 수영복을 입은 친구들이더라구요.』(F97) 수영복을 입고 있던 모드(Maud)는 이렇게 말한다. 『주위 친구들이 다 토플리스를 하는데 저만 안 하고 있으니까 불편하던대요.』(F75) 그 결과 여성들은 불편함을 떨쳐버리기 위해 옆사람을 모방하게 된다.『처음엔 일행 중 토플리스를 하는 사람이 한 명밖에 없다가도 차차 하나둘씩 늘어나게 돼요. 안 하던 여자들도 그냥 있으면 불편하니까 결국 따라 하는 거예요.』(H54) 그 과정은 간단하다. 토플리스를 하는 부류가 편안함을 느낄수록 수영복을 입은 여성들은 부자연스러움을 느끼는 것이다. 침묵 속에서 이루어지는 두 진영 사이의 대치관계를 역전시키는 것은「부자연스러움의 전파」다. 즉 초반부에는 열세에 있던 토플리스 군단이 부자연스러움을 전파시킴으로써 비토플리스 군단의 투항을 유도하는 것이다. 토플리스를 하는 사람이 거의 없는 해변에서 용감하게 토플리스를 하는 여성은 정신적으로나 육체적으로 그럴 만한 능력을 지닌 사람일 것이다. 하지만 노출을 쉽게 볼 수 있는 해안에서는 좀더 다양한 계층의 사람(태도, 형태)들에게「편안함」이 허용된다. 그러므로 오히려 대세를 따르지 않는, 수영복을 입고 있는 여성에게 부자연스러움의 그림자가 덮치는 것이다. 물론 수영복을 벗어던진 여성들은 자신이 이런 세력 다툼에 동참하고 있다는 사실을 인식하지 못한다. 다만, 좀더 수월하게 토플리스를 하기 위해 조금이라도 더 편안한 자세를 취하려 할 뿐이다. 최선의 방법은 남의 시선을 의식하지 않고 자신만의 태도를 밀고 나가는 것이다. 많은 사람들의 공통된 지적은 이런 태도를 잘 보여준다.『불편해하는 사람이 자리를 뜨게 마련이에요.』다르게 표현하자면 이렇다.「나는 내 몸과 혼연일체가 되었으며, 본연의 모습을 그대로 드러내는 지극히 편안한 상태에 도달했다. 이런 내 모습을 보고 다른 사람이 불편함을 느낀다면 그건 그 사람들 문제인 것이다.」『누군가 내 모습을 보고 불편해하더라도 할 수 없어요. 그건 그 사람들 사정이에요.』(F148)『불편한 사람이 떠나면 되잖아요. 해변은 넓으니까요.』(H14) 부자연스러움의 전파는 동심원을 그리며 퍼져나가고, 그 결과 해변에는 토플리스를 하는 여성들만 남게 된다. 즉 토플리스의 보편화가 가능해지는 것이다. 때로 두 진영 사이의 충돌은 육안으로 확인될 정도로 두드러진다. 호기심과 비난에 찬 눈초리가 집요하게 계속될 때 태연하게 토플리스를 하기란 현실적으로 힘들기 때문이다. 그럴 때 여성들은 부자연스러움을 느끼게 되거나 오히려 반격을 취하게 된다. 코린느는 노골적으로 쳐다보는 사람을 향해 주저하지 않고 두번째 방법을 취했다. 『똑바로 서서 그 사람을 노려보는 거예요. 그러다 보면 그 사람이 오히려 거북해한다는 걸 느낄 수 있어요. 제가 자기를 쳐다보고 있다는 걸 알게 되니까요.』(F148) 반면 어떤 여성들(대부분 소극적인)은 그저 방어자세만을 취할 뿐이다. 자신의 행동이 남의 눈살을 찌푸리게 하지나 않는지 예의 주시하며, 조금만 이상한 반응이 보여도 금방 수영복을 다시 입는다. 『다른 사람을 거북하게 만들면서까지 계속할 생각은 없어요.』(F53) 『다른 사람이 불편해한다면 저도 편치 못할 거예요. 차라리 그만두는 게 낫지요.』(F182) 이 경우 타인의 불편함은 본인에게 전달되고 부자연스러움은 구심점을 향하게 되어 노출을 단념하게 만든다.

부자연스러움과 편안함은 동전의 앞뒷면과 같은 것이다. 편안함이 부족하면 부자연스러움이 더하게 되며, 편안함이 차고 넘치면 부자연스러움은 사라진다. 그러나 긍정적인 축, 즉 편안함은 다소 복합적 성격을 띤다. 부자연스러움은 낙인과 마찬가지로 주위로 전파될 수 있으며(게다가 부자연스러움과 낙인은 함께 여행하기도 한다), 사람들은 이 부자연스러움을 서로 주고받는다(필요한 경우에는 행동까지 바꿔가며). 그러나 편안함을 얻기 위해서는 모든 장애요소를 배격해야 하며 상대방과의 합의가 이루어져야 한다. 편안함은 종종 또 다른 편안함을 야기시키며, 마치 톱니바퀴가 맞물려 나가듯 연동관계에 놓이게 된다. 예를 들어, 탈의실 커튼을 열어보며 손님의 매무새를 봐주는 기성복 판매인이 자연스러운 태도를 취한다면 손님 또한 편안하게 조언을 받아들일 수 있을 것이다(페레즈, 1992). 하지만 쭈뼛쭈뼛하며 마치 훔쳐보는 것처럼 옷입는 광경을 쳐다본다면 손님 또한 거북함을 느낄 것 아닌가? 토플리스 보편화의 기본이 되는 것도 바로 이런 연동관계다. 하지만 너무 편안한 태도를 취하는 사람을 보게 되면 오히려 불편함을 느끼게 되는 경우도 종종 생긴다. 마리안느는 정말 토플리스를 하고 싶었다. 그러나 가슴을 노출한 채 지나치게 자신 있는 태도와 「우월감」(F31)을 드러내는 몇몇 여성들 앞에서 그녀는 주눅이 들고 말았다. 마리안느는 그만큼 자연스러운 자세를 취할 자신이 없었던 것이다. 거북함보다 편안함을 느끼기가 더 어려운 까닭은, 편안함이 내포하고 있는 이원성 때문이다. 편안함을 느끼기 위해서는 「자연스러움」과 「우아함」이라는 두 가지 요소가 모두 갖추어져야 하므로.

자연스러움과 우아함

토플리스는 하나의 유행이 되기 시작했다. 이는 사회의 여타 구성원과 차별화되고자 하는 그룹의 행동을 좇아 하는 대중의 행위에서 비롯된다(시멜, 1989). 부르디외는 토플리스의 핵심요소인 편안함에 대해 「일반인들을 지배하는 제약과는 다른, 자유에 대한 가장 확실한 확인」(1979, 285쪽)이라고 말했다. 그러나 토플리스가 보편화됨에 따라 「차별화되고 싶은 욕구」는 점점 희미해지고, 이런 변화는 토플리스의 상대적인 대중화를 통해 확인되어간다. 그러므로 부르디외의 또 다른 정의에 의하면 편안함이란 「자신이 취해야 할 본연의 모습을 나타내는 자의 심리상태」이며, 이런 사람들의 존재로 말미암아 「강요의 효과」(1979, 286쪽)가 나타나게 된다. 그런데 놀라운 사실은 이런 강요의 효과가 기존의 사회적 경계선을 흔들어놓는다는 점이다. 토플리스의 후발대라고 할 수 있는 서민계층은 사실 교양 있는 중산계층(토플리스의 선발대) 못지않은 편안한 모습으로 토플리스를 하며, 때로는 그들보다 더 자연스러운 모습을 취한다. 그런데 조사과정에서 한 가지 놀라운 사실이 공통적으로 발견되었다. 토플리스에 대해 질문하기 위해 조사원이 휴양객 옆으로 다가갔을 때, 육체의 해방에 대해 매우 조리 있는 답변을 한 지식인 계층은 대답을 하기에 앞서 모두 수영복을 다시 입었다. 반면 보편성이라는 빈약한 주제로 상투적인 대답을 했던 노동자나 서민계층은 토플리스 차림 그대로 대답을 했다. 즉 그들은 주어진 역할(토플리스)에 단순할 정도로 완벽하게 몰입했기 때문에 그들의 편안함은 「자연스럽게」 이루어질 수 있었고, 아무 고민 없이 그것을 본연의 모습으로 생각하게 된 것이다. 부르디외가 역설하는 편안함의 핵심은 다음과 같다. 즉 지배하는 이는 규칙을 강요하기 때문에 자신의 모습을 그대로 보여주면 되는 반면, 그럴 만한 능력이 없는 사람은 학습의 과정을 거쳐야 하며 이는 곧 열등함을 의미하는 것이다. 또 한 가지 놀라운 사실은 오히려 교양 있는 중산층 사람들이 자신의 행동을 조정하기 위해서 주위를 더 면밀히 관찰하고 성찰한다는 것이었다. 반면 서민계층 사람들은 일단 실천에 옮겼다 하면 자신이 맡은 역할에 완전히 몰입하며 아무런 의문도 제기하지 않는다. 그러므로 세상 누구보다도 자연스럽게 토플리스를 하는 것이다.

이제 편안함을 이루는 두 가지 요인을 살펴보도록 하자. 부르디외는 편안함을 이렇게 정의했다. 「스스럼 없음, 우아함, 수월함, 단아함, 자유로움.」(1979, 391쪽) 그러나 나는 이를 크게 두 개의 자질로 나눠보고자 한다. 우선 스스럼 없음, 수월함, 자유로움을 하나의 군으로 묶을 수 있다. 이 요소들은 자연스러운 태도를 나타낸다. 즉 자신이 하는 행동 윤리에 대해 절대적 믿음을 가지고 있으며, 맡은 역할에 완전히 빠져들었기 때문에 토플리스를 할 수 있다는 사실을 전제로 한다. 나머지 자질인 우아함과 단아함은 평범한 사람과 구별될 수 있는 교양 있는 자세를 의미한다. 이런 점에서 보았을 때 타인과 차별화되고자 하는 의지는 아직 해변에서 사라지지 않은 것이다. 하지만 이런 의지는 1970년대처럼 노출을 통한 단순한 방법으로 표현되지 않는다. 이보다는 훨씬 미묘한 방법으로 표현되기 때문에 해변은 이러한 의지를 통해 더욱 민감한 파수꾼이 될 수밖에 없는 것이다. 이제 우아함과 단아함은 타인과 차별화시키는 지표가 될 것이다. 이는 지나친 동요를 유발하지 않는 행동의 유연성을 의미하며, 자발성─진실함과 일관성의 인상을 주는─을 통한 자아통제 능력을 뜻하는 것이다. 편안함은 미를 가꾸기 위한 노력을 통해 실현될 것이며, 이런 노력은 편안함에 미학적 매력과 우월성이라는 특권을 부여할 것이다.

4

정상의 모방

연구를 시작하기에 앞서 학자는 몇 가지 가정을 상정하게 마련이며, 이 가정은 관찰되는 현상을 맹목적으로 해석하지 않도록 하는 등대 역할을 한다. 하지만 연구의 목적은 이러한 가정을 그대로 유지시키는 것이 아니다. 가정은 임시 수단일 뿐이다. 따라서 심도 있는 연구가 결론에 도달하게 되면 그 가정은 완전히 변화되게 마련이다. 새로운 사실들이 대거 입증된 토플리스 연구를 통해 초기의 가정들은 대폭 수정되었다. 사실 나는 조사를 하기 전에 기존 이론에 입각해서 이런 생각을 했었다. 사회학에서 명명하는 「역할 거리」(역주 : distance au rôle, 개인의 내면적 요구와 역할 간의 심리적 거리)는 어디서나 흔히 볼 수 있는 현상이며, 사람은 누구나 자신의 진짜 모습을 숨긴 채 인위적인 겉모습을 연출하기 위해 이중 게임을 행한다고…….

내가 토플리스를 연구하게 된 것도 바로 이런 이유 때문이다. 즉 토플리스야말로 이중 게임의 연구에 가장 적합한 재료라고 생각한 것이다. 그러나 놀라운 사실은 토플리스라는 행위 안에 존재하는 역할 거리가 당초 생각보다 훨씬 미미하다는 것이다. 즉 역할에 대한 충실도가 상당히 높다는 사실이 드러났다. 또한 나는, 타인과 구별되고자 하는 의지가 대부분의 행동을 지배할 것이라는 또 다른 확신—역시 사회학 이론에 입각한—을 가지고 조사에 임했다. 그러나 그런 의지가 전혀 없는 것은 아니었지만, 그 반대요소인「모방의 추구」와 비교해보았을 때 부차적인 것에 불과했다.

모방과 반복

　시멜은 상반되는 두 개의 경향 가운데서 번뇌하는 인간의 모습을 묘사한 바 있다. 그 경향이란 다름 아닌「모방」과「구별」이다.『인간은 타인과 구별되는 자아를 정열적으로 확인하고자 하는 욕구 못지않게 현 상태에 안주하려는 욕구 또한 갖고 있다.』모방이란『인간의 가장 근본적 성향 중 하나다.』(1989, 166쪽, 167쪽) 그보다 몇 년 전 가브리엘 드 타르드 (Gabriel de Tarde)는 모방에 대한 중요한 개념을 정립한 바 있다. 그는『사회적 존재로서의 개인적 존재는 본질적으로 모방을 업으로 삼는다』(1993, 12쪽)고 강조했으며, 개인은 바로 모방을 통해서 독자성을 극복할 수 있다고 말했다.『사회란 바로 모방이다』(95쪽)는 그의 말은 여기서 비롯된 것이다. 그러나 그의 저서는 세간에 거의 알려지지 않았고 그의 모방이론은 그 후 점점 잊혀지게 되었다. 타르드의 모방이론이 큰 호응을 받지 못한 이유는 뒤르켐(Durkheim) 학파와의 충돌이라는 요인 외에도 다른 것을 찾아볼 수 있다. 즉 그는 모방의 핵심 기능—현실의 구축—에 대한 설명과 기계적 모방이 생겨나는 이유에 대해서는 언급하지 않은 채, 사회적 메커니즘과 모방의 법칙에만 자신의 연구를 국한시키는 한계성을 탈피하지 못했기 때문이다.

모방을 좀더 심도 있게 이해하기 위해서는 모방을 포괄하는 폭넓은 과정, 즉 「반복」을 함께 생각해야 한다. 일상생활은 끝없는 「반복의 반복」이다(고프먼, 1991, 89쪽). 인간은 동일한 상호작용을 태연자약하게, 의식처럼 반복함으로써 존재의 틀을 재생시키고자 한다. 인간은 바로 어제 했던 일을 오늘 반복하며, 그럼으로써 반복되는 행동은 점차 무의식적인 행위로 자리잡아 간다. 현실 또한 반복을 통해서 굳어지며 탄탄해지는 것이다. 「자연스럽게」 되어버린 습관과 모방의식에 대해 사람들은 이제 더 이상 생각조차 하지 않는다. 반복된 행위는 생활의 일부로 완전히 녹아들었으며, 그 존재의 무게에 짓눌려 특별한 의미마저 상실했기 때문이다. 이제 반복되는 행동의 의미에 대해서 질문을 던지는 사람은 없다. 모방은 현실강화 메커니즘의 변방에 위치한다. 그러나 역설적인 사실은 바로 이 모방 덕분에 혁신이 이루어지며, 기존의 습관이 변화된다는 것이다. 모든 행위는 모방에서 출발하며 모방자에게 모방의 욕구를 불러일으키는 행위는 상대적으로 새로운 것이다. 모방에 의해서 인간은 합법적이며 할 만한 가치가 있다고 생각되는 행위를 선별한다(모스, 1950). 물론 이는 기존의 행동체계에 속하지 않은 새로운 행위여야 한다. 그러나 일단 어떤 행동이 모방의 대상으로 채택되면 모방은 더욱 일상적인 반복으로 변화된다. 즉 매일매일 확인되는 현실의 범위는 추가된 행위로 인해 더욱 확장되는 것이다.

모방의 연쇄과정

완벽하게 무에서 이루어진 행위는 존재하지 않는 것 같다. 개척자는 누구나 눈앞에 펼쳐지는 광경으로부터 영감을 얻으며 이를 고유의 행동자산 속에 포함시킨다. 즉 인간이면 누구나 「행동모델 보유고」를 소유하게 마련이며, 그 덕분에 어떤 상황에도 적절하게 대응할 수 있는 것이다(린턴, 1986, 88쪽). 그러나 타인의 눈에 그들은 발명가처럼 보인다. 새로운 행동을 처음 선보이는 사람이기 때문이다. 마찬가지로 토플리스를 「처음 시도한 사람」은 한 명이 아닌 다수의 여성이었다. 코린도 그런 사람 중 하나다. 종종 그녀는 자신이 말없는 선구자 역할을 했다고 느낀다. 15년 전만 해도 토플리스 차림의 여성은 해변에 한 명 있을까 말까 했었다. 시댁식구들과 동행한 자리에서 코린이 토플리스를 했을 때 시누이들은 놀란 표정을 지었지만 결국 많은 망설임 끝에 — 그것도 최후의 순간 수영장에서 — 그녀를 모방하기 시작했다. 『어떤 여자들은 따라 하고 싶은 충동을 느끼는 것 같았어요. 슬금슬금 저를 보면서 처음엔 수영복 끈을 풀고 그 다음엔 수영복을 조금씩 밑으로 내리고……. 그러면 드디어 시작되는 거죠.』(F148) 코린은 모방의 연쇄과정에 참여한 이들의 예를 설명한다. 그녀는 이런 행동도 가능하다는 것을 보여줄 뿐이다. 그러면 몇몇 여자들은 바로 이런 기회를 기다렸다는 듯이 모방을 시도한다. 그들은 이미 토플리스를 다른 곳에서 보았거나 누구에게 전해들은 경험이 있는 여성들이다. 즉 그들의 머리 속에 토플리스란 이미 생소하지 않은 모습으로 자리하고 있었던 것이다. 『사실 오래 전부터 한번 해보고 싶었어요.』(F96) 눈앞에 있는 모델(포괄적인 정보를 제공해주고 안심시켜주는)을 보고 용기를 얻은 초보자

들은 드디어 실행에 옮긴다. 이리하여 모방의 연쇄과정이 시작
되는 것이다. 하지만 초기과정 동안은 모방이라는 측면이 거의
드러나지 않는다. 그 여자들은 남들과 구별되려는 욕구를 지닌
개혁자의 인상을 주기 때문이다. 그러나 점차 모방이 전파됨에
따라 혁신과 모방의 비율은 역전되기 시작한다. 즉 새로운 행
동의 발견이라는 생각은 줄어들고, 그저 정상적 행동을 단순하
게 반복하는 것으로 여겨지기 때문이다. 초기단계에서 소수의
선각자들은 기존의 틀에 대항하며 새로운 규범, 즉「유행」이
라는 이름을 지닌 새로운 행동을 강요하려 한다. 이렇게 사회
적 충돌이 일어나는 초기단계에서는 모방의 특수한 성질, 즉
리듬, 사람을 끄는 힘, 충동이 위력을 발휘한다. 『일종의 리
듬을 따르는 거예요. 한번쯤 유혹에 빠지는 거죠.』(F6)『남들
이 하는 대로 따라 하는 거예요.』(F179) 『많은 사람들이 하
고, 또 분위기도 그럴 듯하면, 모든 게 훨씬 쉽게 이루어져
요. 뭐랄까, 저도 모르게 끌린다고나 할까?』(F37) 그러나 제
2단계, 즉 보편화의 단계에 이르면 모방은 소극적으로 이루어
진다. 즉 사람들은 아직 이니셔티브를 가지고 새로운 행위를
따라 하려는 의지를 가지고 있지만, 토플리스의 보편화는 그들
의 행동을 외부의 압력에 의한 단순한 모방으로 전락시키는 것
이다. 여기서 외부의 압력이란 준거집단의 압력이다. 『남들을
따라 한 것뿐이에요. 토플리스를 하는 친구들이 있거든요. 그
들과 비슷해지려고 한 거죠.』(F96)『친구들 중에 수영복을 입
은 사람은 저 혼자뿐이었어요. 결국 친구들이 하는 대로 따라
한 거죠. 사실 그 전까지만 해도 생각조차 못한 일인데…….』
(F68) 하지만 사회규범으로 청착하고 나면 압력은 희미해진
다. 『저는 그저 다른 사람들처럼 하는 거예요.』(F74)『모르겠
어요. 하지만 다 그런 거 아니예요? 그게 정상이니까요. 저
는 정상적으로 행동할 뿐이에요.』(F114)『시대의 흐름에 맞게

살아야지요. 이젠 너무나 당연한 일이 돼버렸잖아요.』(F149)
「정상적 행위」에 대한 명령은 이제 강요의 성격마저 띠게 된
다.『토플리스를 하는 친구들이 있는데, 개들은 그걸 꼭 해야
하는 걸로 생각해요. 마치 숙제나 되는 것처럼요.』(F75) 혁신
적인 모방으로부터 소극적인 반복에 이르기까지의 길은, 결국
새로운 것에서부터 출발하여 정상적 행위에 이르는 과정인 것
이다. 지배하는 자는 타인과 달라지기를 원하며, 지배받는 자
는 대세를 따르고자 한다는 사실(부르디외, 1979)은 이제 한
결 수월하게 이해할 수 있다. 이런 현상은 계층 간에 문화나
취향이 다르기 때문이 아니라, 모방의 연쇄과정에서 그들이 차
지하고 있는 위치가 다르기 때문에 생기는 것이다. 가치 있는
행동을 모방할 수 있는 혜안을 가진 선구자만이 일상적인 행위
를 버겁게 반복하지 않아도 되는 것이다.

정상적이라는 것

「무질서로 가득한 악몽 같은 세상을 피할 수 있는」 유일한
방법은 「기존의 노모스(역주 : nomos, 그리스어로 법이라는 뜻) 내
부에 머무는 것」이다. 여기서 노모스란 가장 보편적으로 인정
받는 의미의 체계를 뜻한다(베르제, 1971, 54쪽). 이런 실존
적 법칙에서 벗어나는 모든 것은 「참을 수 없는 심리적 긴장감
을 유발시키고」(52쪽) 인간을 비현실의 혼란 속으로 빠뜨린
다. 인간은 사회적 존재라는 이유 때문에 기존의 법칙을 추구
하고 이 법칙에 자신을 적응시키려 한다. 어떤 행위를 하게 될
때 사람들은 공통된 근심거리를 갖게 된다. 즉 「정상인처럼 보
이고 싶은」 욕구가 있기 때문이다(고프먼, 1973, 263쪽). 해
변은 고프먼이 분석한 정신병원처럼 정상과 비정상이 대립되는
도식화된 장소는 아니다. 그러나 마찬가지의 상황이 발생한

다. 즉 해변에 오는 사람들은「주변 상황을 의식하고 상황의 변화를 받아들이며 이에 순응하려는 의무를 지는 것」이다(고프먼, 1968, 242쪽). 사람들이 이렇게 규범에 순응하는 이유는 과연 무엇인가? 규범에서 어긋난 행동을 했을 때에는「신속히 그 행동을 정당화시킬 수 있는 이유를 제시」할 수 있어야 하지만, 규범을 지킨다면 그런 정신적 수고를 덜 수 있기 때문이다(고프먼, 1973, 249쪽). 게임의 법칙에서 벗어나는 행동을 발견했을 때 주변인들이 어떻게 압력을 행사하는가는 이미 위에서 살펴본 바 있다. 인간은 평온함을 추구하므로 소요를 피하고 현행 규범을 준수하고자 한다. 다만, 필요한 능력을 갖춘 대담한 사람만이 틀을 깨는 혁신적 행위를 시도할 뿐이다. 그러나 이런 행위도 기존의 틀에서 크게 벗어나지 않는, 용인될 수 있는 성질의 것이어야 한다.

규범의 반복은 무엇보다 평온함을 추구하기 위해서 이루어지는 것이다. 다른 사람과 마찬가지로 행동한다면 적어도 문제를 일으킬 소지는 없다고 생각하기 때문이다. 그러나 규범의 추구에 내포되어 있는 이런 잠재적 기능은 희미하게 인식될 뿐이다. 우선 규범의 반복은 현실의 구축을 가능케 한다. 다른 사람과 똑같이 행동한다는 것은「다른 사람들」이 중요하고 필요하다고 인정한 행동체계를 자신의 삶 속에 끌어들인다는 의미다. 즉 추호의 의심도 없이 자신의 행동에 확신을 가질 수 있는 것이다. 그 밖에도 규범의 반복은 사회적 관계를 형성한다. 다른 사람처럼 행동한다는 것은 사회 구성원 사이에 이해와 커뮤니케이션, 그리고 교류가 존재한다는 것을 의미하기 때문이다. 『시민의 교역은 매순간 공통된 규범을 추구함으로써 이루어진다.』(파로, 1991, 109쪽) 인간은「사회의 응집력」을 이루기 위해 노력하게 마련이며, 그런 행동은 공통된 규칙의 준수를 대의명분으로 삼는다(뒤르켐, 1978, 73쪽). 다른 사람

과 전혀 다른 행동을 하는 것은 결국 치유될 수 없는 고립을
자초하는 일이 될 것이다.

평균적 관습

규범의 준수가 중요하다고 해서 모든 사람이 같은 행동을 해
야 한다는 뜻은 아니다. 누가 어떤 행동을 어떻게 할 수 있는
가를 규정한 총체적 법규가 존재하기 때문이다(고프먼, 1991).
토플리스라는 관행은 그런 사실을 입증해준다. 토플리스를 하
는 여성의 비율이나 휴양지의 조건에 따라 다른 곳에서 어울리
지 않던 행위가 바로 그 순간, 그 장소에서는 허용될 수 있기
때문이다. 또한 토플리스를 하는 여성의 연령, 자연스러움,
외모에 따라서 똑같은 행동이라도 어떤 이에게는 가능한 것이
되며, 또 어떤 이에게는 불가능한 것이 되기도 한다. 이러한
범주화는 「규범의 교차」를 통해서 형성된다. 한편에는 게임의
규칙으로 만들어진 가장 이상적인 행동 모델(토플리스의 경
우)이 존재하며, 또 다른 편에는 규칙의 구체적인 적용을 받는
다양한 유형의 인물이 존재한다. 그러나 규범은 어느 상황에나
적용되는 추상적 행동 모델처럼 고정될 수 없는 것이다. 게다
가 규범의 적용은 유동적이며 불확실하다. 우선 유동성을 살펴
보자. 규범은 일종의 등대역할을 할 뿐이다. 본연의 모습을 간
직한 채 살아 숨쉬는 인간은 정해진 틀 안에서 나름대로 자유
롭게 행동할 수 있으며 규범에서 영감을 얻는 것이다. 『아무리
정형화된 행동일지라도 배우는 의자에 앉아 다리를 떨 수 있으
며, 가려운 곳을 긁을 수도 있고 코를 훌쩍일 수도, 기침을 할
수도, 편안한 자세를 시도해볼 수도, 옷을 정리할 수도, 또는
화장실에 가거나 전화를 걸기 위해 잠시 자리를 뜰 수도 있다.
비록 예정되지 않은 행동일지라도 이 모든 것은 용인될 수 있

다. 이렇게 인간에게는 틀에서 약간 벗어나는 행동을 할 권리가 있다. 그러므로 하나의 역할에 수반되는 제약은 일정 수준의 한계를 넘어서는 안 된다.」(고프먼, 1991, 266~267쪽) 이번에는 불확실성을 살펴보자. 인간에게 단 한 가지 규범만이 제시되는 경우는 드물며, 「정상적」인 모습은 다소 상반되는 의미체계의 집합체를 가리킨다. 따라서 인간에게는 항상 선택의 가능성이 남는다. 그러므로 토플리스를 하고자 하는 여성은 「정상적」으로 되기 위해서 게임의 법칙을 숙지해야 할 필요가 있는 것이다. 그러나 그녀는 수영복을 입고 있으면서도 얼마든지 「정상적」인 사람으로 보일 수 있다. 『토플리스를 하는 여성요? 정상이지요. 이젠 평범한 모습이잖아요. 하지만 저는 안 해요. 안 하는 게 더 자연스럽다고 느껴지니까요.」(F158)

그러므로 행동규범은 다양하고 가변적인 총체로 표현될 수 있다. 하지만 그렇다고 해서 『규범의 틀은 구속력을 지닌, 매우 정확한 것이어야 한다』는 명제─특히 주요기능을 담당하는 사소한 행동을 통해서─가 사라지는 것은 아니다. 예를 들어, 토플리스를 둘러싼 시선게임은 매우 엄격한 규칙으로 이루어지지 않았던가? 이러한 법규의 다양화 속에서도 대다수의 사람들은 보편적 행위를 반복함으로써 결국 동질화의 과정을 거친다. 초기 단계(비교적 짧은)의 모방은 평범한 대중과 구별되고 싶은 욕구에서 출발하며, 최초의 모방은 대다수의 대중과 확연하게 구별되기 위해 시작하는 것이다. 여기서 중요한 것은 모방을 하는 사람의 수가 아니라, 모방의 대상이 되는 행위의 흡입력 및 마력이다. 그러나 제2단계에 들어서게 되면 평균에 대한 생각, 모델 및 중심 행동에 대한 생각이 대두된다. 사회는 중심적·보편적 행동을 반복하며 이를 기본으로 현실을 구축한다. 모방의 역동성은 현실 속에 새로운 행위를 첨가시키는 한편, 이미 견고하게 자리잡은 규범은 중심 역할을 수

행하는 평균적 사고 및 행동에 초점을 둔 양적 메커니즘 위에
서 반복된다. 규범은 주로 모방의 제2단계로써 정의되기 때문
에 뒤르켐의 구절은 나름대로 일리 있는 것이다. 『특정 계층에
있어서 도덕적 행위란 결국 정상적 행위를 의미한다. 그들의
도덕적 행위는 사회의 평균적 관습 안에서 발견되기 때문이
다.』(1975, 283쪽) 순응주의는 외부 제약의 산물이라기보다
「상상력 부족」이라는 개인의 결점에서 비롯된다. 더불어 순응
주의는 사회 과정의 중추를 이루며 중심 행위를 통해 현실을
구축하는 핵심 수단인 것이다.

진주-교훈

연쇄 과정의 초기에 관찰되는 「창조적 모방」이건 그 후에
나타나는 「규범의 반복」이건 간에, 새로운 행위의 체득은 마
르셀 주스(Marcel Jousse, 1974)가 「진주-교훈」이라고 명명한-
어느 정도 시적인 요소가 담긴-모델에 의해서 이루어진다.
진주의 형성 과정과 마찬가지로 지식은 구체적인 알갱이(진주
의 핵에 비유되는)를 중심으로 매우 느린 결정과정을 거쳐 축
적된다. 아무리 보잘것 없는 것이라 하더라도 인간의 행위는
나름대로 사회적 역사와 수많은 구체적 정보를 내포하게 마련
이다. 인간은 「끝없는 모방자」 또는 「다양한 광택-「아름다
움」이라는 목걸이, 또는 「진실」이라는 목걸이를 만들 수 있는
-을 지닌 진주」를 캐는 어부에 불과하다(주스, 1974, 37쪽).
모방되고 체득되었다는 사실 하나만으로도 「진주」는 하나의
「교훈」이 될 수 있기 때문이다. 「진주」는 그것을 자신의 것으
로 만든 사람에게 그 안에 축적된 지식을 전달한다. 몇 가지
「진주-교훈」은 공식적인 방법으로 무대의 전면을 차지하게 된
다. 《왕의 2체(二體 : Les Deux Corps du roi)》라는 책에서 에

른스트 칸토로위츠(Ernst Kantorowicz, 1989)는 진주-교훈의 예가 될 만한 경우를 분석했다. 그는 역사의 초기단계에서 어떻게 국가가 왕의 몸을 통해 구현될 수 있었는지(「짐은 곧 국가다」라는 말을 떠올리며 사실 왕은 인간으로서의 몸과 막 태동중인 국가를 구현하는 정체(政體)라는 두 가지 몸을 지니고 있었던 것이다. 특히 이 시대의 백성들은 왕의 공식적인 행동 하나하나를 면밀히 관찰함으로써 그의 행동을 이해하고 모방하려 했으며, 그럼으로써 국가의 기반은 탄탄해졌던 것이다. 또 하나의 예는 예술작품에서 나타나는 나체다. 그리스인에 의해 철학 또는 생활예술로 승격되었던 나체의 미학은 신적인 순수함의 경지에 다다랐으며(클라크, 1969), 많은 예술작품에 등장하게 되었다. 더불어 풍부한 의미를 지닌 나체의 미학은 일종의 확실한 준거점으로 자리잡게 된다. 그리하여 예술작품 속의 나체는 엄격하기로 유명한 청교도 시대마저 무사히 통과할 수 있었던 것이다(비록 주요 부위는 포도 잎사귀로 가려지긴 했지만). 시대적 차이에 의해 때로는 공식적으로 이해되지 못하는 경우도 있었지만, 나체는 오랜 세월에 걸쳐 형성된 결정(結晶)의 위력(진주에 비견되는) 덕분에 이런 몰이해를 떨쳐낼 수 있었고 예술성을 이해할 줄 아는 사람에게 지식을 전달하게 된다. 이런 예는 관능적 시선을 미학적 시선으로 변화시키고자 하는 해변에서도 작용한다. 그러나 대부분의 「진주-교훈」은 국가의 기원이나 예술적 나체처럼 거창한 것만은 아니다. 그보다는 매우 일상적이고 사소한 행동에서도 끊임없이 관찰된다. 예를 들어, 수건 한 장 없이 옷을 갈아입는 행위에서, 「출렁거림」을 막기 위해 팔짱을 끼는 행위에서, 「조금만 더」를 통제하는 과정에서 찾아볼 수 있다. 교훈은 우리를 둘러싸고 있는 사물, 우리에게 소리 없이 메시지를 전달하며 「수많은 집단의 사상이 혼재되어 있는」「움직이지 않는 말없는 사

「회」속에서도 관찰된다〔할바크스(Halwachs), 1950, 131~132쪽〕. 행동과 사물은 이미지의 형태로 제공된다. 우리는 그저 이를 포착하면 될 뿐이다.

이 분야에서는 어떤 것도 시각의 효율성을 따라잡지 못한다. 눈동자는 순식간에 지나가는 놀라운 장면을 포착할 수 있으며, 쉬지 않고 채널을 돌리다가 예기치 못한 진주를 발견할 수 있기 때문이다. 이렇게 신속하고 뛰어난 능력을 지녔지만 시각은 창조적 모방을 가능케 하는 믿음직한 기구는 못 된다. 이원성이라고 하는 상당히 모호한 면을 지녔기 때문이다. 즉 가장 먼 곳에서 상호작용을 조정하기도 하지만, 동시에 가장 가까운 곳에서 즉각적이고 민감한 지식을 포착하는 것이 바로 눈동자인 것이다. 하지만 이 밖에 새로 등장한 모호성이 있다. 시선은 혁신의 주역인 동시에 기존의 틀을 고착화시키는 역할을 한다. 즉 시선은 새로운 것을 포착하는 기능을 가지고 있지만, 대개의 경우 반복되는 행동을 발견하는 것에 만족하기 때문이다. 이렇게 정상적인 행동을 발견·관찰하는 것이 눈동자의 주요임무이기도 하다. 그러나 이런 과정에서 시선의 뛰어난 적응능력이 드러난다. 규범은 관찰가능한 행동과 「진주-교훈」을 통해서 구현되게 마련이므로 눈에 보이는 도식과 정신세계 속의 규범은 분리될 수 없는 것이다. 시각적 규범을 통해서 「인지적 경험은 점진적으로 정상적인 행동이 되어가며」(소바주, 1994, 19쪽) 시선은 「정상적인 이미지」에 의한 인식을 조직한다(15쪽). 중심 행동을 통한 현실의 구축과정에서 눈동자는 정상적인 모델의 안경을 쓰고 세상을 바라본다. 눈동자는 자신이 보고자 하는 것만을 본다. 또한 모델을 재조정할 수 있는 새로운 정보를 수집하기도 하지만, 그들에게 요구되는 기본사항은 기존의 행동과 사상을 조용히 반복하는 것이다.

해변에서 여성들은 수영복을 벗어 던짐으로써 자연스러움이라는 능력을 보여준다. 사람들은 그런 모습을 바라보며, 그 중 몇 명은 따라 하고 싶은 욕구를 느낀다. 「정상적」인 모습을 간직한 채 토플리스를 따라 할 수 있다는 판단이 들면 여성들은 이제껏 남의 일로만 생각하던 행동을 직접 실천하게 된다. 바로 이 때 진주는 교훈을 가져다 준다. 남의 행동을 모방하면서 그들은 피부의 즐거움이라는 새로운 우주를 발견하고 육체를 더욱 자유롭게 해주는 방법을 알게 된다. 즉 그들의 감정통제 능력은 상승되며, 이리하여 문명화 과정 제2기로 한 발자국 성큼 다가서게 되는 것이다. 시선은 창조적 모방에서 중요한 역할을 담당해왔다. 그러나 노출이 아무렇게나 이루어지는 것은 아니다. 그 과정은 면밀히 관찰되며 기존의 법칙 안에서 실천되는 것이다. 여성이 새로운 행동을 시도하기에 앞서 시선은 이미 새로운 규범체계를 인식의 세계에 저장한다(형태에 따라 허용되는 자세 등). 혁신을 위한 모방이 이루어지기 전에 시선은 이미 미래를 위한 기구(규범체계의 습득)를 설치한 것이다. 만약 새로운 규범체계가 미리 연구되지 않았다면 혁신은 생겨날 수 없었을 것이다. 규범이라는 준거점 없이 살아간다는 것은 불가능한 일이기 때문이다.

역할 맡기

앎을 위한 연기

눈동자는 모방의 과정에서 중요한 역할을 한다. 모델로 포착된 영상을 면밀하게 관찰하기 때문이다. 그러나 진주는 완전히 체득되었을 때, 즉 모방자가 모델이 되는 행동을 「재연(再演)」했을 때만 교훈을 전달한다. 『인간은 자신이 받아들이는 것과 연기(演技)하는 것밖에는 알지 못한다. 인간은 자신과 동떨어진 외부에서 일어나는 일에 대해서는 결코 아무것도 알지 못한다.』(주스, 1974, 55쪽) 모방이 처음부터 성공하기란 매우 힘든 일이다. 즉 접근법에 의해서 차차 목표에 도달하게 되는 것이다. 그러나 이런 학습과정이 순전히 물리적인 성격만 갖는 것은 아니다. 이렇게 개선된 행동 하나하나에는 나름대로의 의미가 있기 때문이다[파라디즈(Paradise), 1994]. 행위는 단순한 행동방식일 뿐만 아니라 모방하는 사람의 존재방식이기도 하기 때문이다[버크(Burke), 1945]. 이제껏 미지의 세계였던 장면을 연출한다는 사실 하나만으로도 배우는 새로운 지식을 얻게 되며 그 지식은 배우의 인지세계에 저장된다. 이제껏 모르고 있던 「지식의 특별한 세계에 이끌린」 배우는 「침입자에게 사로잡힌 듯」(주스, 1974, 55쪽) 난생 처음 맡아보는 역할의 「새로운 감성 및 인식체계」를 접하게 된다(베르제, 뤼크만, 1986). 그러나 당사자는 영향이나 공격을 받았다는 느낌을 거의 갖지 않는다. 그보다는 미지의 세계를 알게 됨으로써 얻어지는 기쁨이 지배적 감정인 것이다(스트로스, 1992). 교훈은 결코 똑같은 모습으로 재생되지 않으며, 행동 및 사고의 체계 속에 저장되어 새롭게 태어난다. 그 연후에 인간은 완전히 개인적인 방식으로 새로운 역할을 연기하는 것이다. 배우는 자신의 내부에 이미 혁신의 요소가 내재하고 있었으며, 모방은 이를 일깨우기 위한 기회였을 뿐이라고(아주 근거 없지는 않지만) 생각한다. 『저는 한번도 토플리스를 해본 적이 없고, 또 제가 할 수 있으리라곤 상상도 못했어요. 그러다가 어느 날 하게 됐지요. 「이렇게 좋은 걸 왜 진작 안 했나」 혼자 중얼대기까지 했어요. 기분이 너무 좋고 자연과 가까워졌다는 느낌이 들어요. 자연과의 교감은 제가 항상 주장하던 바예요. 인간은 종종 한심한 습관에서 빠져나오지 못하죠.』(F93) 토플리스를 시작한 이후 비비안은 그 어느 때보다 상쾌한 기분을 느낄 수 있었으며, 평소 자신이 강조하던 긴장 완화와 자연과의 친화를 실천한다는 생각에 심리적 통일감을 얻을 수 있었다. 하지만 실상 그녀는 자신의 외부에 존재하던 사상(자연과의 친화, 긴장 완화)을 받아들여 토플리스라는 행위를 모방한 것이며 그럼으로써 자신의 정체성을 되찾을 것이다. 이런 복합적 과정을 그녀가 어찌 알아채겠는가?

역 할

　어떤 행동을 모방하고 그 행동을 연기함으로써 인간은 사회적 역할 속으로 들어가게 된다. 역할은 많은 문학작품의 소재가 되었던 사회학적 개념이다. 일반적으로 역할이란 인간 정체성의 특정 부분―아버지의 역할, 의사의 역할―을 규정하는 총체적 법칙으로 이해된다. 이렇게 아버지 또는 의사의 역할을 맡게 된 사람은 그 역할과 관련된 가치 및 행동체계를 습득해야 하며, 그 역할에 걸맞은 모습을 연기하고 아버지로서, 의사로서 요구되는 행동을 해야 한다. 여기에서 제기되는 문제점은 과연 이런 역할 중 어디까지가 가면이고 어디까지가 진실된 모습인가, 그리고 본연의 정체성과 지금 이 순간 맡고 있는 역할 간의 관계는 어떤 것인가 하는 점이다〔드 케이로스(de Quei-roz), 지올코프스키(Ziolkovsk), 1994〕. 이에 대한 답변은 토플리스에 대한 조사를 통해 얻어질 것이며 나중에 다시 언급하기로 하겠다. 그보다 우선 역할을 정의하는 나의 방식에 대해 말해두는 것이 필요할 듯싶다. 고전적인 사회학적 문학작품에서 역할이란 비교적 광범위한 행동체계를 의미한다. 아버지, 자녀, 남편, 부인의 역할 등등. 그러나 안토니 지든(Anthony Gi-ddens, 1987)―되도록 「역할」이라는 용어의 사용을 자제하려 했던―은 역할의 광범위한 정의가 두 가지 허점을 초래한다고 지적하며 반기를 들었다. 우선 광의의 정의는 역할을 인간과 유리되어 있는 거시적 구조로 파악하며, 이 경우 개인-사회의 관계를 이해하는 데 필수적인 「적응의 게임」은 관찰되지 않는다. 더불어 이런 정의는 추상적 형태의 역할을 탄생시킬 뿐이다. 그러나 실제로 중요한 것은 주어진 상황에서 관찰되는 역할의 구체적인 부분으로서, 이것은 게임의 법칙을 형성하는 데 큰 몫을 한다. 사실 아버지의 역할을 연기하는 방법에는 수천 가지가 있을 수 있다. 그러므로 빈 껍데기가 아닌 역동적인 법칙을 파악하기 위해서는 구체적 상황 속에 있는 제한된 모습의 역할을 연구하는 것이 바람직할 것이다. 토플리스 연구는 역할의 개념을 파악하는 데 좋은 자료가 될 것이라고 생각한다.

비록 역할이라는 것이 사회적 수준에서 형성되고 저장되지만, 마음대로 입고 벗을 수 있는 옷과 같이, 개인과 완전히 분리된 별개의 구조물은 아니다. 개인은 스스로 어떤 역할 안으로 들어가기에 앞서 역할을 자신 안으로 불러들이는 것이다. 하나의 역할을 맡는다는 것은 관찰한 내용을 바탕으로 정신적 도표를 형성하는 것이라고 고프먼은 강조했다. 우선은 눈앞에서 일어나는 일을 이해하고 그 후 관찰된 모습에 순응해야 하는 것이다. 마침내 「시간의 흐름 속에서 이런 순응은 확인된다」(1991, 242쪽). 우리는 이런 과정이 형성되는 것을 이미 여러 번 살펴본 바 있으며, 이를 수영복을 벗게끔 만드는 개인의 「기분」을 통해서 관찰할 수 있었다. 인간은 해변에서 적용되는 게임의 법칙을 분석하고 분석한 결과를 내면화하며, 결국에는 토플리스를 하게끔 만드는 기분을 느끼는 것이다. 즉 사회조직의 관찰이 선행되고 나서 정신적 도표가 만들어지는 것이다. 이런 인지작업에는 도표의 내면화, 역할 맡기 등과 같은 과정이 포함되지만 무엇보다 중요한 것은 「정상적 행동의 추구」다. 배우는 관찰을 하는 단계에서 게임의 법칙을 연구한다. 즉 무엇이 허용되고 무엇이 금지되며, 상황에 따라 어떤 행동이 바람직하고 어떤 행동이 잘못된 것인지 파악한다. 그 후 개인적 기분을 참작해서 관찰내용을 조정한다. 이 두 과정을 연결한 배우는 어떻게 행동하는 것이 바람직한 것인가를 — 정상의 범주에 머물면서 — 정의한다. 이렇게 고유의 규범이 형성되면 역할의 연기에 수반되는 조건 또한 구체화된다. 이는 추상적인 지적 작업은 아니다. 게다가 「정상」이라는 것은 획일적으로 규정하기에는 너무 다양하고 가변적이며 불확실한 것이다. 우리가 살펴본 바에 의하면 의미의 혼동은 몇 가지 행위-분명하게 법규화되고 현실 구축의 구심점으로 작용하는-에 초점이 맞추어짐으로써 해결될 수 있었다. 그러므로 규범의 형성은 간단하고 구체적인 것이다. 여성은 재빠르게 해변을 한번 살펴봄으로써 토플리스를 하는 사람이 많은지, 토플리스라는 행위가 비교적 우호적으로 받아들여지고 있는지 파악한다. 아울러 통상적인 게임의 법칙이 준수되는지, 어떤 특별한 방식으로 적용되지나 않는지 관찰한다. 또 가까이에 있는 몇몇 실례를 바라보면서 토플리스를 실천할 수 있는 여건이 조성되었는지 「느끼고」 그 방식을 결정한다. 그녀는 새로운 역할 속으로 들어갈 준비를 모두 마친 것이다.

역할 거리

새로운 사회적 역할을 처음으로 시도했을 때의 상황을 조사하기란 여간 힘든 일이 아니다. 대부분 첫번째 시도는 암묵적으로 이루어지며, 기억 속에 흔적을 남기지 않기 때문이다. 그럼에도 불구하고 그 순간을 비교적 자세히 기억하고 얘기하는 사람이 몇 명 있었다. 그들의 대답을 통해 역할 맡기에도 여러 가지 변이형이 존재한다는 사실을 알 수 있었다.

가장 흔한 첫번째 경우는 새로 맡은 역할이 기존의 습관과 크게 다르지 않은 경우, 즉 가벼운 혁신으로 생각되는 경우다. 이런 경우 「사회화의 틀에 진입」하는 행위는 이미 익숙해진 행위를 단순히 발전시킨 것처럼 눈에 띄지 않게 이루어질 수 있다. 더불어 규범의 준비작업도 단순화되며 무의식 속에 이루어지는 것이 보통이다. 나아가 새로운 행동 및 가치체계를 즉시 받아들이는 변화가 나타난다. 이베트는 오래 전부터 토플리스 하는 여성들을 무심히 바라보았고, 자신도 모르는 사이에 그와 관련된 정보를 축적해왔다. 『토플리스를 하는 여자들은 수도 없이 봐왔죠! 그러던 어느 날 이렇게 중얼거리게 되었어요. 「나라고 못할 건 없잖아? 내가 딴 여자들보다 특별히 못난 것도 아닌데?」 그러곤 해버렸죠! 처음부터 거북하다거나 하는 느낌은 전혀 들지 않았어요. 그냥 자연스럽게 할 수 있었어요.』(F86) 이베트의 첫번째 토플리스는 조사를 하던 날로부터 3주 전에 있었다. 첫 토플리스의 느낌이 너무나 좋고 편안했기 때문에 그녀는 그만 정오의 태양이 내리쬐는 해변에서 잠이 들고 말았다. 잠에서 깨어보니 가슴 부위가 화끈거리게 달아오르는 것을 느낄 수 있었다. 그 후 그녀는 화상을 입은 부위가 진정될 때까지 토플리스를 할 수 없었다. 우리가 조사를 하던 날은 이베트가 두번째로 토플리스를 하던 때였다. 그럼에도 불구하고 그녀는 마치 오래 전부터 해오던 사람처럼 자연스럽고 편안하게 토플리스를 즐기고 있었다. 카렌의 경우를 들어보자. 한 달 전부터 시작했다는 그녀는 이베트와 몹시 흡사한 경험을 가지고 있었다. 느긋한 자세로 토플리스를 즐기던 그녀는 조사원과 대화를 나누는 동안에도 수영복을 다시 올리지 않았다. 하지만 이베트와는 약간 다른 점이 있었다. 즉 토플리스를 시작하기 전까지는 그 문제에 대해 거의 관심을 두지 않았던 것이다. 자신도 모르는 사이에 토플리스 하는 여성을 바라보았을지는 모르지만 기억 속에 남는 장면은 전혀 없었다. 마치 아무 생각없이 몸이 원하는 대로 행동한 것처럼……. 『그냥 그렇게 시작됐어요. 어쨌든 한번 시도해봤지요. 그 이유는… 잘 모르겠어요. 글쎄 남들을 쳐다보다가 그렇게 됐나? 전 이 문제에 대해 별로 고민한 적도 없고, 그저 해보고 싶었을 뿐이에요.

그게 다예요.」뮤리엘(F70) 또한 자신이 공원에서 토플리스를
하게 되리라곤 상상도 못했다. 해변에서 해본 적은 있지만 공
원에서는 한번도 해본 적이 없었다. 그곳에서는 아무도 토플리
스를 하고 있지 않았기 때문이다. 그러던 어느 날 수영복을 벗
어버리고 당당하게 일광욕을 즐기는 여자를 목격하게 되었다.
마치 해변에 있는 것처럼. 뮤리엘은 주저하지 않고 그 여자를
따라 했다. 조사가 이루어지던 바로 그 날도 공원에서 토플리
스를 하는 여자는 뮤리엘뿐이었다. 그럼에도 불구하고 그녀는
몹시 편안한 모습이었다. 「공원에서 토플리스 하는 여자」의
역할을 경험한 이후 그녀는 그 역할을 지탱하는 가치에 대해
굳은 믿음을 가질 수 있었으며, 어느 누구도 이 가치에 대해
왈가왈부할 수 없다고 생각하게 되었다. 경험에 의해 검증된
가능성이 믿음을 형성한 것이었다. 이렇듯 「자연스럽게」 첫경
험을 거친 여성은 앞으로도 별 저항 없이, 주변 여건을 분석하
지 않고 토플리스를 할 것이라는 느낌을 준다. 하지만 그런 여
성들도 게임의 법칙을 완벽하게 소화하고 있으며 이를 성실하
게 준수한다. 이렌느는 「보는 듯 보지 않는」 미덕에 대해 절대
적인 믿음을 가지고 있기 때문에 토플리스에 관한 프로그램 제
작을 위해 누군가 카메라를 들이대도 받아들일 태세다. 그러나
동시에 그녀는 모든 권고사항을 따른다. 거북해지면 옷을 입으
며 서서 토플리스를 할 때에는 수영복을 다시 입는 등등…….
믿음은 추호의 의심도 없이 강렬하며 엄밀하게 역할의 가치를
수호한다.

　사회화의 새로운 틀에 「자연스럽고」 완벽하게 진입하는 위
의 경우와 달리 「유보적」 자세를 취하거나 ─ 시멜(1979)의 표
현에 의하면 ─ 「역할과의 거리」를 유지 ─ 상징적 상호작용론의
표현에 따르면(케이로스, 지올코프스키, 1994) ─ 하는 경우도
여러 단계에서 관찰된다. 이 경우에는 규범을 준비하는 과정

중에도 의식적이고 강요된, 그리고 오랜 시간을 필요로 하는 성찰이 이루어지며, 때로는 자아와의 논쟁이 벌어지기도 한다. —벗을 것인가 벗지 말아야 할 것인가 하는 논쟁—그러므로 어떤 역할을 맡게 되었을 때도 사회화의 틀이 변화되었다는 의식, 나아가 정체성이 변화되었다는 의식이 내면세계에 더욱 뚜렷하게 각인된다. 『그래도 좀 이상하긴 해요. 토플리스를 해야 할 만한 이유가 있었는지 생각해보곤 하지요. 마치 타국에 와 있는 것 같기도 하고 기분이 좀 묘해요.』(F190) 새로운 역할을 맡음으로써 새로운 자아로 진입한다는 느낌은 「인격의 이중성」을 바탕으로 이루어진다. 이 때 이전의 정체성은 인간이 새로운 행동 및 가치체계에 완전히 몰입하는 것을 원치 않는다. 이런 거리감은 첫번째 시도 때 가장 강렬히 느껴지며, 시간이 지남에 따라 점점 줄어들어 때로는 완전히 사라지기도 한다. 하지만 어떤 경우 이 거리감은 영원히 사라지지 않기 때문에, 자아의 일부분은 역할 속에서 자기 자리를 찾지 못하게 된다. 엘리스(F73)는 인격의 통합을 가로막는 저항에 대해 심도 있는 설명을 한다. 그녀는 강요에 의해, 즉 남편인 닐의 요구에 못 이겨 토플리스를 시작했다. 일단 모험을 시작한 그녀는 토플리스의 가치에 대해 믿음을 가지며 저항감을 줄여보려고 노력했다. 자유분방한 친구의 도움으로 토플리스를 한 채 물 속에서 수영해본 적도 있기 때문에—자연스러움을 가장한 채— 이제는 완전한 토플리스 동호인으로 자리잡았다는 인상을 주었다. 그러나 그녀는 토플리스를 하면서도 토플리스에 대한 생각(「왜, 언제까지 할 것인가?」)을 멈추지 않았다. 결국 그녀는 앞에서 살펴본 바와 같이 갑자기 토플리스를 그만두게 되었다.

　이렇게 역할과 이전의 습관 사이에 불협화음이 존재한다 하더라도 주어진 역할을 성실하게 이행하는 것이 불가능한 일만은 아니다. 이런 사례는 역할 맡기에서 파생되는 사회화의 힘을 가늠하는 데 중요한 자료가 된다. 젊은 미국 여대생인 낸시 (Nancy)의 이야기는 바로 그런 예다. 구대륙 해변에 만연해 있는 토플리스라는 해괴망칙한 행위에 대해 익히 들은 바가 있는 낸시의 부모는 이번 여름-우리가 조사를 행하던-프랑스로 떠나는 딸에게 그런 비행을 저질러서는 안 된다고 누누이 강조했다. 낸시 또한 토플리스의 비도덕성에 대해 너무나 잘 알고 있었으므로 하고 싶은 욕망을 억눌러야 한다거나 거짓말을 해야 할 필요성은 전혀 없었다. 『저와는 상관 없는 일, 아주 나쁜 일로 생각했었죠.』(F152) 하지만 해변에 나오게 된 순간 모든 것은 변했다. 악의 요소는 전혀 없었다. 그저 느긋하게 휴가를 즐기는, 온몸을 균일하게 태운, 건전한 사람들만이 눈에 뜨일 뿐이었다. 그 장면을 본 그녀의 마음 속에서는 토플리스를 하고 싶은 욕구가 용솟음쳤고, 결국 주저하지 않고 수영복을 내려버렸다. 약간 부자연스럽고 주위 사람에게 신경이 쓰인 것은 첫 순간뿐이었다. 그 다음날부터는 다른 사람들과 마찬가지로 지극히 자연스럽게 토플리스를 할 수 있게 되었다. 『정말 좋아요. 너무, 너무. 그건 마치 다른 삶을 경험하는 것 같았어요. 제가 살던 미국에서처럼 심각하지 않아도 되니까요.』 바로 그녀의 미국 생활……. 그렇다면 낸시는 미국에서의 생활을 아주 잊어버렸는가? 이 질문을 던지자마자 그녀의 얼굴에는 어두운 그림자가 스쳐갔다. 그도 그럴 것이 그녀는 현재 경험하고 있는 역할과 본래의 정체성을 어떻게 융화시켜야 할지 고민하고 있었기 때문이다(특히 그녀는 같이 놀러온 친구가 토플리스를 하고 있는 자신의 모습을 사진에 담을까봐 몹시 걱정하고 있었다). 겉으로 보기에 그녀는 또 다른 자아-하지만 좀더 본질적인-를 잊고 있는 것 같았고 이 곳에서의 생활과 또 다른 생활이 존재했다는 걸 의식하지 못하고 있었다. 그녀는 현재 이 순간의 틀 속에 완전히 몰입해 있었으

며, 자기 존재의 「여기, 그리고 지금」(베르제, 뤼크만, 37쪽)
에 빠져 있었다. 왜냐하면『자아의 하부구조는 현재 진행되는
행위를 바탕으로 이루어지기 때문이다.』〔미드(Mead), 1963〕
　　역할이란 의복처럼 슬그머니 입었다가 벗을 수 있는 단순한
껍데기가 아니다. 역할은 지금 이 순간 개인의 모습을 정의하
며, 장기적 관점으로 보았을 때에는 개인의 정체성을 재정의하
는 것이다. 배우가 역할에 몰입하는 상황에서 파생되는 사회화
의 힘과 정상적인 행위를 추구하는 인간의 열망은 상당히 높다
는 사실이 조사를 통해 밝혀졌다. 정상에 대한 추구는 역할과
의 거리감을 해소시켜주며, 게임의 법칙을 찾게 해주고 아무런
사심 없이 법칙을 준수하게 만든다. 그렇다면 인간의 내면에는
현재의 상황 속에 희석되기를 거부하는 완고한 자아가 존재하
는가? 다른 말로 하자면, 빌려온 역할과는 구별되고자 하는
본래의 자아가 존재하는가? 이는 사회학의 해묵은 논쟁거리
로서 한번도 명쾌한 대답이 제시되지 못했다. 아마 이 조사가
끝난 이후에도 마찬가지가 될 것이다. 그러나 그 대신 한 가지
중요한 요소가 규명될 수 있다. 즉 역할과의 거리감은 점차 줄
어들게 마련이며, 그런 거리감을 유지하고자 하는 의지도 희박
해진다는 사실이다. 사실 이런 거리감이 포착된 대부분의 경우
에는 「결여」 또는 「부족」이 있게 마련이다. 예를 들어, 개인
적인 습관이 너무 다르다든지, 규범을 형성하기가 어렵다든지,
게임의 법칙이 모호하다든지 하는 경우가 그렇다. 또는 역할과
의 충돌이 일어나는 경우를 들 수 있다. 해변에 자신의 고객이
단 한 명이라도 나타나면 곧장 수영복을 올려버리는, 긴장을
풀고 있는 것 같으면서도 실은 그렇지 못한 솔랑주(F76)의 경
우가 이에 속한다. 그러므로 일부러 거리감을 유지한다거나,
본질적인 자아와 구별되는 단순한 가면으로서 역할을 이해하는
경우는 비교적 드물다. 또 이런 거리감이 관찰될 때에도 이는

대개 상황에 대처하기 위해 개인이 만들어낸 전술일 뿐 진정한
거리감은 아니었다. 성적 의미를 띤 남성의 시선은 가장 전형
적인 예다. 비록 이중 게임이라는 요소가 있긴 하지만 성적인
남성의 시선은 현존하는 모호성의 소산이며, 세 가지로 인식될
수 있는 여성의 육체에서 파생된 항구적 불확실성이다. 현대
사회는 상상력과 게임의 정신이 결핍된 개인을 양산하는가?
역할에 몰입하는 현상은 왜 생기며, 모든 일탈적 사고를 사라
지게 하고 본질적인 자아를 망각한 채 현재에 충실하고자 하는
의지는 왜 생겨나는가? 여러 가지 조사를 통해 역할이란 자아
와 분리된 것도 아니며, 족쇄도 아니라는 사실이 입증된다. 역
할은 오히려 개인의 이니셔티브 공간을 확장시키는 소중한 기
구인 것이다.

　아무 거리감 없이 역할을 맡는 것이 얼마나 바람직한 일인가
는 이 조사를 통해 입증된다. 역할에 완전히 몰입하지 못했을
때에는 주변의 압력이 행사되며, 이는 심리적 부담감, 인간관
계의 어려움, 행동의 부자연스러움으로 이어진다. 자연스러움
은 아름다움과 더불어 해변의 사회화를 가능케 하는 주요 요소
다. 그러나 자연스러움이라는 것도 게임의 법칙을 준수하며 역
할에 대한 믿음을 가질 때에만 생겨날 수 있는 것이다. 모든
거리감과 정체성에서 파생되는 유보감은 「우리를 짓누르는 통
제의 감정」을 강화시키며(미드, 233쪽), 외부환경에 더욱 관
심을 갖게 함으로써 전략을 형성하는 데 힘을 소진하게 만든
다. 해변에서 주위를 세심하게 관찰하는 여성일수록 불안한 마
음으로 수많은 질문을 던지게 마련이며, 자신이 맡은 역할에
대해 믿음을 갖지 못한다. 반대로 토플리스라는 행위의 보편성
과 정당성을 십분 이해하는 여성은 자연스럽게 행동할 뿐만 아
니라 해방감을 만끽한다. 토플리스가 주는 가장 심오한 기쁨은
구체성―스스럼 없이 행동할 수 있는 육체―과 추상성―개인

이 느끼는 자유―이 혼재될 때 비로소 얻어질 수 있다. 하지만 다음과 같은 게임의 법칙을 망각해서는 안 된다. 「편안함의 경지에 도달하고 정상적 행동의 중심에 위치한 여성만이 원하는 것을 할 권리가 있다는 사실」을……. 역설적이기는 하지만 자신이 맡은 역할을 충실히 수행할 때 인간은 최대한의 자유를 누릴 수 있으며 운신의 폭 또한 넓어지는 것이다. 반대로 사회화의 틀 속에 들어가기를 거부했을 때 인간은 게임의 법칙을 더욱 상세히 분석해야 한다. 더불어 역할에 대한 거리감이 커지기 때문에 행동의 폭은 좁아질 수밖에 없다. 요약해보기로 하자. 역할에 대해 거리감을 갖게 되면 지켜야 할 제약요인은 늘어나지만, 역할에 몰입하게 되면 외부의 압력은 줄어든다. 그렇기 때문에 일부러 역할을 거부하고 배척하는 사람이 거의 없다는 사실은 일리 있는 것이다. 속박을 줄이는 최선의 방법은 역할에 충실하고, 그것이 역할이라는 사실마저 잊어버릴 정도로 그 역할을 자신의 것으로 만드는 것이다. 이젠 더 이상 역할을 연기하는 것이 아니라 바로 그 역할이 되어야 한다.

　여기서는 한 가지 문제가 남아 있다. 역사의 변천 경향을 도출하려고 했던 이론가들은 종종 변화를 설명하는 주요 열쇠를 발견하게 된다. 즉 인간은 개인적 사고능력을 통해서 점점 자신의 운명을 통제하려 하는 것이다. 루이 뒤몽(Louis Dumont, 1983)은 사회의 개인화 과정, 책임 있는 개인에로의 집중현상을 분석했다. 한편 시멜(1991)은 개인을 둘러싼 조직(가정, 학교, 국가 등)이 다양해짐에 따라 어떻게 개인의 비밀스런 공간이 확장되는지 설명했다. 또 엘리야스(1991)는 내부 세계의 확장이 자율적 인간의 탄생에 어떤 도움을 주는지 분석하기도 했다. 그렇다면 점점 다양한 연기를 해나가야 하는 개인―그 비중이 역사의 전면으로 부각된―이 어떻게 주어진 「역할맡기」에서는 한 가지 역할에만 충실할 수 있는가? 운명의 주역인 책임감 있는 개인과 역할 속으로 사라지는 개인 중 어떤 것이 진실된 모습인가?

사회의 조직 — 시멜의 표현에 따르면 — 또는 상호 의존관계 — 엘리야스의 표현에 따르면 — 는 끊임없이 증가하고 다변화되고 있다. 비록 이런 관계가 한 순간에 그치는 결속력 약한 모습으로 변모되고 있지만 점점 많은 관계가 형성되는 것은 사실이다. 이런 사회적 접촉을 역할이라는 측면에서 분석하면 다음과 같이 표현할 수 있을 것이다. 즉 인간은 수많은 역할을 보유하고 있으며, 그 역할은 시간이 흐름에 따라 점점 증가되는 경향을 보인다. 그런 역할을 관리할 수 있는 사람은 당사자뿐이며, 역할의 다양성과 사회화의 다변성 앞에서 인간은 중요한 선택을 해야 할 뿐 아니라 정체성을 보존하기 위한 전략을 수립해야 한다. 바로 이 시점에서 책임감 있는 개인이 등장하는 것이다. 한 가지 역할을 맡을 때마다 — 아무리 미미한 역할을 연기할 때에도 — 인간은 그 역할을 충실히 이행하고, 역할에 수반되는 게임의 법칙을 받아들이고 이를 준수해야 한다. 인간은 사회적 질료를 바탕으로 자신이 향유할 수 있는 자유를 만들어 나가기 때문이다.

역할과 습관

《부부 생활의 씨실》이라는 책에서 나는 개인의 정체성이 어떻게 습관의 보유고 — 삶을 훨씬 수월하게 하기 위해서 무의식적 반사작용으로 변모한 — 를 바탕으로 형성되는지 입증한 바 있다. 우리는 여기서 역할과 습관이 비슷한 것이라는 사실을 알 수 있다. 개인은 그것이 역할이라는 사실조차 잊어버릴 정도로 역할의 내면화를 추구한다. 그러나 습관과 역할이라는 것은 서로 다르다. 우선 습관은 개인적 수준에서 형성된 것이며,

역할은 사회적 수준에서 이루어진 것이기 때문이다. 둘 사이의 격차는 그 자체로는 그다지 크지 않지만, 시간이 지남에 따라 사회의 지식이 저장되는 상황이 달라질수록 간격은 점점 커지게 된다. 기 튈리에(Guy Thuillier, 1977)는 전통사회에서「답습돼오던 구행위」가 어떻게「관습이라는 고압적 메커니즘」을 형성했는지 설명한다. 그 메커니즘은「요지부동의, 관례적인, 신성불가침의, 그 이전부터 존재해왔던」일상적 행위의 반복을 기반으로 이루어진 것이다(164쪽). 특정 행위의 사회적·개인적 메모리화는 사회와 개인을 대상으로 동시에 이루어지는 것이다. 지식의 전수방식에는 사회적인 또는 개인적인, 명시적인 또는 암묵적인 여러 가지 방법이 존재할 수 있지만 일관성을 해치지 않는 범위 내에서 교차될 수 있었다. 튈리에에 따르면「답습돼오던 구행위」라는 체계는 의무교육제가 도입되면서 허점이 드러나게 되었으며, 양차 세계대전이 일어나던 때를 즈음하여 서서히 붕괴되기 시작했다. 이 구체제에 대항할 만한 지식 및 행동의 새로운 전수방식이 등장했기 때문이다. 해변에서 이루어지는 방식이 바로 그 예가 될 수 있다. 주변 사람의 관찰, 새로운 장면-진주 교훈을 가져다 줄 수 있는-의 포착, 역할의 연기 등 일련의 과정을 통해 인간은 새로운 지식을 습득하게 된 것이다. 역할이라는 생각이 의식세계에서 사라질 정도로 역할을 내재화시키는 것은 결국 습관으로의 전환으로 해석할 수 있다. 즉 사회적 수준의 행동(역할)에서 개인적 수준의 반사작용(습관)으로 전이되는 것이다. 오딜은 오랫동안 토플리스의 정당성을 받아들이지 못했기 때문에 토플리스를 하면서도 항상 부자연스러움을 느껴왔다. 『하지만 점점 괜찮아졌어요. 그리고 이젠 자연스러운 행동이 됐지요. 이젠 더 이상 생각하지도 않아요. 뭐랄까 하나의 습관이 돼버린 거지요.』(F79) 새로운 행동을 습관의 보유고에 저장하기 위해 인간은 역할 맡기라는 우회적 방법을 선택한다. 그러므로 「답습해오던 구행위」와 크게 다르지는 않지만, 그래도 엄연한 차이가 존재하는 것이다. 이 차이는 사회적 변화의 주요 요소를 형성하며 이를 바탕으로 습성(습관의 보유고를 바탕으로 구성된 윤리적 틀)은 변화한다. 규범 추구의 절대성과 보편화(대담함의 반대요소인)의 위력에도 불구하고 눈동자는 정보수집의 기술을 더욱 발달시킨다. 더불어 개인은 새로운 역할을 더욱 적극적으로 실험하며, 개인에게 주어지는 역할과 영상은 더욱 다양화된다. 개인이 본연의 모습으로 남을 수 있는 것은 자신의 육체를 통해서이며, 보존할 만한 가치가 있는 것만을 습관의 형태로 내면화시킨다. 또한 정체성의 재설정 권역을 확장시키는 것은 시각의 기동성과 역할 맡기—특히 예기치 못한, 자신과 동떨어져 있다고 생각한 역할—(「정상적」 역할이라는 조건하에서)를 통해서다.

제 IV 부 · 해변의 포도 (鋪道)

결 론

이 책을 저술하는 도중 나는 어휘선택의 어려움에 빠졌다. 해변에 드나드는 사람을 뭐라 부를 것인가? 피서객? 너무 광범위하다. 해수욕하는 사람? 해변에 온다고 해서 누구나 다 수영을 하는 건 아니다. 이번에는「플라제르」(역주 : plageur, plage 해변+eur~하는 사람)라는 신조어를 만들어보자. 별로 우아하지 못하다. 결국 난「플라지스트」(plagiste : 해변에 오는 사람)라고 명명하기로 결심했다. 꽤 그럴 듯한 표현처럼 들리기는 했지만「플라지스트」가 해수욕장을 경영하는 사람을 지칭하는 말로 쓰일 때도 있기 때문에 흡족한 선택은 아니었다. 나는 말뜻의 혼동에서 오는 위험부담 또한 상당하다는 사실을 조금씩 깨닫게 되었다. 적절한 어휘를 찾기 위한 나의 노력은 수포로 끝났으며, 머리 속에서도 더 이상 단어는 떠오르지 않았다. 그러던 중 자판을 두드리던 손가락 끝에서 단어 하나가 튕겨져 나왔다.「해변」. 나는 어느 새「해변이 이렇게도 저렇게도 하며, 해변이 이런 생각도 저런 생각도 한다」와 같이「해변」이라는 말을 쓰고 있었던 것이다. 어휘선택의 어려움 앞에서 결국 나는 고유한 개인을 하나의 집단화된 개인으로 변모시키고만 것이다. 그렇다면 나는 이 골치아픈 막다른 골목에서 빠져

나온 것인가? 아아! 날카로운 나의 비평의 눈은 손가락이 탄생시킨 어휘를 치밀하게 관찰하고 있었다. 그러나 기본적인 사회학적 소양마저 갖추고 있지 못한 손가락은 이른바 「배우」라는 집단적 계층이 이전에 어떤 폐해를 저질렀는지 알았어야 했다. 「노동자라는 배우는 이렇게 생각하고 여성이란 배우의 역할은 이런 것이다」는 말을 상기하면서……. 해변은 단일한 사고로 표현할 수 없는 각양각색의 사람이 모인 모호한 집합체일 뿐이다. 그러나 이런 다양성을 통해서 우리는 해변을 대표할 수 있는 정부―분명 모호하고 산만하긴 하지만―를 형성할 수 있었으며, 무르기는 하지만 어느 정도 구속력을 지닌 법칙을 제정했고 잠재적인 이데올로기를 강요할 수 있었다. 비록 이론상으로 개인은 자유롭고 개인의 경험은 평균적 행동에서 벗어난 독창적이고 고유한 것이지만, 그런 자아의 일부분은 하나의 집단으로서 배우의 상(像)을 형성하는 데 참여한다. 결국 나는 내 손가락이 옳다고 판단하기에 이르렀다. 그 곳에 드나드는 사람들을 그저 「해변」이라고 부를 수 있게 된 것이다. 그러나 이 어휘는 사려 깊게 이해되어야 한다. 해변에 오는 사람들을 「해변」이라는 단순화된 어휘로 지칭한다고 해서 그들이 모두 일률적인, 평균적 행동만 한다는 뜻은 아니기 때문이다(내 개인적 생각―약간 과장된―으로는 그들의 행동과 사상 중 극히 일부분만이 평균성을 띠고 있으며, 인간은 독자적 모습을 한 채 홀로 서는 경향이 있다). 그러나 다양한 개인의 삶에서 대표성을 띤 사고가 도출되기 위해서는 끝없이 광대한 삶의 편린 중 극히 일부분만이 평균성을 지향하는 것만으로도 충분하다.

해변은 자유가 넘실대는 곳이다. 그 곳에 있는 인간은 번쩍이는 문명으로부터 동떨어진 대자연과 마주하고 있으며, 일상적인 제약의 무게에서 벗어난 듯한 느낌이다. 단지 피부에 느껴지는 감촉만을 떠올리는 육체가 있을 뿐이다. 해변에 있는 인간은 홀로, 또는 거의 홀로 있는 셈이다. 주위에 있는 사람들도 자신과 같은 것을 원하며 똑같은 의식을 치르기 위해 수건을 펼치기 때문이다. 다행스럽게도 그들은 유쾌한 모양이다. 그들은 혼자 있는 것처럼 생각하고 행동해야 한다는 사실을 안다. 더불어 주변 인물이 다소 엉뚱한 행동을 하더라도 별로 의식하지 않으며, 관용적 자세를 취해야 한다는 사실 또한 잘 알고 있다. 그러므로 그는 조용히 일광욕을 할 수 있고 원한다면 눈을 감고 몽상에 잠길 수도 있으며, 가끔 해변을 훑어볼 수도 있다. 이것이 바로 그를 품고 있는, 우편엽서에 등장하는 상상 속의 해변이다. 사람들은 이런 해변의 모습을 믿으며, 또 그럴 만한 이유도 충분하다. 실제 해변의 겉모습은 이와 흡사하기 때문이다. 그러나 내면은 다르다. 그 곳에는 전혀 다른 세계가 펼쳐져 있으며 어떤 일도 우연히 일어나지 않는다. 해변에 나와 수건을 펼치고 재빨리 주변을 바라보는 행위를 하는 순간, 인간은 원하건 원치 않건 간에, 게임의 법칙을 만들어내는 거대한 메커니즘의 바퀴를 돌리게 된다. 특히 눈꺼풀을 내리감거나 내부의 비밀스런 카메라를 응시할 땐 더욱 자신만의 세계로 빠져들게 된다. 더불어 그는 규범의 강제성을 거부하고 때로는 중요한 결정을 내림으로써 이니셔티브의 공간을 확보한다. 그러나 시선을 던질 때, 어떤 영상을 포착할 때, 새로운 역할을 연기할 때, 「사회」라는 거대한 물체는 이미 그에게로 들어와 버린다. 사람들이 품고 있는 끈질긴(필요하기도 한) 환상과 달리, 개인과 사회를 분리시키는 경계선은 뚜렷하게 존재하지 않는다. 일반적으로 환경이 인간을 만든다는 생각은 무리 없이 받아들여진다. 그러나 본연의 인간을 만들고, 정신세계를 함양하여 인간을 재창조하는 것이, 인간이 세상에서 얻은 경험—개인이 포착한 사물과 행위를 바탕으로 오랜 세월에 걸쳐 형성된-이라는 생각은 쉽게 받아들여지지 않는다.
인간은 그저 수집하고 모방하며 연기만 하면 된다. 그러면 새
로운 피가 생겨나 삶에 더욱 왕성한 활력소를 제공해준다. 사
회가 제공해준 피가 없다면 개인의 삶이라는 것도 존재할 수
없는 것이다.

개인과 사회의 불확실한 경계선에 대한 생각 앞에서 우리는
현기증을 느낀다. 만약 인간이 사회적 질료-계속하여 인간
내부로 침투하며 내면세계를 건드리는-로 이루어졌다면 우리
는 인간으로서 어떤 가치를 지니는가? 개개인은 「최상의 자
아」에 대한 환상을 품고 있으며 그에 대한 절대적 필요성을 느
낀다(아브라모프스키, 1897). 만약 이 세상에서 믿을 수 있는
것이 단 한 가지 있다면 그건 바로 자기 자신일 것이다. 더불
어 인간은 현대 사회의 특성으로 주목되는 가치관의 잦은 변화
에 대응하기 위해 준거점을 필요로 한다. 인간은 스스로를 믿
고 싶어한다. 자신이 자율적이고 책임감 있는 사람이라고 믿고
싶은 것이다. 일단 이런 개인과 사회 사이의 분리가 이루어지
면 인간은 자신이 사는 사회에서 주도적 역할을 맡고 싶어한다.
그러므로 개인은 사회를 서술해야 하며 사회와 맺고 있는 끈을
정의해야 한다. 이론상으로 보았을 때 이는 엄청난 지적 작업
이다. 그러나 현실적으로는 이 세상 어떤 일보다도 간단하게
이루어진다. 우선 사회와 개인의 분리란 상상 속에서만 가능한
것이며, 인간이 만들었다고 믿는 사회와의 유대관계는 이미 그
전부터 존재하던 것으로서 인간 본연의 모습을 만든 것이기 때
문이다. 더불어 「난관」이라는 개념을 살펴볼 필요가 있다. 난
관이란 가치관의 혼동과 사회적 교류의 실패라는 낭떠러지로
떨어지지 않도록 인간을 보호하고 인도하는 방책으로 등장한
다. 예를 들어, 해변을 뒤흔드는 논쟁의 중심거리로 등장한
「난간」은 다름 아닌 사회의 규범을 의미한다. 규범이라는 안

전지대에서 인간은 필요 이상의 질문을 던지지 않아도 되며 본연의 모습을 간직할 수 있고, 행동의 자유를 누릴 수 있으며, 자신과 비슷한 사람을 이해할 수 있게 된다. 여기서는 단 한 가지 문제점, 즉 이 규범이 거짓이라는 사실만 등장한다. 아늑하고 그럴 듯한 규범의 얼굴 뒤에는 여러 가지 해석이 가능한 모호성이 숨어 있다. 모호성이 커지면 커질수록 규범이 맡은 「난간」의 실질적 역할은 줄어들며, 형식적인 면만이 부각되는 것이다.

토플리스라는 주제는 바로 이런 이유 때문에 선택되었으며, 토플리스에서 관찰되는 가장 심각한 모호성은 남녀 간의 관계와 관련된 것이다. 우리는 토플리스를 둘러싼 의례적인 행동을 발견하게 된다. 그런 「의례적 행동」 덕분에 남녀는 다양한 상황 속에서도 단순한 교류를 할 수 있게 된다. 사회는 탄탄한 기초 위에 이루어졌다는 인상을 주지만, 그러한 평범한 행동의 내면에는 문명이 형성한 모든 것을 파괴시킬 잠재력을 지닌, 억압되지 못한 생각이 꿈틀댄다. 남녀 관계의 부침이 점점 심해지는 오늘날, 안전핀 역할을 하는 의례적 행위는 더욱 중요한 위치를 차지하게 된다. 과거 인간의 삶에 틀을 마련해주었던 남녀 간의 만남은 오랜 시간 준비되고 생각되어왔지만, 오늘날엔 그 안정성보다 질이 남녀관계를 결정짓는 주요가치로 대두되기 시작했다. 즉 파트너가 흡족하지 않을 때는 차라리 결별하는 게 나은 것이다. 욕망이라는 것은 보편적 행위에 겨우 가려져 있을 뿐 여기저기에 그 모습을 드러낸다. 예를 들어, 아름다움과 관능성은 쉬지 않고 책략을 꾸민다. 남성은 여성을 바라보며 조용히 정보를 수집하고 그렇게 함으로써 내부의 카메라에 자료를 제공한다. 해변에서와 마찬가지로 남성은 여성을 바라볼 수 있지만 눈총을 받지 않을 정도만 잠시 바라본다. 또는 관심의 정도에 따라 그 시간이 약간 길어질 수도 있으며 꿈의 세계로까지 연결될 수도 있다. 점점 많은 커플이 결별을 선언할수록 점점 많은 커플이 새로 생겨난다. 이제 새로운 커플의 탄생은 예사롭지 않은 일이 될 것이다. 의례적 행위 뒤에 감추어졌어야 하는 것이 밖으로 표출됨으로써 남녀 관계는 시작된다. 일상적인 교류와 남녀 간의 연애를 차별화시키는 평범한 표현(『두 사람은 언제 처음 만났어요?』)과 달리 첫만남은 대수롭지 않은 일로 생각된다. 다만, 만남이 중단되지 않고 몇 번 지속될 경우에만 특별한 관심을 모으게 된다.

남성과 여성은 일상생활 속에서 끝도 없이 다양한 이야기의 주인공이 되지만, 그들의 덧없는 이야기는 등장했던 속도만큼이나 빠르게 사라져간다. 이는 결국 보편성을 말하는 것이 아닌가? 만약 내가 책의 결론을 보편성이나 진부함으로 끝맺는다면 너무 성의 없는 태도인가? 그러나 내게 보편성이란 다룰 만한 가치조차 없는 흔해 빠진 주제는 아니다. 보편성이란 모든 사람이 알고는 있지만 간과하고 싶어하는 것, 이미 알려진 것만 알고자 하는 것, 즉 매우 적은 부분만을 앎의 대상으로 삼는 것이다. 정상적인 남성의 시선은 여성의 또 다른 육체를 예측한다. 남성은 여성의 육체를 바라보면서도 결국은 아무것도 보지 않으려고 노력한다. 특히 덧없는 남녀 관계가 어렴풋하게 그려질 때 일반적으로 올바르게 사회화된 시선은 눈에 보이는 대상의 유혹을 엄중하게 물리치며 보편적인 것만을 보려고 노력한다. 그렇게 해야만 삶이 수월해지기 때문이다.

방법론에 관한 고찰

내 생각에는 이 책의 이론적 배경에 대해 몇 가지 사항을 명시하는 것이 유용할 듯싶다. 나는 역할에 대해 여러 번 언급했고 배우의 연기에 대해 분석했으며, 고프먼의 저서를 자주 인용했다. 그러므로 나의 이런 연구가 현재 프랑스에서 커다란 반향을 불러일으키고 있는 「상징적 상호작용론(interaction-nisme symbolique)」과 비슷한 경향으로 분류된다 해도 그다지 놀라운 사실이 아닐 것이다. 그러나 분류라는 것은 불확실한 것이며 개인적으로 그다지 중요하다고 생각하지는 않는다. 어쨌든 이 책의 근본이념에 대해 오해의 소지가 없는 한, 분류의 필요성에 대해 왈가왈부하는 것은 쓸데없는 일이리라. 상징적 상호작용주의 학파는 사회학에 중요한 진보를 가져다 주었다. 일상의 문제를 이론적 시각으로 해석할 수 있는 능력을 입증했고 개인과 사회를 연결시키는 메커니즘의 이해를 도왔으며, 그럼으로써 거시적 구조로부터 심리적 인간을 분리시키는 비합리적 장벽을 뛰어넘을 수 있게 되었다(케이로스, 지올코프스키, 1994). 그러나 특히 최근의 상호작용론(테라이, 1993)은 심도 있는 조사를 위해 협의의 틀을 정의하는 쪽으로 방향을 전환했다. 여기서 협의의 틀이란 비교적 제한된 범위에 국한되는 미시사회학, 먼 앞날의 결정이나 조연배우·사물·배경 등을 무시하는 일 대 일 상호작용을 의미한다. 또는 더욱 좁은 의미로서 언어적 커뮤니케이션에 국한된 상호작용을 지칭할 수도 있다. 그러나 나의 연구방식은 상당히 다르다. 특히 과거와 현재의 관계를 다루는 면이 그렇다. 테라이(1993)는 다음과 같은 사실을 강조했다. 『최근의 상호작용주의 학파는 초기 경향과 달리 사회적 과정의 진화론적 관점을 거부한다.』 그러나 나는 그렇게 생각하지 않는다. 엘리야스가 자신의 저서에서 설명했던 것처럼, 또 내가 조심스럽게 시도했던 것처럼 일상적 사건의 면밀한 분석으로부터 일반적 결론을 도출하기 위해서는 역사를 아는 일이 무엇보다 중요하기 때문이다.

그 밖에 조사가 어떤 방법론을 바탕으로 진행되었는지 명시하는 것 또한 필요할 것이다. 연구대상이 된 사람들은 다양한 개성을 지니고 있었다. 더불어 나는 그들의 본심을 알아내야만 했고 아무리 사소한 행동이라도 면밀히 분석해야 했다. 사람들의 마음을 읽는 데에는 반자율적 대화방식(역주 : entretien semi-directif, 절반 정도는 이미 준비된 질문내용을, 절반 정도는 응답자의 반응에 따라 즉흥적인 질문을 던짐으로써 대화를 이끄는 방식)이, 행동을 분석하는 데에는 참여관찰(역주 : observation participante, 관찰대상과 분리된 제3자의 입장이 아닌, 대상의 일원이 되어 관찰하는 방식. 예를 들어, 조사원이 직접 수영복을 입고 타월 위에 누운 채 관찰하는 방법 등을 말함)이 최선의 도구였다. 그러나 아무리 적극적인 관찰(지역 연구, 개인 묘사 카드)이 이루어지더라도 대담을 보충하는 수준을 넘을 수 없었다. 즉 언어를 핵심으로 하는 「대담」이라는 방법이 관찰보다 더 구체적으로 토플리스를 묘사할 수 있었던 것이다. 대담에서 수집된 말들은 그 자체가 진실이라고 생각되어서도, 또는 진실의 왜곡으로 해석되어서도 안 된다. 사람들의 말은 복합적이고 모순적이며 거짓과 위선으로 가득 차 있다. 그러나 동시에 그들의 말은 가치 있는 것이다. 바로 그 모순을 통해서 정체성 형성의 과정을 분석할 수 있기 때문이다. 비록 조사원들이 심각한 왜곡현상(예를 들어, 토플리스의 추세에 대한 답변에서 개인마다 자신의 입장을 떠올리며 객관적이지 못한 답변을 함)의 피해자가 되지 않으려고 몸을 사린다 하더라도, 그들의 말은 많은 정보를 제공해준다. 사실 일반적으로 남성은 항구적인 관찰자인 동시에 엄청난 정보의 보유자다. 그런 남성이 왜 그 지식을 활용하려 하지 않겠는가? 그러나 사람들의 말을 액면 그대로 믿어서는 안 되며 항상 신중하게 분석해야 한다. 표본에서 얻어진 많은 대답들이 서로 모순된다는 사실은 오히려 조사의 신빙성을 드러내는 것이다. 사람은 누구나 저마다의 생각을 가지고 있게 마련이며 관찰하는 방식도 틀리기 때문이다. 또 옆사람에게는 일상적인 일이 자신에게는 충격으로 받아들여질 수도 있다. 사람들이 저마다 준비하는 독창적인 희곡은 진실의 재구성에 몹시 유용한 것이다. 조사대상이 된 사람들은 정보제공자—민족학적 의미에서—로 파악되었다. 300명이나 되는 조사원이 몇 년 동안 모래사장 위에서 자신들의 여름을 송두리째 바쳤으리라고 누가 상상이나 했겠는가? 내가 해변에서 미처 발견하지 못한 중요한 사실을 조사원들이 깨우쳐준 경우는 셀 수 없을 정도로 많았다.

대담은 「감정이입」 방식으로 진행되었다. 즉 조사원은 상대방의 가치관을 이해하고 그것을 받아들이는 자세(너무 지나치지 않게)를 취함으로써 사람들의 성실한 대답을 유도한 것이다. 결과는 몹시 흡족했다. 천편일률적이기 쉬운 격식의 차원을 뛰어넘었기 때문이다. 이는 대답의 내용뿐만 아니라 사람에 따라 크게 다른 양상을 보인 표현방식을 통해서도 알 수 있었다. 예를 들어, 젊은이들은 주저하지 않고 조사원을 vous(당신) 대신 tu(너)라는 호칭으로 불렀으며—초면임에도 불구하고—많은 사람들은 아이러니컬하고 지극히 개인적인 어투, 속어, 때로는 비어까지 사용할 정도로 편안하게 조사에 임했다. 그들의 말을 옮기는 과정에서 나는 토씨 하나조차 바꿀 수 없었다. 독자들과 아카데미 프랑세즈는 이렇듯 어법상 어긋나는 표현을 그대로 수록한 점을 이해해주기 바란다. 내게 이런 표현들은 나름대로 가치 있는 것이기 때문이다.

반면 설문내용은 조사가 이루어지는 동안 내내 수정되었는데 그 원칙은 다음과 같았다. 우선 비생산적이라고 판단된 질문은 삭제, 재구성, 또는 새로운 질문으로 대체되었으며, 사람들이 신뢰하고 답할 수 있도록 일관성 있는 질문을 하려고 애썼다. 무엇보다 응답자가 성의 있는 태도로 대화를 이끌어나가는 것이 중요했으므로, 미리 준비된 질문은 중간에 침묵이 흐를 때에만 적절하게 사용되었다. 그러나 가장 어려웠던 점은 대부분의 대답이 너무 짧거나 진부하다는 것이었다. 이를 해결하기 위한 고전적인 방법은, 첫째 상대방의 대답에 맞장구를 치면서(그래서요? 어머나?) 그 다음 대답을 유도하는 것이었다. 두번째 방법은 사람들의 1차적인 대답을 심층 분석하는 것이었다. 즉 역설적인 대답은 특성에 따라 분류·검토되었으며, 이 과정을 통해서 조사원들은 그 대답을 이해할 수 있게 되었다. 그러므로 가장 바람직한 방법은 상대방의 역설적인 대답을 간파하여 그들이 사용한 표현을 그대로 반복하면서 구체적인 질문을 하는 것이었다. 이 방법은 큰 효과가 있었다. 사실 대부분의 경우 조사에 응한 사람들이 가장 염두에 두고 있었던 점은「일관성 있는 답변」인 것 같았다. 사람들은 상반되는 두 가지 요구 사이에서 고민하게 된다. 하나는 침묵을 강요하는 진부함의 요구이며, 또 하나는 깊이 생각하고 해명해줄

것을 강요하는 일관성의 요구다. 많은 사람들은 두번째 요구를
수용하면서 상당한 지적 노력을 기울였고, 따라서 의미 있는
재료를 수집할 수 있었다.

토플리스라는 문제에서 남성이 차지하는 위치는 여성에 비
해 상대적으로 덜 중요하므로 표본추출은 여성을 중심으로 이
루어졌다. 표본은 대개 세 개의 그룹으로 나뉜다. 100여 명의
남자, 토플리스를 하는 100여 명의 여자, 토플리스를 하지 않
는 100여 명의 여자. 그리고 해변에 나와 있는 모든 연령층의
사람들이 골고루 선택되었다. 단지 이 문제에 대해 대답하기가
곤란한 어린아이들은 극소수만이 표본으로 등장할 뿐이다. 또
한 특수 계층과의 설문조사도 있었다. 해변에 종사하는 사람들
(해상 안전요원, 유료 해수욕장 경영자)을 비롯하여 근방에
상점을 가지고 있는 상인들을 대상으로 한 조사였다. 대부분의
대담은 해변에서 이루어졌으며, 조사 대상자에 대한 관찰도 함
께 이루어졌다. 그 밖에 별장이나 약간 떨어진 지역, 해변에
자주 나오거나 또는 그렇지 않은 사람들의 집에서도 조사는 이
루어졌다. 이렇게 집 안에서 이루어진 대담은 해변에서의 대담
과 차이점을 보였다. 즉 집에서 조사를 했을 때 사람들은 해변
에서처럼 즉흥적으로 대답하기보다는 어느 정도 분석을 거친,
심도 있는 답변을 했고 종종 토플리스를 비난하는 표현을 쓰기
도 했다. 조사에 응한 사람은 총 320명이었으며 그 중 286명은
다음 부록의 표에 인적사항을 수록, 분류되어 있다. 앞에서는
단순화시키기 위해 300명이라고 했던 것이다.

더불어 조사는 주로 다섯 군데의 해변에서 이루어졌다. 모
르비앙 지방의 케르파니, 케르겔렌 해변, 피니스테르 지방의
물랭블랑 해변, 코트다무르 지방의 사블르도르 해변, 센마리
팀 지방의 페캉 해변이 그 곳이다. 이 밖에도 로리앙, 생말로,
포르블로케, 앙스뒤게슬랭, 로테뇌프 등지에서도 이루어졌다.

또한 물랭블랑 근처의 호숫가, 렌의 공원도 조사장소로 선정되었다. 한 가지 지방색을 피하기 위해 약간씩 다른 해변에서 조사가 이루어지긴 했지만, 전체적인 일관성을 유지하기 위해 같은 지방 내에서 선정했다. 사실 조사의 목적은 각 지역을 비교—지역적 특성을 분류하고, 해변마다 다른 행동양식을 묘사·분석하는 등—하기 위한 것은 아니었다. 오히려 이와는 반대로 특수성보다는 보편성에 관심을 기울이고, 비교적 일관성 있는 조사배경을 전제로 하는「메커니즘의 내적 논리」를 파악하기 위한 것이었다.

대담내용의 분석은 조사과정 중 가장 중요한 부분을 차지했으며 2년이라는 세월이 필요했다. 면밀한 조사에는 항상 문제의식이 따르기 때문이다.「반자율적 대담」내용의 분석은 상당히 특수한 방법으로 진행되었다.「상대방에 대한 이해를 바탕으로 하는 설문」이라는 것은 나만의 고유한 방식이며, 이 책의 서문에서 언급했던 이론 형성체계와 일맥상통하는 것이기도 하다. 나는 질료, 즉 설문내용을 즉시 사용할 수 있는 결과로 파악하지 않는다. 오히려 이와 반대로 제2의 조사를 위한 출발점으로 생각하는 것이다. 여기서 제2의 조사란 내용을 분석하는 단계로서 설문이「감정이입」방식으로 이루어지는 만큼 반드시 필요한 과정이다. 조사에 임한 사람과 가까이서 대화를 나누는 단계가 끝나면 그 다음 단계가 시작된다. 즉 멀리 떨어져서 그들의 대답을 비평하며 모순된 점과 왜곡효과를 분석하고 대답의 성실도를 평가한다. 그리하여 그들이 대답에 어느 정도 성의를 보였는지, 구태의연한 답변은 아닌지 조사하는 것이다. 이런 작업은 설문대상자를 깎아내리기 위한 것이 아니라, 주어진 상황에서 개인의 대답을 분석하고「특정 개인」을 바탕으로「사회적 개인」의 의미를 규명하기 위한 것이다. 더불어 면밀한 분석을 용이하게 해주는 사회적 과정(반복되는 표

현은 중요한 증거임)을 도출해냄으로써 지나치게 주관적인 경
향으로 흐르기 쉬운 오류를 피할 수 있게 된다. 이렇듯 사회와
개인 사이를 왕복하면서, 사회적 과정을 규명하면서 가정이 형
성되고 이론적 관점의 윤곽이 잡혀나가는 것이다.

　　설문에 응한 대다수의 사람들은 사적인 애기를 하면서 시간
을 끌고 싶어하지 않았다. 그러므로 인용된 구절이나 개인에
대한 설명은 대개 매우 간략하다. 여기서 비롯되기 쉬운「익명
화」의 경향을 피하기 위해 인용문이나 코멘트에는 번호를 붙여
놓았으며(비록 우아하지 못한 방법이지만 독자 여러분의 양해
를 바란다) 부록의 도표를 통해 그들에 대한 기본적인 정보를
얻을 수 있을 것이다.

 ㅁ**부록**ㅁ (본문 중 등장하는 인물의 인적사항)

 여 성

번호	연령	직 업	함께 사는 사람	조사 장소	조사 당시 동행인 여부
F1	20	대학생	부모	물랭블랑 해변	
F2	17	고등학생	부모	물랭블랑 해변	
F3	8	초등학생	부모	호숫가	그룹
F4	26	노동자	동거인	호숫가	애인과 아이(들)
F5	42	크레이프 파는 사람	독신	물랭블랑 해변 근방	
F6	24	사회봉사요원	동거인	물랭블랑 해변	일행 없음
F7	34	주부	배우자	물랭블랑 해변	일행 없음
F8	21	대학생	동거인	자택	
F9	25	미용사	배우자	물랭블랑 해변 근방	
F10	18	미용사	독신	물랭블랑 해변 근방	
F11	19	미용사	독신	물랭블랑 해변 근방	
F12	45	주부	배우자	자택	
F13	25	교사	배우자	물랭블랑 해변	
F14	24	상인	독신	물랭블랑 해변	혼성 그룹
F15	21	대학생	독신	물랭블랑 해변	일행 없음
F16	18	대학생	부모	물랭블랑 해변	여성 그룹
F17	19	대학생	부모	물랭블랑 해변	여성 그룹
F18	38	주부	배우자	물랭블랑 해변	자녀
F19	21	호텔 직원	독신	물랭블랑 해변	일행 없음
F20	20	연수 중	동거인	물랭블랑 해변	일행 없음
F21	22	비서(계약직)	독신	물랭블랑 해변 근방	
F22	28	무직.	부모	물랭블랑 해변	여성 그룹
F23	69	주부	독신	물랭블랑 해변	자녀 동행
F24	11	초등학생	부모	물랭블랑 해변	혼성 그룹
F25	58	주부	배우자	물랭블랑 해변	동행 없음
F26	58	주부	배우자	물랭블랑 해변	배우자
F27	24	대학생	독신	자택	
F28	24	관절 치료사	독신	물랭블랑 해변	동행 없음
F29	13	초등학생	부모	물랭블랑 해변	혼성 그룹
F30	39	행정 간부	독신	물랭블랑 해변	일행 없음
F31	25	편집인	동거인	자택	
F32	52	사회봉사요원	배우자	물랭블랑 해변 근방	
F33	62	우체국 퇴직	배우자	자택	

번호	연령	직 업	함께 사는 사람	조사 장소	조사 당시 동행인 여부
F34	26	피부 미용사	독신	자택	
F35	27	가정 방문위원	동거인	자택	
F36	34	분장사	배우자	자택	
F37	43	사회봉사요원	배우자	자택	
F38	26	대학생	동거인	자택	
F39	27	문서조사원	동거인	자택	
F40	23	대학생		자택	
F41	24	미용사		자택	
F42	53	간부(사기업)	배우자	자택	
F43	34	실업(전직 기업간부)	배우자	자택	
F44	24	대학생	동거인	자택	
F45	34	상인	동거인	로테뇌프 해변	동거인, 자녀
F46	25	상담원	동거인	로테뇌프 해변	동거인, 자녀
F47	17	대학생	독신	자택	
F48	49	간호원	배우자	자택	
F49	22	텔레마케팅 판매원	독신	로테뇌프 해변 근방	
F50	23	상무관	동거인	로테뇌프 해변 근방	
F51	24	대학생	독신	자택	
F52	27	비서	배우자	자택	
F53	47	의사	배우자	앙스뒤게슬랭 해변	동거인
F54	33	간부	독신	앙스뒤게슬랭 해변	자녀
F55	34	자유기고가	독신	앙스뒤게슬랭 해변	
F56	31	유치원 보모	배우자	앙스뒤게슬랭 해변	배우자, 자녀
F57	10	초등학생	부모	앙스뒤게슬랭 해변	부모
F58	15	초등학생	부모	앙스뒤게슬랭 해변	혼성 그룹
F59	38	보모	배우자	앙스뒤게슬랭 해변	배우자, 자녀
F60	20	대학생	독신	앙스뒤게슬랭 해변	여성 그룹
F61	23	간호보조인	배우자	앙스뒤게슬랭 해변	여성 그룹
F62	27	판매원	독신	생말로 해변	동행 없음
F63	56	퇴직자	배우자	생말로 해변	배우자
F64	55	주부	배우자	생말로 해변	배우자
F65	37	간호원	배우자	케르겔렝 해변 근방	
F66	61	퇴직자	배우자	케르겔렝 해변 근방	
F67	57	비서	독신	케르겔렝 해변	여성 그룹
F68	20	대학생	부모	케르겔렝 해변	동행 없음
F69	40	주부	배우자	케르겔렝 해변	배우자, 자녀
F70	31	상인	배우자	공원	자녀
F71	36	발음교정인	동거인	공원	자녀
F72	32	상인	배우자	공원	자녀
F73	32	컴퓨터 프로그래머	배우자	자택	
F74	38	비서	배우자	공원	자녀

번호	연령	직 업	함께 사는 사람	조사 장소	조사 당시 동행인 여부
F75	17	판매인	독신	공원	동행 없음
F76	34	간호원	동거인	케르겔렝 해변 근방	
F77	35	교사	동거인	케르겔렝 해변 근방	
F78	27	주부	배우자	케르겔렝 해변	자녀
F79	38	주부	배우자	케르겔렝 해변	자녀
F80	31	대리점 직원	배우자	케르겔렝 해변	자녀
F81	23	대학생	동거인	케르겔렝 해변	여성 그룹
F82	35	간호원	배우자	케르겔렝 해변	배우자, 자녀
F83	31	비서	독신	케르겔렝 해변	애인
F84	31	가정방문위원	배우자	케르겔렝 해변	여성 그룹
F85	21	제조업체 공원	독신	케르겔렝 해변	여성 그룹
F86	34	청소부	독신	케르겔렝 해변	여성 그룹
F87	28	유치원 보모	독신	케르겔렝 해변	동행 없음
F88	18	대학생	룸메이트	케르겔렝 해변	여성 그룹
F89	17-18	대학생(3)	부모	케르겔렝 해변	여성 그룹
F90	49	간병인	배우자	케르겔렝 해변	동행 없음
F91	46	간호보조인	배우자	케르겔렝 해변	배우자
F92	48	발음교정인	독신	케르겔렝 해변	동행 없음
F93	37	상점경영인	배우자	케르겔렝 해변	자녀
F94	32	행정직	독신	케르겔렝 해변	자녀
F95	23	실직	부모	케르겔렝 해변	애인
F96	26	비서	독신	케르겔렝 해변	동행 없음
F97	46	비서	독신	케르겔렝 해변	동행 없음
F98	57	주부	배우자	앙스뒤게슬랭 해변	동행 없음
F99	43	재단사	배우자	앙스뒤게슬랭 해변	배우자
F100	36	컴퓨터 프로그래머	동거인	자택	
F101	25	실업	독신	자택	
F102	45	기술자	배우자	수영장	동행 없음
F103	28	교사	독신	앙스뒤게슬랭 해변	동행 없음
F104	64	퇴직자	배우자	케르겔렝 해변	동행 없음
F105	9	초등학생	부모	공원	부모
F106	26	교사	독신	페캉 해변	동행 없음
F107	17	고등학생	부모	페캉 해변	여성 그룹
F108	17	고등학생	부모	페캉 해변	여성 그룹
F109	17	고등학생	부모	페캉 해변	여성 그룹
F110	26	사회봉사요원	독신	페캉 해변	동행 없음
F111	23	서점 근무	독신	페캉 해변	여성 그룹
F112	49	실직	독신	페캉 해변	동행 없음
F113	73	퇴직자	독신	페캉 해변	동행 없음
F114	40	실직(전직 비서)	독신	페캉 해변	동행 없음
F115	24	초등학교 교사	동거인	페캉 해변	혼성 그룹

번호	연령	직 업	함께 사는 사람	조사 장소	조사 당시 동행인 여부
F116	16	고등학생	부모	페캉 해변	여성 그룹
F117	16	고등학생	부모	페캉 해변	여성 그룹
F118	17	고등학생	부모	페캉 해변	여성 그룹
F119	37	간병인	독신	페캉 해변	동행 없음
F120	15	고등학생	부모	페캉 해변	동행 없음
F121	50	교사	배우자	페캉 해변	여성 그룹
F122	29	웨이트리스	동거인	페캉 해변	동거인
F123	52	사회봉사요원	동거인	페캉 해변	여성 그룹
F124	40	사무직	독신	페캉 해변	여성 그룹
F125	40	여행사 직원	배우자	페캉 해변	동행 없음
F126	22	대학생	부모	페캉 해변	동행 없음
F127	31	교사	배우자	페캉 해변	배우자
F128	24	고교 자습감독관	동거인	자택	
F129	25	인명 구조원	동거인	포르블로케 해변	혼성 그룹
F130	22	인명 구조원	부모	포르블로케 해변	혼성 그룹
F131	22	병원 직원	독신	해변 카페	애인
F132	39	피부미용사	배우자	해변 카페	배우자
F133	17	고등학생	부모	케르파니 해변	자녀
F134	20	고등학생	독신	케르파니 해변	여성 그룹
F135	29	출산휴가 중	독신	케르파니 해변	자녀
F136	60	비서	배우자	케르파니 해변	여성 그룹
F137	70	퇴직자	배우자	케르파니 해변	여성 그룹
F138	33	회계보조원	독신	케르파니 해변	애인
F139	44	유치원 보모	배우자	케르파니 해변	배우자
F140	45	재무부 직원	배우자	로리앙 해변	동행 없음
F141	18-19	대학생(2)	부모	로리앙 해변	여성 그룹
F142	54	간호원	배우자	로리앙 해변	배우자
F143	43	유치원 보모	배우자	로리앙 해변	자녀
F144	27	창고관리인	배우자	로리앙 해변	동행 없음
F145	27	주부	배우자	로리앙 해변	자녀
F146	27	교사	동거인	케르파니 해변	애인
F147	39	교사	배우자	케르파니 해변	여성 그룹
F148	30	심리학자	배우자	케르파니 해변	자녀
F149	49	주부	배우자	케르파니 해변	동행 없음
F150	36	간호원	배우자	케르파니 해변	자녀
F151	44	상인	배우자	케르파니 해변	배우자
F152	18	대학생	부모	케르파니 해변	혼성 그룹
F153	15	고등학생	부모	케르파니 해변	여성 그룹
F154	17	고등학생	부모	케르파니 해변	여성 그룹
F155	31	간호원	배우자	케르파니 해변	혼성 그룹
F156	27	주부	배우자	케르파니 해변	배우자

부
록

번호	연령	직 업	함께 사는 사람	조사 장소	조사 당시 동행인 여부
F157	39	약사	배우자	케르파니 해변	여성 그룹
F158	23	대학생	독신	케르파니 해변	동행 없음
F159	27	크레이프 가게 운영	배우자	케르파니 해변	자녀
F160	34	피부미용사	독신	자택	
F161	28	체육교사	배우자	자택	
F162	32	가정 방문위원	동거인	자택	
F163	25	여행사 직원	독신	사블르도르 해변	
F164	38	교사	배우자	사블르도르 해변	자녀
F165	37	주부(수공업)	배우자	사블르도르 해변	혼성 그룹
F166	27	여행사 직원	배우자	사블르도르 해변	혼성 그룹
F167	50	교사	배우자	사블르도르 해변	여성 그룹
F168	48	교사	배우자	사블르도르 해변	여성 그룹
F169	40	주부(전직 기자)	배우자	사블르도르 해변	배우자
F170	44	주부(전직 장교)	배우자	사블르도르 해변	가족 일행
F171	21	대학생	독신	사블르도르 해변	가족 일행
F172	26	비서	독신	사블르도르 해변	여성 그룹
F173	26	전화 통신판매원	독신	사블르도르 해변	여성 그룹
F174	45	주부	배우자	사블르도르 해변	자녀
F175	69	퇴직자(전직 간부)	배우자	사블르도르 해변	배우자
F176	58	주부	독신	자택	
F177	67	퇴직자	배우자	사블르도르 해변	배우자
F178	22	대학생	독신	사블르도르 해변	여성 그룹
F179	23	간호원	동거인	사블르도르 해변	여성 그룹
F180	62	퇴직자(사무직)	독신	사블르도르 해변	가족 일행
F181	40	미용사	배우자	사블르도르 해변	가족 일행
F182	58	퇴직자(비서)	독신	사블르도르 해변	가족 일행
F183	26	비서	배우자	사블르도르 해변	동행 없음
F184	61	퇴직자	배우자	사블르도르 해변	여성 그룹
F185	50	주부(안경판매업자)	배우자	사블르도르 해변	여성 그룹
F186	22	간호원	독신	사블르도르 해변	가족 일행
F187	26	대학생	동거인	자택	
F188	35	사무직	배우자	물랭블랑 해변	배우자
F189	9	초등학생		공원	엄마
F190	25	비서	독신	집	

387

부
록

남　성

번호	연령	직　　업	함께 사는 사람	조사 장소	조사 당시 동행인 여부
H1	24	교사	독신	물랭블랑 해변 근처	
H2	20	화가	독신	물랭블랑 해변 근처	
H3	35	은행간부	동거인	호수	애인
H4	18	윈드서핑 강사	부모	물랭블랑 해변	동행 없음
H5	18	고등학생	부모	물랭블랑 해변	동행 없음
H6	16-18	고등학생(7명)	부모	물랭블랑 해변	남성 그룹
H7	38	교사	동거인	물랭블랑 해변 근처	
H8	18	고등학생	부모	물랭블랑 해변	남성 그룹
H9	29	배달인	동거인	물랭블랑 해변 근처	
H10	12	초등학생	부모	물렝블랑 해변 근처	
H11	9	초등학생	부모	물렝블랑 해변	혼성 그룹
H12	52	간병인	독신	물랭블랑 해변	동행 없음
H13	30	교사	배우자	자택	
H14	36	해군	배우자	물렝블랑 해변	배우자, 자녀
H15	18	고등학생	부모	물렝블랑 해변	남성 그룹
H16	17	고등학생	부모	물렝블랑 해변	남성 그룹
H17	18	고등학생	부모	물렝블랑 해변	남성 그룹
H18	30		독신	물렝블랑 해변	동행 없음
H19	21	대학생	독신	물렝블랑 해변	혼성 그룹
H20	22	대학생	부모	물렝블랑 해변	혼성 그룹
H21	24	대학생	독신	자택	
H22	17	고등학생	부모	자택	
H23	33	사업	배우자	자택	
H24	24	음악가	동거인	자택	
H25	29	부동산업	배우자	자택	
H26	24	대학생	부모	자택	
H27	12	초등학생	부모	자택	
H28	37	기술자	배우자	자택	
H29	29	군인(장교)	독신	앙스뒤게슬랭 해변	동행 없음
H30	34	노동	배우자	앙스뒤게슬랭 해변	배우자, 자녀
H31	57	소방수	배우자	생말로 해변	배우자
H32	26	기술자	독신	케르겔렝 해변 근처	
H33	40	간부	배우자	케르겔렝 해변	배우자, 자녀
H34	60	퇴직자	독신	공원	
H35	74	퇴직자	독신	공원	
H36	49	대학교수	배우자	자택	

부
록

번호	연령	직 업	함께 사는 사람	조사 장소	조사 당시 동행인 여부
H37	41	군인	독신	케르겔렝 해변	
H38	32	전자기계공학자	독신	케르겔렝 해변	동행 없음
H39	20	대학생	동거인	케르겔렝 해변	동거인
H40	31	공무원	독신	케르겔렝 해변	동행 없음
H41	70	퇴직자	독신	케르겔렝 해변	혼성 그룹
H42	45	철도청 간부	배우자	케르겔렝 해변	배우자
H43	35	해군	동거인	케르겔렝 해변	자녀
H44	22	해수욕장 관리인	독신	케르겔렝 해변	남성 그룹
H45	38	레스토랑 경영	독신	앙스뒤게슬랭 해변	자녀
H46	35	엔지니어	동거인	자택	
H47	51	실업자(전직 간부)	배우자	자택	
H48	33	초등학교 교사	독신	자택	
H49	37	노동	배우자	앙스뒤게슬랭 해변	배우자
H50	16	고등학생	부모	페캉 해변	남성 그룹
H51	17	고등학생	부모	페캉 해변	남성 그룹
H52	15	고등학생	부모	페캉 해변	남성 그룹
H53	30	전자공학자	독신	페캉 해변	동행 없음
H54	26	사회봉사요원	동거인	페캉 해변	동행 없음
H55	13	초등학생	부모	페캉 해변	남성 그룹
H56	14	초등학생	부모	페캉 해변	남성 그룹
H57	27	창고업	배우자	페캉 해변	배우자
H58	44	실험실 조교	배우자	페캉 해변	동행 없음
H59	24	체육강사	동거인	페캉 해변	동행 없음
H60	20	판매영업소 근무	독신	페캉 해변	동행 없음
H61	26	대학생	독신	자택	
H62	31	인명 구조요원	독신	포르블로케 해변	혼성 그룹
H63	38	인명 구조요원	동거인	포르블로케 해변	혼성 그룹
H64	25	술집 종업원	배우자	해변 카페	배우자
H65	42	안경 판매원	배우자	해변 카페	배우자
H66	47	설계사	배우자	케르파니 해변	배우자
H67	67	퇴직자	배우자	케르파니 해변	혼성 그룹
H68	36	컨설턴트	독신	로리앙 해변	동행 없음
H69	44	실내장식업자	배우자	로리앙 해변	자녀
H70	71	퇴직자	동거인	로리앙 해변	동거인
H71	62	퇴직자	배우자	로리앙 해변	배우자
H72	59	엔지니어	배우자	로리앙 해변	동행 없음
H73	33	간부	동거인	케르파니 해변	동행 없음
H74	40	기술자	독신	케르파니 해변	동행 없음
H75	45	상인	배우자	케르파니 해변	배우자
H76	17	고등학생	부모	케르파니 해변	혼성 그룹
H77	23	노동	부모	해변 카페	동행 없음

번호	연령	직 업	함께 사는 사람	조사 장소	조사 당시 동행인 여부
H78	27	군인	배우자	케르파니 해변	배우자
H79	23	대학생	동거인	케르파니 해변	동행 없음
H80	26	상인	독신	자택	
H81	35	과자가게 운영	배우자	케르파니 해변	배우자, 자녀
H82	22	인명구조 요원	독신	사블르도르 해변	
H83	14	중학생	부모	사블르도르 해변	남성 그룹
H84	15	중학생	부모	사블르도르 해변	남성 그룹
H85	43	기자	배우자	사블르도르 해변	배우자
H86	38	대리 대사	동거인	사블르도르 해변	가족 일행
H87	66	퇴직자	독신	자택	
H88	22	나이트 클럽 도어맨	독신	사블르도르 해변	혼성 그룹
H89	28	운동 강사	동거인	사블르도르 해변	혼성 그룹
H90	41	기술자	배우자	사블르도르 해변	가족 일행
H91	16	중학생	부모	사블르도르 해변	가족 일행
H92	28	초등학교 교사	동거인	자택	
H93	30	중장비 조정사	독신	자택	
H94	29	노동	배우자	케르겔렝 해변	배우자
H95	36	교사	배우자	자택	
H96	35	사무직	동거인	자택	

부
록

●

역자 약력

●

서울대 언어학과 졸업
한국 외국어대 동시통역대학원 한불과 졸업
한국 외국어대 통역대학원 통역번역센터 연구원
역서로 《자본주의 종말과 새 세기》(기 소르망) 등이 있음

●

여자의 육체 남자의 시선

●

지은이 / 장 클로드 코프만
옮긴이 / 김정은
펴낸이 / 박용정
펴낸곳 / 한국경제신문사
등록 / 제2-315(1967. 5. 15)
제1판 1쇄 인쇄 / 1996년 5월 10일
제1판 1쇄 발행 / 1996년 5월 15일
주소 / 서울특별시 중구 중림동 441
대표전화 / 360-4114
직통 / 313-8293 · 312-0063
FAX / 360-4552

●

* 파본이나 잘못된 책은 바꿔 드립니다.
ISBN 89-475-2163-9

●

값 8,500원

韓經 베스트 셀러

경영혁명

톰 피터스 著
盧富鎬 譯
〈신국판 / 820면 / 13,000원〉

정보화사회는 불확실성이 심화된 사회로 기업경영의 경기규칙과 새로운 경영스타일 등 생존을 위한 변화는 가히 혁명적이라 할 수 있다. 이 책은 전통적 사고에 도전하고 조직이 사람을 위해 존재할 수 있도록 변화를 유도하는 45가지 경영 실천전략을 제시한 기업경영자의 「비즈니스 핸드북」

해방경영

톰 피터스 著
盧富鎬 外 共譯
〈양장 / 1,300면 / 19,000원〉

2000년대의 경영思潮는 무엇이며, 이를 주도할 기업의 생존철학은 무엇인가? 이 책은 장장 1300여 페이지에 걸쳐 좋은 기업을 만들기 위한 조직의 창조적 파괴와 일반통념으로부터의 해방을 핵심테마로 다루고 있다. 자유분방한 필치와 수많은 은유, 패러독스가 곳곳에 번득여 방대한 분량임에도 불구하고 읽는 동안 재미와 해방감・지적 충족감을 더할 수 있다는 것이 이 책의 또 하나의 매력으로 꼽힌다.

경영파괴

톰 피터스 著
安重鎬 譯
〈양장 / 374면 / 8,500원〉

이제 리스트럭처링・리엔지니어링으로는 급변하는 시대를 이길 수 없다. 기업의 조직은 상상을 초월하는 혁신적인 네트워크형이 되어야 한다. 이 책은 세계적 경영컨설턴트인 저자가 새롭고 번뜩이는 아이디어로, 기업을 운영하는 사람들이 재창조와 혁명을 향해 전진할 수 있도록 9개의 「넘어서」를 중심으로 구체적인 혁신방안을 제시한다. 변하지 않는 기업이나 조직은 망한다는 것이 저자의 한결같은 주장이다.

강대국의 흥망

폴 케네디 著
李曰洙・全南錫・黃建 共譯
〈양장 / 720면 / 13,000원〉

역사학자이자 미국 예일대 교수인 저자는 이 책에서 지난 5세기 동안에 전개되었던 강대국들의 흥망성쇠는 그들의 경제력과 군사력의 변화 추이에 의해서 좌우되어 왔다고 진단하면서 앞으로 다가오는 21세기에는 미국・소련・서유럽 등의 쇠퇴와 중국・일본 등 아시아 강국들의 부상을 예언하고 있다.

21세기 준비

폴 케네디 著
邊道殷・李曰洙 譯
〈양장 / 500면 / 9,000원〉

우리에게 충격을 던졌던 「강대국의 흥망」 저자 폴 케네디 교수가 다가올 21세기 문명세계의 각종 위기를 명쾌히 분석・정리한 力著. 이 책은 향후 30년 사이 우리에게 닥칠 도전들과 그 대응방법 그리고 인구폭발, 환경오염, 생물공학, 로봇, 통신수단, 가공할 파워의 양태 등을 특유의 통찰력으로 분석・예견하고 있다.

메가트렌드 2000

J. 나이스비트 외 共著
金弘基 譯
〈신국판 / 366면 / 8,000원〉

90년대는 정치개혁과 경이적인 기술혁신 등으로 지금까지와 전혀 다른 변화양상을 인류에게 줄 것이다. 이 책은 90년대의 변화로 경제호전, 예술의 번영, 시장사회주의의 출현, 복지국가의 쇠퇴 등 과거 어둡고 비관적인 세기말적 변화보다는 밝고 새로운 흐름을 부각시키고 있다.

메가트렌드 아시아

존 나이스비트 著
홍수원 譯
〈양장 / 402면 / 9,500원〉

미래예측가로 세계적 명성을 떨치고 있는 나이스비트는 21세기에는 아시아가 미국주의의 상품과 소비시장에 가장 중요한 경쟁자로 떠오를 것으로 내다보고 현재 역동적으로 변화하는 아시아의 모습을 8가지 트렌드로 분석했다. 특히 아시아와 세계라는 맥락 속에서 한국에 나타나고 있는 폭넓은 변화들을 살펴보고 한국이 아시아에 기여할 수 있는 방안도 짚고 있다.

20세기를 움직인 思想家들

기 소르망 著
姜偉錫 譯
〈신국판 / 426면 / 8,000원〉

20세기 사상계에 결정적인 영향을 끼친 사람들은 과연 누구인가? 프랑스의 저명한 경제학자이자 사회학자인 기 소르망이 29명의 생존해 있는 현대 최고의 사상가들과 직접 인터뷰를 통해 그들 자신이 선택한 분야에 전생애를 바친 사상과 사색의 놀라운 통찰을 기록·정리한 「살아있는 도서관」.

資本主義 종말과 새 世紀

기 소르망 著
金廷銀 譯
〈양장 / 628면 / 13,000원〉

세계적인 석학인 저자는 자본주의 체제를 위협하는 것은 「도덕적 불만」과 「자본주의에 대한 몰이해」라고 주장하고 러시아·중국·독일·인도 등 20여개국의 자본주의의 현재 모습을 생생히 그리고 있다. 또한 현재의 자본주의의 위기를 극복하기 위한 구체적인 실천방안에 대해서도 통찰하고 있다. 방대한 분량인데도 르포형식이어서 전혀 지루하지 않다.

未來企業

피터 F. 드러커 著
高柄國 譯
〈신국판 / 416면 / 8,000원〉

우리 시대의 가장 뛰어난 사회·경영학자이자 미래학자인 드러커의 「변혁시대 기업생존전략 연구서!」이 책은 세계경제가 빠르게 바뀌어 감에 따라 기업의 새로운 생존 경영전략 모델, 즉 기업이 살아남기 위한 5가지 변화조건을 예리하게 분석·고찰했다. 특히 사회·경제학 시각에서 세계경제 흐름을 통찰한 力著.

자본주의 이후의 사회

피터 F. 드러커 著
李在奎 譯
〈양장 / 328면 / 7,000원〉

사회주의권의 급격한 몰락 이후 탈냉전 분위기가 고조되고 있는 시점에서 향후 세계 변화가 주요 관심사로 떠오르고 있다. 저자는 이 책에서 향후 세계는 자본주의적 시장구조와 기구는 그대로 존속되겠지만 주권국가의 통제력은 약화되고 전문지식을 갖춘 지식경영자 중심의 글로벌화 사회가 될 것으로 예측하고 있다.

미래의 결단

피터 드러커 著
이재규 譯
〈양장 / 408면 / 9,000원〉

현대 경영학의 대부, 피터 드러커는 이 책에서 「스스로를 다시 생각함으로써 회생할 수 있다」고 전제하고 기업의 5가지 치명적 실수, 가족기업을 경영하는 규칙, 대통령을 위한 6가지 규칙, 새로운 국제시장의 개발, 3가지 종류의 팀조직, 오늘날 경영자들이 필요로 하는 정보 등 바람직한 미래를 실현하기 위한 방안을 제시했다. 21세기를 위한 새롭고 시의적절한 경영지침서.

株式市場 흐름 읽는 법

浦上邦雄 著
朴承源 譯
〈신국판 / 200면 / 4,000원〉

언뜻 보기에 무질서하고 예측이 불가능해 보이는 주식시장도 장기적으로 보면 특정한 네 개의 국면을 반복하고 있다는 것을 알 수 있다. 이 책은 이 네 개의 국면이 어떤 요인에 의해 순환되고 각각의 국면에서 어떤 종목이 활약하는가를 숙지할 수 있는 안목을 제시해주고 주식투자시 리스크를 피하는 방법에 대해서도 설명하고 있다.

2020년

해미시 맥레이 著
金光田 譯
〈양장 / 408면 / 9,000원〉

다양한 인종만큼이나 상이한 정치·경제체제와 독특한 문화양식을 지니고 있는 세계 각국은 저마다의 주무기를 앞세워 미래를 설계하고 있다. 경제평론가인 저자는 앞으로 국가경쟁력을 결정짓는 요인은 기술이 아니라 문화라고 강조한다. 현재 세계 각국이 처해 있는 상황을 바탕으로 치밀하게 전망한 2020년경의 세계 각국의 모습에서 우리의 진로는 어떻게 모색해야 할 것인가?

제 4 물결

허먼 메이너드 2세
수전 E. 머턴스 共著
韓榮煥 譯
〈양장·4×6판 / 239면 / 5,000원〉

21세기의 범세계적 기업을 위한 낙관적 비전을 제시하고 있는 이 책은 한마디로 앨빈 토플러의 《제3물결》을 넘어 장기적 미래의 비전에 집중하고 있다. 지금 우리가 공업화를 상징하는 「제2물결」에서 탈공업화적인 「제3물결」로 전이하고 있지만, 머지 않은 곳에서 새로운 차원의 「제4물결」이 밀려오고 있다고 진단하고 있다.

장사꾼으로 거듭나는 사무라이 혼

金亨澈 著
〈신국판 / 372면 / 7,000원〉

일본의 자민당 정권이 붕괴된 이후 연립정권이 난립하고 고베 대지진, 증권스캔들, 옴 진리교 사건 등이 일어난 격동기에 필자가 주일특파원으로 취재하며 느낌을 쓴 현장 르포다. 기자의 눈을 통해 「기모노 속에 감춰진 진짜 일본」을 만난다.

유머人生 1~5

韓國經濟新聞社 出版部 編
〈4×6판 / 244면 / 4,500원〉

많은 독자들이 1980년 12월부터 본지에 연재되고 있는 「海外유머」를 책으로 출판했으면 어떨지, 그런 계획은 없는지 물어왔다. 이 책은 독자들의 그러한 성원에 보답하자는 취지로 출판되었으며 우스갯소리 가운데서 인생의 묘미도 느끼고 영어공부도 할 수 있게끔 어려운 단어나 語句에는 주석을 달아 독자들의 이해를 돕고자 노력했다.

암 이렇게 하면 두렵지 않다

엘리자베스 웰런 著
민진식 監譯
〈신국판 / 350면 / 8,000원〉

암의 원인과 관계되는 발암물질, 역학조사, 그리고 생활주변에서 많이 발생하는 암의 위험요소에 대한 방대한 문헌과 보고서를 분석 정리했다. 또 이미 알고 있는 암 유발요인을 쉽게 설명하고 암 학자들의 연구결과와 철저한 문헌조사, 특히 인간에 대한 직접 연구결과에 근거한 암 원인을 전반적으로 개관하여 예방의학의 길을 제시했다. 감역자는 연세대 의대 암센터원장.

사장님, 원가를 아십니까

鄭明煥 著
〈신국판 / 220면 / 5,000원〉

원가의 개념을 정확히 이해하지 못하고 경영한 결과 장부상으로는 흑자임에도 결손이 나는 등 어려움을 겪는 경우가 흔히 있다. 이 책은 경영자는 물론 회계와 기획담당자를 포함한 기업 관계자들에게 원가의식과 관리회계의 개념을 심어준다는 취지에서 원가에 관련된 제반사항을 소설식으로 알기쉽게 다룬 力著

프로 영업인이 되는 길

시라이 기요시 著
朱明甲 譯
〈신국판 / 240면 / 5,000원〉

번번히 뛰어난 실적으로 동료들의 부러움을 사는 사람이 있다. 이런 사람은 흡사 영업의 귀재, 타고난 영업인처럼 보인다. 그러나 잘 나가는 영업사원과 그렇지 못한 영업사원의 차이는 반드시 있게 마련. 이 책은 결코 평탄하지만은 않은 영업의 세계에 입문하거나 프로로 거듭나기를 바라는 영업사원들이 갖춰야 할 지식에서부터 각양각색의 고객을 다루는 방법까지 100가지 성공비결을 공개하고 있다.

中國을 넘어야 한국이 산다

崔弼圭 著
〈신국판 / 260면 / 5,000원〉

최근들어 한국 기업의 중국 진출이 러시를 이루고 있으나 중국의 문화와 관습을 정확하게 이해하지 못한데서 많은 어려움에 부딪치고 있다. 이런 시점에서 쓰여진 이 책은 중국인들의 상술을 예리하게 파헤치고 있으며 한국 기업이 중국 현지에서 맞닥뜨리는 여러 사안들에 관해 심도 있게 분석하고 대안을 제시하고 있다.

멀티미디어 시대

조지 길더 著
權和燮 譯
〈신국판 / 208면 / 5,000원〉

이 책에서 저자는 단순영상매체인 TV는 종언을 고하게 되었고 TV의 기능에 컴퓨터와 광통신 기능이 부가된 네트워크망을 갖춘 종합미디어로서의 텔레퓨터가 멀티미디어 시대에 주역으로 등장할 것을 예고한다. TV를 보면서 진행자와 대담을 나누고 가상현실을 즐길 수 있는 놀랍고도 신기하기까지 한 세계의 출현을 예고하고 있다.

기업혁신 팀경영

존 R. 카첸바크 · 더글러스 K. 스미스 共著
梁浚容 譯
〈신국판 / 364면 / 7,000원〉

구성원의 기술 · 경험 · 통찰력을 결합한 「팀」제는 개개인보다 월등한 업무능력을 지니고 있으며 업무의 내용이 복합적이거나 판단능력 · 경험이 필요한 경우 더욱 돋보인다. 이 책은 다양한 사례를 중심으로 집단적인 작업생산, 개인적인 성장 그리고 고능률 업무수행을 위한 팀경영의 비결을 소개하고 있다.

21세기 기업

제이 R. 갤브레이스·에드워드 E. 롤러 3세 共著
朴秀圭 譯
〈신국판 / 410면 / 8,000원〉

이 책은 21세기의 시장환경에 적응하고 살아 남기 위한 조직구조를 체계적으로 고찰하고 있으며 역동적인 환경에 대처할 관리관행과 경영체계를 심도있게 분석하고 있다. 또한 저자들은 지식업무 및 관리팀, 기량 중심의 인적자원 시스템 구축, 스태프진 분산과 네트워크 구축 등의 새로운 조직창출 방법을 다양하게 구사하고 있다.

기업간·업종간 전략적 제휴

조셉 L. 배더러코 2세 著
韓榮煥 譯
〈신국판 / 264면 / 6,000원〉

지식이 국가와 기업의 경계를 넘어 급속히 이동하고 세계화됨에 따라 새로운 기술과 제품이 정신없이 쏟아져나오고 있다. 이제 어떤 사회도 필요한 모든 기술과 제품을 독자적으로 해결할 수는 없다. 이 책은 많은 회사들의 요새와 같던 담을 무너뜨리고 경쟁예상자와 손을 잡고 제품을 생산하고 기술과 능력을 개발하는 방법을 보여주고 있다.

결혼경제학

八代尚宏 著
李 均 譯
〈신국판 / 200면 / 4,500원〉

결혼과 그 주변문제에 대해 경제학적 측면에서 분석했다. 모든 결혼이 정신적·물질적 행복을 보장해 주는 것은 아니다. 남녀의 결합으로 성립되는 「가정주식회사」는 운영의 묘에 따라 번창하기도 하고 파국을 몰고오기도 한다. 결혼적령기 남녀, 결혼생활을 하고 있는 모든 사람들을 위한 필독서.

정보고속도로의 꿈과 악몽

대니얼 버스타인·데이비드 클라인 共著
김광전 譯
〈신국판 / 472면 / 9,500원〉

세계적인 컨설턴트 버스타인과 컴퓨터 잡지 〈와이어드〉의 객원편집위원인 클라인이 정보고속도로와 디지털이 꿈꾸는 미래의 이상과 그에 따른 문제들을 분석하고 해결책을 제시했다. 특히 정보산업의 발전과정에서 진행된 미국과 세계적인 기업의 사업전략, 그들간의 싸움을 흥미진진하게 엮고 있으며 디지털 혁명이 몰고올 사회변화까지 상세히 설명했다.

거꾸로 선 아버지 바로 세우기

레벤 바-레바브 著
김광전 譯
〈신국판 / 348면 / 8,000원〉

정신과 전문의인 저자가 현대 가정이 지닌 문제점과 자라나는 아이들이 겪는 여러 가지 비극과 그 대안들을 정신분석학적 방법으로 제시했다. 오늘날 우리 사회가 안고 있는 청소년 문제의 근원은 대부분 가정에 있으며 특히 아버지의 역할이 부족한데서 비롯된다고 보고 있다. 훌륭한 아버지의 역할과 훌륭한 아버지가 되는 실용적인 아이디어를 구체적으로 제시하고 있다.

여자의 육체 남자의 시선

장 클로드 코프만 著
김정은 譯
〈신국판 / 392면 / 8,500원〉

독창적이고 신중한 연구라는 평을 받은 파리 5대학 사회학자의 흥미롭고도 심도 있는 저서. 저자는 2년 동안 해변에서의 토플리스 연구를 통해 은밀하면서도 흥미로운 규칙을 발견한다. 형태, 나이, 문화, 해변의 상황에 따라 여자들은 각기 나름의 행동규칙을 준수하며 자신들에게 보내는 시선의 신호를 이해하여 몸의 자세로 또는 적당한 제스처로 그것에 응한다고 보고 있다.

안자(상·중·하)

미야기타니 마사미쓰 著
신봉승·김하중 譯
〈양장 / 4×6판 / 384면 내외 / 각권 6,500원〉

열국의 제후들이 대륙의 패권을 놓고 싸우는 춘추 시대를 배경으로 격동의 역사를 헤쳐나가는 명재상 안자의 일대기를 그리고 있다. 난세 속에서도 안자는 충(忠)과 의(義)를 지키며 정도(正道)만을 걷는다. 국가 경영의 참다운 모습, 인간관계의 원형을 보여주는 그의 독특한 철학을 통해 당시의 시대정신과 사회상을 조명한다.

大商(상·하)

정종명 장편소설
〈신국판 / 상권 348면, 하권 336면 / 각권 6,000원〉

간신 유자광에게 핍박받고 공신 박원종의 비호를 받으면서 혁신정치의 풍운아 조광조에게 도전했던 조선 제일의 巨商 서용근의 일대기를 그리고 있다. 천부적인 장사꾼 기질과 처세술로 조선의 상권을 한손에 거머쥐고 정치권과도 밀착, 정권을 좌지우지했던 서용근의 파란만장한 생애가 흥미진진하게 펼쳐진다. 가공인물 서용근이 보여주는 일련의 정치행각이 특히 흥미롭다.

주제별 經濟·經營 入門書!

EM文庫

① **마키팅 入門** 柳東根 著 〈270면 / 2,100원〉	⑱ **減價償却의 理解와 稅務** 權純哲 著 〈270면 / 2,100원〉
② **意思決定의 分析** 金宗才 著 〈206면 / 1,800원〉	⑲ **인플레이션 이야기** 金文昱 著 〈238면 / 2,000원〉
③ **經營分析 入門** 金建佑 著 〈144면 / 1,600원〉	⑳ **經營法學의 知識** 金政男 著 〈140면 / 1,600원〉
④ **資本市場 이야기** 李在奎 著 〈306면 / 2,400원〉	㉑ **觀光 이야기** 金正培 著 〈224면 / 1,800원〉
⑤ **品質管理의 知識** 朴愚東 著 〈250면 / 2,000원〉	㉒ **會社경리의 理解** 朴圭弘 著 〈306면 / 2,400원〉
⑥ **會社設立 이야기** 朴春燁 著 〈226면 / 1,800원〉	㉓ **景氣를 보는 方法** 金孝命 著 〈234면 / 2,000원〉
⑦ **最高經營者 이야기** 鄭忠泳 著 〈286면 / 2,200원〉	㉔ **貿易클레임 대책** 鄭冀人 著 〈300면 / 2,400원〉
⑧ **GATT 이야기** 盧德律 著 〈212면 / 1,700원〉	㉕ **성공적인 株式投資** 崔運烈·李贊一 著 〈328면 / 2,500원〉
⑨ **廣告 이야기** 申吉秀 著 〈188면 / 1,700원〉	㉖ **현대保險의 理解** 朴承雋 著 〈208면 / 1,700원〉
⑩ **貿易金融의 知識〈改訂版〉** 朴鉉璃 著 〈192면 / 2,500원〉	㉗ **人事管理의 知識** 崔鍾泰 著 〈258면 / 2,000원〉
⑪ **金利의 理解** 金鍾赫 著 〈272면 / 2,100원〉	㉘ **稅務會計 入門** 李吉永 著 〈262면 / 2,100원〉
⑫ **國民所得 이야기** 李榮茂 著 〈254면 / 2,000원〉	㉙ **企業診斷과 經營指導** 李在奎 著 〈316면 / 2,500원〉
⑬ **財務諸表 읽는 법** 尹桂燮 著 〈242면 / 2,000원〉	㉚ **需要豫測의 방법** 鄭忠泳 著 〈316면 / 2,500원〉
⑭ **公正去來 槪說** 金基台 著 〈340면 / 2,500원〉	㉛ **서비스 마키팅** 柳東根 著 〈294면 / 2,400원〉
⑮ **信用狀 이야기** 金漢秀 著 〈304면 / 2,500원〉	㉜ **最低賃金 이야기** 金在源 著 〈292면 / 2,400원〉
⑯ **賃金의 理解** 金世榮 著 〈270면 / 2,100원〉	㉝ **投資信託의 理解** 朴正旭 著 〈208면 / 1,800원〉
⑰ **消費者 — 그 문제와 保護** 吳相洛 著 〈182면 / 1,700원〉	㉞ **福利厚生 槪說** 全浦軫 著 〈248면 / 2,300원〉

75 現代社會와 리스크管理	93 原子力産業의 理解
李京龍 著 〈198면 / 2,400원〉	田載豊 著 〈170면 / 2,300원〉
76 信用카드 이야기	94 韓國의 租稅政策
金文煥 著 〈196면 / 2,400원〉	李鎭淳 著 〈240면 / 2,500원〉
77 데이터뱅크 이야기	95 담보와 보증
鄭寅根 著 〈154면 / 1,900원〉	李源俊·朴相宗 共著 〈176면 / 2,500원〉
78 地方自治와 地方財政	96 銀行마케팅
吳然天 著 〈184면 / 2,200원〉	趙泰玄 著 〈172면 / 2,500원〉
79 技術協力 이야기	97 정보·통신시스템의 理解
林陽澤 著 〈137면 / 1,700원〉	安重鎬 著 〈216면 / 2,500원〉
80 經營計劃 입문	98 人的資源 회계정보
郭秀一 著 〈162면 / 1,900원〉	李正道 著 〈180면 / 2,500원〉
81 經營리스크와 企業保險	99 關稅의 상식
宋 一 著 〈182면 / 2,200원〉	李性燮 著 〈162면 / 2,500원〉
82 海洋資源의 知識	100 벤처 캐피틀의 理解
許亨澤 著 〈172면 / 2,000원〉	高聖洙 著 〈196면 / 2,500원〉
83 産業工學 입문	101 設備投資와 設備金融
朴京洙 著 〈200면 / 2,400원〉	姜日圭·元鍾根 共著 〈198면 / 2,500〉
84 生産戰略 입문	102 地方自治會計
李慶煥 著 〈152면 / 1,800원〉	曹廷煥 著 〈172면 / 2,500원〉
85 現代企業 입문	103 技術經營의 길잡이
朴基贊 著 〈184면 / 2,200원〉	金一龍·任德淳 共著 〈184면 / 2,500원〉
86 職能資格制度의 理解	104 이미지 마케팅
朴俊成 著 〈170면 / 2,000원〉	韓一洙 著 〈192면 / 2,500원〉
87 EC의 經濟·市場統合	105 제2금융권 이야기
金世源 著 〈190면 / 2,400원〉	李弼商·鄭光夏 共著 〈170면 / 2,500원〉
88 經濟成長 이야기	106 브랜드의 知識
金洙權 著 〈172면 / 2,200원〉	金成濟 著 〈190면 / 2,500원〉
89 호텔經營 입문	107 백화점 이야기
申鉉柱 著 〈158면 / 2,000원〉	郭永壽 著 〈180면 / 2,500원〉
90 勞使協商戰略	108 土地超過利得稅의 지식
李達坤 著 〈172면 / 2,200원〉	金東洙 著 〈212면 / 2,500원〉
91 不動産鑑定評價	109 海運 이야기
李源俊 著 〈222면 / 2,500원〉	金聖浩 著 〈180면 / 2,500원〉
92 債券投資의 知識	110 CIM시스템의 이해
金昇佑 著 〈148면 / 2,000원〉	김윤상·박광태 共著 〈200면 / 2,500원〉